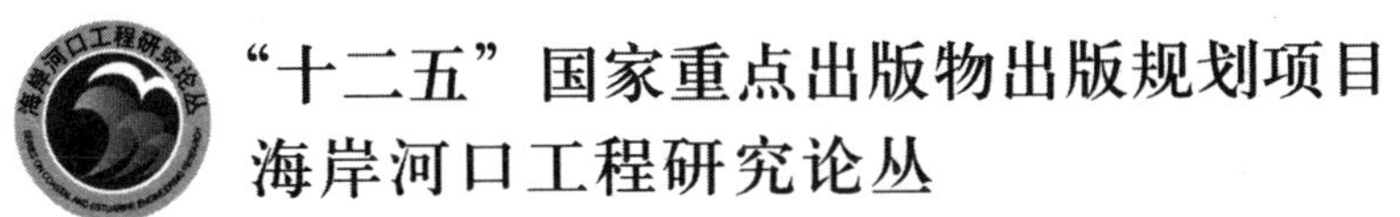

"十二五"国家重点出版物出版规划项目

海岸河口工程研究论丛

港珠澳大桥
涉海工程技术研究

韩西军　杨树森　李孟国　闫　勇　著

STUDY ON
THE SEA ENGINEERING TECHNOLOGY OF
HONG KONG-ZHUHAI-MACAO BRIDGE

人民交通出版社股份有限公司
China Communications Press Co.,Ltd.

内 容 提 要

本书收录了在港珠澳大桥工程预可行性研究、工程可行性研究、初步设计及大桥建设期四个重要阶段的几项有代表性的科研成果，主要包括本海区的自然条件、港珠澳大桥对珠江口港口及航道影响研究、西人工岛工程、岛隧掩护工程及管节沉放工程等相关研究内容，优化了部分设计施工方案，为港珠澳大桥建设提供了技术支持和科学依据。本文对主要研究项目的技术路线和基本方法进行了概括和总结，可供其他类似工程和科研项目参考。

本书适合从事海岸河口工程研究的科技人员和港口、海岸及近海工程专业高校学生学习参考。

图书在版编目(CIP)数据

港珠澳大桥涉海工程技术研究 / 韩西军等著. — 北京：人民交通出版社股份有限公司，2016.6

ISBN 978-7-114-12773-1

Ⅰ.①港… Ⅱ.①韩… Ⅲ.①跨海峡桥—桥梁工程—研究—中国 Ⅳ.①U448.19

中国版本图书馆 CIP 数据核字(2016)第 020239 号

书　　名：港珠澳大桥涉海工程技术研究
著 作 者：韩西军　杨树森　李孟国　闫　勇
责任编辑：韩亚楠　崔　建
出版发行：人民交通出版社股份有限公司
地　　址：(100011)北京市朝阳区安定门外外馆斜街 3 号
网　　址：http://www.ccpress.com.cn
销售电话：(010)59757973
总 经 销：人民交通出版社股份有限公司发行部
经　　销：各地新华书店
印　　刷：北京市密东印刷有限公司
开　　本：720 × 960　1/16
印　　张：26.5
字　　数：465 千
版　　次：2016 年 6 月　第 1 版
印　　次：2016 年 6 月　第 1 次印刷
书　　号：ISBN 978-7-114-12773-1
定　　价：78.00 元

序

海岸、河口是陆海相互作用的集中地带，自然资源丰富，是经济发达、人口集居之地。以我国为例，我国大陆海岸线北起辽宁省的鸭绿江口，南至广西的北仑河口，全长18000km；我国海岸带有大大小小的入海河流1500余条，入海河流径流量占全国河川径流总量的69.8%，其中流域面积广、径流大的河流主要有长江、黄河、珠江、钱塘江、瓯江等。海岸河口地区居住着全国40%左右的人口，创造了全国60%左右的国民经济产值，长三角、珠三角、环渤海等海岸河口地区是我国经济最为发达的地区，是我国的经济引擎。

人类在海岸河口地区从事经济开发的生产活动涉及到很多的海岸河口工程，如建设港口、开挖航道、修建防波堤、围海造陆、保护滩涂、治理河口、建设人工岛、修建跨(河)海大桥、建造滨海火电厂和核电厂等等，为了使其经济、合理、可行，必须要对环境水动力泥沙条件有一详细的了解、研究和论证。人类与海岸河口工程打交道是永恒的主题和使命。

交通运输部天津水运工程科学研究院海岸河口工程研究中心的前身是天津港回淤研究站，是专门从事海岸河口工程水动力泥沙研究的专业研究队伍。致力于为港口航道(水运工程)建设和其他海岸河口工程等提供优质的技术咨询服务，多年来，海岸河口工程研究中心科研人员的足迹遍布我国大江南北及亚洲的印尼、马来西亚、菲律宾、缅甸、越南、柬埔寨、伊朗和非洲的几内亚等国家，研究范围基本覆盖了我国海岸线上大中型港口及各种海岸河口工程及亚洲、非洲一些国家的海岸河口工程，承担了许多国家重大科技攻关项目和863项目，多项成果达到国际先进水平和国际领先水平并获国家及省部级科技进步奖。海岸河口工程研究中心对淤泥质海岸泥沙运动规律、粉沙质海岸泥沙运动规律和沙质海岸泥沙运动规律有深刻的认识，在淤泥质海岸适航水深应用技术、水动力泥沙模拟技术、悬沙及浅滩出露面积卫星遥感分析技术等方面无论在理论上还是在实践经验上均有很高的水平和独到的见解。中心的一代代专家们为大型的复杂的项目上给出正确的技术论证和指导，使经优化论证的工程方案得以实施。如珠江口伶仃洋航道选线研究、上海洋山港选址及方案论证研究、河北黄骅港的治理研究、江苏如东辐射沙洲西太阳沙人工岛可行性及建设方案论证、瓯江口温州浅滩围涂工程可行性研究、港珠澳大桥对珠江口港口航道影响研究论证、天津港各阶段建设回淤研究、田湾核电站取排水工程研究等等，事实证明这些工程是成功的。在积累的成熟技术基础上，主编了《淤泥质海港适航水深应用技术规范》、《海岸与河口潮流泥沙模拟技术规程》、《海港水文规范》泥沙章节、参编《海港总体设计规范》和《核电厂海工构筑物设计规范》等。

本论丛是交通运输部天津水运工程科学研究所海岸河口工程研究中心老一辈少一辈专家学者多年来的水动力泥沙理论研究成果、实用技术和实践经验的总结，内容丰富、水平先进、科学性强、技术实用、经验珍贵，涵盖了水动力泥沙理论研究，物理数学模型试验模拟技术研究，水沙研究新技术、水运工程建设、河口治理、人工岛开发建设实例介绍等海岸河口工程研究的方方面面，对从事本行业的技术人员学习和拓展思路具有很好的参考价值，是海岸河口工程研究领域的宝贵财富。

本人在交通运输部天津水运工程科学研究院工作20年(1990~2009年)，曾经是海岸河口工程研究中心的一员，我深得老一代专家的指导，同辈人的鼓励和青年人的支持，我深得严谨治学、求真务实氛围的熏陶、留恋之情与日俱增。今天，非常乐见同事们把他们丰富的研究成果、实践经验、成功的工程范例著书发表，分享给广大读者。相信本论丛的出版将会进一步丰富海岸河口水动力泥沙学科内容，对提高水动力泥沙研究水平，促使海岸河口工程研究再上新台阶有推动作用。希望海岸河口工程研究中心的专家们有更多的成果出版发行，使本论丛的内容越来越丰富，也使广大读者能大受裨益。

交通运输部科技司司长

2012 年 11 月

前　言

港珠澳大桥跨越珠江口伶仃洋海域，连接香港、珠海及澳门，是中国首座涉及“一国两制”三地的跨海大桥。大桥建成后，将改变香港和澳门之间无陆路通道的局面，增强港澳之间的联系，有利于香港和澳门的持续繁荣和发展，也可以进一步改善珠三角西部地区的投资环境。港珠澳大桥是具有国家战略意义的世界级跨海通道。

自2008年开始，我院承担了港珠澳大桥工程前期、工可深化研究与初步设计及施工期等三个重要阶段的多项科研工作，主要内容如下：

1. 前期阶段

(1)2008年，港珠澳大桥沉管隧道基槽施工方案边坡稳定性、二维潮流数模及泥沙淤积计算综合论证分析。

(2)2009年，港珠澳大桥珠澳口岸人工岛填海工程二维潮流数学模型及泥沙冲淤分析研究。

2. 工可深化研究与初步设计阶段

2009—2010年，港珠澳大桥对珠江口港口、航道影响研究，含4个专题：

(1)港珠澳大桥工程海床演变分析研究。

(2)港珠澳大桥工程方案二维潮流悬沙数学模型研究。

(3)港珠澳大桥工程方案人工岛及桥墩局部动床冲刷物理模型试验研究。

(4)港珠澳大桥工程方案潮流泥沙整体物理模型试验研究。

3. 施工期阶段

(1)2011 年,港珠澳大桥岛隧工程西岛钢圆筒施工期二维潮流数模分析。

(2)2011 年,港珠澳大桥岛隧工程西人工岛钢圆筒打设施工期三维潮流数值模拟计算分析研究。

(3)2011 年,港珠澳大桥岛隧工程西岛钢圆筒施工期局部动床物模试验研究。

(4)2011—2012 年,港珠澳大桥西人工岛岛隧结合部掩护体工程方案二维潮流数值模拟计算分析研究。

(5)2011—2012 年,港珠澳大桥西人工岛岛隧结合部掩护体工程方案潮流及局部动床冲刷物理模型试验研究。

(6)2013 年,碎石基床稳定性及掩护体最终方案试验研究。

已获得应用的科研成果如下:

(1)港珠澳大桥对珠江口港口航道影响研究

在2008—2010 年大桥工可深化研究与初步设计阶段,我院开展了"港珠澳大桥对珠江口港口航道影响研究"专题的研究。从维护伶仃洋"三滩两槽"稳定性和尽可能减轻工程对珠江口港口航道水沙环境影响的角度出发,通过多组方案的比选及优化试验,最终确定的桥—岛—隧工程布置方案对广州港南沙港区及伶仃航道、深圳港西部港区及铜鼓航道的水流条件与回淤环境基本没有不利影响,使港珠澳大桥工可阶段的设计方案更趋合理和完善。以桥、隧、人工岛方案优化为例,在模型试验的指导下,该人工岛由原来的长条形调整为椭圆形并最终优化为贝壳形,其迎水面宽度从最初的 1000m 缩短为 625m。研究成果确定了合理隧道长度、隧道人工岛位置、形状和尺度、非通航孔跨度组合、桥墩及人工岛局部防冲刷措施等内容。上述研究成果已被港珠澳大桥建设施工中采用。

(2)港珠澳大桥岛隧工程西岛钢圆筒施工期专题研究

开展本专题研究,主要是为了论证对已开挖至-16m基槽内在钢圆筒打设过程中采用碎石平铺护底的合理性。通过我们的研究,很好地解决了这种整体护底的问题。按照我们提出的不护底推荐方案,可以大大减小施工难度,缩短工期,节约工程投资。建设方采纳了我们的推荐方案,比原方案节约了1亿元资金。

(3)港珠澳大桥西人工岛岛隧结合部掩护体工程方案研究

港珠澳大桥海底隧道施工是当今世界上最难的海底隧道工程,而岛隧结合部的第一管节施工更是难中之难。面对工程海区苛刻的作业"气象窗口",工程建设者能做的就是尽量营造一个良好的人工小环境,最大限度地降低施工难度。本项研究就是在这样的背景下提出的。本文的推荐方案是在先后共4个阶段、7大组方案、几十组方案的基础上不断优化得出的掩护效果最好、经济合理的方案。第一管节沉放安装实践表明,该水域的水流条件完全达到了设计标准。

根据前一阶段的研究工作,摘取其中几个典型科研成果,分别按"绪论、自然条件、港珠澳大桥对珠江口港口、航道影响研究、西人工岛工程、岛隧掩护工程及管节沉放工程"等几部分编成此书,供读者参考使用。

由于作者的水平有限,书中不当之处在所难免,敬请读者不吝赐教。

著者

2016年1月

目　　录

第Ⅰ篇　概　　述

第Ⅱ篇　自 然 条 件

第Ⅲ篇　港珠澳大桥对珠江口港口、航道影响研究

第Ⅳ篇　施工篇之一：西人工岛工程

第Ⅴ篇 施工篇之二:岛隧掩护工程

第Ⅵ篇 施工篇之三:管节沉放工程

第Ⅰ篇

概　述

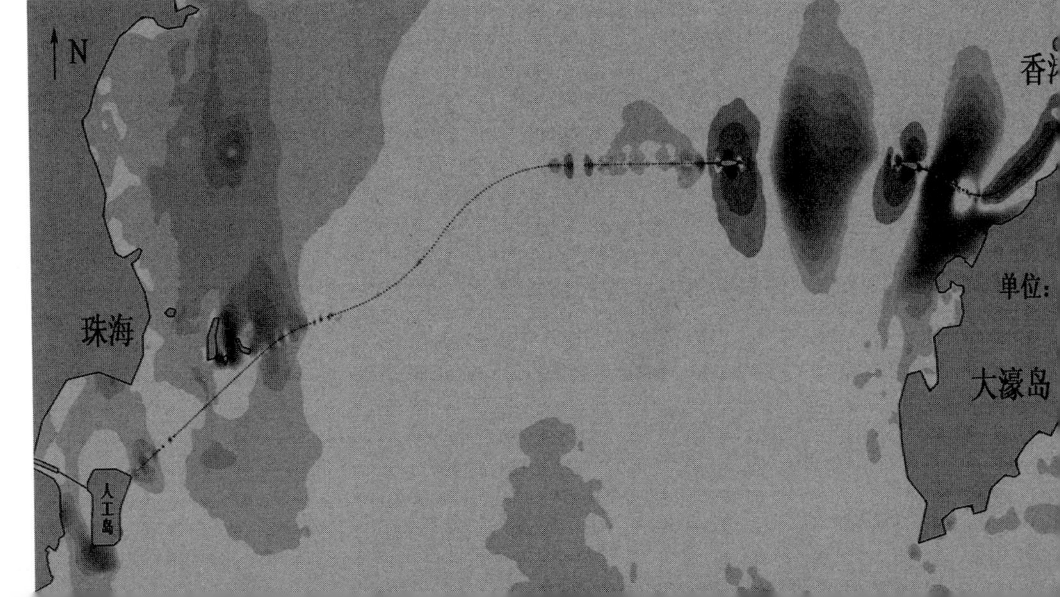

1 研 究 背 景

港珠澳大桥跨越珠江口伶仃洋海域，是连接香港特别行政区、广东省珠海市、澳门特别行政区的大型跨海通道（见图 1-1-1）。其主要功能是解决香港与内地（特别是珠江西岸地区）及澳门三地之间的陆路客货运输需求，建立连接珠江东西两岸新的陆路运输通道。项目建成后，将从根本上改变珠江西岸地区与香港之间的客货运输以水运为主和陆路绕行的状况，粤港澳周边 100 多个城镇将纳入同一个 3h 车程辐射圈内，从而改善广东省珠江三角洲西部地区的投资环境，并为香港持续繁荣和稳定发展创造条件。此外，项目建设后还将改变香港和澳门之间无陆路通道的局面，增强港澳之间的联系，有利于澳门的繁荣和发展。港珠澳大桥是具有国家战略意义的世界级跨海通道。

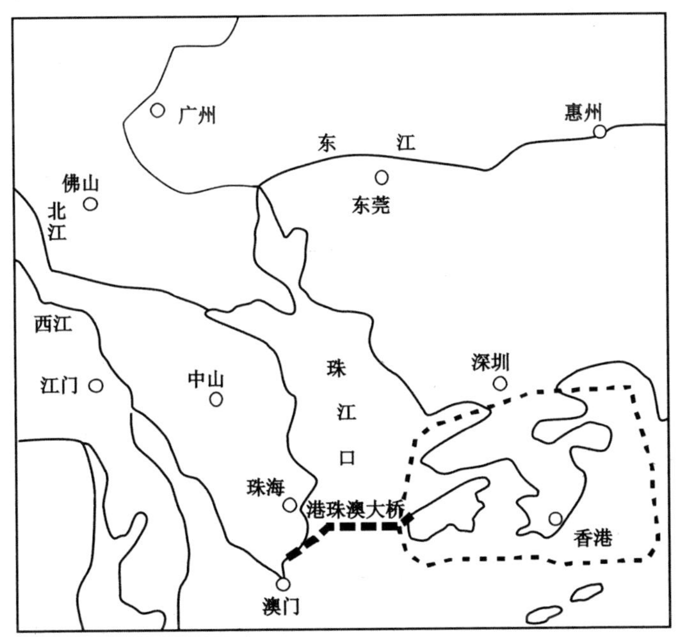

图 1-1-1 港珠澳大桥形势图

路线起点位于香港大屿山石散石湾附近，路线沿西南方向布线，后经粤港分界线，路线向西经东人工岛，沿23DY油轮锚地北侧，下穿铜鼓航道和伶仃西航道，进入长约6km的海底隧道，出隧道经西人工岛后路线继续往西，跨青州航道桥，跨江海直达船航道桥，跨九洲航道桥，再经珠澳口岸分别与珠海口岸与澳门口岸连接，主线全长约29.5km（见图1-1-2）。

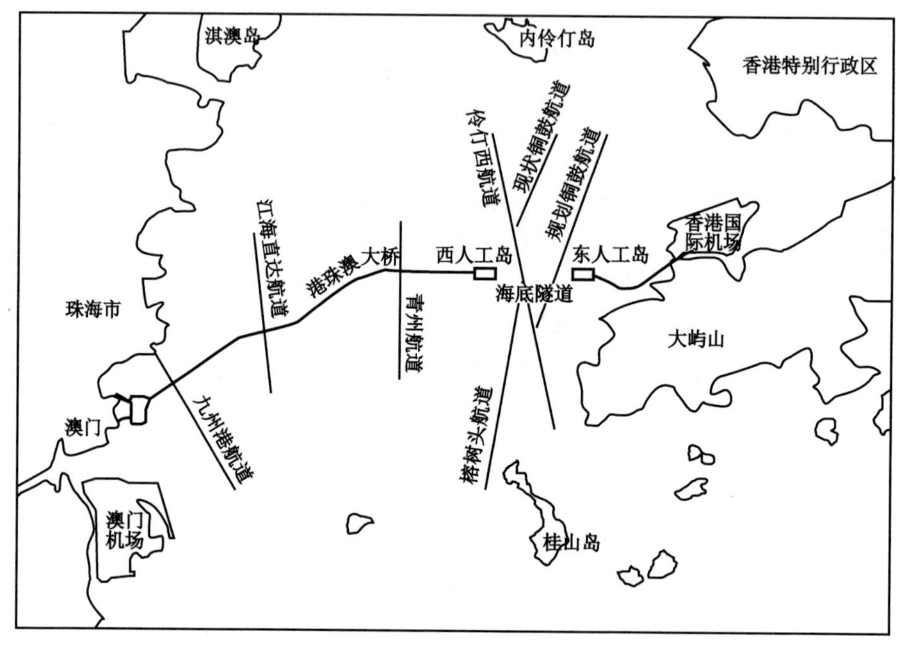

图1-1-2　港珠澳大桥总平面图

2 研究现状

2.1 港珠澳大桥工程进展

2003 年初,香港提出建设港珠澳大桥的设想,得到中央政府与香港、澳门政府及有关部门的高度重视和认可。

2003 年 8 月,国务院批准粤、港、澳三地成立“港珠澳大桥前期工作协调小组”,全面开展港珠澳大桥前期工作。

2004 年 3 月,三地协调小组委托中交公路规划设计院开展港珠澳大桥工程可行性研究。

2005 年 3 月,完成港珠澳大桥初步可行性方案,并提交港、珠、澳政府。

2007 年 1 月,由国家发改委牵头,成立了“港珠澳大桥专责小组”。

2008 年 3 月,国家发改委公布港珠澳大桥采用单“Y”形结构。

2008 年 4 月,港珠澳大桥野外勘探工作结束。

2009 年 10 月,完成珠港澳大桥工程可行性研究。

2009 年 12 月,珠港澳大桥开工建设。

预计 2017 年建成通车。

2.2 天科院参与的主要工作

天科院主要参与了港珠澳大桥工程可行性研究及施工期阶段 5 项重大科研工作。

(1)2009 年,港珠澳大桥珠澳口岸人工岛填海工程二维潮流数学模型及泥沙冲淤分析研究。

(2)2009—2010 年,港珠澳大桥对珠江口港口、航道影响研究。

(3)2011 年,港珠澳大桥岛隧工程西岛钢圆筒施工期二维数模、三维数模及局部动床物模试验研究。

(4)2011 年,港珠澳大桥主体工程西人工岛东侧岛头区掩护体工程方案二维数模、潮流及局部动床冲刷物理模型试验研究。

(5)2012 年,港珠澳大桥岛隧工程岛隧结合部管节沉放区掩护方案物理模型试验研究。

3 涉海工程主要问题和技术

3.1 对珠江口水沙的影响

从已建的跨海大桥工程实践表明,如果桥梁墩距较大且建在海底地形比较平坦、水流动力较弱的海域,工程后水沙环境改变对地形冲淤的影响不会太明显。如果桥区附近有航道、水流动力较强或者地形比较复杂,桥墩所造成水流改变对航道淤积以及滩槽地形的影响会明显增大,轻则造成航道淤积加重,重则造成航道轴线不断偏移、海床地形出现变迁,给通航及海洋环境带来不利影响。

为了研究港珠澳大桥工程实施后,桥墩阻水对工程附近水沙的影响及海床地形冲淤变化,本项目采用多种研究方法对该桥优化方案进行研究是非常必要的。其目的是通过潮位、潮流场、泥沙场和地形变化,研究港珠澳大桥工程对伶仃洋港口、航道的影响及滩槽地形的变化规律。同时,结合长期地形预报,进一步研究水流变化对伶仃航道和铜鼓航道的淤积影响及变化趋势,最终为港珠澳大桥总体方案优化和工程设计提供必要的技术支持和科学依据。

3.2 西人工岛工程

现状情况下,西人工岛附近自然水深为 -8.0m 左右。根据施工工艺,需在该区首先开挖底标高为 -16m 的基槽,然后在人工岛四圈打下 61 根直径为 22m 钢圆筒围成护岸,再后在里面进行回填及岛内设施建设。

根据其他单位的研究结果,基槽开挖后,在波浪和潮流作用下,底部将呈冲刷变化,为此,提出了铺设 2m 厚碎石护底方案。

为了更好地解决在已开挖至 -16m 基槽内实施钢圆筒打设过程中是否需要采用碎石平铺护底的争议,减少施工难度,提高施工效率,降低工程建设成本,天科院开展了二维、三维数模和物理模型试验研究,提出了推荐方案,为优化方案设计和工程顺利实施提供科学依据。

3.3 沉管下潜与对接

港珠澳大桥由桥梁和隧道两部分组成，在珠江口海域的东、西两个人工岛上，将完成桥梁与隧道之间的过渡和转换。其中全长5664m的海底隧道，由33节的钢筋混凝土结构的沉管对接而成，除了4个位于接口处的沉管短一些，其余29个沉管的标准长度为180m、宽38m、高11.4m，沉管隧道由钢筋混凝土浇筑而成，最厚的地方达到1.8m，每节沉管要用7200t的钢筋，相当于搭建整个埃菲尔铁塔所使用的钢材；每节沉管的排水量约75000t，比辽宁号航母的排水量还要大，是世界上最大的海底沉管隧道。

港珠澳大桥深海隧道的对接是整个工程最难的部分，也是当今世界上最难的海底隧道工程，被工程界称之为与神九和天宫一号太空对接比肩的“深海之吻”。

面对一个月只能找到1～2个可以作业、台风季节可能会几个月不能作业的“气象窗口”条件，以及创世界之最的基槽开挖和碎石基床铺设精度要求，对本项科研研究内容和精度也都有严格的要求。

首先，物理模型试验不仅要研究正常潮流作用下的水流变化，同时还要研究在各级恒定流作用下的水流变化，以期达到精确模拟沉管沉放过程中水流变化；其次，精确模拟碎石基床在波浪、潮流作用下，以及在沉管沉放过程中的地形变化，以确保碎石基床的稳定性，保证沉管顺利沉放和对接。

4 主要工作及技术创新点

4.1 主要工作

4.1.1 港珠澳大桥对珠江口港口、航道影响研究

(1)根据多年现场实测水流、泥沙和水下地形资料和广州港出海航道一期、二期的回淤实测资料,进一步对伶仃洋的水文泥沙环境、滩槽冲淤演变规律进行机理分析,分析伶仃洋,特别是大桥主通航区水域的水沙分布特征和滩槽演变趋势,预测工程区海床的稳定性。

(2)建立伶仃洋整体二维潮流悬沙数学模型,模拟伶仃洋潮流场和悬沙浓度场,并为桥区局部水沙数模提供边界控制条件;局部二维潮流悬沙数学模型主要模拟桥区水域潮流场与悬沙场,对工程影响范围内的水、沙分布和地形变化进行分析预测,并对桥区深水航道在方案实施后的回淤进行模拟预测。

(3)建立潮汐双向水流宽水槽人工岛及桥墩局部冲刷模型,采用系列物理模型试验对人工岛及桥墩附近的局部冲刷深度和形态进行预备试验研究,其目的是为整体物理模型冲刷验证和长周期累积地形合理确定提供必要的技术参数,同时也为大桥设计提供工程冲刷方面的参考依据。

(4)建立伶仃洋河口湾整体潮流泥沙物理模型。利用潮流清水定床物理模型,研究港珠澳大桥建成前、后对伶仃洋整个海湾潮流场变化与分布特征以及受桥墩阻水而产生的水位、流速及流向变化,并对工程方案合理性进行评述;利用潮流动床泥沙物理模型,研究本工程实施后由于桥墩及人工岛影响,所造成桥区附近(局部范围)泥沙淤积范围和滩槽地形变化,进一步论证分析上述区域地形淤积变化达到稳定的地形形态。

(5)根据整体定床及局部动床物理模型和数学模型及宽水槽局部冲刷试验的结果,结合桥区海床演变分析等有关结论,预报大桥附近长期累积地形变化,并进一步研究在长期地形条件下的水流变化,以及对航道淤积影响和变化趋势;研究对伶仃洋主要港口(广州港和深圳港)和深水航道(伶仃航道和铜鼓航道)泥沙回淤的长期累积影响和工程区滩槽演变的发展趋势。

4.1.2 西人工岛工程

(1)西人工岛二维潮流数值模拟计算分析

由于时间紧迫,工作量较大,本专题充分利用数值模拟计算周期短的特点,对西人工岛钢圆筒工程区及岛隧连接部进行多种方案二维潮流数模计算研究,其结果不仅为局部动床冲刷物理模型试验提供最安全有效的基本方案,而且还可以和物模结果相互印证。

(2)西人工岛三维潮流数值模拟计算分析

人工岛周围的水流变化是三维问题,人工岛工程实施后,海床冲刷的程度主要是由底部流速作用所决定的。本研究主要目的是通过三维数值模拟手段,掌握西人工岛钢圆筒施工过程中开挖基槽内以及钢圆筒周围水流的平面和垂向分布规律,并对由此造成的地形冲淤变化进行分析评述。

(3)清水定床潮流物理模型试验研究

按施工部门的要求,进行西人工岛开槽和整岛工程后定床潮流试验,其目的主要是了解不同工况下人工岛两侧流速、流向的变化,特别是岛隧连接部位流速分布对隧道沉管施工的影响是施工单位非常需要的,这也是保证施工安全不可缺少的资料依据。

(4)西人工岛局部动床冲刷物理模型试验研究

本项目主要对西人工岛钢圆筒工程区采用系列模型,对工程局部冲刷问题进行试验研究,分析研究西岛钢圆筒施工期海床冲刷范围和深度以及相邻圆筒筒间的流速,并提供优化建议,为人工岛方案设计和工程施工提供试验研究依据。

4.1.3 岛隧结合部掩护及管节沉放工程

本项物理模型试验内容是研究不同掩护体布置形式下 E1 ~ E3 沉放区基槽内的流速变化,对掩护效果进行评估,并分析浪、流作用下 E1 ~ E3 碎石垫层冲淤稳定性,合理选择掩护体布置方案。其目的主要是解决施工期潮流和冲淤变化对施工的影响,为掩护体优化方案设计和沉管工程顺利实施提供科学依据。

4.2 创新点

(1)淤泥质河口湾人工岛冲淤分布的工程实践国内外尚不多见,本研究运用弱水动力条件下的超大水域整体潮流泥沙物理模型和宽水槽正态系列比尺模型研究淤泥质河口湾大桥桥墩、人工岛冲淤分布以及管节沉放过程中水流问题,试验预报的结果得到了较好的实践检验，为类似工程的研究提供了一种行之有效的研究方法。

(2)进行了超大尺度隧道入口人工岛对水动力环境及航道的影响关键技术研究，在整体模型设计时对人工岛按几何相似设计，为了更有效地进行冲刷试验，将实测潮型加以修正，构造出具有造床作用的潮汐过程线作为水槽冲刷试验的控制潮型。

(3)进行了超长大桥复杂桩群对复杂航道的综合影响关键技术研究，对非通航孔桥墩，按阻力相似的计算方法去设计和概化，根据宽水槽对桥墩大比尺的正态冲刷试验结果，在整体模型中进行复原性试验和分析，从而修改确定桥墩在整体模型中的合适尺寸，保证模型试验结果的合理和可靠。

(4)运用自行设计的全数字网络化和全自动化仪器设备解决了大型河口物理模型口外旋转流模拟的难题，提高了潮汐河口物理模型实验传输速度和精度。

(5)用自主知识产权数模软件建立了无结构网格的径流、潮流、波浪和盐水多种复杂因素共同作用下的超大水域全沙数学模型，解决了港珠澳大桥工程建成后正常和不利水文条件下的航道回淤预报问题。

(6)提出了大型水域中桥墩阻水和桥墩阻力的数学模型处理方法和桥墩、人工岛附近的冲淤计算方法，经过与物模试验结果比较，效果很好。

(7)基于翔实丰富的资料，全面、系统地对珠江口伶仃洋海床百年演变进行了分析，为桥线选择提供了海床稳定性方面的科学依据。

5 资 料 依 据

5.1 水文资料

(1)1991—1992 年伶仃洋大范围水文测量资料。
(2)1999 年伶仃洋航道水文测量资料。
(3)2002 年 12 月大铲湾枯季水文测量资料。
(4)2004 年 6 月港珠澳大桥主体工程可行性研究阶段水文测量资料。
(5)2007 年 9 月广州港伶仃航道三期实测水文资料。
(6)2009 年 3 月港珠澳大桥深化研究阶段桥位附近水文测量资料。
(7)2009 年 6 月港珠澳大桥深化研究阶段桥位附近水文测量资料。
(8)2009 年 7 月港珠澳大桥主体工程桥位附近水文测量资料。

5.2 地形资料

(1)1974 年、1989 年、1998 年和 2006 年版伶仃洋海图。
(2)2004 年伶仃洋大范围水深测图(1:25000)。
(3)2007 年桂山岛—虎门水深测图(1:30000)。
(4)2008 年 4 月、2008 年 9 月伶仃航道地形资料。
(5)2008 年 4 月广州港南沙港区现状图。
(6)2009 年 4 月深圳机场围海岸线规划图。
(7)2004 年 6 月桥区附近大范围水深测图。
(8)2008 年 12 月桥区附近大范围水深测图。
(9)2008 年 12 月桥区轴线两侧 300m 水深测图。
(10)2009 年 2 月桥区附近大范围水深测图(1:25000)。
(11)2009 年 2 月桥区轴线两侧 300m 水深测图(1:2000)。
(12)2009 年 8 月港珠澳大桥设计规划图。
(13)2009 年 8 月港珠澳大桥粤港分界线东侧设计规划图。
(14)2011 年 3 月港珠澳大桥岛隧工程施工设计阶段西岛钢圆筒平面布

置图。

(15)2012 年 3 月港珠澳大桥岛隧基槽掩护体施工设计图。

(16)2012 年 3 月港珠澳大桥岛隧工程西人工岛基槽开挖工程施工图。

(17)2012 年 3 月隧道岛头防撞段回填防护横断面图。

5.3　底质资料

(1)1991 年伶仃洋大范围底质泥沙资料。

(2)1999 年伶仃洋大范围底质泥沙资料。

(3)2003 年桥区附近底质泥沙资料。

(4)2004 年桥区附近底质泥沙资料。

(5)2007 年伶仃洋大范围底质泥沙资料。

(6)2009 年桥区附近底质泥沙资料。

本篇参考文献

[1] 杨树森,等.珠江口现场勘测资料成果整编[R].交通部天津水运工程科学研究所,1994.

[2] 李春初.珠江三角洲的地质构造背景与地貌[C].珠江三角洲水土资源[A].广州:中山大学出版社, 1988.

[3] 杨树森,等.伶仃洋水沙变化规律对比分析研究报告[R].交通部天津水运工程科学研究所,2007.

[4] 杨树森,等.铜鼓航道泥沙淤积计算及其分析[R].交通部天津水运工程科学研究所,2001.

[5] 罗章仁,应秩甫,等.华南港湾[M].广州:中山大学出版社,1992.

[6] 杨树森,等.深圳港西部港区公共航道工程初期回淤量计算分析研究报告[R].交通部天津水运工程科学研究所,2008.

[7] 中山大学河口海岸研究所.河口陆架水入侵研究论文集[C].1993.

[8] 杨树森,等.鸡抱沙治导线调整方案二维潮流数值模拟及淤积计算综合论证分析研究报告[R].交通部天津水运工程科学研究所,2007.

[9] 李春初,雷亚平.中山港出海深水航道建设工程—沉积动力环境与滩槽演变研究[R].中山大学河口海岸研究所,2006.

[10] 杨树森,等.广州港南沙港区深水航道方案二维潮流数学模型及泥沙淤积计算分析研究报告[R].交通部天津水运工程科学研究所,2003.

[11] 杨树森,等.西滩围垦规划方案对伶仃航道淤积的影响研究[R].交通部天津水运工程科学研究所,1995.

[12] 曹祖德,等.珠江口航道整治技术的研究[R].交通部天津水运工程科学研究所、广州港务局,1995.

[13] 杨树森,等.伶仃洋潮流数学模型及西线航道淤积计算[R].交通部天津水运工程科学研究所,1999.

[14] 罗肇森. 潮汐通道口拦门沙航道的淤积计算[J]. 海洋工程,1992,(2):32-40.

[15] 中交公路规划设计院有限公司.港珠澳大桥主体工程初步设计阶段桥位附近水文测验报告[R].2009.

[16] 中华人民共和国交通部.海岸河口潮流、泥沙数值模拟技术规程[M].北京:人民交通出版社,1999.

[17] 窦国仁,董凤舞. 潮流和波浪的挟沙能力[J]. 科学通报,1995,40(5).

[18] 唐士芳. 二维潮流数值水槽的桩群数值模拟[J]. 中国港湾建设,2002,(3):15-21.

[19] 唐士芳,李蓓. 桩群阻力影响下的潮流数值模拟研究[J]. 中国港湾建设,2001,(5):25-29.

[20] 中交公路规划设计院有限公司. 港珠澳大桥主体工程初步设计阶段桥位附近水文测验报告[R]. 2009.

[21] 交通运输部天津水运工程科学研究所. 港珠澳大桥工程海床演变分析研究报告[R]. 2009.

[22] 交通运输部天津水运工程科学研究所. 港珠澳大桥工程方案二维潮流悬沙数学模型研究报告[R]. 2009.

[23] 交通运输部天津水运工程科学研究所. 港珠澳大桥工程方案潮流泥沙整体物理模型试验研究报告[R]. 2009.

[24] 交通运输部天津水运工程科学研究所. 港珠澳大桥主体工程岛隧工程西岛钢圆筒施工期局部动床物模试验报告[R]. 2011.

[25] 交通运输部天津水运工程科学研究所. 港珠澳大桥主体工程西人工岛岛隧道结合部掩护体工程方案二维潮流数值模拟计算分析研究报告[R]. 2011.

[26] 交通运输部天津水运工程科学研究所. 港珠澳大桥主体工程西人工岛岛隧结合部掩护体工程方案潮流及局部动床冲刷物理模型试验研究报告[R]. 2011.

[27] 交通运输部天津水运工程科学研究所. 港珠澳大桥岛隧结合部管节沉放区掩护工程方案潮流物理模型试验研究报告[R]. 2011.

[28] 交通运输部天津水运工程科学研究所. 港珠澳大桥岛隧结合部管节沉放区掩护工程方案潮流物理模型试验研究报告(推荐方案)[R]. 2012.

[29] 王晨阳,李孟国,李文丹. 港珠澳大桥工程二维潮流数学模型研究[J]. 水道港口,2010,31(3):187-194.

[30] 李文丹,李孟国,杨树森,等. 港珠澳大桥建设对水沙环境影响数学模型研究 I. 模型的建立和验证[J]. 水运工程,2011,(8):1-8.

[31] 李孟国,李文丹,杨树森,等. 港珠澳大桥建设对水沙环境影响数学模型研究 II. 模型的应用[J]. 水运工程,2011,(10):1-6.

[32] 李文丹,李孟国,韩西军,等. 港珠澳大桥珠澳口岸人工岛工程二维潮流泥沙数学模型研究[J]. 中国港湾建设,2011,(5):27-30.

[33] 韩西军,杨树森,李孟国,等. 港珠澳大桥对珠江口港口航道影响研究

[C]//左其华,窦希萍. 第十五届中国海洋(岸)工程学术讨论会论文集. 北京:海洋出版社,2011.

[34] 韩鸿胜,闫勇,韩西军,等. 港珠澳大桥工程方案人工岛局部动床冲刷物理模型试验研究[J]. 水道港口,2012,33(1):25-29.

[35] 闫勇,韩鸿胜. 港珠澳大桥对周边水沙环境的影响[J]. 水道港口,2012,33(2):113-118.

第Ⅱ篇

自然条件

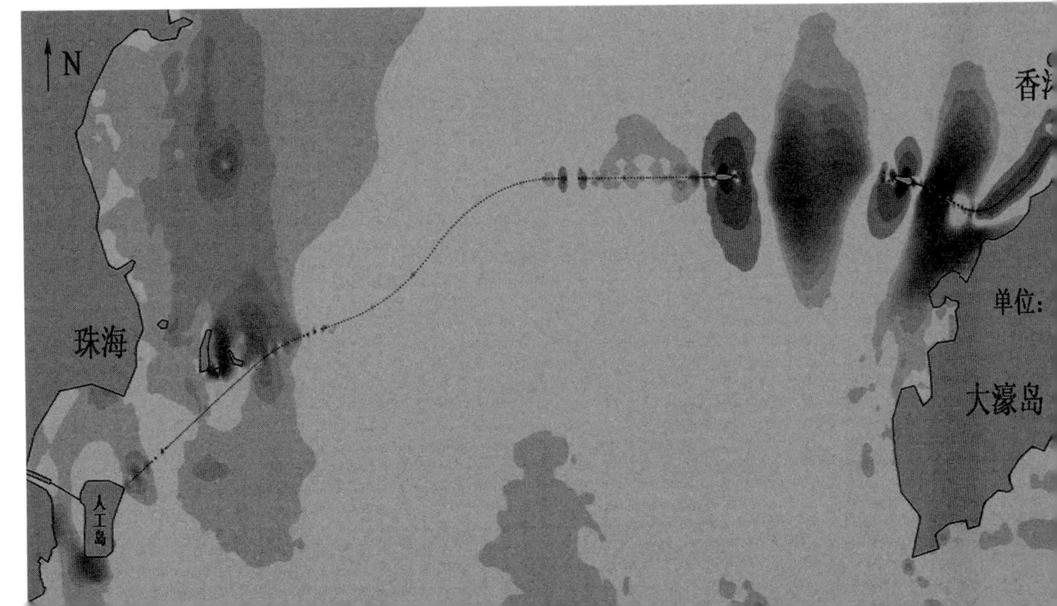

1 水动力特征

1.1 径流和输沙

珠江水系主要由西江、北江和东江组成,多年平均径流量约3020亿m^3/a,平均含沙量0.28kg/m^3,平均输沙量约8800万t/a,具有多水少沙的径流特征。其中以西江径流量和输沙量最大,分别占76%和86%,北江次之,分别占12.7%和9.2%,东江最小仅占7.3%和3.3%。上述三江下泄的径流量,经东四门进入伶仃洋的径流量和输沙量,合计占55.3%和41.6%,即径流量1670亿m^3/a,输沙量3664万t/a,其中洪季输入径流量和输沙量约占全年输入总量的80%和90%。

对比多年来实测含沙量变化可以看出(见表2-1-1),随着珠江水系上游一系列水库和水土保护工程的建设,并受人为采沙的影响,珠江上游下泄泥沙减少,伶仃洋四大口门含沙量也呈下降趋势,这种变化对伶仃海床稳定是有利的。

伶仃洋四大口门含沙量变化(单位:kg/m^3) 表2-1-1

日期 站位	1978年洪季		1992.7.2—17		1999.7.15—24		2005.5.10—7.7		2007.8.13—17	
	平均	最大	平均	最大	平均	最大	平均	最大	平均	最大
虎门	0.15	0.31	0.14	0.29	0.07	0.20	0.12	0.25	0.10	0.20
蕉门	0.19	0.40	0.12	0.26	0.35	1.26	—	—	0.06	0.09
洪奇沥	0.22	0.45	0.28	0.53	0.31	1.06	—	—	0.06	0.11
横门	0.23	0.45	0.24	0.47	0.30	1.00	0.19	0.34	0.08	0.16
平均	0.20	0.40	0.20	0.39	0.28	0.88			0.08	0.14
备注	34个潮				连续观测10天					

1.2 潮汐

伶仃洋潮汐属于弱潮型,潮汐系数介于0.94~1.77之间,为不正规半日混合潮型,即每日出现两次高潮和两次低潮,但潮高和潮时存在着明显的日潮不等现象。从多年实测潮位资料来看,珠江干流至伶仃洋的平均潮差均小于2m。

从纵向潮位变化来看,伶仃洋纵向潮差由里向外呈递减变化。根据2007年8月同步实测潮位资料分析:伶仃洋湾顶大虎站最大潮差为2.62m,平均潮差为1.85m;中部内伶仃岛站最大潮差为2.51m,平均潮差为1.52m;湾口桂山岛站最大潮差为2.17m,平均潮差为1.21m;外海大万山站最大潮差为2.02mm,平均潮差为1.12m。

从横向潮位变化来看(见表2-1-2),宝安机场站最大潮差为2.52m,平均潮差为1.70m;横门站最大潮差为1.92m,平均潮差为1.29m。特别是在洪季,因受上游河道径流影响,横门站潮位特别是低潮位较高,潮差较东岸小。同时,从东、西部潮位过程线变化来看(见图2-1-1),涨潮时东部高于西部,落潮时西部高于东部,因此,在东、西两侧存在横比降,特别是落潮时段横比降更为明显。

2007年8月实测潮差结果(单位:m) 表2-1-2

站位 \ 日期		2007年8月13—14日		2007年8月16—17日	
		平均潮差	最大潮差	平均潮差	最大潮差
大虎站	涨潮	1.93	2.00	1.81	1.90
	落潮	1.87	2.62	1.80	2.18
	平均潮差:1.85m、最大潮差2.62m				
南沙站	涨潮	1.78	1.83	1.70	1.75
	落潮	1.75	2.53	1.62	2.03
	平均潮差:1.71m、最大潮差2.53m				
内伶仃岛站	涨潮	1.66	1.67	1.40	1.52
	落潮	1.60	2.51	1.43	1.86
	平均潮差:1.52m、最大潮差2.51m				
桂山岛站	涨潮	1.32	1.35	1.12	1.16
	落潮	1.30	2.17	1.09	1.51
	平均潮差:1.21m、最大潮差2.17m				
大万山站	涨潮	1.26	1.34	1.00	1.06
	落潮	1.19	2.02	1.05	1.43
	平均潮差:1.12m、最大潮差2.02m				
横门站	涨潮	1.37	1.60	1.24	1.28
	落潮	1.32	1.92	1.24	1.57
	平均潮差:1.29m、最大潮差1.92m				

续上表

站位＼日期		2007 年 8 月 13—14 日		2007 年 8 月 16—17 日	
		平均潮差	最大潮差	平均潮差	最大潮差
宝安机场站	涨潮	1.75	1.82	1.67	1.76
	落潮	1.71	2.52	1.66	2.07
	平均潮差:1.70m、最大潮差 2.52m				

根据桥区附近澳门站 1925—2003 年验潮资料分析(见表 2-1-3),澳门站平均潮差 1.06m,最大潮差为 3.5m,最小潮差为 0.02m。根据珠海站 2003 年验潮资料分析,珠海站平均潮差为 1.24m,最大潮差为 3.04m,最小潮差为 0.11m。

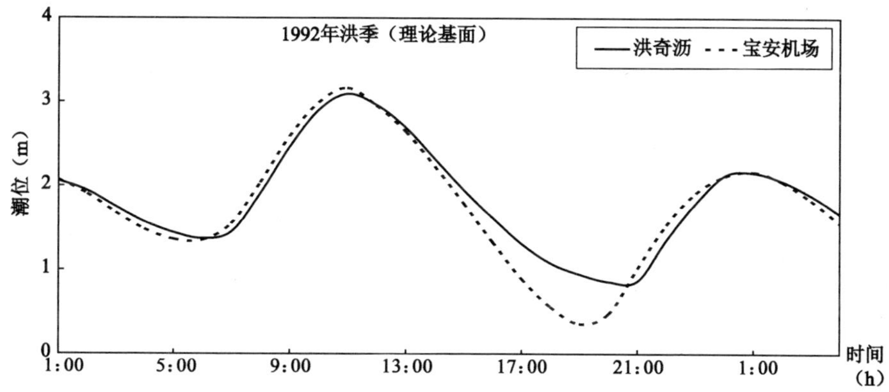

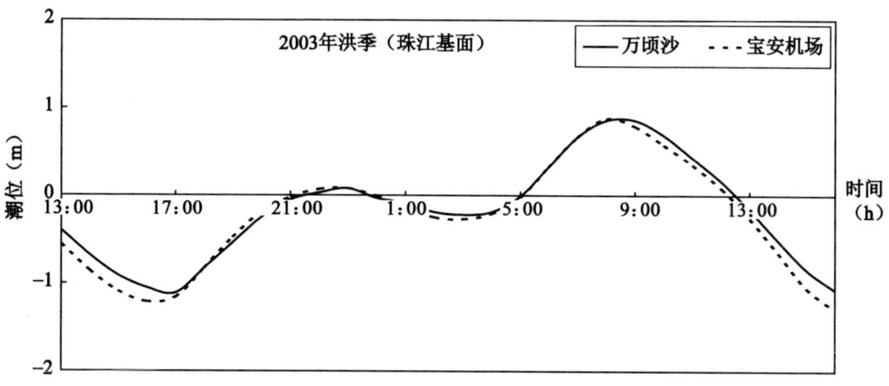

图 2-1-1

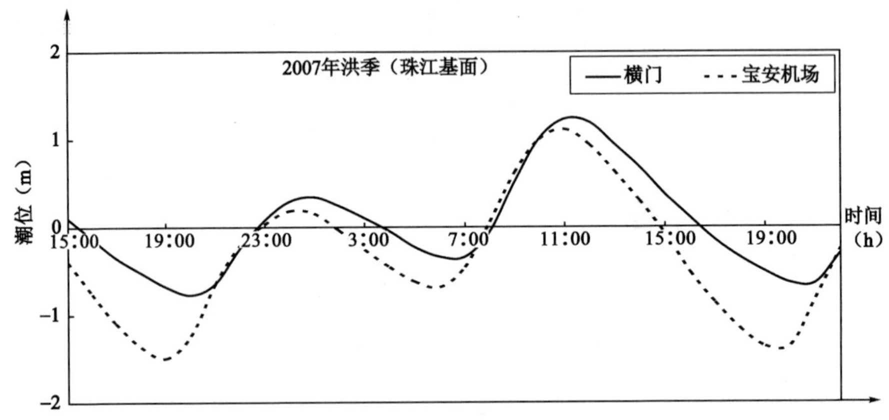

图 2-1-1　伶仃洋东、西潮位过程线对比

工程区附近潮汐特征值统计　　表 2-1-3

测站 / 特征值	澳门站(m)	珠海站(m)
最高潮位	3.52	2.51
最低潮位	-1.24	-1.28
平均高潮位	1.05	1.05
平均低潮位	0.00	-0.20
最大潮差	3.50	3.04
最小潮差	0.02	0.11
平均潮差	1.06	1.24
平均海平面	0.54	0.48
资料期限	1925—2003 年	2003 年

注：表中潮位基准面采用 1985 国家高程基准面。

1.3　潮流

1.3.1　伶仃洋整体潮流特征

(1)伶仃洋潮流变化，从 1991 年、1992 年、1999 年、2002 年、2003 年、2005 年和 2007 年七次水文测量资料分析来看，深槽水域的流速大小与潮差有着密切关系，见表 2-1-4 和图 2-1-2。变化特点是潮差愈大，涨、落潮平均流速也愈大，反

之,潮差愈小,涨、落潮平均流速也就愈小,这种相互关系,在涨潮状态下具有较好的相关性,而落潮时相关性较差,究其原因主要是径流的影响所致。

不同时期潮段平均流速和潮差的变化 表 2-1-4

项目	站位	1991 年 12 月			1992 年 7 月			1999 年 9 月			2007 年 8 月		
		涨潮	落潮	平均	涨潮	落潮	平均	涨潮	落潮	平均	涨潮	落潮	平均
潮段平均流速(m/s)	虎门 2 站	0.42	0.53	0.48	0.55	0.67	0.61	0.29	0.59	0.44	0.52	0.54	0.53
	蕉门站	0.40	0.44	0.42	0.28	0.66	0.47	0.17	0.47	0.32	0.33	0.49	0.41
	伶仃 1 站	0.37	0.42	0.40	0.44	0.54	0.49	0.33	0.46	0.40	0.29	0.46	0.38
	伶仃 2 站	0.35	0.47	0.41	0.41	0.51	0.46	0.22	0.52	0.37	0.43	0.61	0.52
	伶仃 3 站	0.35	0.33	0.34	0.44	0.34	0.39	—	—	—	0.52	0.44	0.48
	矾石站	0.37	0.40	0.38	0.44	0.53	0.48	—	—	—	0.41	0.54	0.47
平均潮差(m)	桂山岛	1.26	1.26	1.26	1.46	1.39	1.43	0.82	0.86	0.84	1.32	1.30	1.31
	内伶仃	1.45	1.46	1.46	1.54	1.51	1.53	1.02	1.07	1.05	1.67	1.60	1.63
	虎 门	1.67	1.66	1.67	1.83	1.83	1.83	1.30	1.33	1.32	1.93	1.87	1.90

注:本表中各流速站每次测量站位坐标均相同。

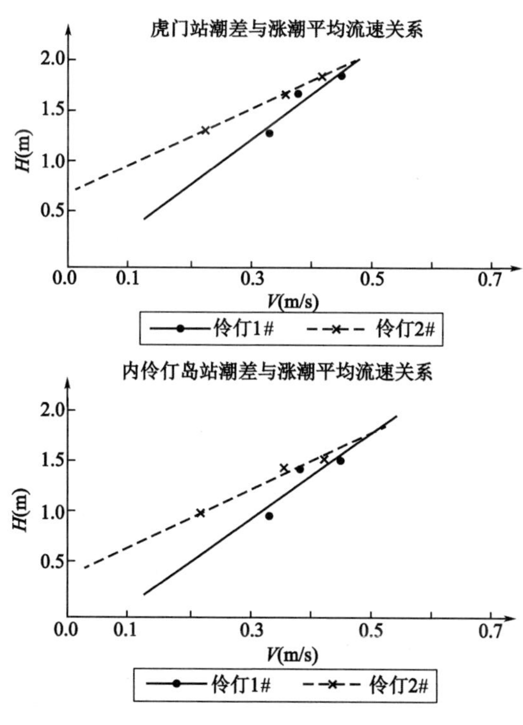

图 2-1-2 伶仃洋海域潮差与流速相关曲线

(2)伶仃洋潮流,在大濠岛以里基本呈往复流动,涨、落潮水流近似南北向;大濠岛以外海域,水面开阔,涨、落潮水流呈旋转流特征(见图 2-1-3 ~ 图 2-1-7)。潮段平均流速,内伶仃岛以北(上段)是落潮大于涨潮,内伶仃岛以南(下段)基本是涨潮大于落潮。其中上段的平均流速,矾石水道和伶仃水道基本相近,下段以伶仃航道为强,而铜鼓海域为伶仃洋中最低的流速区。根据实测水文资料统计,伶仃航道沿程平均流速的变化和垂线平均流速的分布如图 2-1-8 和表 2-1-4 所示。

(3)矾石水道和伶仃水道深槽之间具有水量自动调节功能。从 2007 年 8 月现场实测大潮型的涨、落潮潮差分别为 1.67m 和 1.60m,比 1992 年 7 月略大(见表 2-1-4)。此时,沿伶仃航道涨、落潮流速也比 1992 年 7 月要大,这是符合伶仃水道流速与潮差的变化规律。但就矾石水道流速的变化,虽然 2007 年 8 月实测涨、落潮潮差较 1992 年 7 月要大,而流速是呈减小趋势,因此伶仃航道流速增大与矾石水道流速减小可充分体现了两水道之间水量具有重新分配或水流自动相互调整的变化规律。

由于 1992 年和 2007 年两次测量潮差不同,两条水道的流速变化还不是很直观。考虑到两次实测潮型的潮差相差不大,仅有 0.1m,为此,我们根据流速与潮差基本呈线性关系的特点,将 2007 年的数据进行修正,换算成与 1992 年涨、落潮潮差相等时的结果,见表 2-1-5。从修正后的结果可以看出,在伶仃航道不断疏浚情况下,2007 年与 1992 年相比,当涨、落潮差相同时,伶仃航道流速增大,增幅介于 -2.4% ~23.5% 之间,平均值约为 10.6%;矾石水道流速减小,涨、落潮平均减幅值约为 8.7%。这也就是说,伶仃航道开挖后,矾石水道和伶仃水道之间存在着水量重新分配或水流自动调整的变化,其结果有利于伶仃航道水深的维护。

不同时期潮段平均流速和潮差的变化 表 2-1-5

项目	站位	1992 年 7 月		2007 年 8 月		2007 年 8 月 数据修正		变化量(%)	
		涨潮	落潮	涨潮	落潮	涨潮	落潮	涨潮	落潮
潮段平均流速(m/s)	伶仃 1 站	0.44	0.54	0.29	0.46	0.47	0.61	6.8	13.0
	伶仃 2 站	0.41	0.51	0.41	0.61	0.40	0.58	-2.4	13.7
	伶仃 3 站	0.44	0.34	0.52	0.44	0.48	0.42	9.1	23.5
	矾石站	0.44	0.53	0.41	0.54	0.38	0.51	-13.6	-3.8
潮差(m)	内伶仃岛	1.54	1.51	1.67	1.60	1.54	1.51		

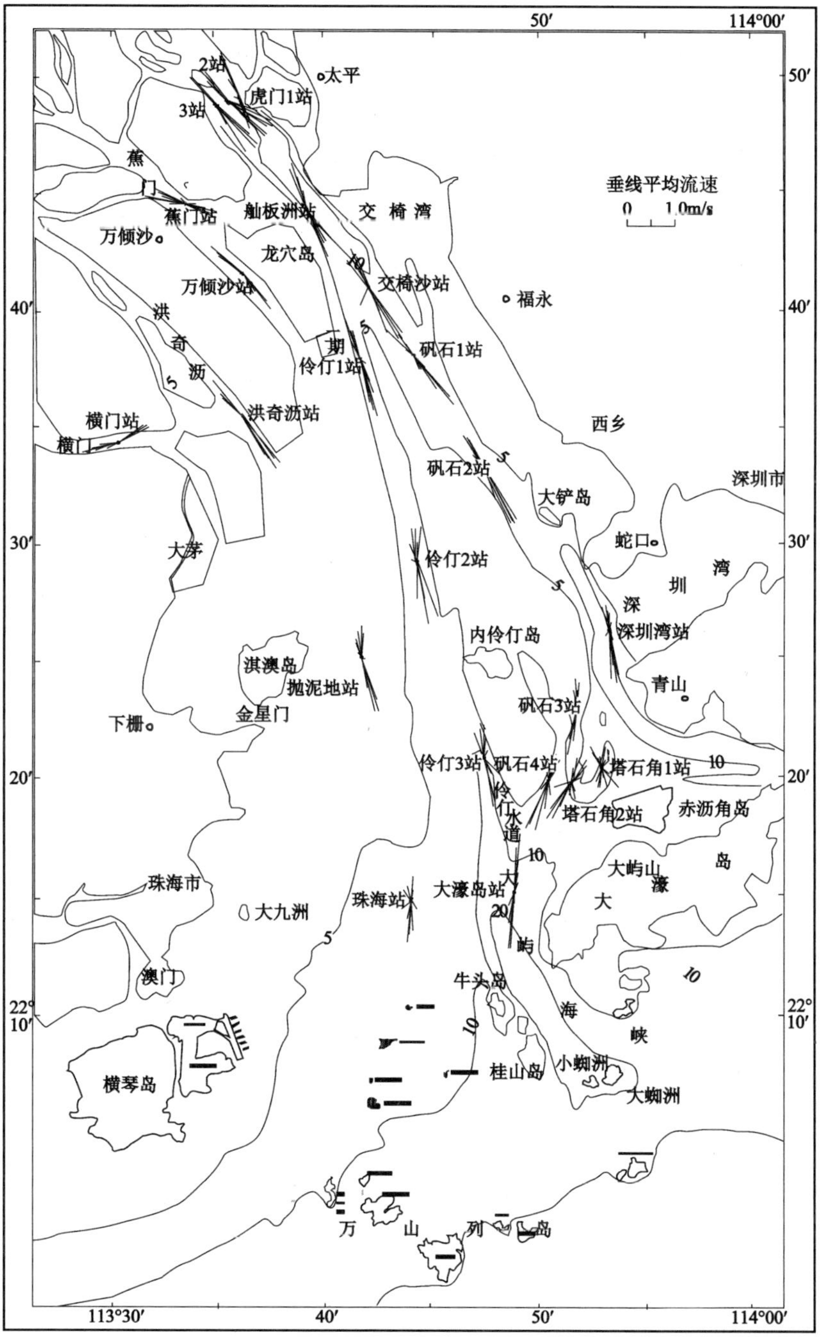

图2-1-3 伶仃洋海域实测流速矢量(1991.12.19—21)

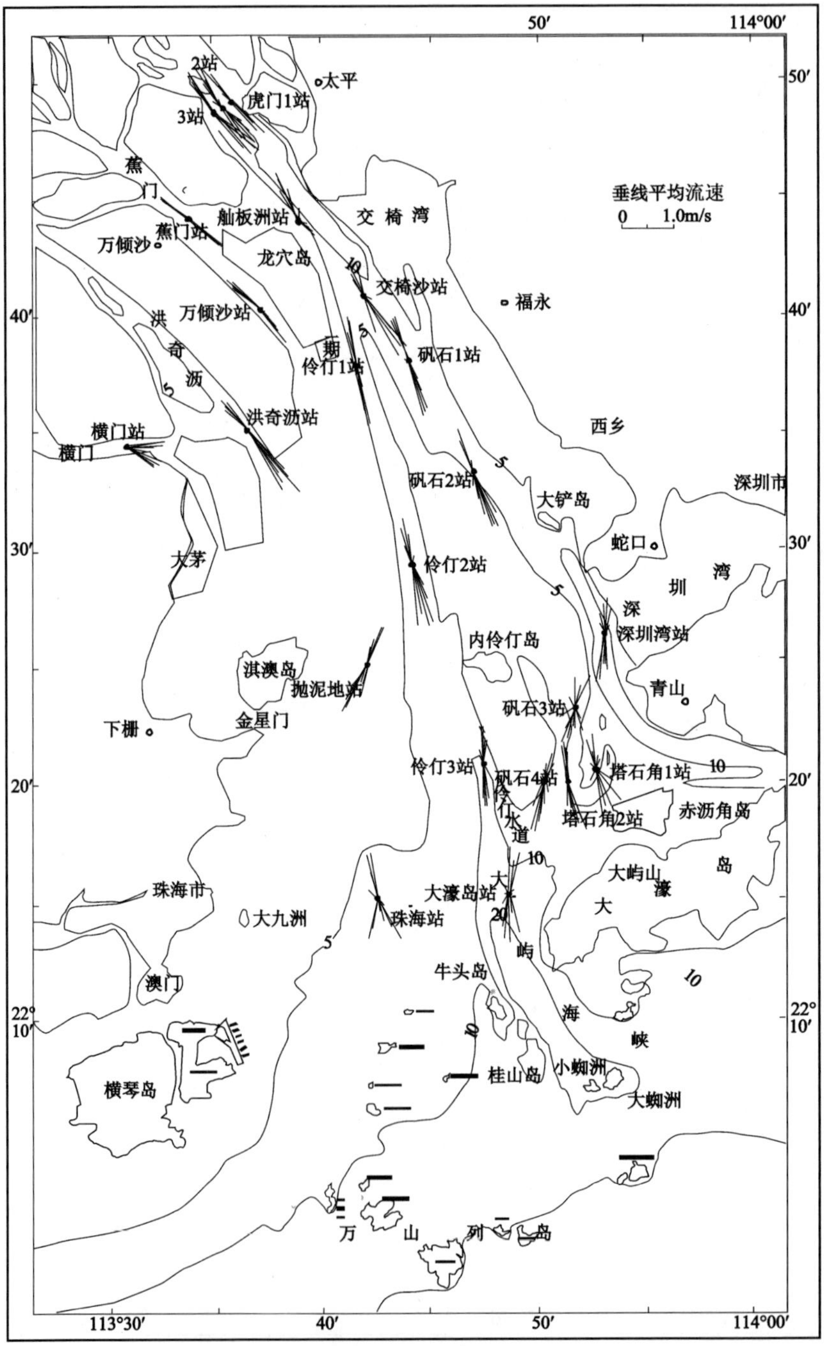

图 2-1-4　伶仃洋海域实测流速矢量(1992.7.2—17)

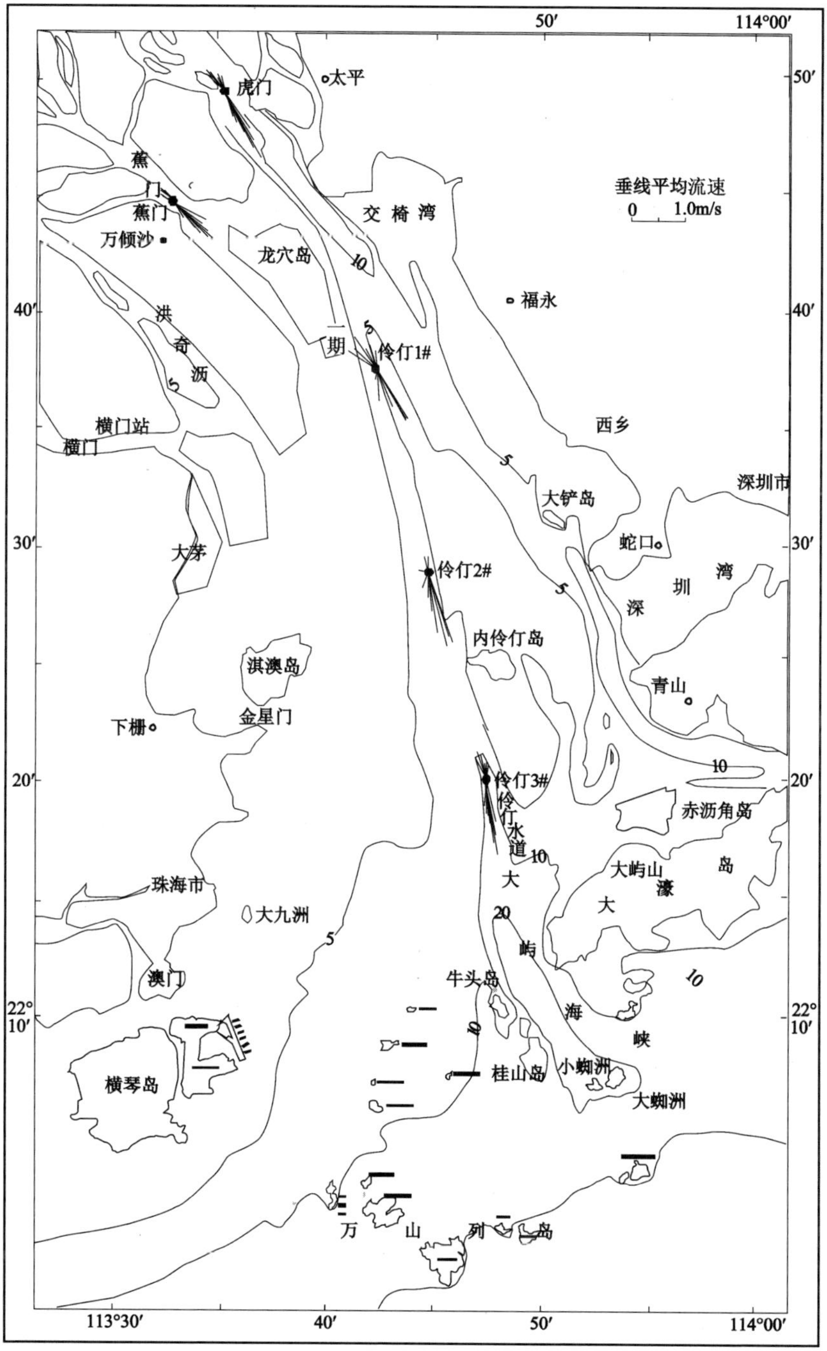

50′ 114°00′
50′
太平
虎门
蕉门
蕉门
万倾沙
交椅湾
龙穴岛
垂线平均流速
0 1.0m/s
10
福永
40′ 40′
洪奇沥
一期
伶仃1#
5
横门站
横门
西乡
5
深圳市
大铲岛
30′ 30′
大茅
蛇口
伶仃2#
深圳湾
5
内伶仃岛
淇澳岛
青山
下栅
金星门
10
20′ 20′
伶仃3#
伶仃水道
赤沥角岛
10
珠海市
大屿山
大濠岛
大九洲
大屿海峡
20
5
澳门
牛头岛
10
22°10′ 22°10′
10
横琴岛
桂山岛
小蜘洲
大蜘洲
万山列岛
113°30′ 40′ 50′ 114°00′

图 2-1-5 伶仃洋海域实测流速矢量(1999.9)

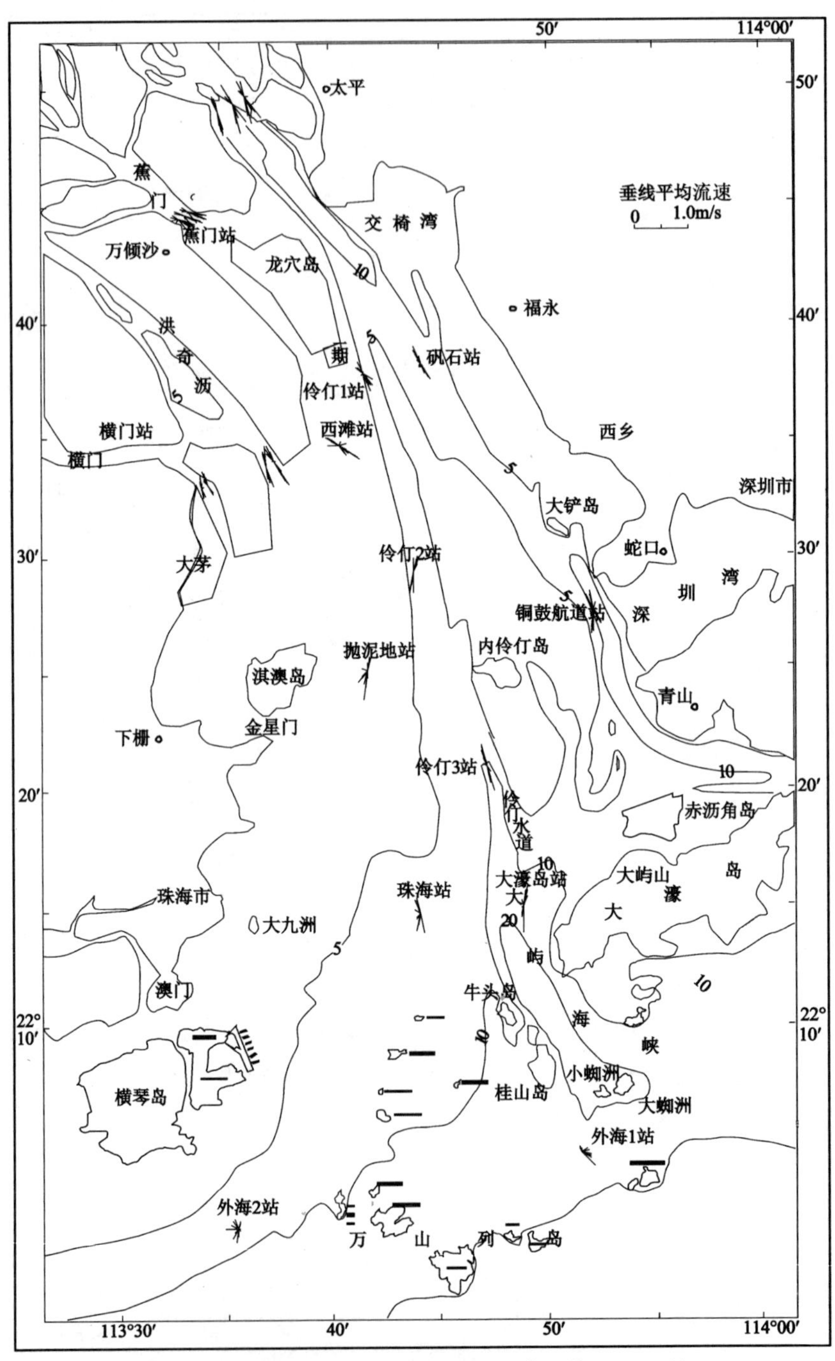

图 2-1-6　伶仃洋海域实测流速矢量(2007 年 8 月 13—14 日)

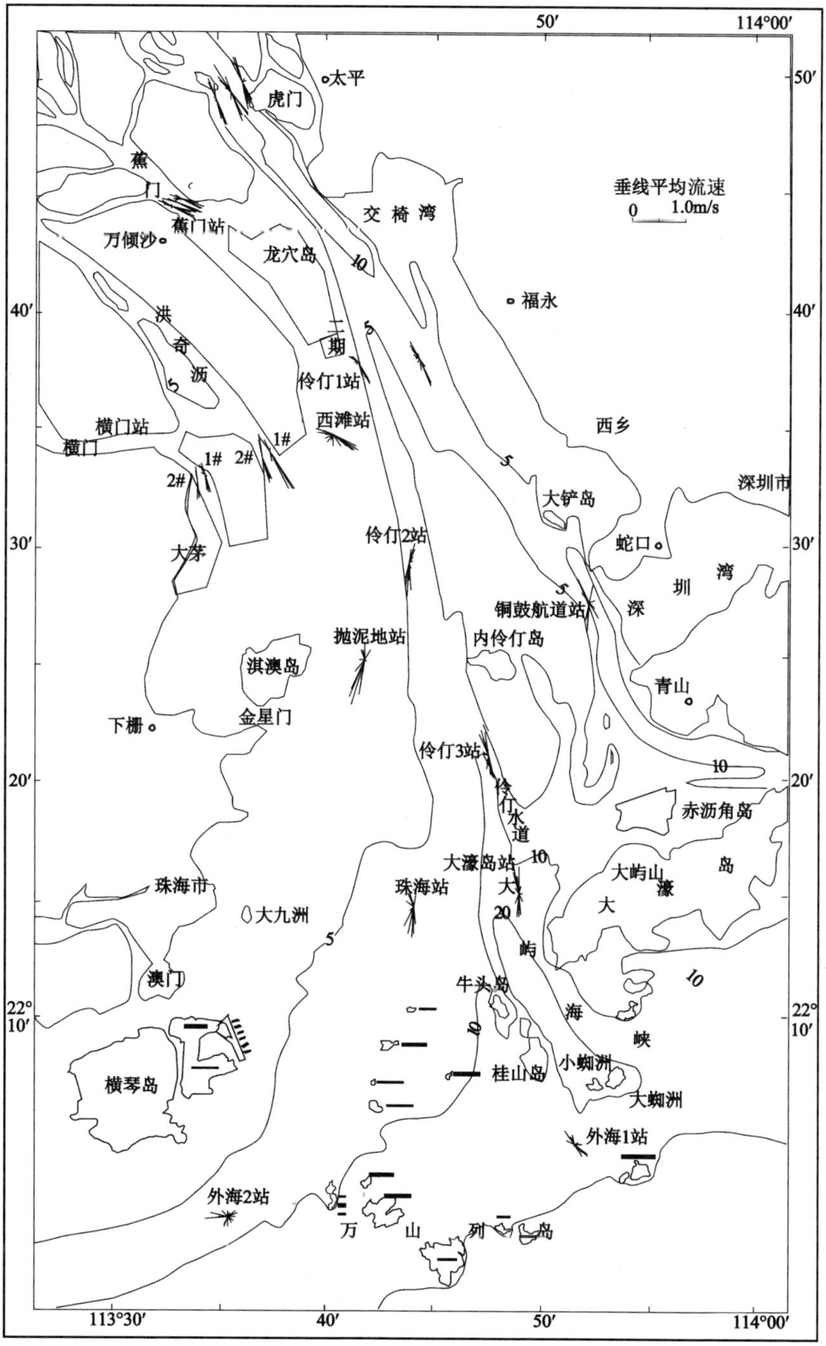

图 2-1-7 伶仃洋海域实测流速矢量(2007 年 8 月 16—17 日)

涨潮

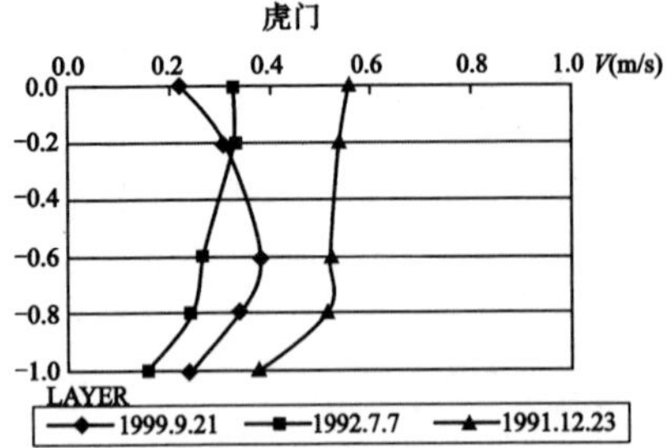

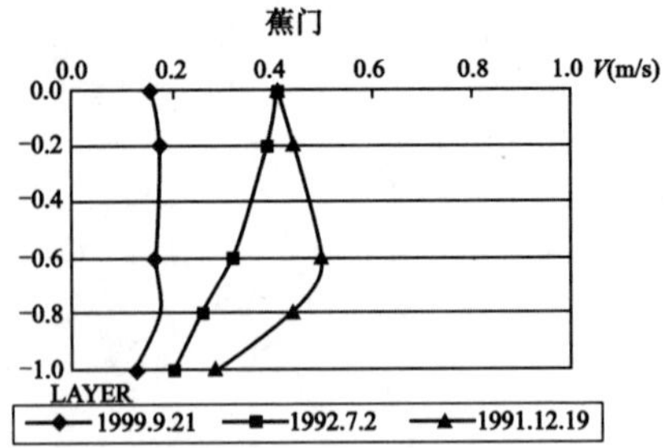

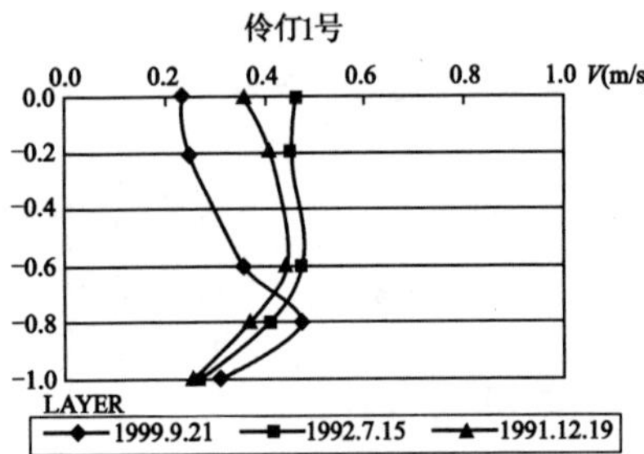

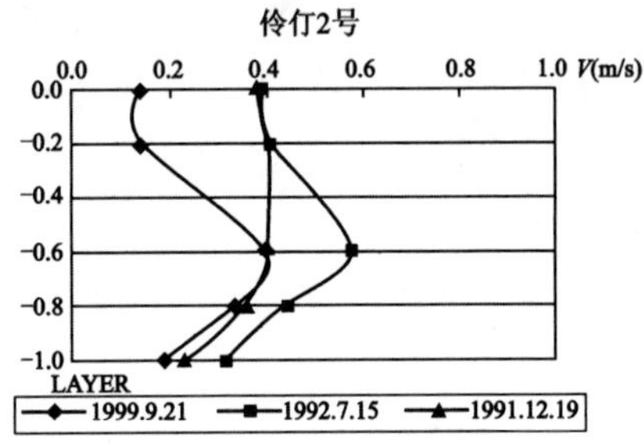

落潮

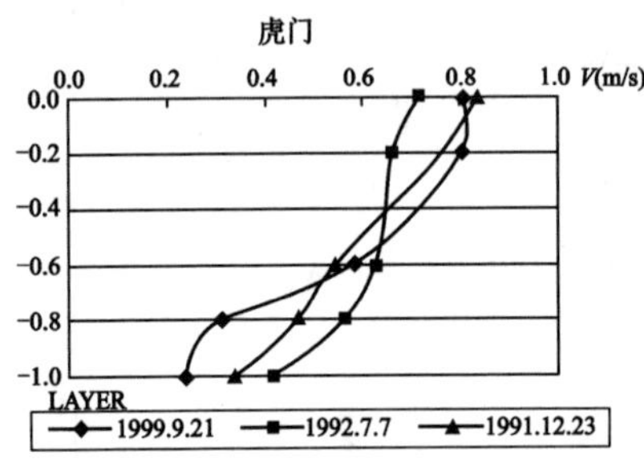

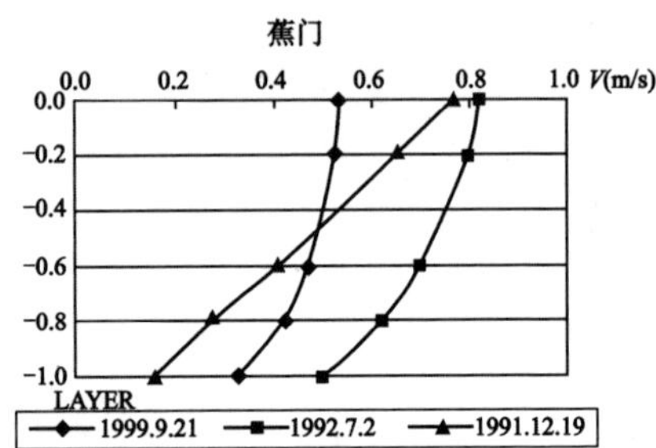

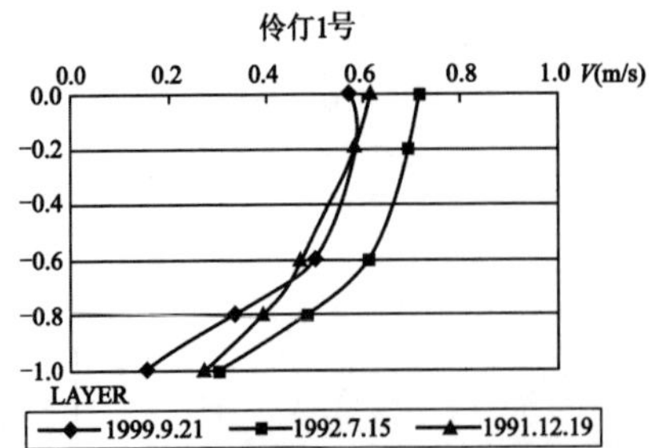

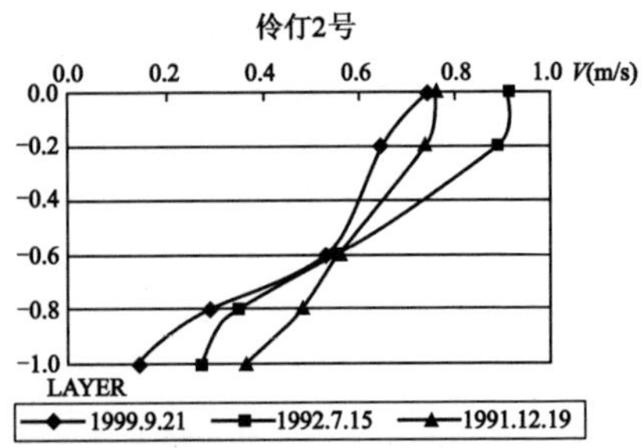

图 2-1-8　伶仃洋海域平均流速垂线分布

1.3.2 桥区附近潮流特征

2009年3月和6月在大桥附近布置了11条水文垂线，进行了洪、枯季大、小潮水文测量（见图2-1-9～图2-1-12，表2-1-6～表2-1-14）。实测资料表明，受地形的影响，各垂线涨、落潮主流向略有不同，但整体上涨潮主流是指向北，落潮主流是指向南，流速变化具有落潮大于涨潮，深槽大于浅滩的特点。

工程区各站垂线平均最大流速及流向统计结果 表2-1-6

垂线号	潮段	枯季				洪季			
		大潮		小潮		大潮		小潮	
		流速(m/s)	流向(°)	流速(m/s)	流向(°)	流速(m/s)	流向(°)	流速(m/s)	流向(°)
CL1	涨潮	0.73	352	0.40	347	0.91	8	0.35	2
	落潮	0.62	177	0.68	176	0.71	178	0.62	182
CL2	涨潮	0.87	350	0.51	349	0.91	355	0.52	4
	落潮	1.30	176	1.00	174	1.47	171	0.54	175
CL3	涨潮	0.81	26	0.44	26	0.70	25	0.47	38
	落潮	0.82	214	0.64	218	1.09	219	0.52	202
CL4	涨潮	0.88	359	0.37	16	0.86	11	0.47	352
	落潮	0.70	192	0.61	184	1.14	198	0.54	198
CL5	涨潮	0.81	339	0.48	349	0.91	346	0.51	353
	落潮	1.36	166	0.68	172	1.28	161	0.67	161
CL6	涨潮	0.77	16	0.28	358	0.82	15	0.39	354
	落潮	0.74	167	0.77	168	1.00	164	0.67	179
CL7	涨潮	0.73	340	0.37	275	0.71	353	0.30	358
	落潮	0.69	166	0.85	167	0.71	157	0.37	166
CL8	涨潮	0.58	4	0.37	29	0.63	9	0.39	11
	落潮	0.53	174	0.64	189	0.63	165	0.31	165
CL9	涨潮	0.38	355	0.30	333	0.33	349	0.31	336
	落潮	0.43	183	0.24	175	0.44	161	0.18	149
CL10	涨潮	0.97	5	0.48	354	1.03	359	0.60	347
	落潮	0.97	185	0.77	168	1.47	185	0.52	177
CL11	涨潮	0.73	356	0.32	347	0.72	343	0.43	320
	落潮	0.84	181	0.79	196	0.85	170	0.56	193

沿伶仃航道深槽内各站涨、落潮流呈往复运动，涨急时基本指向N向，落急时基本指向S向。各站平均流速变化，枯季涨潮介于0.24～0.55m/s之间，平均值为0.38m/s，垂线平均最大流速介于0.37～0.97m/s之间；枯季落潮介于0.33～0.79m/s之间，平均值为0.49m/s，垂线平均最大流速介于0.61～1.36m/s之间；洪季涨潮介于0.19～0.56m/s之间，平均值为0.32m/s，垂线平均最大流速介于0.35～1.03m/s之间；洪季落潮介于0.17～0.79m/s之间，平均值为0.42m/s，垂线平均最大流速介于0.52～1.47m/s之间。

西滩各站涨、落潮水流也呈往复运动，涨急时基本指向N向，落急时基本为S向，但小潮时旋转流特征也会有所表现。各站平均流速变化，枯季涨潮介于0.14～0.40m/s之间，平均值为0.26m/s，垂线平均最大流速介于0.28～0.77m/s之间；枯季落潮介于0.15～0.50m/s之间，平均值为0.38m/s，垂线平均最大流速介于0.24～0.77m/s之间；洪季涨潮介于0.16～0.39m/s之间，平均值为0.25m/s，垂线平均最大流速介于0.30～0.82m/s之间；洪季落潮介于0.07～0.55m/s之间，平均值为0.31m/s，垂线平均最大流速介于0.18～1.0m/s之间。

各站实测涨、落潮流速沿垂线分布（见表2-1-7～表2-1-10），表层大于底层，最大流速基本出现在表层。

工程区枯季大潮平均流速及流向沿垂线分布统计结果［单位：流速（m/s），流向（°）］

表2-1-7

垂线号			CL01	CL02	CL03	CL04	CL05	CL06	CL07	CL08	CL09	CL10	CL11
表层	涨潮	流速	0.59	0.69	0.45	0.47	0.51	0.38	0.56	0.43	0.33	0.57	0.51
		流向	352	355	47	16	352	14	347	5	6	18	359
	落潮	流速	0.42	1.00	0.68	0.76	0.80	0.82	0.52	0.40	0.27	0.76	0.68
		流向	196	183	213	185	164	173	175	177	183	186	195
中层	涨潮	流速	0.44	0.60	0.50	0.59	0.44	0.49	0.44	0.32	0.22	0.62	0.44
		流向	349	341	36	0	352	355	345	15	352	356	352
	落潮	流速	0.38	0.62	0.40	0.45	0.73	0.39	0.45	0.31	0.30	0.51	0.57
		流向	178	181	207	186	163	174	165	180	170	176	183
底层	涨潮	流速	0.34	0.41	0.40	0.46	0.46	0.34	0.37	0.25	0.19	0.47	0.36
		流向	348	330	35	3	350	350	348	11	10	7	352
	落潮	流速	0.32	0.37	0.29	0.34	0.59	0.29	0.35	0.27	0.22	0.43	0.32
		流向	172	177	195	187	162	191	163	166	170	173	189

续上表

垂线号			CL01	CL02	CL03	CL04	CL05	CL06	CL07	CL08	CL09	CL10	CL11
垂线平均	涨潮	流速	0.43	0.53	0.43	0.55	0.43	0.38	0.40	0.27	0.23	0.53	0.39
		流向	350	347	38	3	352	3	351	11	2	1	354
	落潮	流速	0.38	0.66	0.42	0.51	0.79	0.49	0.44	0.36	0.22	0.52	0.50
		流向	181	178	207	185	164	167	164	175	180	179	181

工程区枯季小潮平均流速及流向沿垂向分布统计结果[单位:流速(m/s),流向(°)]

表 2-1-8

垂线号			CL01	CL02	CL03	CL04	CL05	CL06	CL07	CL08	CL09	CL10	CL11
表层	涨潮	流速	0.23	0.30	0.09	0.21	0.29	0.21	0.08	0.26	0.18	0.48	0.18
		流向	325	344	19	325	333	39	0	36	339	335	298
	落潮	流速	0.40	0.71	0.43	0.63	0.47	0.62	0.58	0.45	0.14	0.60	0.49
		流向	202	190	216	206	188	191	185	209	204	180	201
中层	涨潮	流速	0.19	0.29	0.30	0.27	0.33	0.33	0.31	0.33	0.21	0.30	0.25
		流向	323	349	45	20	356	22	41	20	336	2	4
	落潮	流速	0.34	0.57	0.35	0.37	0.53	0.47	0.59	0.48	0.17	0.52	0.51
		流向	180	174	203	182	167	166	168	167	198	173	175
底层	涨潮	流速	0.22	0.22	0.27	0.15	0.27	0.20	0.29	0.23	0.17	0.24	0.28
		流向	345	332	34	26	349	352	23	359	356	26	341
	落潮	流速	0.28	0.33	0.26	0.12	0.43	0.32	0.44	0.37	0.22	0.42	0.33
		流向	178	174	201	144	160	154	155	149	212	167	171
垂线平均	涨潮	流速	0.24	0.27	0.30	0.25	0.32	0.19	0.18	0.18	0.20	0.29	0.14
		流向	336	346	33	6	332	357	347	26	334	356	344
	落潮	流速	0.33	0.57	0.35	0.33	0.47	0.40	0.40	0.37	0.15	0.52	0.46
		流向	186	177	211	192	170	177	174	177	204	173	180

工程区洪季大潮平均流速及流向沿垂向分布统计结果[单位:流速(m/s),流向(°)]

表 2-1-9

垂线号			CL01	CL02	CL03	CL04	CL05	CL06	CL07	CL08	CL09	CL10	CL11
表层	涨潮	流速	0.59	0.53	0.41	0.54	0.45	0.74	0.49	0.44	0.24	0.30	0.58
		流向	17	39	46	47	17	39	32	360	8	9	23
	落潮	流速	0.61	1.23	0.87	0.88	1.05	0.82	0.74	0.65	0.26	0.97	0.82
		流向	161	174	203	152	146	157	161	171	152	172	144

续上表

垂线号			CL01	CL02	CL03	CL04	CL05	CL06	CL07	CL08	CL09	CL10	CL11
中层	涨潮	流速	0.43	0.48	0.36	0.63	0.48	0.47	0.27	0.38	0.20	0.80	0.48
		流向	359	349	10	1	332	9	342	5	328	356	328
	落潮	流速	0.52	0.91	0.80	0.67	0.80	0.61	0.54	0.47	0.29	0.84	0.60
		流向	176	171	216	197	167	175	163	163	178	186	177
底层	涨潮	流速	0.32	0.31	0.28	0.51	0.57	0.31	0.33	0.34	0.15	0.73	0.35
		流向	347	315	22	356	338	357	319	337	345	23	325
	落潮	流速	0.32	0.63	0.54	0.50	0.51	0.40	0.31	0.37	0.26	0.71	0.34
		流向	183	165	226	215	171	160	179	158	192	183	189
垂线平均	涨潮	流速	0.39	0.36	0.29	0.47	0.38	0.39	0.26	0.28	0.16	0.52	0.36
		流向	6	358	31	16	350	25	360	352	333	359	345
	落潮	流速	0.40	0.77	0.66	0.51	0.70	0.55	0.46	0.45	0.21	0.79	0.48
		流向	171	170	215	184	161	163	163	164	174	181	163

工程区洪季小潮平均流速及流向沿垂向分布统计结果[单位:流速(m/s),流向(°)]

表 2-1-10

垂线号			CL01	CL02	CL03	CL04	CL05	CL06	CL07	CL08	CL09	CL10	CL11
表层	涨潮	流速	0.09	0.35	0.18	0.14	0.11	0.17	0.26	0.13	0.13	0.12	0.37
		流向	313	17	54	331	336	337	319	344	331	346	292
	落潮	流速	0.53	0.65	0.31	0.40	0.49	0.47	0.27	0.23	0.08	0.56	0.55
		流向	190	176	222	179	170	160	180	177	141	198	227
中层	涨潮	流速	0.18	0.29	0.17	0.21	0.29	0.19	0.20	0.20	0.16	0.35	0.47
		流向	354	356	50	5	32	60	356	17	337	350	324
	落潮	流速	0.24	0.22	0.31	0.30	0.45	0.56	0.36	0.20	0.10	0.38	0.35
		流向	184	168	195	174	150	177	169	165	155	173	208
底层	涨潮	流速	0.11	0.14	0.07	0.17	0.24	0.14	0.14	0.18	0.13	0.25	0.13
		流向	337	18	12	319	331	26	8	23	358	351	1
	落潮	流速	0.10	0.15	0.28	0.25	0.18	0.14	0.08	0.20	0.16	0.24	0.08
		流向	206	179	225	217	149	168	186	167	170	166	221
垂线平均	涨潮	流速	0.19	0.33	0.23	0.27	0.31	0.18	0.21	0.21	0.18	0.35	0.29
		流向	352	351	37	357	352	13	341	6	343	347	310
	落潮	流速	0.17	0.18	0.20	0.21	0.27	0.33	0.14	0.12	0.07	0.22	0.26
		流向	187	168	207	202	163	175	172	173	170	176	212

洪、枯季余流基本上指向湾外(见表2-1-11～表2-1-14),西滩东部和中部各垂线余流较其他垂线大,且大部分表层余流要大于其他层次余流,较大的余流大部分指向珠江口外,也存在个别较小的余流指向口内的情况。特别是大濠水道底部因受高盐陆架水入侵的影响,深槽底部余流也是指向湾内。

工程区枯季大潮余流流速及流向沿垂线分布统计结果[单位:流速(cm/s),流向(°)]

表2-1-11

垂线号	表层		中层		底层		垂线平均	
	流速	流向	流速	流向	流速	流向	流速	流向
CL01	11.8	258	3.2	285	2.7	332	4.6	274
CL02	22.0	179	13.5	212	7.6	235	15.0	194
CL03	9.7	196	2.9	36	4.0	58	0.9	135
CL04	11.3	168	6.3	330	7.0	352	3.0	326
CL05	23.2	167	9.8	148	6.0	150	12.6	160
CL06	37.4	164	5.5	160	3.6	234	10.9	156
CL07	5.7	236	1.4	30	3.1	8	1.3	287
CL08	2.7	99	3.8	70	4.6	40	3.4	64
CL09	5.8	333	1.6	342	2.3	25	3.0	346
CL10	20.9	182	4.8	23	10.0	51	1.7	131
CL11	19.7	219	3.0	220	4.5	324	6.0	232

工程区枯季小潮余流流速及流向沿垂线分布统计结果[单位:流速(cm/s),流向(°)]

表2-1-12

垂线号	表层		中层		底层		垂线平均	
	流速	流向	流速	流向	流速	流向	流速	流向
CL01	11.8	262	6.0	252	1.7	26	6.8	249
CL02	19.3	204	6.1	228	4.7	279	7.8	205
CL03	14.0	212	8.8	52	7.4	36	2.6	43
CL04	17.1	249	8.1	32	9.2	39	2.6	359
CL05	13.9	250	4.2	280	3.1	308	6.1	257
CL06	35.1	194	7.6	178	1.8	15	13.1	189

续上表

垂线号	表　层		中　层		底　层		垂线平均	
	流速	流向	流速	流向	流速	流向	流速	流向
CL07	27.0	203	13.2	180	6.1	58	11.7	189
CL08	4.5	271	10.9	112	17.8	84	7.8	95
CL09	13.2	318	13.4	325	10.6	326	12.4	323
CL10	6.2	199	3.6	345	5.2	33	2.4	9
CL11	26.1	197	6.1	190	1.2	162	10.1	187

工程区洪季大潮余流流速垂线分布统计[单位:流速(cm/s),流向(°)]

表 2-1-13

垂线号	表　层		中　层		底　层		垂线平均	
	流速	流向	流速	流向	流速	流向	流速	流向
CL01	19.9	97	2.5	197	6.7	296	4.9	109
CL02	32.2	151	14.0	186	5.2	209	17.3	168
CL03	7.0	149	9.7	223	9.0	243	8.0	229
CL04	25.4	96	3.1	350	10.8	262	3.4	114
CL05	23.2	108	4.4	208	5.2	270	7.6	125
CL06	31.1	99	6.3	115	6.0	113	13.8	103
CL07	20.7	75	5.2	209	10.1	256	0.8	140
CL08	1.6	109	2.2	111	2.6	93	0.9	105
CL09	1.8	63	6.5	271	5.7	244	1.7	265
CL10	21.5	163	4.5	325	2.9	153	2.1	259
CL11	12.1	65	16.0	225	12.3	243	6.9	212

工程区洪季小潮余流流速及流向沿垂线分布统计结果[单位:流速(cm/s),流向(°)]

表 2-1-14

垂线号	表　层		中　层		底　层		垂线平均	
	流速	流向	流速	流向	流速	流向	流速	流向
CL01	31.1	180	1.8	315	7.2	327	7.4	190
CL02	24.7	155	7.4	349	9.2	356	1.3	54

续上表

垂线号	表层		中层		底层		垂线平均	
	流速	流向	流速	流向	流速	流向	流速	流向
CL03	26.4	215	7.2	145	8.6	238	10.3	191
CL04	26.6	198	6.6	20	12.2	272	5.8	215
CL05	26.2	174	10.0	60	3.0	11	7.3	140
CL06	30.0	171	6.6	163	2.8	28	15.1	166
CL07	10.8	201	6.3	165	3.2	347	1.9	184
CL08	2.5	214	3.5	126	4.8	108	1.2	131
CL09	6.7	338	2.0	348	0.3	99	1.1	343
CL10	18.6	225	5.9	176	3.3	119	3.9	207
CL11	42.5	220	17.3	260	3.0	317	20.9	233

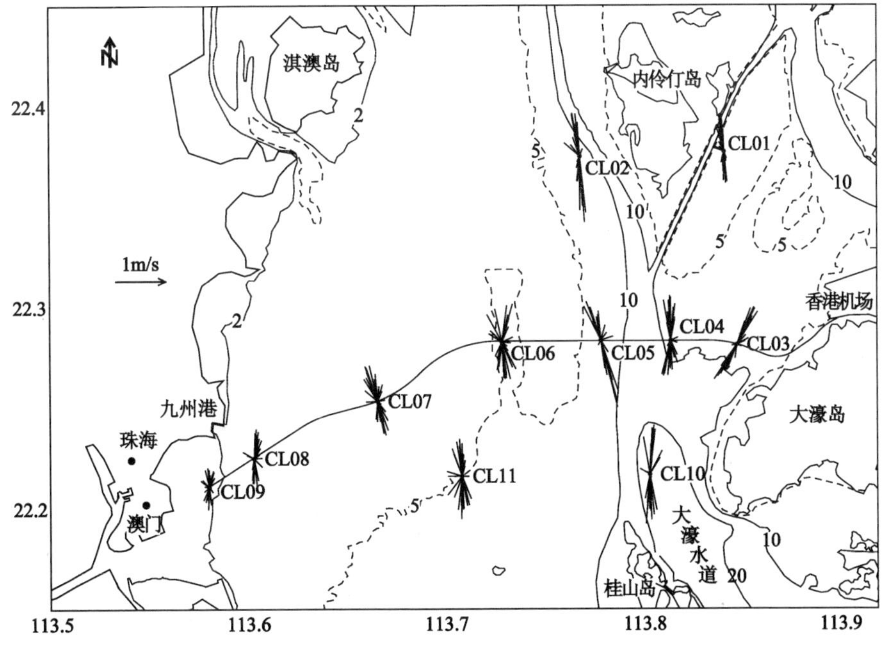

图 2-1-9 桥区附近枯季大潮流速矢量(2009 年)

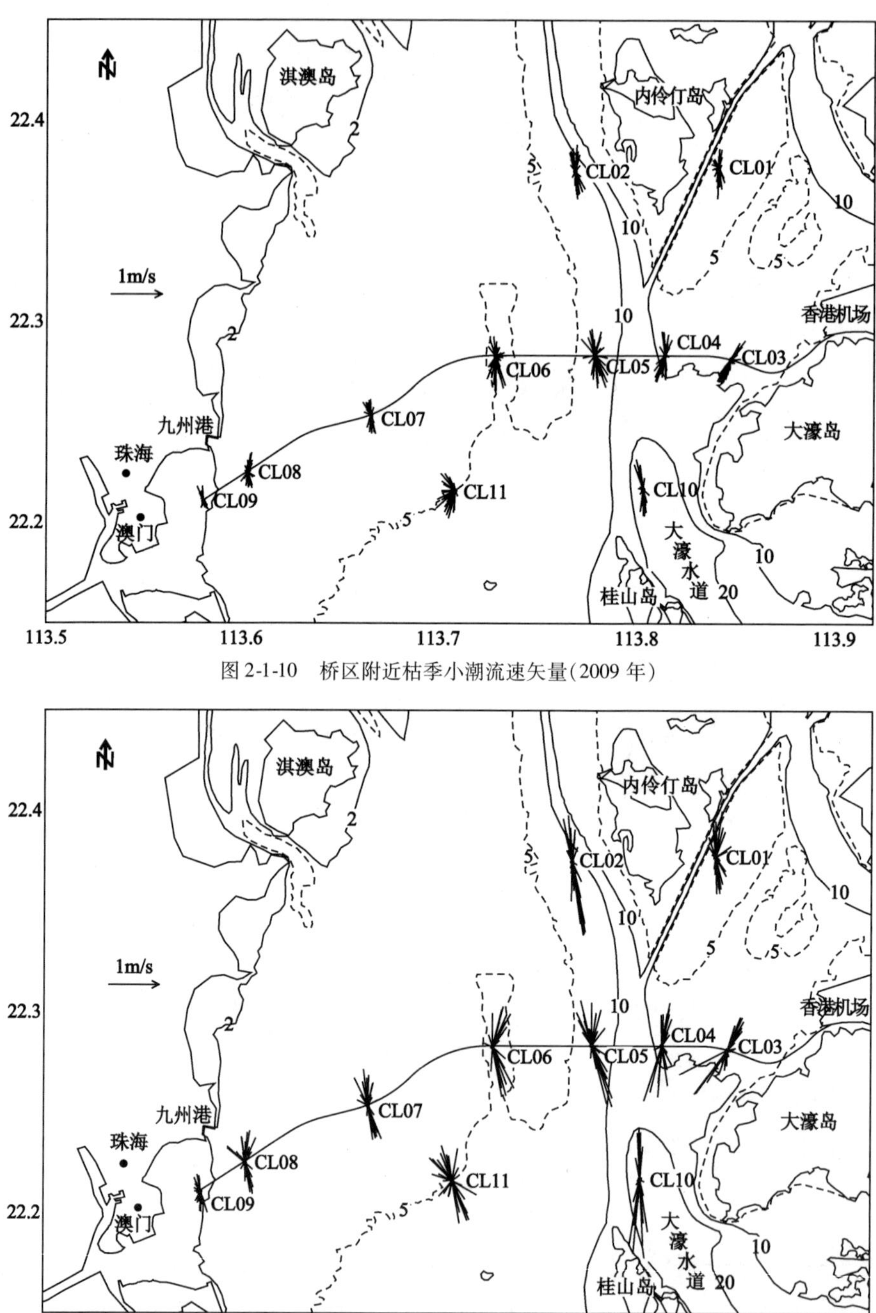

图 2-1-10　桥区附近枯季小潮流速矢量(2009 年)

图 2-1-11　桥区附近洪季大潮流速矢量(2009 年)

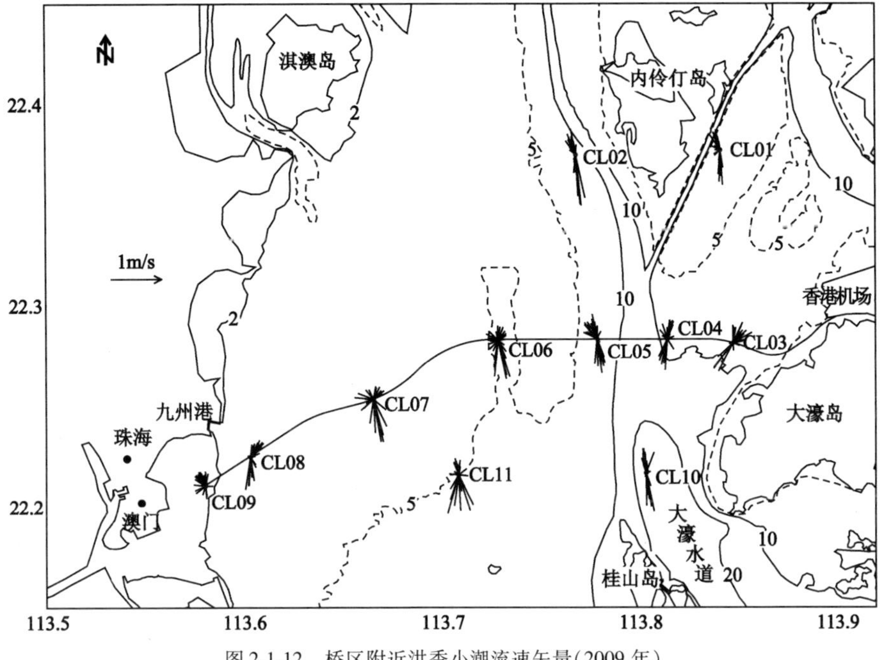

图 2-1-12 桥区附近洪季小潮流速矢量(2009 年)

1.4 波浪

伶仃洋内的波浪主要是风浪。由于湾口岛屿棋布,湾内浅滩连片,因此外海涌浪多被衰减变弱。据交通运输部天津水运工程科学研究所在赤湾实测波浪资料统计,该处全年平均波高仅为 0.2m,台风时最大波高也仅 1.92m(1983 年 9 月 9 日,瞬时风速是 30m/s,风向为 NNW)。波浪的常波向是 SSE 向,其次是 SE 向和 S 向;强波向则为 SSW 向、SW 向和 W 向。

每年 6~10 月常有台风袭击,据有关资料统计,1949—1980 年间在广东沿岸登陆的台风平均每年有 6.2 次,在珠江口登陆的每年约 1.3 次。台风登陆或台风位于深圳市以西的海面时,都会引起伶仃洋内增水,最大增水值,在赤湾海洋站附近约为 1.5m,在虎门口附近约为 2.4m。

据工程区附近大万山站 2001 年 4 月—2002 年 3 月波浪观测数据分析,工程区附近常浪向为 SE 向,出现频率为 70.62%,其次为 S 向,频率为 14.45%;全年平均波高为 1.01~1.32m,平均周期为 5.15~5.70s;2001 年 7 月 2 日大万山站实测最大波高为 3.1m。

2 泥沙特征

2.1 含沙量

2.1.1 伶仃洋水体含沙量特征

伶仃洋海域含沙量的分布，一般规律是西北高、东南低，河口大于两槽，上段大于下段，底层大于表层，伶仃水道大于矾石水道（见表2-2-1），洪季大于枯季。但是由于西滩大面积围垦造陆工程的建设，在西滩区域形成了四条独立的通海汊道，这种边界的改变，不仅对减少浅水区面积，消除西滩高含沙水体在北半部水域相对集中的不利影响，以及引沙南移等方面都有积极的作用，而且还会对维持伶仃深槽稳定，降低伶仃航道水体含沙量和淤积量也是十分有益的。

通过1991年、1992年、1999年和2007年实测含沙量的比较，伶仃航道沿程平均含沙量的分布，由川鼻水道向外呈逐渐减小规律，涨、落平均含沙量均介于0.01～0.13kg/m^{3}之间，与1992年相比，含沙量减幅介于10%～53%之间，平均值约为20%（见表2-2-1）。这种含沙量变化，随着珠江流域上游河道来沙量的减少，伶仃洋海域含沙量也还会呈继续减小的趋势。即使采用已有的实测资料统计，并考虑大风天的影响，伶仃航道年平均含沙量也仅介于0.08～0.18kg/m^{3}之间，属低含沙特征还是非常明显的。

伶仃洋潮段平均含沙量对比结果（单位：kg/m^3）　　表2-2-1

测站		1992年7月				2007年8月				平均增减幅度
		潮段平均		垂线平均最大		潮段平均		垂线平均最大		
		涨潮	落潮	涨潮	落潮	涨潮	落潮	涨潮	落潮	
口门区	虎门1站	0.12	0.14	0.18	0.21	0.09	0.09	0.18	0.16	-30%
	虎门2站	0.14	0.14	0.29	0.29	0.11	0.11	0.18	0.17	-21%
	虎门3站	0.10	0.08	0.17	0.14	0.11	0.09	0.17	0.20	11%
	蕉门1站	—	—	—	—	0.06	0.07	0.09	0.09	—
	蕉门2站	0.11	0.13	0.17	0.26	0.07	0.07	0.09	0.09	-42%

续上表

测站		1992年7月				2007年8月				平均增减幅度
		潮段平均		垂线平均最大		潮段平均		垂线平均最大		
		涨潮	落潮	涨潮	落潮	涨潮	落潮	涨潮	落潮	
口门区	蕉门3站	—	—	—	—	0.06	0.07	0.09	0.09	—
	洪奇沥1	0.15	0.28	0.20	0.53	0.06	0.07	0.09	0.11	70%
	洪奇沥2	0.12	0.14	0.29	0.24	0.06	0.07	0.07	0.11	-50%
	横门1站	0.22	0.24	0.23	0.47	0.10	0.11	0.17	0.16	-54%
	横门2站	—	—	—	—	0.09	0.08	0.13	0.16	—
	平均、最大	0.15		0.53		0.08		0.18		-47%
伶仃航道	伶仃1站	0.17	0.15	0.49	0.33	0.09	0.06	0.15	0.13	-53%
	伶仃2站	0.11	0.10	0.34	0.78	0.11	0.08	0.26	0.28	-10%
	伶仃3站	0.09	0.08	0.16	0.17	0.13	0.12	0.19	0.33	47%
	大濠岛站	0.04	0.04	0.08	0.07	0.04	0.03	0.08	0.06	-12%
	外海1站	—	—	—	—	0.01	0.01	0.02	0.02	—
	平均、最大	0.10		0.78		0.08		0.03		-20%
矾石水道	矾石站	0.15	0.22	0.20	0.68	0.07	0.08	0.15	0.20	-59%
	铜鼓航道	0.04	0.04	0.13	0.07	0.09	0.10	0.18	0.37	138%
	平均、最大	0.11		0.68		0.09		0.37		-18%
西部浅滩	西滩站	—	—	—	—	0.21	0.15	0.41	0.37	—
	抛泥地站	0.16	0.16	0.35	0.72	0.15	0.16	0.24	0.53	-3%
	珠海站	0.13	0.12	0.28	0.46	0.04	0.03	0.05	0.06	-72%
	平均、最大	0.14		0.72		0.09		0.53		-36%

2.1.2 桥区附近含沙量特征

桥区附近含沙量分布特点是：西侧浅滩高于东侧大濠水道，落潮大于涨潮，大潮时略大于小潮。根据2009年水文测验资料分析（见表2-2-2、表2-2-3），桥区附近平均含沙量约为0.044kg/m^3，其中涨潮时，各站平均含沙量介于0.026～0.057kg/m^{3}之间，平均值约为0.042kg/m^3，落潮时平均含沙量介于0.024～0.131kg/m^{3}之间，平均值约为0.049kg/m^3。而洪季大潮时垂线平均最大含沙量值会出现超过0.1kg/m^{3}的情况，但这种含沙量变化可能与附近有挖泥船施工作业有关，出现时间也是短暂的，并不能改变工程区域内水体含沙量低的分布特征。

大桥附近潮段平均含沙量统计结果(单位:kg/m³)　　表 2-2-2

垂线号	枯季大潮		枯季小潮		洪季大潮		洪季小潮	
	涨潮	落潮	涨潮	落潮	涨潮	落潮	涨潮	落潮
CL01	0.041	0.043	0.028	0.030	0.057	0.047	0.026	0.026
CL02	0.041	0.040	0.039	0.036	0.056	0.065	0.032	0.032
CL03	0.032	0.032	0.033	0.031	0.060	0.072	0.037	0.036
CL04	0.039	0.039	0.030	0.029	0.065	0.068	0.038	0.035
CL05	0.048	0.046	0.057	0.060	0.054	0.131	0.029	0.024
CL06	0.042	0.041	0.045	0.044	0.043	0.095	0.033	0.032
CL07	0.037	0.035	0.039	0.037	0.039	0.082	0.029	0.025
CL08	0.050	0.049	0.045	0.045	0.058	0.071	0.030	0.029
CL09	0.045	0.043	0.050	0.056	0.072	0.051	0.040	0.044
CL10	0.045	0.045	0.033	0.031	0.039	0.038	0.035	0.035
CL11	0.041	0.041	0.039	0.039	0.035	0.048	0.032	0.027

大桥附近潮段最大含沙量统计结果(单位:kg/m³)　　表 2-2-3

垂线号	枯季大潮		枯季小潮		洪季大潮		洪季小潮	
	涨潮	落潮	涨潮	落潮	涨潮	落潮	涨潮	落潮
CL01	0.056	0.049	0.032	0.038	0.238	0.118	0.039	0.042
CL02	0.044	0.044	0.056	0.042	0.289	0.209	0.044	0.044
CL03	0.036	0.036	0.038	0.035	0.114	0.164	0.047	0.046
CL04	0.046	0.044	0.033	0.033	0.223	0.185	0.054	0.061
CL05	0.055	0.052	0.068	0.065	0.265	0.734	0.051	0.040
CL06	0.048	0.055	0.053	0.049	0.157	0.330	0.039	0.047
CL07	0.058	0.039	0.048	0.046	0.102	0.341	0.040	0.037
CL08	0.067	0.058	0.053	0.052	0.096	0.163	0.049	0.040
CL09	0.054	0.055	0.069	0.071	0.156	0.082	0.057	0.070
CL10	0.051	0.051	0.043	0.034	0.084	0.068	0.049	0.045
CL11	0.047	0.047	0.043	0.045	0.073	0.127	0.040	0.045

2.1.3 桥区附近悬沙粒径特征

根据2009年枯、洪季悬沙采样分析，桥区附近悬沙物质为粘土质粉砂组成（见表2-2-4）。其中在伶仃航道和大濠岛一侧悬沙物质较粗，中值粒径介于0.0047～0.0201mm之间，平均值为0.0084mm。在西滩一侧悬沙物质较细，中值粒径介于0.0041～0.0091mm之间，平均值为0.0058mm。而这些物质主要以粉砂和粘土为主，其中砂质含量介于0.00%～14.69%之间，平均值为5.12%；粉砂含量介于50.83%～78.57%之间，平均值为59.94%；粘土含量介于13.48%～48.85%之间，平均值为34.94%。

悬沙粒径统计结果 表2-2-4

区域	站位	枯季					洪季				
		粒组含量(%)			名称	D_{50}(mm)	粒组含量(%)			名称	D_{50}(mm)
		砂	粉砂	粘土			砂	粉砂	粘土		
伶仃航道和大濠岛一侧	CL01	8.8	63.2	28.1	YT	0.0100	2.6	61.6	35.8	YT	0.0058
	CL02	4.0	63.8	32.3	YT	0.0069	6.7	53.7	39.6	YT	0.0055
	CL03	8.0	78.6	13.5	T	0.0201	12.1	58.6	29.4	YT	0.0085
	CL04	14.2	58.6	27.2	YT	0.0113	12.1	59.2	28.7	YT	0.0087
	CL05	4.6	55.2	40.2	YT	0.0055	0.0	57.3	42.7	YT	0.0047
	CL10	5.8	57.6	36.6	YT	0.0060	14.7	57.1	28.2	YT	0.0084
	平均	7.5	62.8	29.6	—	0.0100	8.0	57.9	34.1	—	0.0069
西滩一侧	CL06	2.4	56.4	41.2	YT	0.0051	0.6	60.8	38.6	YT	0.0055
	CL07	2.3	64.9	32.8	YT	0.0071	3.0	60.5	36.6	YT	0.0058
	CL08	0.3	50.8	48.9	YT	0.0041	1.5	58.4	40.1	YT	0.0051
	CL09	0.8	54.5	44.8	YT	0.0046	0.4	56.0	43.6	YT	0.0047
	CL11	0.7	66.2	33.1	YT	0.0065	7.3	65.9	26.9	YT	0.0091
	平均	1.3	58.6	40.1	—	0.0055	2.5	60.3	37.2	—	0.0060

2.2 底质

2.2.1 伶仃洋底质泥沙特征

在伶仃洋海域由于沉积物来源不同，沉积物的组成也有所不同。根据1991年、1999年和2007年现场底质泥沙取样结果分析（见表2-2-5），底质泥沙取样点位置见图2-2-1、图2-2-2，西滩浅水区底质泥沙平均中值粒径介于0.005～0.0570mm之间；川鼻水道平均中值粒径为0.1650mm；东、西深槽平均中值粒径介于0.0050～0.0100mm之间；中滩平均中值粒径为0.0100mm。

伶仃洋表层泥沙粒径变化（单位：mm）　表2-2-5

取样时间	西　滩	川鼻水道	伶仃深槽	中　滩	矾石深槽
1991年12月	0.0050	0.1690	0.0050	0.0100	0.0050
1999年9月	0.0570	0.1610	0.0100	0.0110	0.0130
2007年8月	—	—	0.0080	—	—

上述粒级分布，经1991年与1999年和2007年三次取样结果比较，川鼻水道和中滩海域基本保持不变，其余海域，即西滩、矾石水道和伶仃水道内均出现粗化现象。其中伶仃航道，1991年底质泥沙中值粒径为0.0050mm，1999年和2007年底质泥沙中值粒径均介于0.0075～0.0100mm之间。

2.2.2　桥区附近底质泥沙特征

根据桥区附近2003年7月、2004年6月、2007年6月和2009年6月底质泥沙结果分析（见表2-2-6）：桥区附近底质泥沙以细颗粒泥沙为主，粘土和粉砂组分很高。其中：大濠水道底质泥沙主要由砂-粘土质粉砂组成，平均中值粒径介于0.0090～0.0326mm之间，平均值为0.0159mm；砂质含量介于10.1%～29.7%之间，平均值为16.6%；粉砂含量介于35.4%～57.6%之间，平均值为48.3%；粘土含量介于29.9%～44.8%之间，平均值为35.2%。而广大西滩海域底质泥沙主要由粘土质粉砂组成，中值粒径介于0.0057～0.0150mm之间，平均值为0.0091mm；砂质含量介于3.3%～18.0%之间，平均值为9.8%；粉砂含量介于34.3%～61.7%之间，平均值为49.4%；粘土含量介于32.0%～47.7%之间，平均值为40.9%。

桥区附近表层泥沙粒径变化　表2-2-6

区域	时间	粒组含量（%）			D_{50}（mm）
		砂	粉砂	粘土	
大濠水道	2003.7	29.7	35.4	34.9	0.0326
	2004.6	13.8	55.2	31.0	0.0114
	2007.6	10.1	45.0	44.8	0.0104
	2009.6	12.6	57.6	29.9	0.0090
	平均值	16.6	48.3	35.2	0.0159
西滩	2003.7	18.0	34.3	47.7	0.0150
	2004.6	3.3	57.4	39.3	0.0057
	2007.6	11.3	44.1	44.5	0.0082
	2009.6	6.4	61.7	32.0	0.0073
	平均值	9.8	49.4	40.9	0.0091

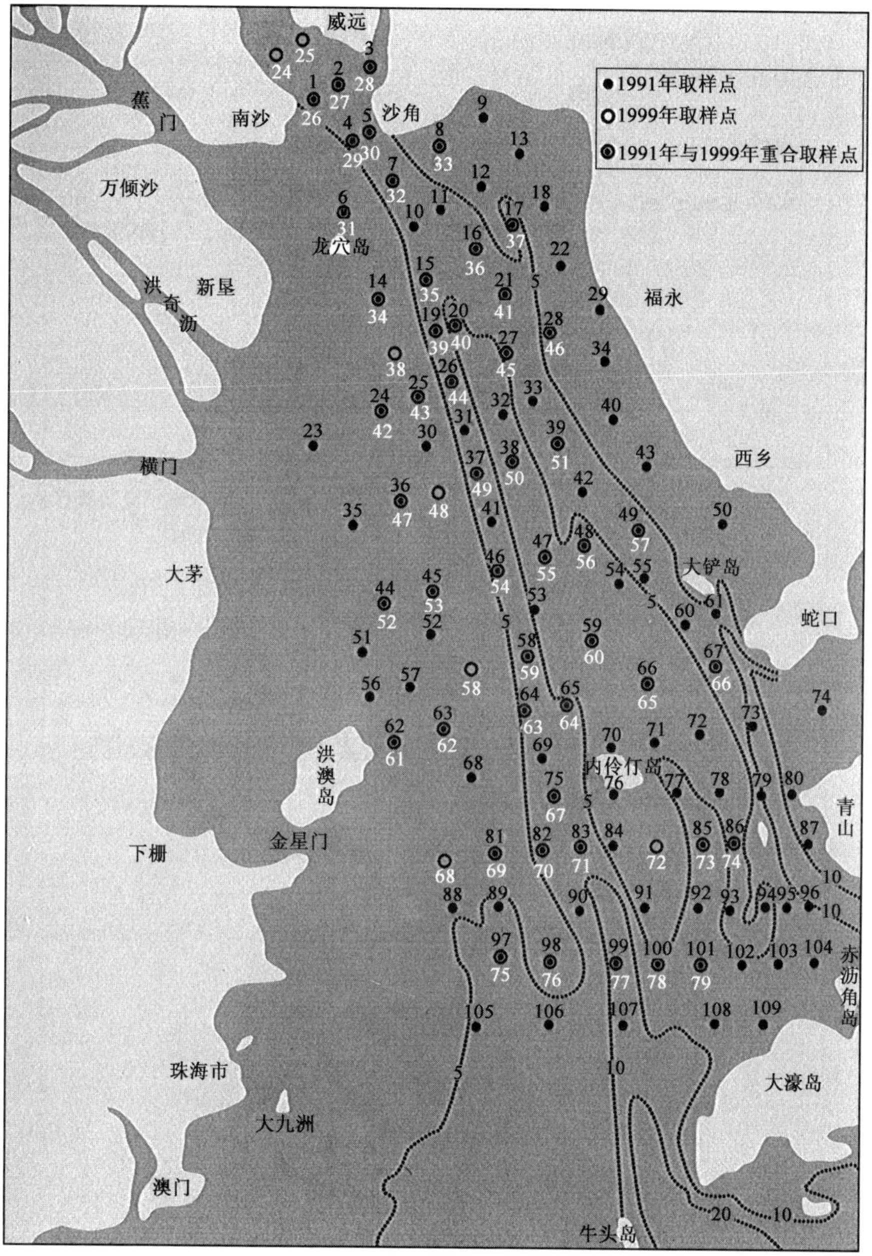

图 2-2-1　伶仃洋海域 1991 年和 1999 年底质取样点位置图

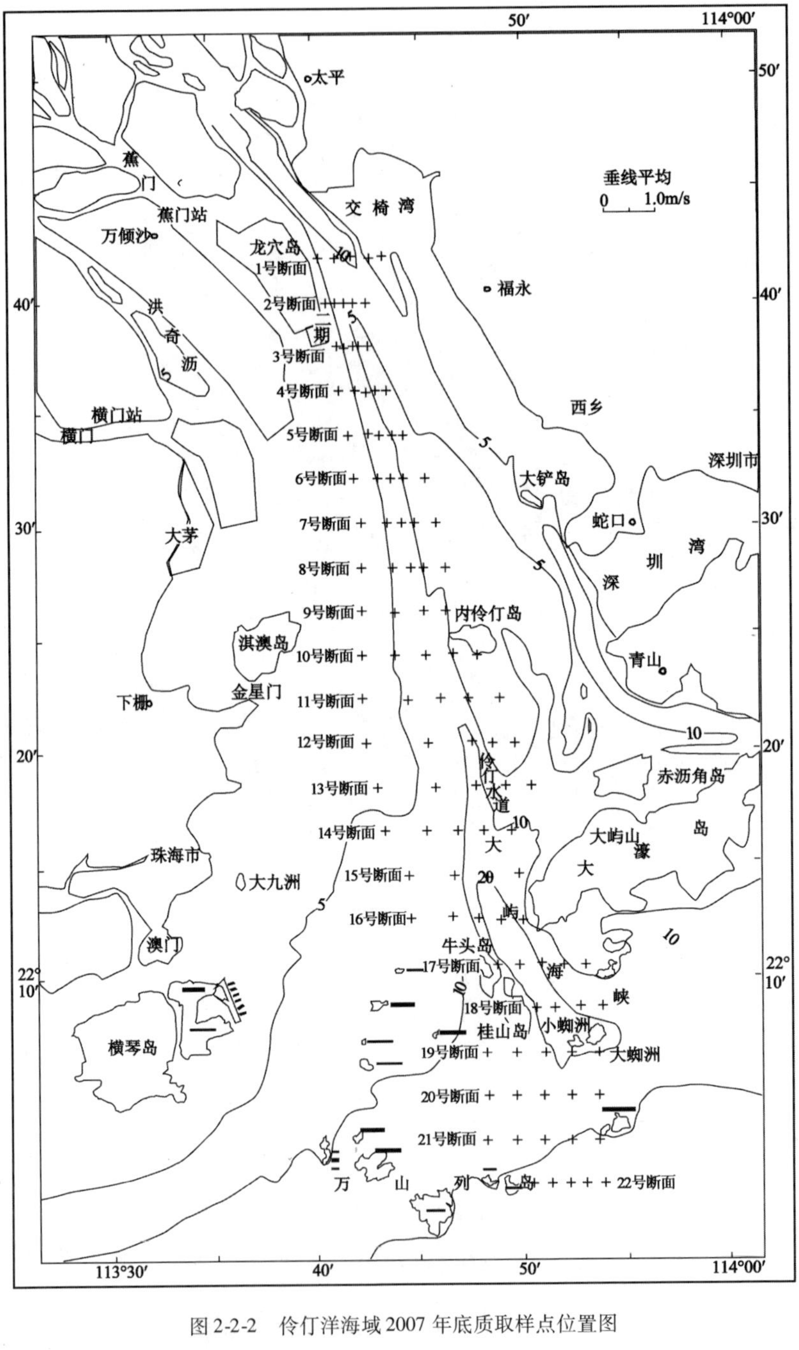

图 2-2-2　伶仃洋海域 2007 年底质取样点位置图

3 盐度分布特征

从1991年、1992年和2007年大范围实测盐度资料来看，伶仃洋盐度的分布，其规律为枯季大于洪季，底部大于表层，南部或东南部大于西部（见图2-3-1～图2-3-5）。在伶仃洋海域，当外海盐度大于30‰的海水经大濠水道和急水门水道进入伶仃洋后，则分别沿暗士顿水道和伶仃水道不断向北延伸，洪季，大于10‰的盐水仅能影响到福永～淇奥岛一线，而枯季，大于10‰的盐水最远可达虎门以里的淡水河一带。其中：不同季节高盐度水体的分布特征，枯季（冬季）等盐线呈垂直分布，即表、底层盐度基本一致（见图2-3-1和图2-3-2）；洪季（夏季），特别是大洪水情况下，由于下泄淡水量明显增多，因此，由外海向伶仃洋侵入的海水则沿底部向上爬，并呈明显的羽状或楔状向里切入（见图2-3-3～图2-3-5）。

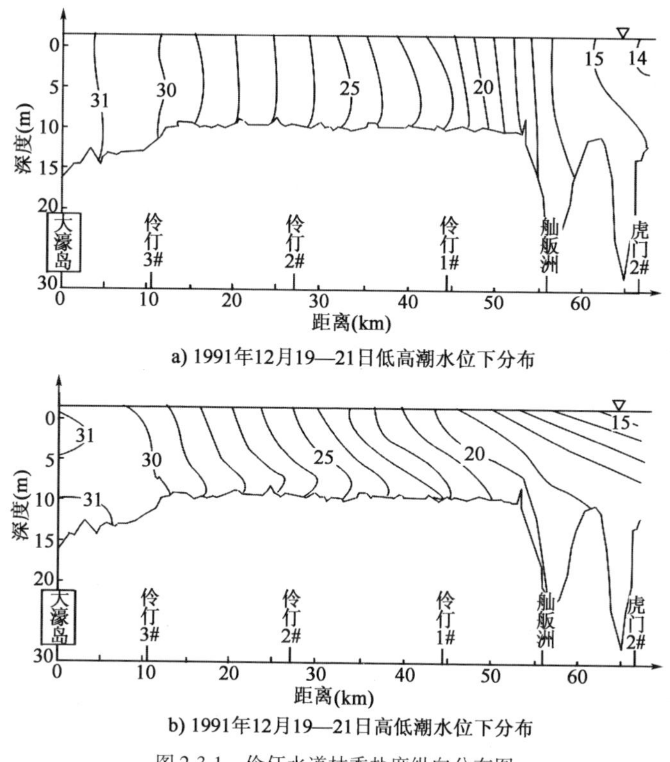

图2-3-1 伶仃水道枯季盐度纵向分布图

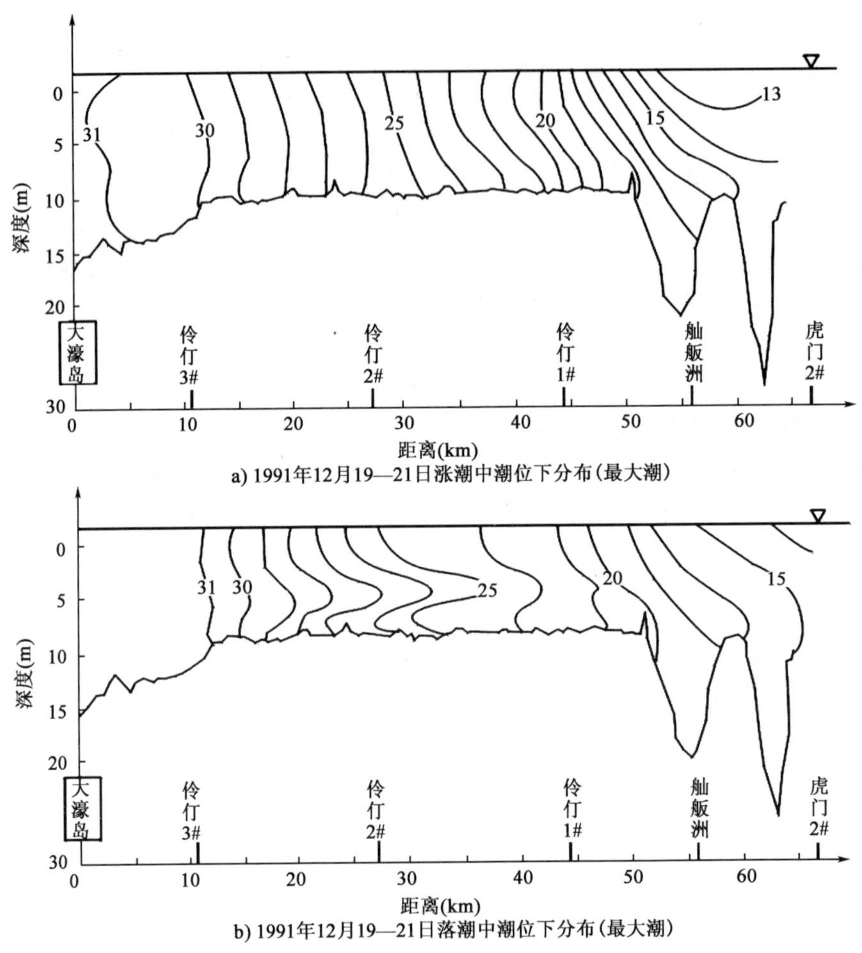

图 2-3-2　伶仃水道枯季盐度纵向分布图

由上述实测结果或变化特征说明，在洪季河流大量来水来沙的情况下，外海高盐度水体的入侵对湾内的水流运动和泥沙搬运将产生重要的影响，即在盐、淡水混合区以外海域，由于中、底层涨潮流速得到加强，从而有助于河口羽或楔的生成，这样不仅能阻止和过滤一部分河流来沙在伶仃洋外段的沉积，而且还能促使高含沙淡水迅速随落潮流经表层向外海排泄，这种高盐、低沙水体充填效应和作用有利于维持海床的稳定。

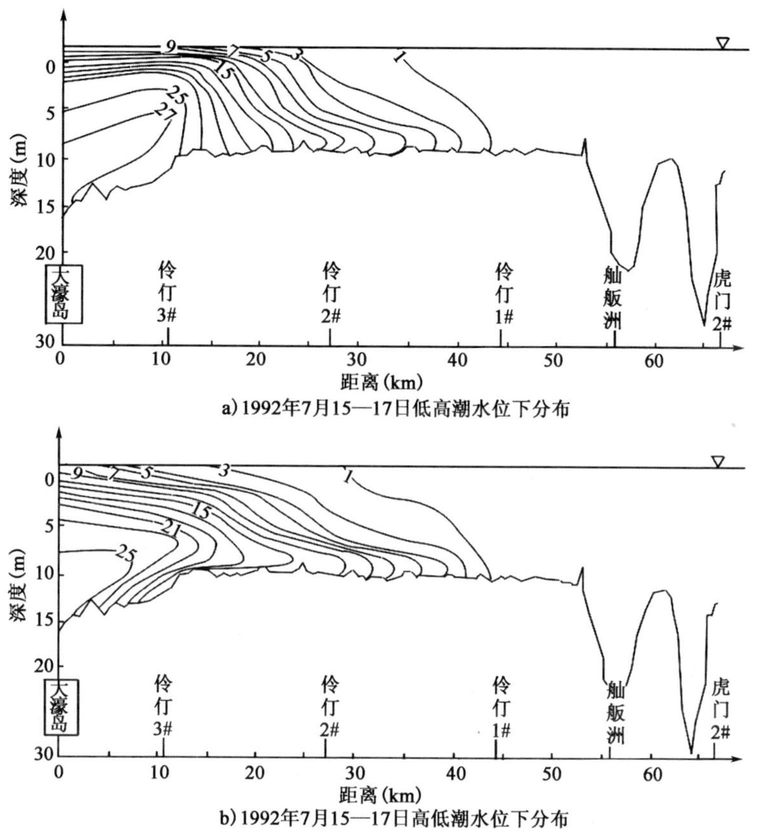

a) 1992年7月15—17日低高潮水位下分布

b) 1992年7月15—17日高低潮水位下分布

图 2-3-3　伶仃水道洪季盐度纵向分布图

a) 1992年7月15—17日涨潮中潮位下分布(最大潮)

图　2-3-4

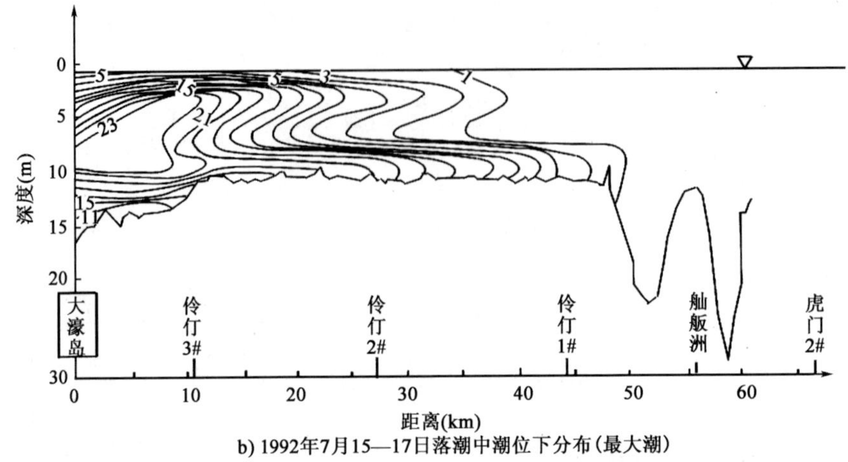

b) 1992年7月15—17日落潮中潮位下分布(最大潮)

图 2-3-4　伶仃水道洪季盐度纵向分布图

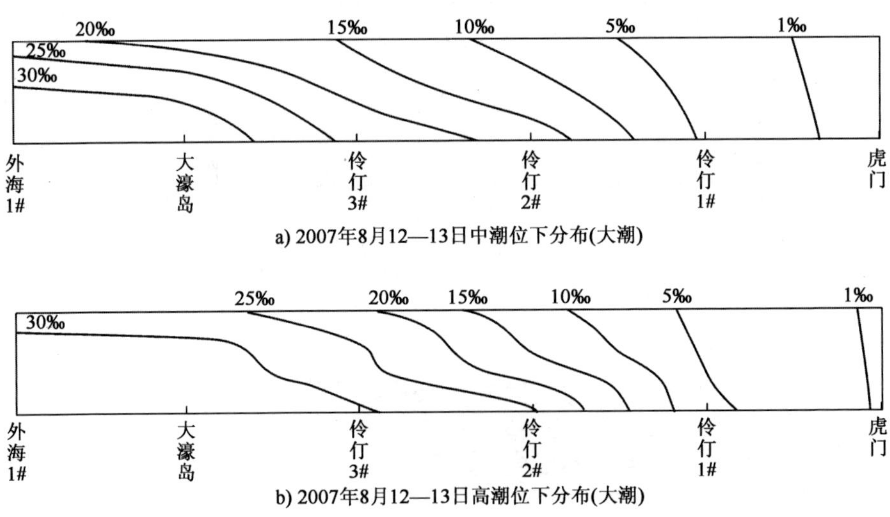

a) 2007年8月12—13日中潮位下分布(大潮)

b) 2007年8月12—13日高潮位下分布(大潮)

图 2-3-5　伶仃水道洪季盐度纵向分布图

4 伶仃洋海域岸滩演变分析

4.1 近百年来伶仃洋滩槽演变基本特征

近百年来,伶仃洋河口湾滩槽演变既受伶仃洋河口湾三大动力—沉积地貌体系的控制,反映出不同空间三大动力—沉积地貌体系对滩槽演变影响的差异。据伶仃洋近百年来多个年份海图对比分析(见图2-4-1),伶仃洋滩槽演变总体趋势有以下基本特征:

(1)西滩向东南方向扩展。伶仃洋西北部蕉门、洪奇沥、横门等分流河口的位置向海延伸,西滩迅速向东南方向扩展,不断淤高和扩大。随着近期西滩北部大片浅滩围垦成陆以及横门入海水道向偏南方向偏转,西滩淤积部位将由中北部向南部转移。

(2)伶仃水道逐渐淤积萎缩、东移。20世纪70年代以前,伶仃水道天然深槽逐渐后退、槽身逐渐缩窄和位置缓慢东移。1889—1971年的82年间,-10m深槽后退了28.8km。20世纪70年代以后,随着伶仃水道的开发以及西滩淤积扩展趋势的减缓,伶仃水道基本可保持稳定状态。

(3)中滩向东、向南扩张。近百年来,中滩明显加长加宽,矾石浅滩不断向东、向南扩展,迫使矾石水道南段变窄。内伶仃岛南部形成铜鼓浅滩,铜鼓水道不断南退。近期拦江沙和矾石浅滩北部出现轻微蚀退。

(4)暗士顿水道保持稳定,矾石水道不断缩窄。近年来矾石水道北段出现冲刷,南段深槽南退萎缩。

(5)在近期条件下,伶仃洋中、上段的沉积动力环境已处于某种均衡状态,伶仃洋内的淤积部位已由北部、中部而转向南部。目前珠江上游来沙量减少、围垦工程和深水航道开发以及人为采砂的影响,近期伶仃洋淤积趋势减缓,整个伶仃洋滩槽动力格局基本可维持动态平衡状态。

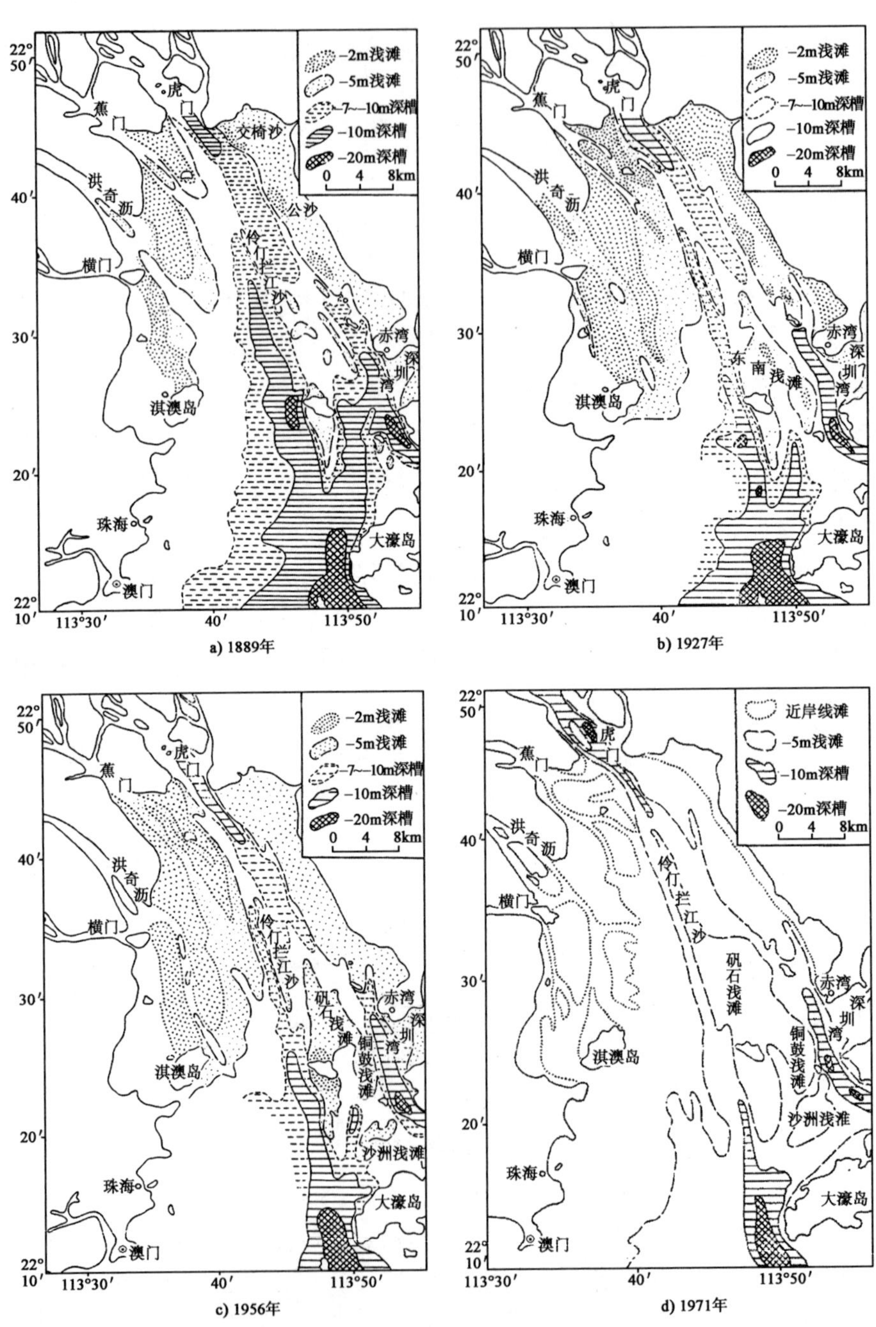

a) 1889年

b) 1927年

c) 1956年

d) 1971年

图 2-4-1　1989—1971 年伶仃洋海域等深线变化图

4.2 近30年来伶仃洋滩槽演变特征

在伶仃洋海域,滩、槽的变化是随着各自动力体系的发展而变化。根据伶仃洋1974年、1982年、1989年、1998年和2007年五次水深测图的比较(见图2-4-2~图2-4-5),随着两岸大范围的围垦和伶仃航道不断挖深以及人为采砂等工程的实施,不仅整个伶仃洋的水域面积减小,特别是西滩浅水区面积减小更加明显,而且水沙条件也出现了不同的变化。伶仃洋滩槽演变总体趋势是:①伶仃航道动力增强,底质泥沙粗化,水体含沙量减少;②伶仃航道工程基本消除了西滩向东扩展对伶仃水道的影响,-5m等深线以下深槽近30多年来可维持稳定;③中滩向东和向南逐年扩展,矾石深槽不断缩窄;④中滩头部和矾石水道北部深槽出现冲刷,深槽水深有所增加;⑤铜鼓海域呈冲淤相间变化。下面就各区域演变趋势分别给予进一步描述。

4.2.1 蕉门附近滩槽演变特征

在蕉门河口区近百年的演变中,蕉门河口由"潮优型"性质逐渐转为"河优型"性质,形成凫洲水道和龙穴南水道一主一支分流格局。蕉门经凫洲水道进入川鼻水道的水沙量大幅增加,经由龙穴南水道进入伶仃水道上段的水沙减少。20世纪90年代后,蕉门河口随着万顷沙和鸡抱沙围垦成陆,凫洲水道和龙穴南水道的分流格局已渐趋稳定。

近期由于凫洲水道南侧潜堤的束水工程效应和人为采砂的影响,凫洲水道深槽呈冲刷趋势。2002—2004年该水道地形年均增深0.05m。但经凫洲水道进入川鼻水道的水沙量基本不变。

龙穴南水道下段-2m深槽基本贯通,上段地形年均增深0.1m左右,即使在龙穴岛围垦面积不断扩大的情况下,龙穴南水道河床并未萎缩,部分河段甚至变深加宽,过水面积进一步增大,总体呈冲刷趋势。龙穴南水道下段的展宽加深可能与河口性质向潮汐动力为主转变有关。

由于近期龙穴南水道不断加深展宽,以及下泄泥沙的减少,限制了龙穴岛南侧孖沙浅滩向南扩展,目前孖沙浅滩保持稳定状态。

4.2.2 横门附近滩槽演变特征

由于横门岛和万顷沙的人工围垦,导致横门口门河势发生变化,洪奇沥和横门两河口汇合,形成横门东水道和横门西水道两个入海通道进入伶仃洋,入海流路延长,河口向偏南方向偏转。主要演变特征如下。

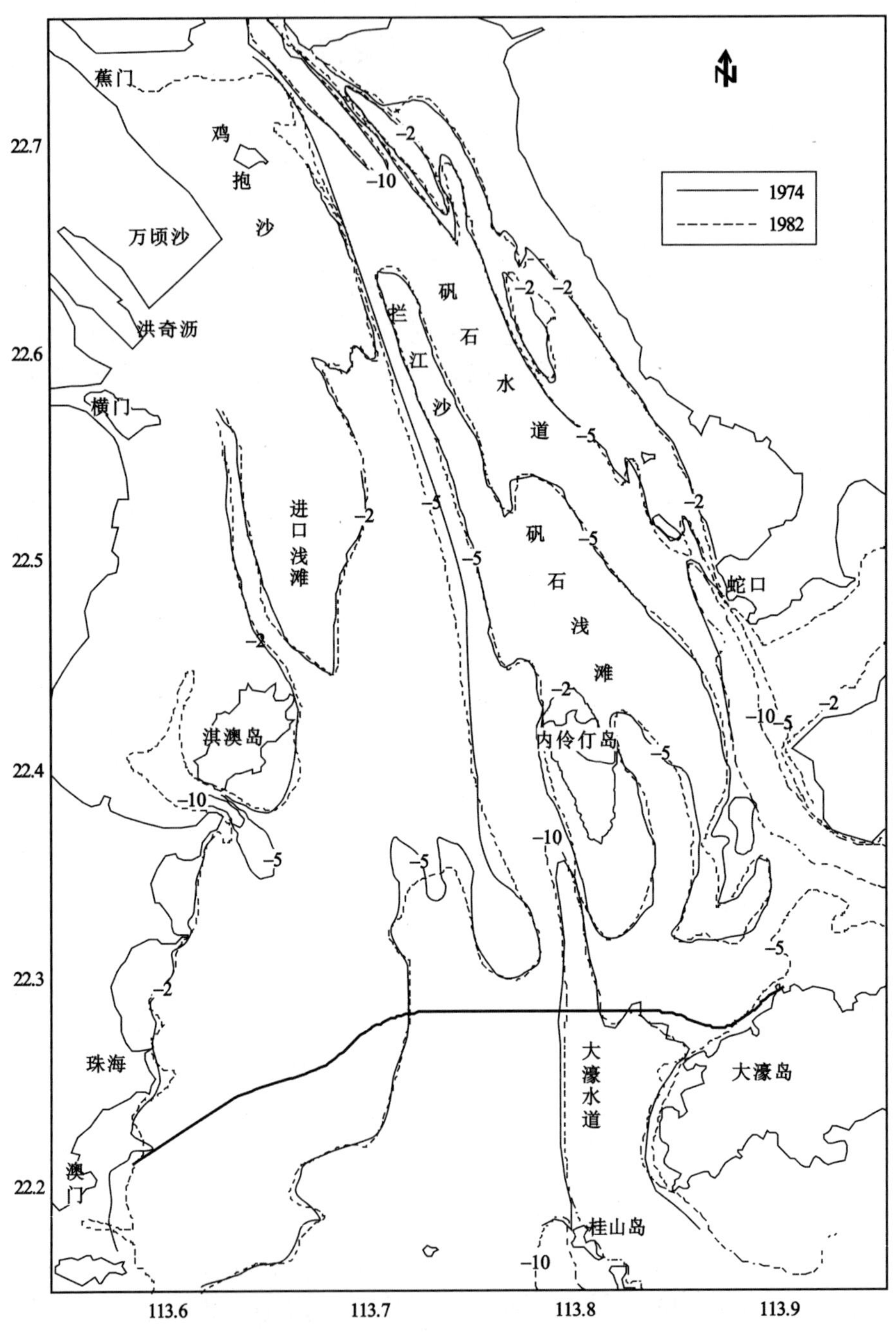

图 2-4-2　1974—1982 年伶仃洋海域等深线变化图

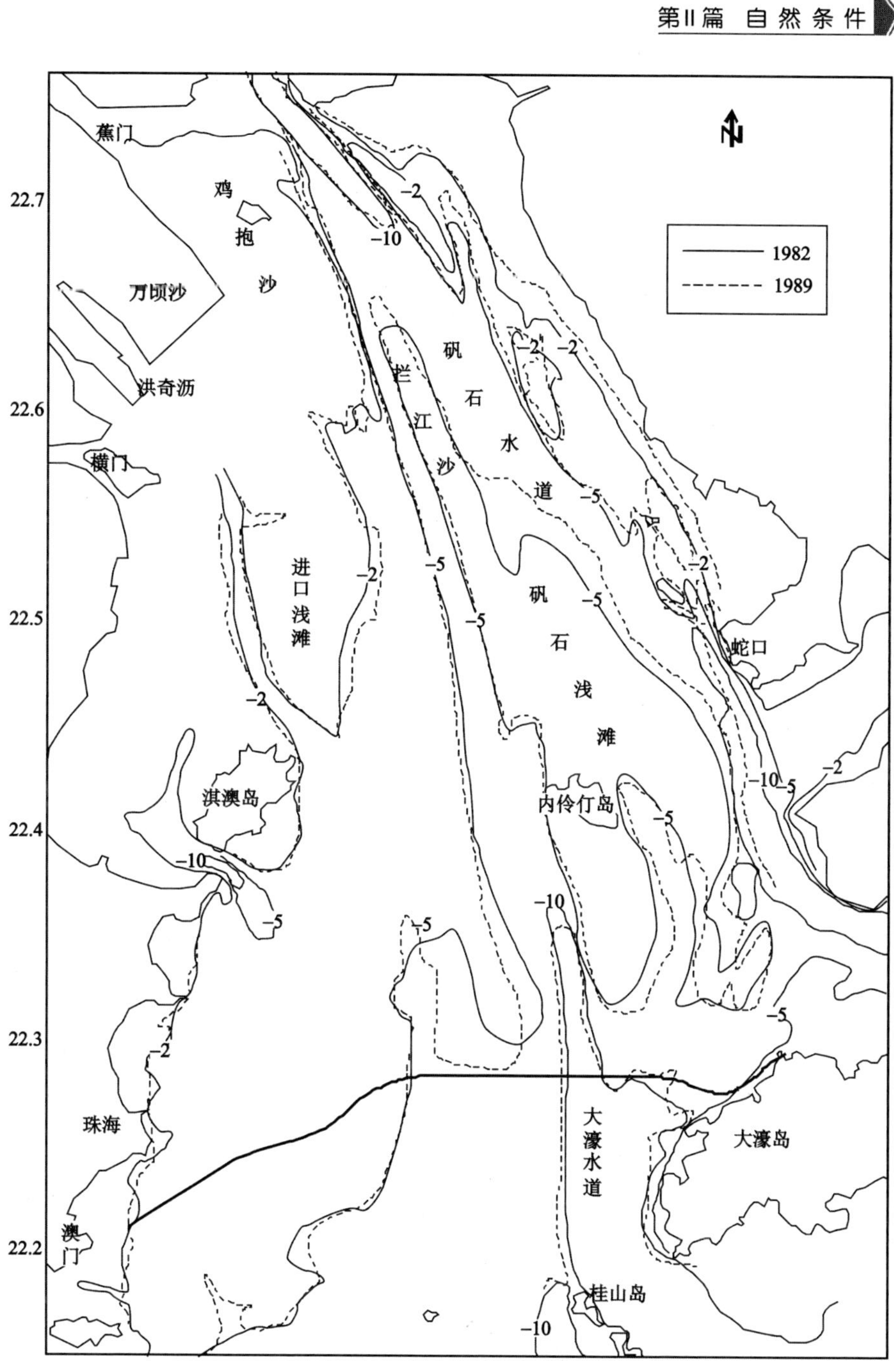

图 2-4-3 1982—1989 年伶仃洋海域等深线变化图

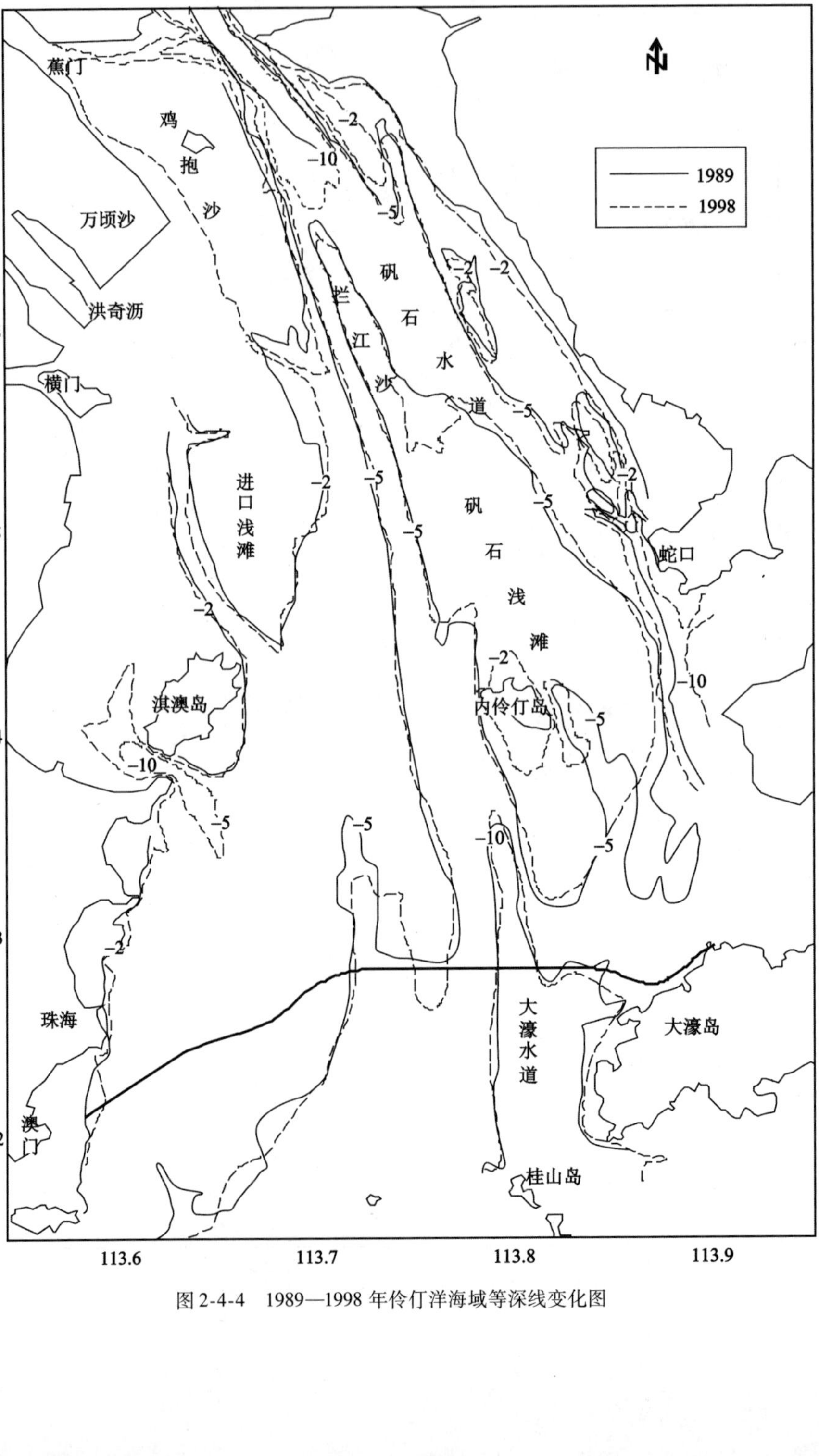

图 2-4-4　1989—1998 年伶仃洋海域等深线变化图

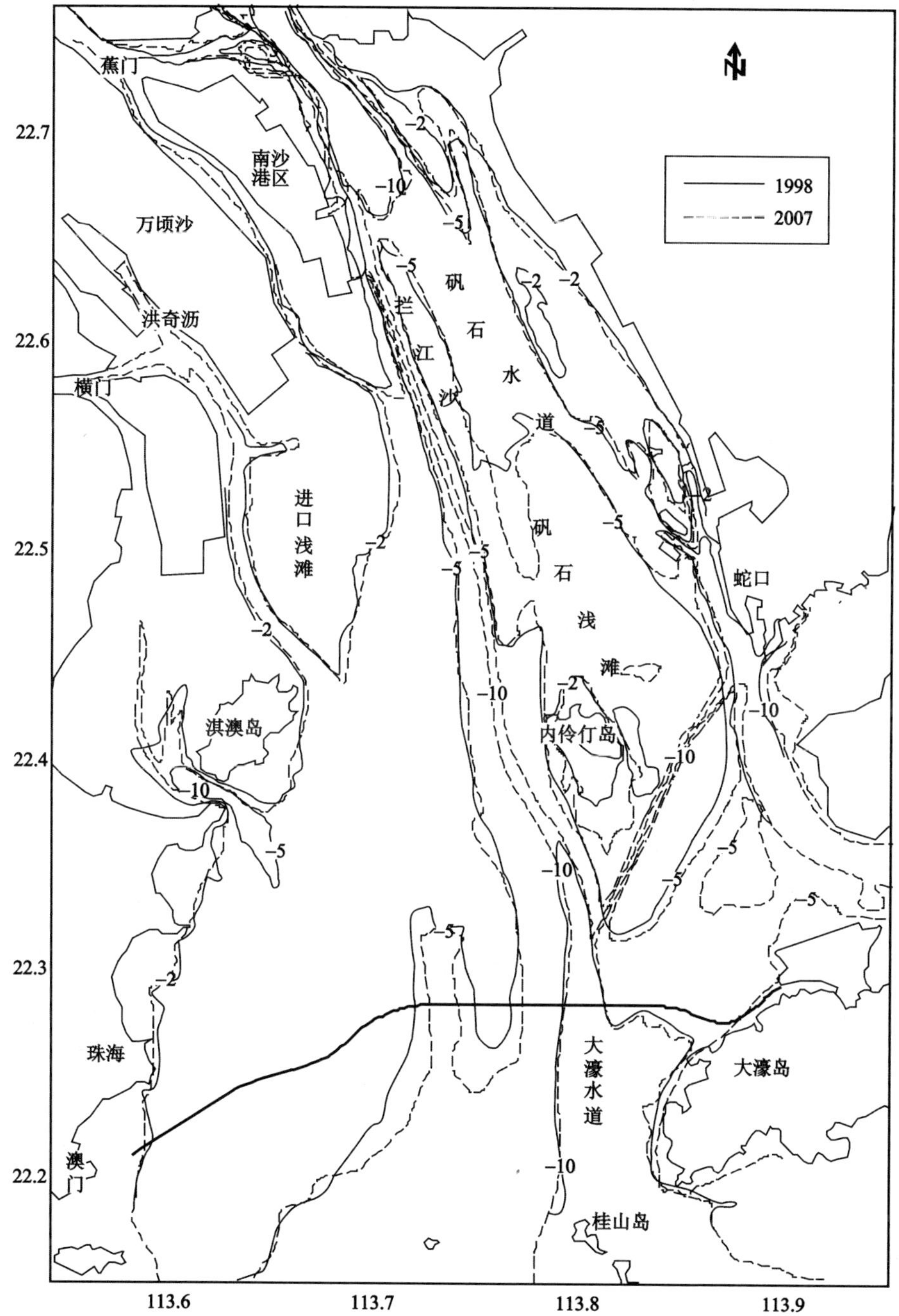

图 2-4-5 1998～2007 年伶仃洋海域等深线变化图

(1)1974—2007 年间,由于横门岛和万顷沙的人工围垦、中山港出海航道建设,以及上游来沙量减少,导致径流冲刷作用增强,横门东水道上段、下段不连续的 -5m 深槽不断冲刷扩大,逐渐贯通。同时,横门西水道上、下段 -2m 深槽也不断冲刷扩展。横门东、西水道的冲刷下切和向偏南方向延伸,致使洪季时水沙加速排向淇澳岛及其以南区域,这样就减少了对伶仃航道的影响,但会使淇澳岛以南区域沉积速率加快。

(2)万顷沙尾部浅滩向南淤展,万顷沙垦区的过快围垦也促进了浅滩的淤长。但是,由于伶仃水道和进口水道(横向向东的分汊水道)的存在,落潮流下泄限制了向东、向南的淤积发展,使得近年来万顷沙尾部浅滩的淤积扩展速率大为减小。

(3)进口浅滩向东的淤积扩展速率明显,1974—2007 年向东扩展了约 1300m,扩展速率约为 39m/a。目前由于东侧受伶仃水道的限制,南侧受横门东水道下段深槽的限制,该浅滩地形已趋于稳定状态。

(4)横门附近滩槽演变趋势表明,横门和洪奇沥下泄水沙向伶仃洋偏南方向排泄,这对于维持伶仃洋"三滩两槽"沉积动力格局,改善伶仃航道的泥沙环境,保持伶仃航道的稳定是有利的。但是,由于泥沙向东南方向扩散,必然要加快淇澳岛以南西滩海域的自然淤积,这对珠海一侧港口水深维护和港口开发是不利的。

4.2.3 中部浅滩演变特征

1974—2007 年,中滩整体演变趋势是不断向东和向南缓慢扩展,致使矾石水道南部深槽不断缩窄;中滩头部和矾石水道北部深槽出现冲刷,水深有所加深。

近期,由于孖洲、大铲湾以及深圳机场围垦工程的实施,特别是孖洲围垦工程处于矾石水道深槽中部,使得矾石水道南部逐渐缩窄、淤浅,过水断面面积减小,阻碍了矾石水道落潮流下泄,造成矾石水道壅水。这就使得矾石水道北部沿程比降增加,落潮时矾石水道向暗士顿水道排泄不畅,致使水流向西偏转,造成拦江沙东侧浅滩北部不断冲刷,形成一个落潮冲刷槽。涨潮时由于内伶仃岛的阻水和挑流作用,也使内伶仃岛西侧产生了涨潮冲刷槽。从 1998—2007 年等深线对比图(图 2-4-5)可以看出,内伶仃岛西侧 -5m 深槽不断向北冲刷扩展,而在拦江沙东侧 -5m 深槽不断向南发展。目前,这两段 -5m 深槽之间的距离逐渐缩短,已不足 1km,大有合拢贯通之势,即在中滩有新开辟一条深槽的迹象。

如果中滩北部两段深槽贯通形成“中槽”，那么，伶仃洋沉积动力格局将由“三滩两槽”演变成“三滩三槽”，并在伶仃水道上段东侧还会形成一条细长的水下沙坝。这不仅会直接减少伶仃航道上段和暗士顿水道的涨、落潮量，而且伶仃航道下段的涨、落潮量也会有所增加，必将会造成伶仃航道和深圳西部航道潮汐动力的变化，对泥沙环境产生一定的影响。由于伶仃水道下段底部受高盐陆架水控制，泥沙难以再次落淤，因此，洪季虎门潮汐通道经由中槽分流下泄的泥沙将由此快速向外海排泄。这对于减缓中滩的淤涨扩展、改善伶仃洋的整体泥沙环境，其作用应该是正面的。当然对伶仃航道局部产生什么样的影响，还值得继续深入调查研究。

4.2.4 铜鼓滩槽演变特征

铜鼓海域受虎门潮汐通道下泄流和陆架水上溯流的影响，是海陆双向物质输运的汇聚地带，近百年铜鼓浅滩不断淤积南扩。根据1982年、1989年、1994年和2007年四个年份水深图对比分析（见图2-4-6～图2-4-9和表2-4-1），近30多年来铜鼓海域冲淤变化明显，主要特点有：

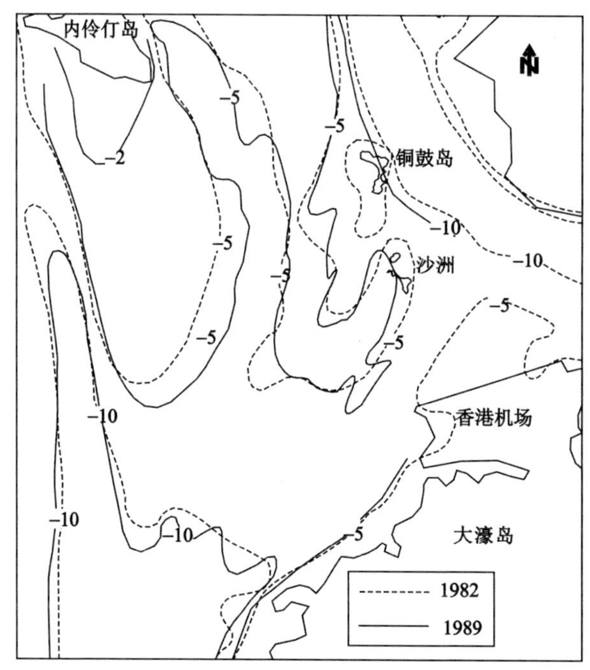

图2-4-6 1982—1989年铜鼓浅滩等深线变化

铜鼓浅滩断面平均水深和断面面积对比　　表 2-4-1

断面号	平均水深(m)		断面面积(m^2)	
	1989 年	2008 年	1989 年	2008 年
L1	4.06	3.75	41685.0	38625.0
L2	4.72	4.05	49081.3	42361.2
L3	5.03	4.66	45357.5	42419.9
L4	4.80	5.11	45587.5	48231.8
L5	5.33	6.11	48342.5	55599.5
B1	3.43	2.89	39591.3	23362.2
B2	4.63	4.22	53435.0	48967.7
B3	5.44	5.03	62821.3	58327.5
B4	4.79	4.53	55316.3	52490.2
B5	4.81	4.64	55605.0	53606.0

(1)20 世纪 90 年代以前,铜鼓浅滩基本处于自然演变状态,其演变规律与中滩整体演变相一致,即浅滩呈向南缓慢淤积扩展的趋势。但经 1982—1989 年等深线进一步对比显示(见图 2-4-6),浅滩南部 -5m 等深线不断向南扩展,铜鼓西水道北段深槽不断淤积萎缩。而西侧由于伶仃水道深槽的存在,铜鼓浅滩向西扩展明显受阻,因此西侧 -5m 等深线保持稳定。

(2)20 世纪 90 年代初,因香港新机场建设的需要,香港开始在大濠岛北侧赤鱲角岛附近实施大面积围垦工程(见图 2-4-7)。赤鱲角岛围垦后,直接缩窄了铜鼓东水道的过水断面,阻碍了暗士顿水道落潮水流快速向大濠水道下泄,致使铜鼓东水道产生了一定的壅水;落潮时在暗士顿水道和伶仃水道之间产生一定的水位比降;而涨潮时,也阻碍了涨潮流由此进入暗士顿水道,造成了铜鼓东水道的淤积,并出现浅滩地形。与此同时,也在铜鼓岛西侧浅滩和沙洲岛南侧出现了大范围冲刷,致使铜鼓西水道北段 -5m 深槽向东经切滩后与暗士顿水道全线贯通。

(3)1994—2007 年,铜鼓浅滩呈逐渐淤积南扩趋势(见图 2-4-8)。-5m 等深线淤积南扩,铜鼓西水道 -5m 深槽缩窄,而铜鼓东水道出现冲刷,中间浅滩消失。这种变化的出现,说明了赤鱲角围垦后对铜鼓海域水动力影响是短暂的,经过一段时间(8—10 年)调整后,铜鼓浅滩的演变又将逐渐恢复到工程前的自然淤积南扩状态,但铜鼓东水道的自然水深要比工程前浅,过水断面面积也有所减小。

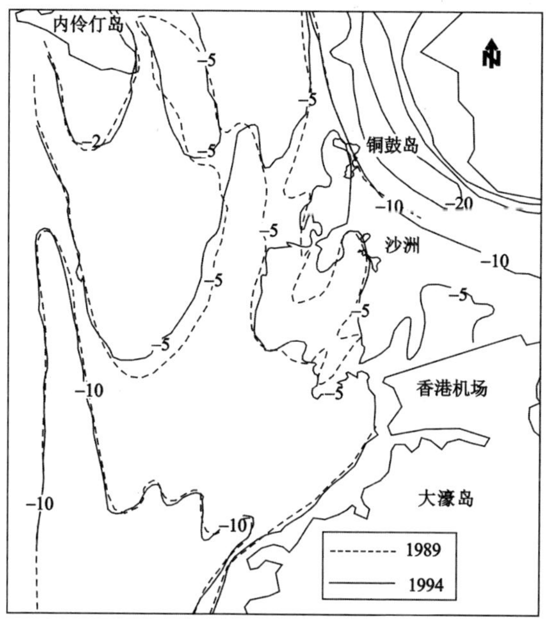

图 2-4-7 1989—1994 年铜鼓浅滩等深线变化

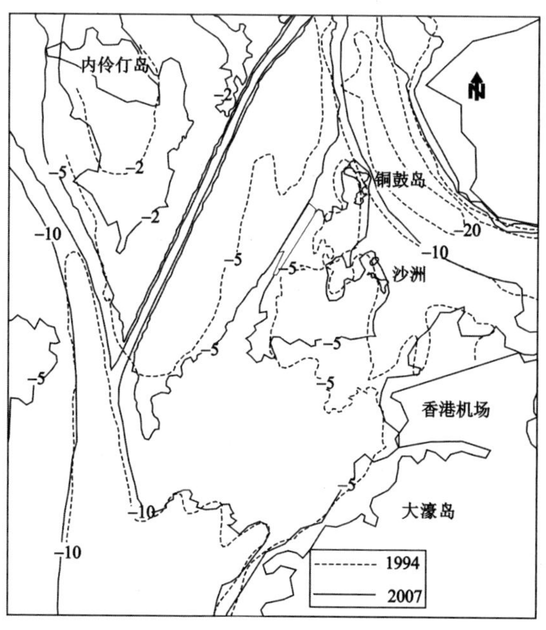

图 2-4-8 1994—2007 年铜鼓浅滩等深线变化

(4)图2-4-9和图2-4-10为铜鼓浅滩断面位置和断面水深对比图。横向断面对比结果表明,1989—2007年,浅滩北部(L1~L3)断面水深和断面面积都有所减小,断面呈淤积状态,平均淤积速率为2.4cm/a;浅滩南部(L4~L5)断面水深和断面面积都有所增大,断面呈冲刷状态,如果除去开挖铜鼓深水航道的影响,L4断面冲淤平衡,仅有L5断面冲刷。而纵向断面(B1~B5)水深和断面面积都有所减小,呈淤积状态;其中西部断面(B1~B3)平均淤积速率为2cm/a,东部断面(B4~B5)平均淤积速率为1cm/a。

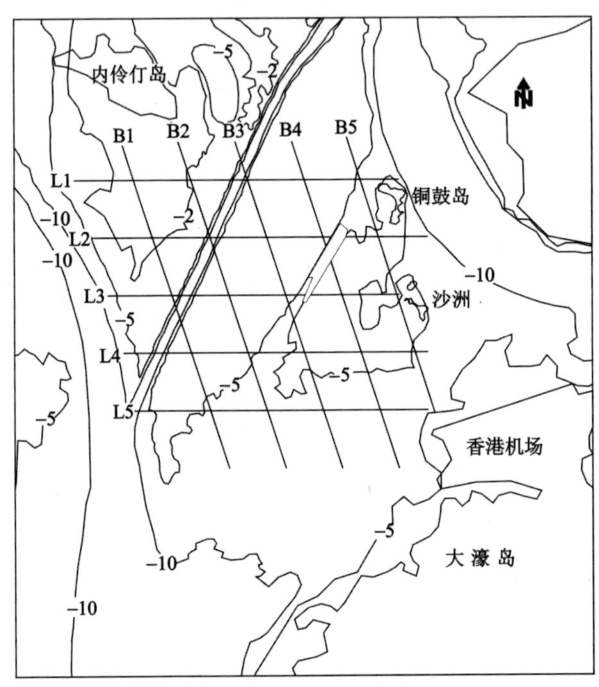

图2-4-9　铜鼓浅滩断面位置图

(5)由于铜鼓海区泥沙来源较少,因此铜鼓浅滩的自然淤积南扩是十分缓慢的,短期内不会对伶仃航道产生影响。目前,随着珠江上游来沙量的减少和铜鼓深水航道开挖,在涨、落潮量增加的情况下,将使中滩水沙加速向西南方向排泄,会进一步减缓铜鼓浅滩的淤积,同时对伶仃航道南段水深维护也不会产生太大的影响。

4.2.5　矾石水道和伶仃水道演变特征

根据伶仃洋多年水深测图和水文泥沙资料的比较(见图2-4-2~图2-4-5),

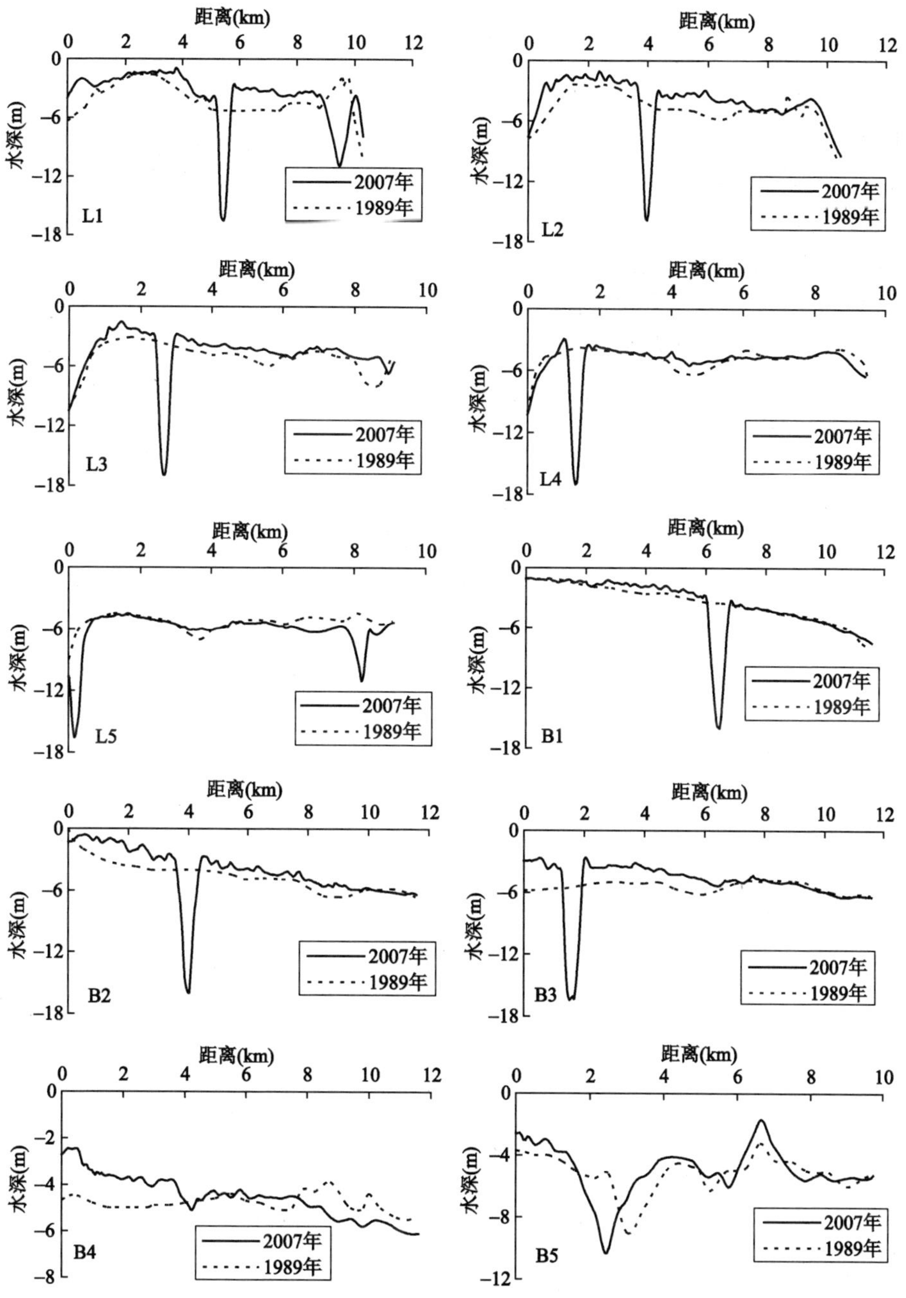

图 2-4-10　铜鼓浅滩断面水深对比

随着伶仃洋东、西两岸大面积围垦和伶仃航道不断挖深以及人为采砂等工程的实施,矾石水道和伶仃水道的水沙条件也出现了不同的变化:

(1)20 世纪 80 年代以前是矾石水道流速明显大于伶仃水道,进入 20 世纪 90 年代以后,由于伶仃洋东、西两岸大面积围垦和伶仃深水航道等工程的实施,改变了两条水道的动力分布,两水道内平均流速基本达到相近程度。与 1992 年相比,2007 年伶仃航道流速增大,涨、落潮平均增幅值约为 10.6%;矾石水道流速减小,涨、落潮平均减幅值约为 8.7%。伶仃航道的水量也呈增加趋势,矾石水道则呈减少趋势。也就是说,伶仃洋在“三滩两槽”地形的作用下,矾石水道和伶仃水道之间存在着水量重新分配和水流自动调整的功能,且这种调整是朝着伶仃水道水量增大,有利于伶仃航道水深维护的方向发展。但对于矾石水道而言,水量减少必将减弱暗士顿水道的水流动力,对深圳西部航道的影响是朝着不利方向发展。

(2)通过 1992 年、1999 年和 2007 年实测含沙量比较分析,伶仃航道和矾石水道沿程水体含沙量是有所降低的。与 1992 年相比,伶仃航道沿程平均含沙量减幅介于 10% ~53%之间,平均减幅值约为 20%。伶仃航道含沙量降低,一方面是珠江上游来沙量减少所致,也与西三口门入海水道向南偏转延伸,导致直接进入伶仃水道中上段的泥沙减少有关。这种变化趋势对于伶仃航道的维护是有利的。矾石水道水体含沙量降低主要与珠江上游来沙量减少有关。

(3)伶仃航道和矾石水道底质泥沙中值粒径均出现粗化,其中伶仃航道中值粒径平均值,1991 年约为 0.0050mm,1999 年约为 0.0100mm,2007 年约为 0.0080mm;矾石水道平均中值粒径,1991 年约为 0.0050mm,1999 年约为 0.0130mm。底质泥沙出现粗化的原因,就伶仃航道而言,主要与航道疏浚工程有关,而矾石水道则是深槽过水断面不断缩窄,槽内动力增强所引起的冲刷所致。

(4)1974—2007 年等深线对比显示(见图 2-4-2 ~ 图 2-4-5),伶仃水道 -5m 以下深槽基本可保持稳定状态。这主要是西滩围垦工程导致直接进入伶仃航道的泥沙不断减少和伶仃航道的不断挖深疏浚,使伶仃航道的水沙条件有所改善所致。

(5)1974—2007 年,由于矾石浅滩 -5m 等深线不断向东扩展,扩展距离超过 1km,矾石水道北段宽度缩窄了约 40%。矾石水道南段由于孖洲围垦工程的实施,-5m 深槽宽度缩窄了约 70%。矾石水道不断缩窄和过流能力减小,阻碍了矾石水道落潮流下泄,致使水流向西越过矾石浅滩往伶仃水道分流,从而导致拦江沙东侧 -5m 等深线不断向南冲刷扩展;而在内伶仃岛北部,受伶仃水道涨

潮流的作用，-5m 等深线也具向北发展的变化。如果这条新辟水道与伶仃水道贯通，过流能力势必增加，那么，矾石水道下泄流量还会进一步减少，这种演变趋势，将使暗士顿水道潮量减少，增加矾石水道深槽淤积是不可避免的。

(6)伶仃航道开挖后沿程淤强变化是呈北段大、南段小的分布特点，航道平均淤强基本上不随航道长度和深度的变化而明显改变，伶仃航道进一步浚深后，航道淤积并不严重，平均淤强一直维持在 0.42～0.46m/a 之间，北段最大淤强也仅为 1.0m/a 左右。铜鼓航道开挖后沿程淤强变化是呈两头小、中部大的分布特征，平均淤强介于 0.53～0.57m/a 之间，但中部最大淤强可达 1.0m/a 以上。

4.3 桥区附近滩槽演变特征

拟建的港珠澳大桥，东起香港大屿山，西与澳门珠海相连，本区域动力特征主要包括三个部分：

一是桥区西段至珠澳近岸为浅滩区。此浅滩属伶仃洋西滩的向海延伸部分，是由现代珠江三角洲不断向海推进而形成，也是蕉门、洪奇门及横门径流、泥沙向外海输送的主要通道。

二是桥区中段为大濠水道，主要受高盐陆架水控制，流速大、水体含沙量小，自然水深深，海床地形可保持稳定。

三是桥区东段，位于大濠岛北侧近岸，在大濠岛阴影区内。向北为铜鼓浅滩，也主要受高盐陆架水控制，水体含沙量小，海床地形也趋于稳定。

根据前文分析，近百年来伶仃洋淤积中心南移，西滩和中滩向南扩展。工程区滩槽演变，特别是近期桥区西侧浅滩和大濠水道深槽的演变对大桥布置方案的选择十分重要，下面通过多年地形资料来进一步研究工程区滩槽演变趋势。

通过 1982 年、1998 年和 2007 年(理论深度基面)海图资料分析，获得了图 2-4-11、图 2-4-12 不同年份桥区西侧浅滩和伶仃深槽等深线变化，由图可知：①1982—2007 年，桥区西滩 -2m 等深线呈冲淤相间变化，冲淤量变化不大；-5m等深线逐渐向东、向南推移，西滩逐渐向东南方向扩展。桥区中间出现一条穿过大桥的沙嘴，沙嘴前端将继续缓慢向南移动。②大濠水道深槽保持稳定，深槽两侧 -10m 等深线基本可保持不变。③桥区东段 -5m 等深线，缓慢向南移动，1982—1998 年呈侵蚀后退，1998—2007 年呈缓慢淤积南移。

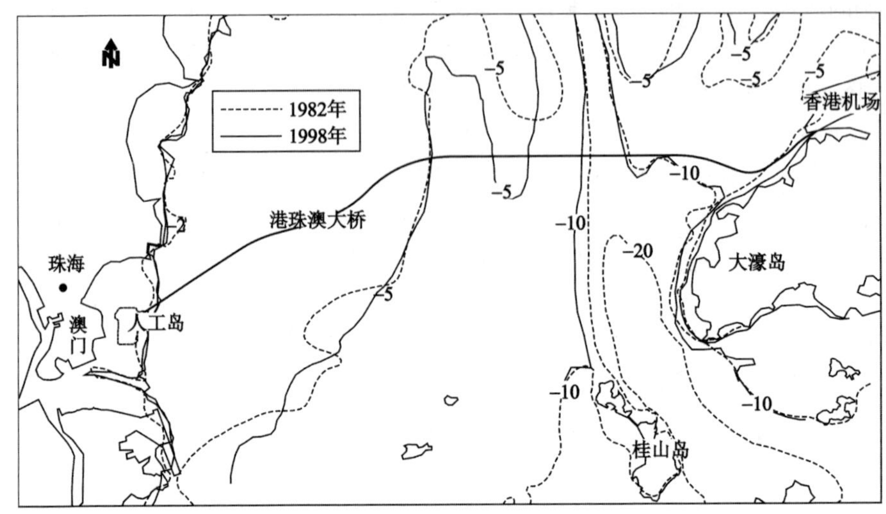

图 2-4-11　1982—1998 年桥区附近等深线变化(单位:m)

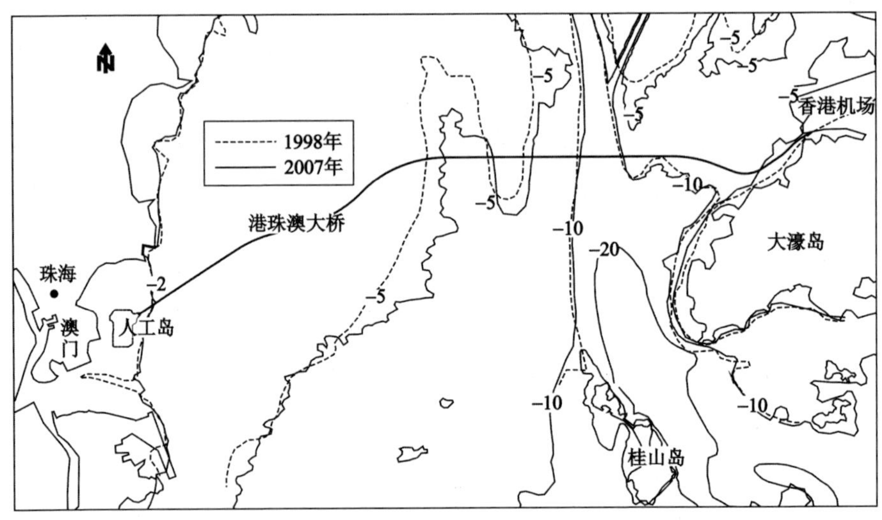

图 2-4-12　1998—2007 年桥区附近等深线变化(单位:m)

另外,本文还利用2004 年和2008 年桥区大比例尺水深测图(珠江基面),获得工程区地形冲淤变化结果如下:

(1)经大桥轴线各断面水深比较(见图 2-4-13、表 2-4-2),除 -5 ~ -10m 等深线之间浅滩淤积较快,年均淤积速率为 3 ~7cm 外,其余区域平均水深和断面面积都有所增大,表现冲刷,年冲刷速率为 0 ~7.6cm,特别是在大濠水道深槽

内,冲刷变化较为明显,年冲淤速率可达7.6cm。

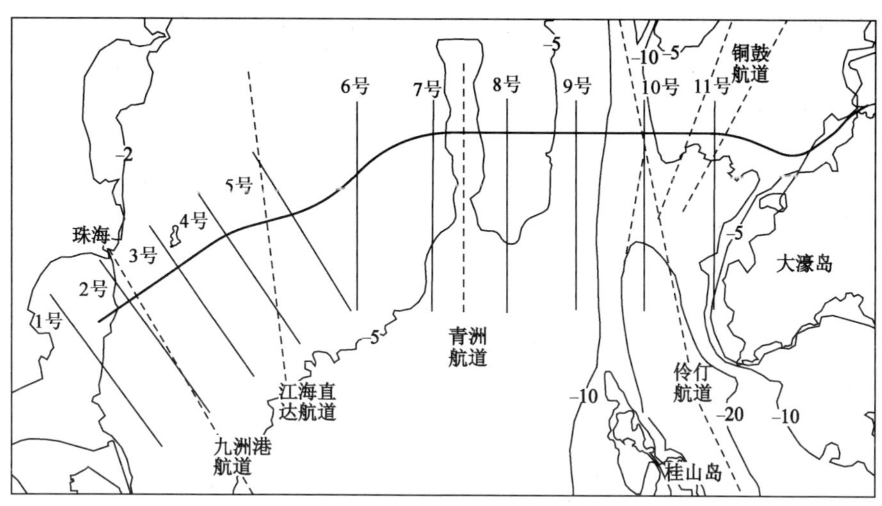

图2-4-13 桥区断面位置图(单位:m)

桥区断面平均水深和断面面积对比 表2-4-2

断面号	平均水深(m)			断面面积(m^2)	
	2004年	2008年	淤积速率(cm/a)	2004年	2008年
1	4.15	4.15	0.0	32118.8	32155.3
2	4.6	4.75	-3.0	34956.8	36125.1
3	5.40	5.56	-3.2	40459.6	41700.2
4	5.74	5.82	-1.6	42544.0	43119.1
5	5.94	5.98	-0.8	44875.7	45184.1
6	6.00	5.97	0.6	52298.8	52042.8
7	6.90	6.75	3.0	60454.0	59163.6
8	7.03	6.88	3.0	61372.9	60040.9
9	8.41	8.09	6.4	73585.3	70747.7
10	19.20	19.58	-7.6	166883.3	170195.8
11	11.35	11.12	4.6	98675.6	96648.6

注:淤积速率正值为淤积,负值为冲刷。

(2)珠澳人工岛附近基本处于冲淤平衡状态,略呈淤积趋势(见图2-4-14、

表2-4-3)。经断面水深比较,除纵断面L2号断面、L3号断面、L6号断面和R1号横断面、R3号横断面、R5号横断面平均水深和断面面积都有所增大,表现冲刷外,其余断面均显示出不同程度的淤积,年均淤积速率为0.2~3.8cm。

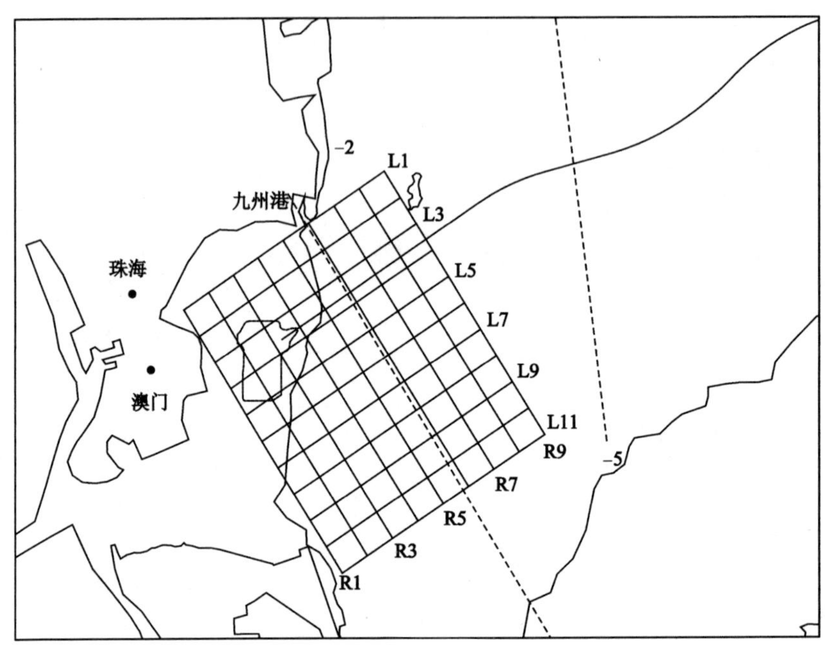

图2-4-14 珠澳近岸海域断面位置示意图(单位:m)

珠澳近岸海域断面水深对比结果 表2-4-3

断面号	2004年(m)	2008年(m)	淤积速率(cm/a)
L1	3.91	3.86	1.3
L2	4.09	4.10	-0.2
L3	4.01	4.10	-2.3
L4	4.22	4.14	2.0
L5	4.32	4.31	0.3
L6	4.43	4.51	-2.0
L7	4.93	4.81	3.0
L8	5.15	5.11	1.0
L9	5.61	5.46	3.8
L10	6.12	5.97	3.8

续上表

断面号	2004 年(m)	2008 年(m)	淤积速率(cm/a)
L11	6.05	6.04	0.2
R1	3.61	3.63	-0.5
R2	4.28	4.16	3.0
R3	4.34	4.39	-1.3
R4	4.47	4.5	-0.8
R5	4.59	4.64	-1.3
R6	5.08	5.01	1.8
R7	5.21	5.18	0.8
R8	5.41	5.36	1.3
R9	5.57	5.52	1.3

5 基 本 结 论

(1)珠江流域径流丰富,输沙量较小;近年来伶仃洋四大口门来沙及本海域含沙量呈减小趋势,特别是高盐度海水上溯势力的增强,伶仃洋整体泥沙环境可逐步保持稳定趋势,并趋于有利方向发展。

(2)在大濠岛以北海域,受岸线、岛屿及深槽的约束,水流运动基本呈往复流性质,涨、落潮流向近似南北向;在大濠岛以南海域,因水面开阔,并受外海潮流控制,涨、落潮水流呈旋转流特征。其中内伶仃岛以北(上段),落潮平均流速大于涨潮平均流速,内伶仃岛以南(下段),涨潮平均流速大于落潮平均流速。但不同区域流速特征差别较大,大濠水道和暗士顿水道是属较强流速区,铜鼓海域和西滩海域是属较弱流速区。

(3)桥区附近流速变化,桥区西侧位于西滩海域,涨、落潮流速较小,桥区东侧位于伶仃深槽附近,涨、落潮流速较大,最大可达1.47m/s;各站实测涨、落潮流速沿垂线分布呈现为表层大于底层,最大流速基本出现在表层;洪、枯季余流基本上指向湾外,西滩东部和中部各垂线余流较其他垂线大,且大部分表层余流大于其他层次余流,较大的余流大部分指向珠江口外,也存在个别较小的余流指向口内的情况。特别是大濠水道底部因受高盐陆架水入侵的影响,深槽底部余流指向湾内。

(4)伶仃洋海域含沙量的分布,一般遵循的规律是西北高、东南低,河口大于两槽,上段大于下段,底层大于表层,伶仃水道大于矾石水道,洪季大于枯季。

(5)桥区附近平均含沙量变化是深水略大于浅水,洪季略大于枯季。其中枯季,涨、落潮平均含沙量分别为0.0407 kg/m^3 和0.0375 kg/m^3,最大含沙量分别为0.0657kg/m^3 和0.0682kg/m^3;洪季,涨、落潮平均含沙量分别为0.0405 kg/m^3 和0.0502 kg/m^3,最大含沙量分别为0.2907kg/m^3 和0.7414kg/m^3。

(6)工程海域悬沙物质是由粘土质粉砂组成。其中在伶仃航道和大濠岛一侧,悬沙中值粒径介于0.0047~0.0201mm之间,平均值约为0.0084mm。在西滩一侧,悬沙中值粒径介于0.0041~0.0091mm之间,平均值约为0.0058mm。

(7)桥区附近底质泥沙以细颗粒泥沙为主,粘土和粉砂组分很高。其中:大濠水道底质泥沙主要由砂—粘土质粉砂组成,平均中值粒径介于0.0090~

0.0326mm之间，平均值约为0.0159mm。而广大西滩海域底质泥沙主要由粘土质粉砂组成，中值粒径介于0.0057～0.0150mm之间，平均值约为0.0091mm。

(8)伶仃洋滩槽的演变随着两岸大范围围垦和伶仃航道不断挖深以及人为采砂等工程的实施，不仅整个伶仃洋水域面积减小，特别是西滩浅水区面积减小更加明显，而且水沙条件也出现了不同的变化，总体变化规律是：伶仃航道动力增强，滩槽底质泥沙粗化，水体含沙量减少；伶仃水道基本消除了西滩向东扩展对深槽的影响，-5m等深线以下深槽近30多年来可维持稳定；西滩以淤积为主，浅滩地形不断向南扩展，年均淤积速率介于0.03～0.05m之间；中滩向东和向南逐年扩展，矾石深槽不断缩窄；中滩头部和矾石水道北部深槽出现冲刷，深槽水深也有所增大。

(9)随着西滩大面积围垦，西三口门水道河势也发生了变化。蕉门河口凫洲水道和龙穴南水道的"一主一支"分流格局已趋于稳定，近年来，受上游来沙减少和人为活动的影响，凫洲水道呈冲刷趋势，龙穴南水道向南延伸，也呈冲刷趋势。洪奇沥和横门两河口汇合后，形成横门东、西两条水道进入伶仃洋，入海流路延长，河口向偏南方向偏转，横门东水道不断冲刷增深。这种变化有利于河流泥沙向南偏西方向排泄，对维持伶仃洋滩槽稳定，改善伶仃航道泥沙环境是有益的，但也会加速淇澳岛以南西滩海床的自然淤积，不利于该区地形的稳定。

(10)中滩整体演变趋势是不断向东和向南扩展，致使矾石水道过水断面缩窄；矾石浅滩北部出现冲刷，并在拦江沙东侧形成一个落潮冲刷槽，同时内伶仃岛西侧的涨潮冲刷槽也不断冲刷扩大，目前，这两段-5m深槽之间的距离逐渐缩短，极有可能在中滩开辟出一条新的深槽，对整个伶仃洋稳定是不利的。中滩南部即铜鼓浅滩，在香港赤鱲角机场围垦后，铜鼓东水道出现明显淤积，铜鼓西水道出现了明显冲刷，但维持这种冲刷变化的时间(8—10年)是短暂的，到目前为止，铜鼓浅滩又将逐渐恢复到自然淤积南扩状态。

(11)在矾石水道和伶仃水道之间由于存在水量重新分配和水流自动调整的功能，所以在伶仃航道逐渐挖深的基础上，深槽流速不断增大，沿程水体含沙量有所降低，这种变化对维护伶仃水道稳定是有利的。而矾石水道因受孖沙、大铲岛围垦和中滩淤积东扩的影响，深槽区面积减小，过流能力降低，有不断萎缩的迹象。

(12)桥区附近的西滩远离伶仃洋各河口泥沙堆积的中心区，水体含沙量较小，年均淤积速率介于3～7cm之间，岸滩淤积是不明显的；桥区中段大濠水道受高盐陆架水控制，深槽地形基本呈冲淤平衡略有冲刷状态；桥区东段因受大濠岛的影响，并在高盐陆架水控制下，海床地形基本稳定。

(13)港珠澳大桥工程实施后,密集桥墩会缩窄西滩过水断面面积而产生壅水,增大该桥西段浅滩淤积是不可避免的。但由于桥区附近的西滩属低含沙环境,又远离各河口淤积中心的影响,且桥墩之间流速增大,也会调节水沙的分布,所以在桥区两侧出现淤积不会太严重。工程后造成的淤积,短期内不会对伶仃航道产生影响,桥区附近滩槽格局也不会发生明显的改变。在桥区中段,即大濠水道内,由于采用隧道形式,致使深水区过流宽度仍可保持在 7km 左右,不会改变大濠水道的水沙条件,维持自然冲刷状态不会改变。桥区东段主要位于大濠岛北侧,没有超出大濠岛阴影区的影响范围,工程后基本不会改变该区的水沙环境,对大濠水道深槽和铜鼓海域的稳定不会构成威胁。

本篇参考文献

[1] 杨树森,等.珠江口现场勘测资料成果整编[R].交通部天津水运工程科学研究所,1994.

[2] 李春初.珠江三角洲的地质构造背景与地貌[C].缪鸿基,等.珠江三角洲水土资源[A].广州:中山大学出版社,1988.

[3] 杨树森,等.伶仃洋水沙变化规律对比分析研究报告[R].交通部天津水运工程科学研究所,2007.

[4] 杨树森,等,铜鼓航道泥沙淤积计算及其分析[R].交通部天津水运工程科学研究所,2001.

[5] 罗章仁,应秩甫,等.华南港湾[M].广州:中山大学出版社,1992.

[6] 杨树森,等.深圳港西部港区公共航道工程初期回淤量计算分析研究报告[R].交通部天津水运工程科学研究所,2008.

[7] 中山大学河口海岸研究所,河口陆架水入侵研究论文集,1993.

[8] 杨树森,等.鸡抱沙治导线调整方案二维潮流数值模拟及淤积计算综合论证分析研究报告[R].交通部天津水运工程科学研究所,2007.

[9] 李春初,雷亚平.中山港出海深水航道建设工程——沉积动力环境与滩槽演变研究[R].中山大学河口海岸研究所,2006.

[10] 杨树森,等.广州港南沙港区深水航道方案二维潮流数学模型及泥沙淤积计算分析研究报告[R].交通部天津水运工程科学研究所,2003.

[11] 杨树森,等.西滩围垦规划方案对伶仃航道淤积的影响研究[R],交通部天津水运工程科学研究所,1995.

[12] 曹祖德,等.珠江口航道整治技术的研究[R].交通部天津水运工程科学研究所、广州港务局,1995.

[13] 杨树森,等.伶仃洋潮流数学模型及西线航道淤积计算[R].交通部天津水运工程科学研究所,1999.

第Ⅲ篇

港珠澳大桥对珠江口港口、航道影响研究

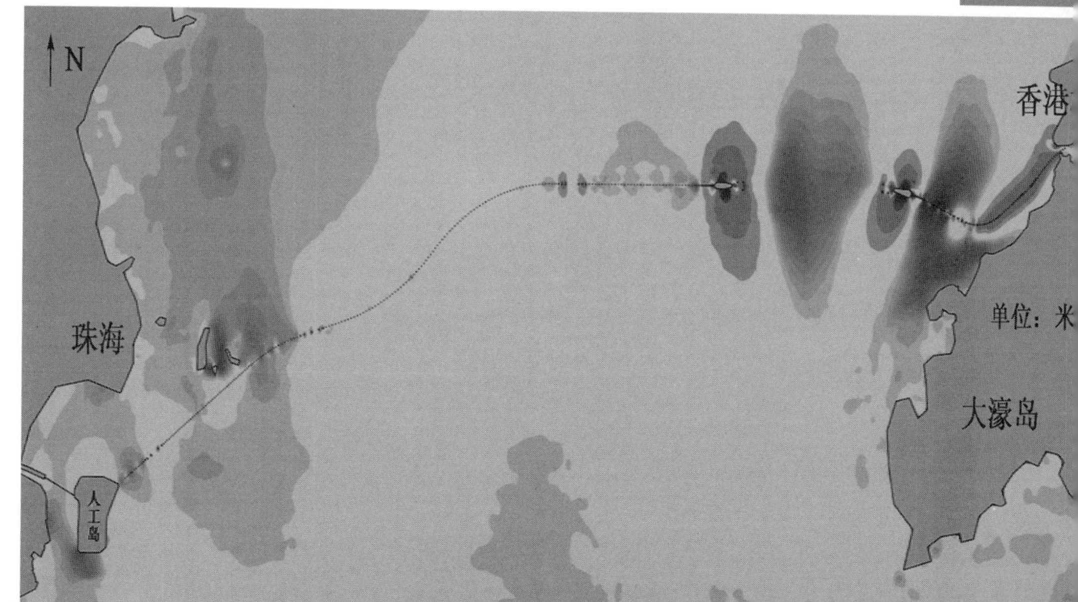

1　二维潮流悬沙数学模型研究

目前的潮流数学模型多种多样，本文采用的潮流泥沙数学模型为TK-2D软件。TK-2D软件是交通运输部天津水运工程科学研究所在《海岸与河口潮流泥沙模拟技术规程》推荐模式的基础上独立开发研制的、拥有自主知识产权的数学模型软件，经过了大量的实际工程应用，拥有国家版权局颁发的计算机软件著作权证书，该软件中的基本理论及数值方法见下面的1.1～1.3节。

1.1　二维潮流数学模型

1.1.1　基本方程

连续方程：

$$\frac{\partial\zeta}{\partial t}+\frac{\partial[(h+\zeta)u]}{\partial x}+\frac{\partial[(h+\zeta)v]}{\partial y}=0 \tag{3-1-1}$$

运动方程：

$$\frac{\partial u}{\partial t}+u\frac{\partial u}{\partial x}+v\frac{\partial u}{\partial y}-fv=-g\frac{\partial\zeta}{\partial x}-\frac{gu\sqrt{u^2+v^2}}{C^2H}+\varepsilon\left(\frac{\partial^2u}{\partial x^2}+\frac{\partial^2u}{\partial y^2}\right) \tag{3-1-2}$$

$$\frac{\partial v}{\partial t}+u\frac{\partial v}{\partial x}+v\frac{\partial v}{\partial y}+fu=-g\frac{\partial\zeta}{\partial y}-\frac{gv\sqrt{u^2+v^2}}{C^2H}+\varepsilon\left(\frac{\partial^2v}{\partial x^2}+\frac{\partial^2v}{\partial y^2}\right) \tag{3-1-3}$$

式中，x、y为与静止海面（某一基准面）重合的直角坐标系坐标；u、v分别为x、y方向的流速分量；h为水深（基准面到床面的距离）；ζ为潮位（基准面到自由水面的距离）；H为总水深，$H=h+\zeta$；f为柯式系数；g为重力加速度；C为谢才系数，$C=H^{1/6}/n$，n为曼宁糙率系数；t为时间；ε为水平涡动粘性系数。

1.1.2　定解条件

1）边界条件

计算域与其他水域相通的开边界Γ_1上有：

$$\zeta(x,y,t)|_{\Gamma_1}=\zeta^*(x,y,t) \tag{3-1-4}$$

或

$$\left.\begin{aligned} u(x,y,t)\mid_{\Gamma_1} &= u^*(x,y,t) \\ v(x,y,t)\mid_{\Gamma_1} &= v^*(x,y,t) \end{aligned}\right\} \tag{3-1-5}$$

计算水域与陆地交界的固边界 Γ_2 上有：

$$\vec{U}\cdot\vec{\boldsymbol{n}}\mid_{\Gamma_2} = 0 \tag{3-1-6}$$

式中，$\vec{\boldsymbol{n}}$ 为固边界法向；$\zeta^*(x,y,t)$ 、$u^*(x,y,t)$ 和 $v^*(x,y,t)$ 为已知值(实测或准实测或分析值)。式(3-6)的物理意义为流速矢量沿固边界的法向分量为零。

2)初始条件

$$\left.\begin{aligned} \zeta(x,y,t)\mid_{t=t_0} &= \zeta_0(x,y,t_0) \\ u(x,y,t)\mid_{t=t_0} &= u_0(x,y,t_0) \\ v(x,y,t)\mid_{t=t_0} &= v_0(x,y,t_0) \end{aligned}\right\} \tag{3-1-7}$$

式中，$\zeta_0(x,y,t_0)$ 、$u_0(x,y,t_0)$ 和 $v_0(x,y,t_0)$ 为初始时刻 t_0 的已知值。

1.2 二维悬沙数学模型

1.2.1 基本方程

$$\frac{\partial[(h+\zeta)S]}{\partial t} + \frac{\partial[(h+\zeta)uS]}{\partial x} + \frac{\partial[(h+\zeta)vS]}{\partial y} + F_S$$

$$= \frac{\partial}{\partial x}\left[(h+\zeta)D_x\frac{\partial S}{\partial x}\right] + \frac{\partial}{\partial y}\left[(h+\zeta)D_y\frac{\partial S}{\partial y}\right] \tag{3-1-8}$$

式中，S 为铅直方向积分的水体含沙浓度；D_x 、D_y 分别为 x 、y 方向的泥沙扩散系数；F_S 为泥沙源汇函数或床面冲淤函数，按下面方法确定：

$$F_S = \alpha\omega(S - S_*) \tag{3-1-9}$$

式中，S_* 为水体的挟沙力，一般采用经验公式或半理论方法确定；ω 为泥沙沉降速度；α 为泥沙沉降概率。

1.2.2 定解条件

1)初始条件

$$S(x,y,t)\mid_{t=t_0} = S_0(x,y,t_0) \tag{3-1-10}$$

式中，$S_0(x,y,t_0)$ 为初始时刻 t_0 的已知值。

2)边界条件

计算水域与陆地交界的固边界 Γ_1 上有：

$$S(x,y,t)\mid_{\Gamma_1} = S^*(x,y,t) \quad \text{（当水流流入计算域时）} \tag{3-1-11}$$

$$\frac{\partial(HS)}{\partial t} + \frac{\partial(HSu)}{\partial x} + \frac{\partial(HSv)}{\partial y} = 0 \quad \text{（当水流流出计算域时）} \tag{3-1-12}$$

计算水域与陆地交界的固边界 Γ_2 上有：

$$\frac{\partial S}{\partial \vec{n}} = 0 \tag{3-1-13}$$

式中，$S^*(x,y,t)$ 为已知值（实测或准实测或分析值），$\vec{n}$ 为陆地边界的单位法向矢量，式(3-13)的物理意义为泥沙沿固边界的法向分量为零。

1.3　地形冲淤数学模型

1.3.1　悬沙造成的海底变形数学模型

$$\gamma_0 \frac{\partial \eta_s}{\partial t} = F_S \tag{3-1-14}$$

式中：η_s 为海底床面悬沙引起的冲淤厚度；γ_0 为床面泥沙干密度。

1.3.2　底沙造成的海底变形数学模型

$$\gamma_b \frac{\partial \eta_b}{\partial t} + \frac{\partial q_x}{\partial x} + \frac{\partial q_y}{\partial y} = 0 \tag{3-1-15}$$

式中，η_b 为海底床面底沙引起的冲淤厚度，γ_b 为床面底沙干密度，q_x 和 q_y 分别为单位时间内单宽底沙输移量 q_b 沿 x 和 y 方向的分量，q_b 采用考虑波浪作用的窦国仁公式，即

$$q_b = \frac{k_2}{C_0^2} \frac{\gamma \gamma_s}{\gamma_s - \gamma} m \frac{|\vec{\mathbf{V}} + \vec{\mathbf{V}}_w|^{3/2}}{\omega_b} \tag{3-1-16}$$

式中：

$$m = \begin{cases} |\vec{\mathbf{V}}| + |\vec{\mathbf{V}}_w| - V_k & (V_k \leqslant |\vec{\mathbf{V}}| + |\vec{\mathbf{V}}_w|) \\ 0 & (\mathrm{V_k} > |\vec{\mathbf{V}}| + |\vec{\mathbf{V}}_w|) \end{cases} \tag{3-1-17}$$

式中，$\vec{\mathbf{V}}$ 为水流平均速度矢量；$\vec{\mathbf{V}}_w$ 为波浪平均特征速度矢量；V_k 为底沙颗粒的临界起动流速；按窦国仁公式可写作：

$$V_k = 0.265\ln\left(11\frac{H}{\Delta}\right)\sqrt{\frac{\gamma_s - \gamma}{\gamma} g d_b + \left(\frac{\gamma_b}{\gamma_b^*}\right)^{2.5} \frac{\varepsilon_k + gH\delta}{d_b}} \tag{3-1-18}$$

式中，γ_b^* 为稳定干密度（对于细沙可以认为 $\gamma_b^* = \gamma_b$）；d_b 为推移质的中值粒径；ε_k 为粘结力参数（天然沙 $\varepsilon_k = 0.50\mathrm{cm^3/s^2}$）；$\delta$ 为薄膜水厚度参数，$\delta =$

1.2×10^{-6}cm；Δ 为床面糙率高度。

设 $\vec{V}+\vec{V}_w$ 的方向与 x 轴夹角为 ψ，则有

$$q_x = q_b\cos\psi, q_y = q_b\sin\psi \tag{3-1-19}$$

1.4 计算域的确定、网格剖分、有关参数的确定及处理技术

1.4.1 计算域的确定及网格剖分

根据所研究问题的需要，建立大小两个模型。大模型计算域范围：南边界在大万山岛以南的21°52′N纬度线，北边界在虎门附近的22°49′N纬度线，西边界在113°30′E经度线，东边界在114°6′E经度线，东西距离约63km，南北距离约102km，整个计算域包括伶仃洋西四口门、香港水道、伶仃洋外万山群岛；用不规则三角形网格剖分计算域，考虑岛屿55个（见图3-1-1、图3-1-2）。小模型计算域范围：南边界在桂山岛北侧，北边界在内伶仃岛南侧，东西距离约52km，南北距离约22km；工程方案实施后可根据具体情况进行局部加密（见图3-1-3、图3-1-4）。

三角形网格较好地表现了伶仃洋内外复杂的岸线、岛屿和地形特征。大模型最大空间步长（三角形网格最大边长）1552.91m，最小空间步长（三角形网格最小边长）15.83m，三角形网格节点68599个，三角形单元数132996个；小模型最大空间步长（三角形网格最大边长）392.39m，最小空间步长（三角形网格最小边长）15.83m，三角形网格节点28816个，三角形单元数56193个。

1.4.2 有关参数的确定

（1）n：曼宁糙率系数 n 一般取值0.010～0.025。由于本文计算域较大，因此在整个计算域中 n 不可能取同一数值，需根据验证情况进行局部调整。

（2）γ_0：根据文献[14]的研究，悬沙干密度 γ_0 可近似表达为

$$\gamma_0 = 1750d_{50}^{0.183} \tag{3-1-20}$$

式中，d_{50} 为悬浮泥沙中值粒径（mm）。

根据现场水文测验各站全潮期间悬沙取样分析，本海区工程附近悬沙平均中值粒径 $d_{50}=0.007$mm[15]，则 $\gamma_0=706$kg/m^3。

（3）ω：海水中细颗粒泥沙的沉降速度决定于其絮凝当量的大小。试验表明，这样的当量粒径一般为0.015～0.03mm，其相应沉降速度为0.01～0.06cm/s，本文取其平均值0.04cm/s。

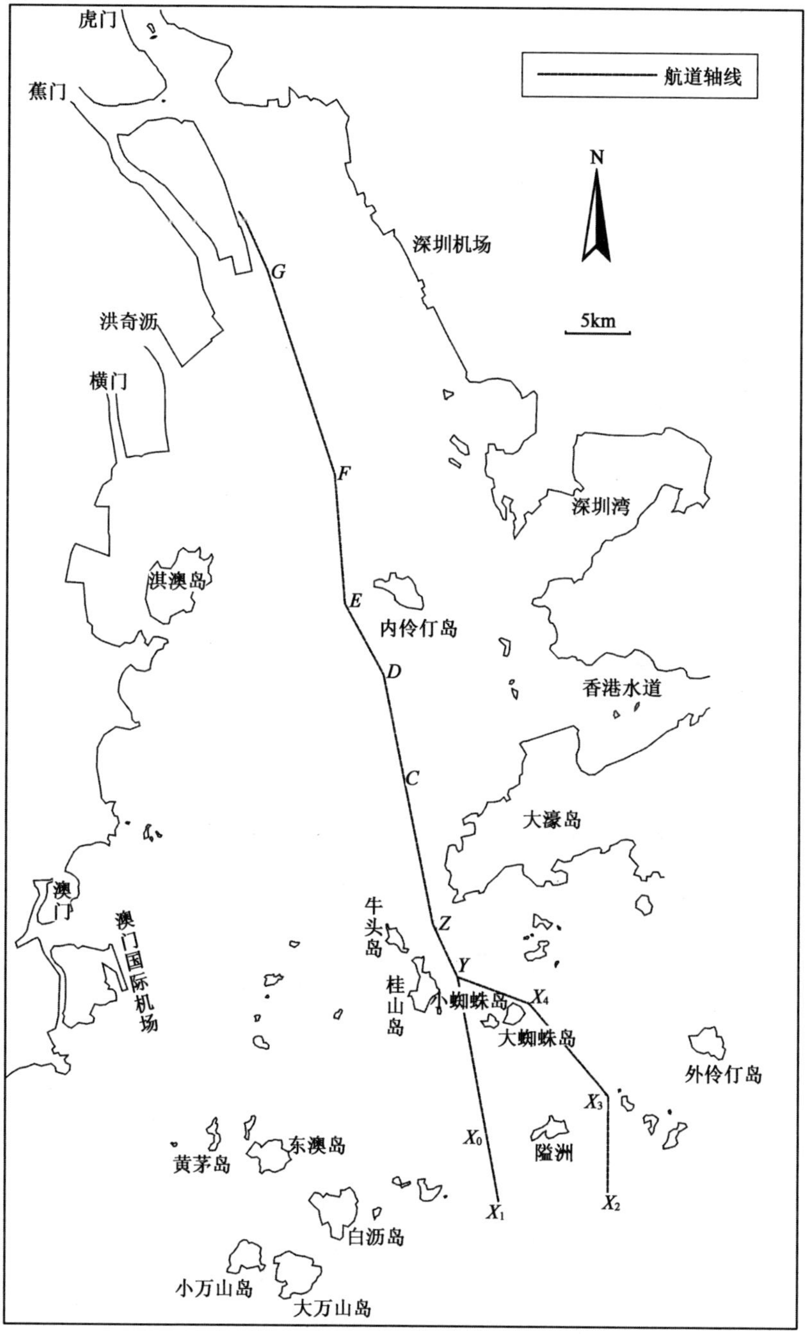

图3-1-1　大范围模型工程海区计算域示意图

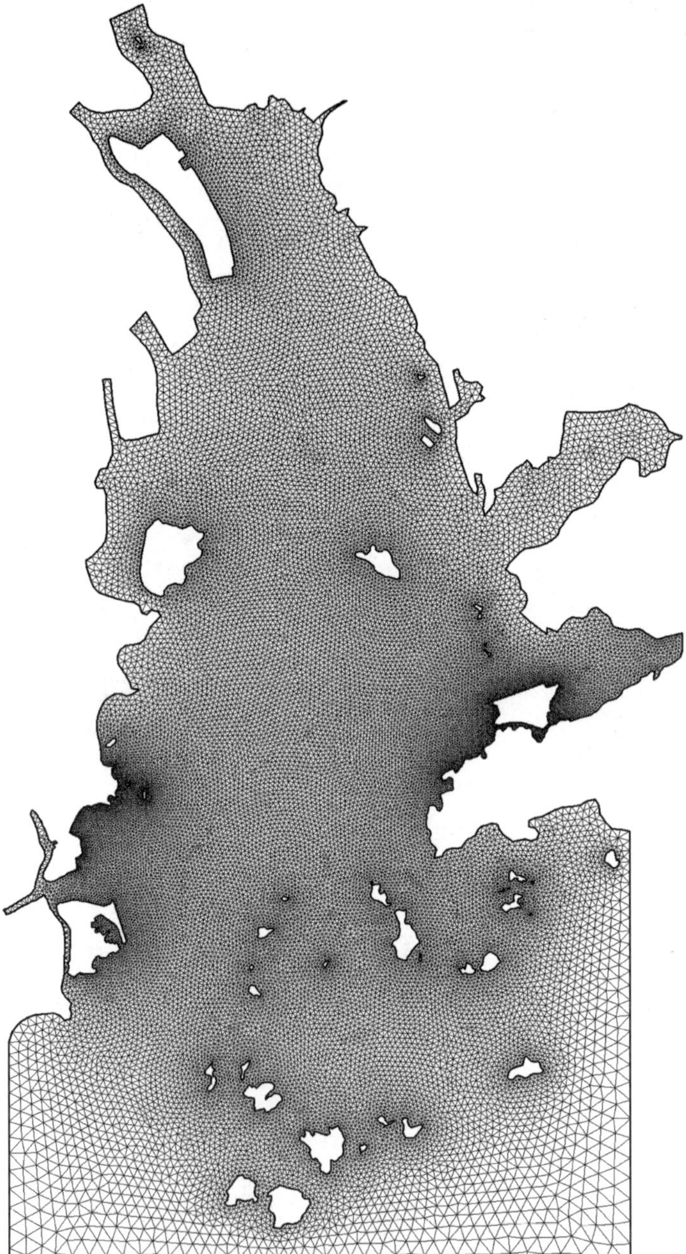

图 3-1-2　大范围模型计算域网格剖分效果图

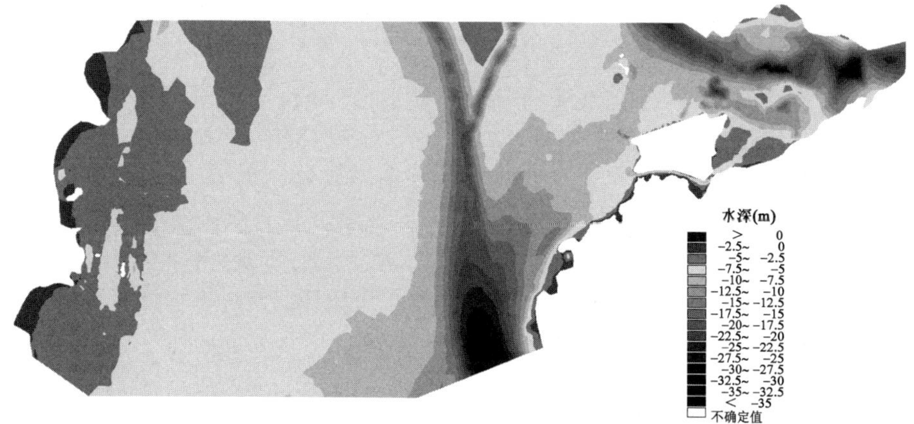

图 3-1-3　局部模型工程海区计算域示意图

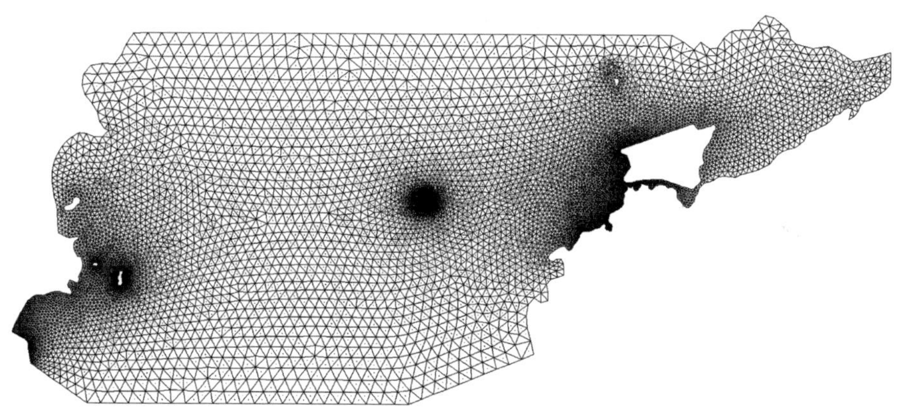

图 3-1-4　局部模型计算域网格剖分效果图

(4) ε：参照文献[16]中的规定选取。

(5) D_x 和 D_y：D_x 和 D_y 参照文献[16]中的规定选取。

(6) S_*：S_* 在泥沙数学模型中是一个非常重要的量，应根据现场实测资料进行确定，由于本现场实测资料有限，本文采用窦国仁挟沙力公式[17]

$$S_* = \alpha_0 \frac{\rho_0 \rho_s}{\rho_s - \rho_0}\left[\frac{(\sqrt{u^2 + v^2})^3}{c^2 H\omega}\right] \tag{3-1-21}$$

式中，ρ_s 为泥沙颗粒密度（$\rho_s = 2650\text{kg/m}^3$）；$\rho_0$ 为水的密度（$\rho_0 = 1000\text{kg/m}^3$）；$\alpha_0$ 为系数，$\alpha_0 = 0.023$。

1.4.3　露滩的处理技术

为解决潮间带（高潮淹没，低潮露出）问题，在模型计算时需要进行露滩的处理。露滩的处理亦称动边界的处理,实践经验表明,“干湿”判别法是进行露滩处理的一项既简单又实用的技术,该项技术的基本思想如下:

在存在露滩现象的浅滩,涨潮时滩面被逐渐“淹没”,落潮时逐渐“干出”。选定一标准水深 H_0(通常 $H_0=0.1\text{m}$),当在某一时刻某一网格点的实际水深 $H \leqslant H_0$ 时,认为该节点“干出”。令该点的流速值及含沙量为零,在以后的每个时间步长的计算中,“干出”点潮位值由周围非“干出”点的潮位值的线性插值得到;当在某一时刻某一网格点的实际水深 $H>H_0$ 时,则认为该节点被“淹没”,恢复程序计算。对于有可能出现“干出”和“淹没”的网格节点,要每隔一个时间步长均进行“干出”和“淹没”的判断。

1.4.4 桥墩群的处理

大桥桥墩群为透水建筑物,一方面由于桩基阻力的影响,流速将减小;另一方面,又因桩柱体存在而使过水断面缩小,流速将增加;此外,由于桩的存在,水流中还会形成旋涡,鉴于此桩群内的水流非常复杂。因此,在有桩基的潮流数值模拟中,应该考虑桥墩的影响。本文首先通过局部网格加密将桥墩处理为陆地,采用文献[18]、[19]中的处理方法考虑桥墩阻力影响。

1.5 模型验证

1.5.1 大范围验证

选择2007年8月13日17时—8月14日22时的大潮过程和2007年8月16日13时—8月17日15时的中潮过程对模型进行验证:水文测点图见图3-1-5。用于潮位验证的站位有8个,即黄茅岛站(1号)、桂山岛站(2号)、金星门站(3号)、内伶仃岛站(4号)、赤湾站(5号)、宝安机场站(9号)、南沙港区(10号)、大万山岛站(13号);用于流速流向验证的站位有16个,即蕉门1站(4号)、蕉门2站(5号)、蕉门3站(6号)、洪奇沥1站(7号)、洪奇沥2站(8号)、伶仃1站(11号)、伶仃2站(12号)、伶仃3站(13号)、大濠岛站(14号)、矾石站(15号)、铜鼓航道站(16号)、西滩站(17号)、抛泥地站(18号)、珠海站(19号)、外海1站(20号)、外海2站(21号)。

大潮潮位验证曲线见图3-1-6;中潮潮位验证曲线见图3-1-7;大潮流速流向验证曲线(4号、5号、6号、7号、8号、11号、12号、13号)见图3-1-8;大潮流速流向验证曲线(14号、15号、16号、17号、18号、19号、20号、21号)见图3-1-9;中潮流速流向验证曲线(4号、5号、6号、7号、8号、11号、12号、13号)见图3-1-10;中潮流速流向验证曲线(14号、15号、16号、17号、18号、19号、20号、21号)见图3-1-11。

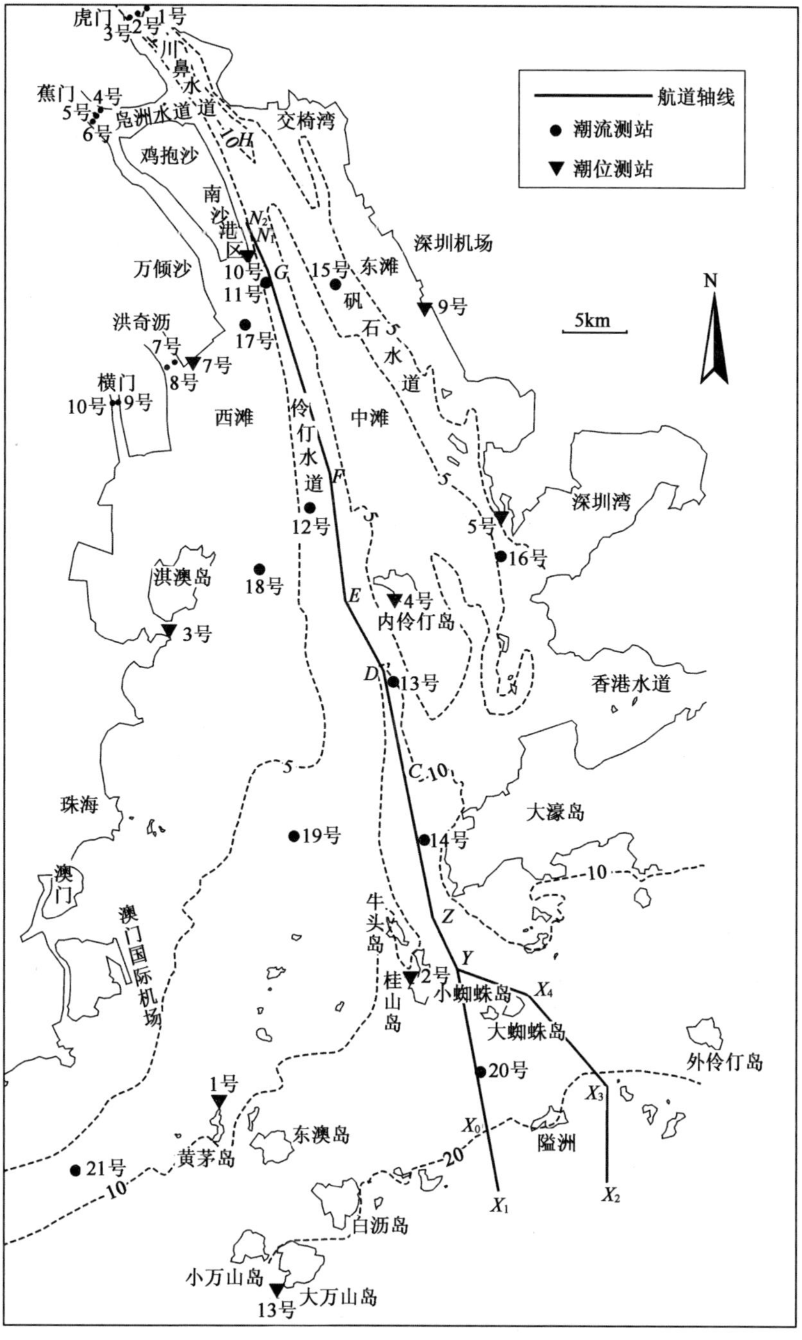

图 3-1-5　2007 年水文测点位置图

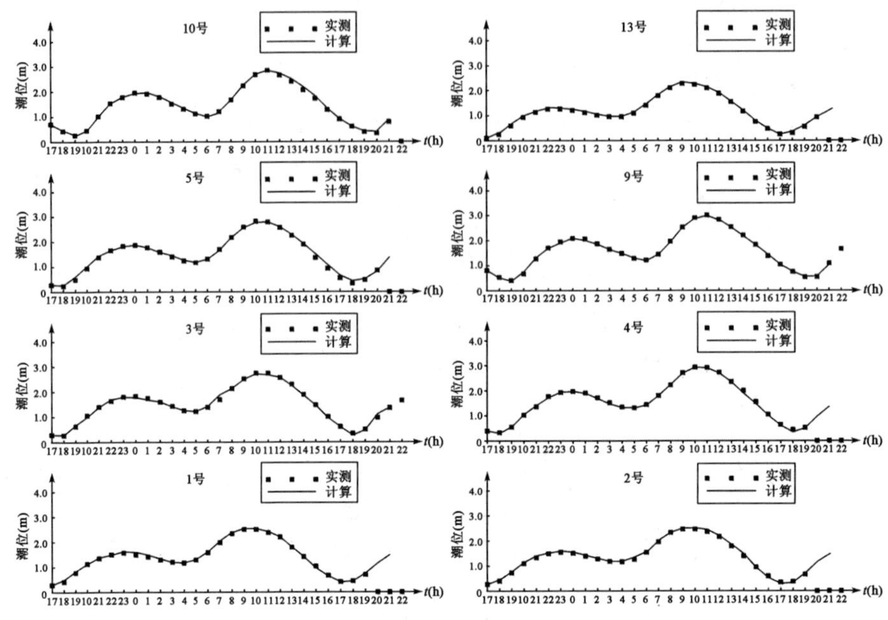

图 3-1-6　大潮潮位过程验证

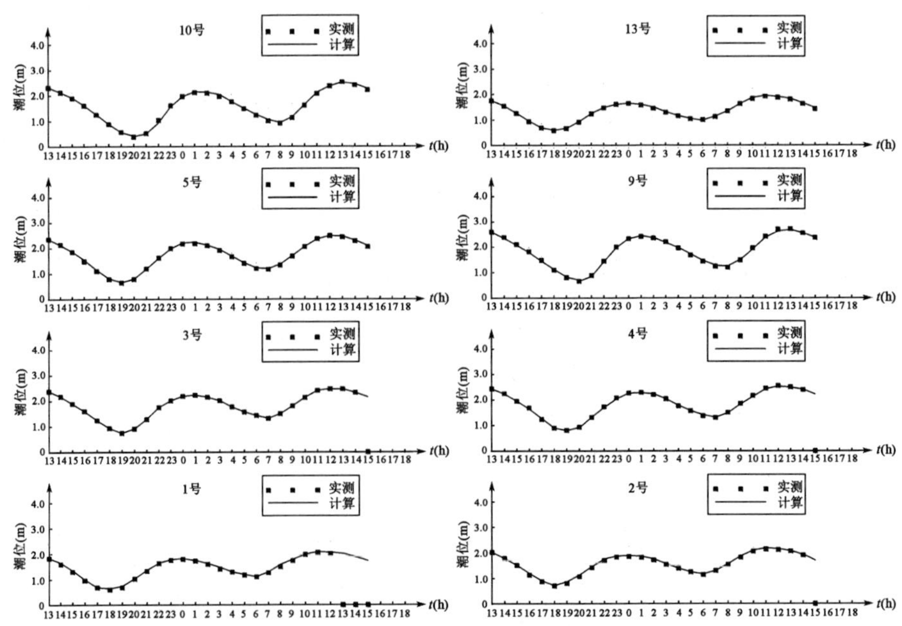

图 3-1-7　中潮潮位过程验证

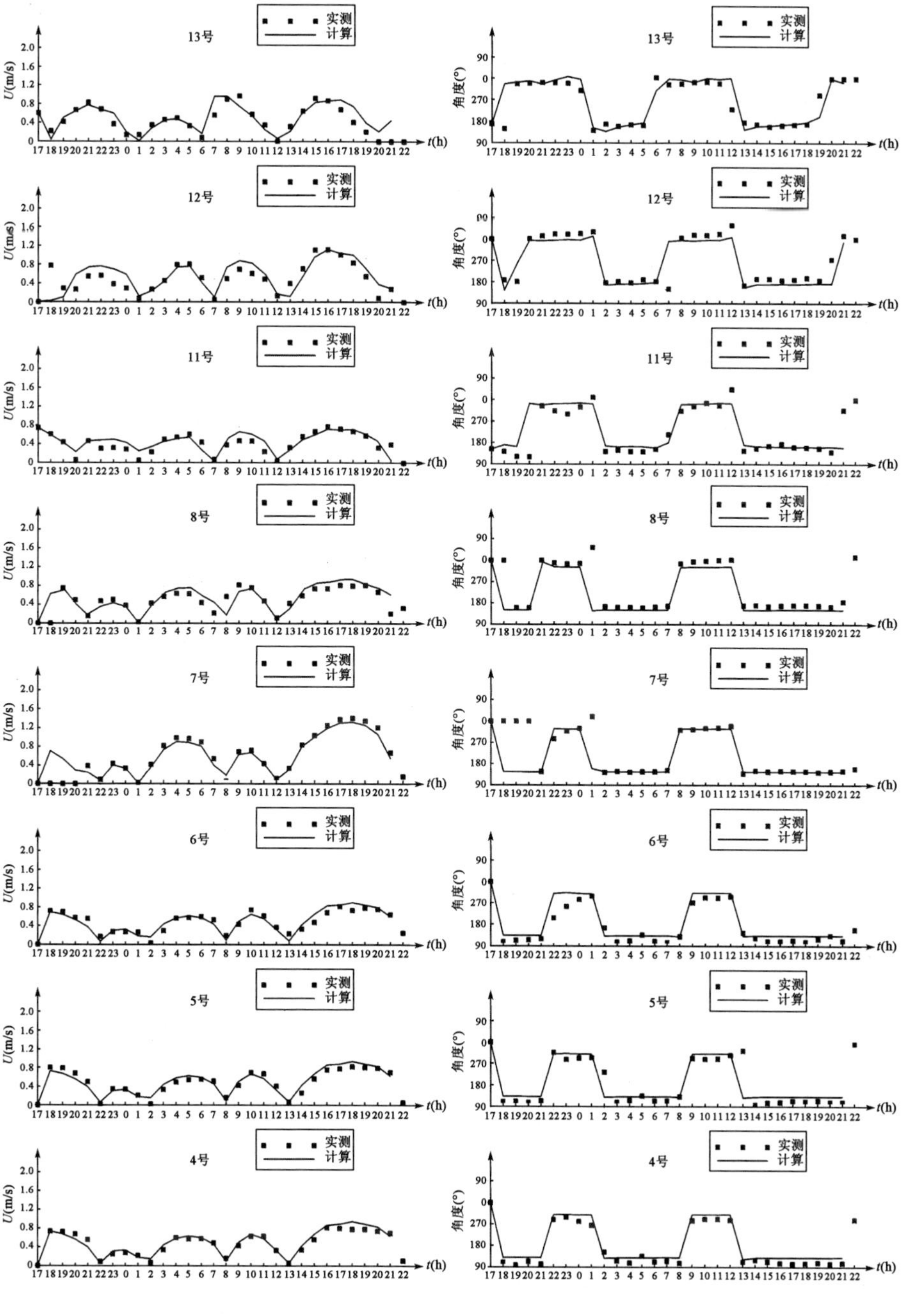

图 3-1-8　大潮流速流向过程验证(4 号、5 号、6 号、7 号、8 号、11 号、12 号、13 号站)

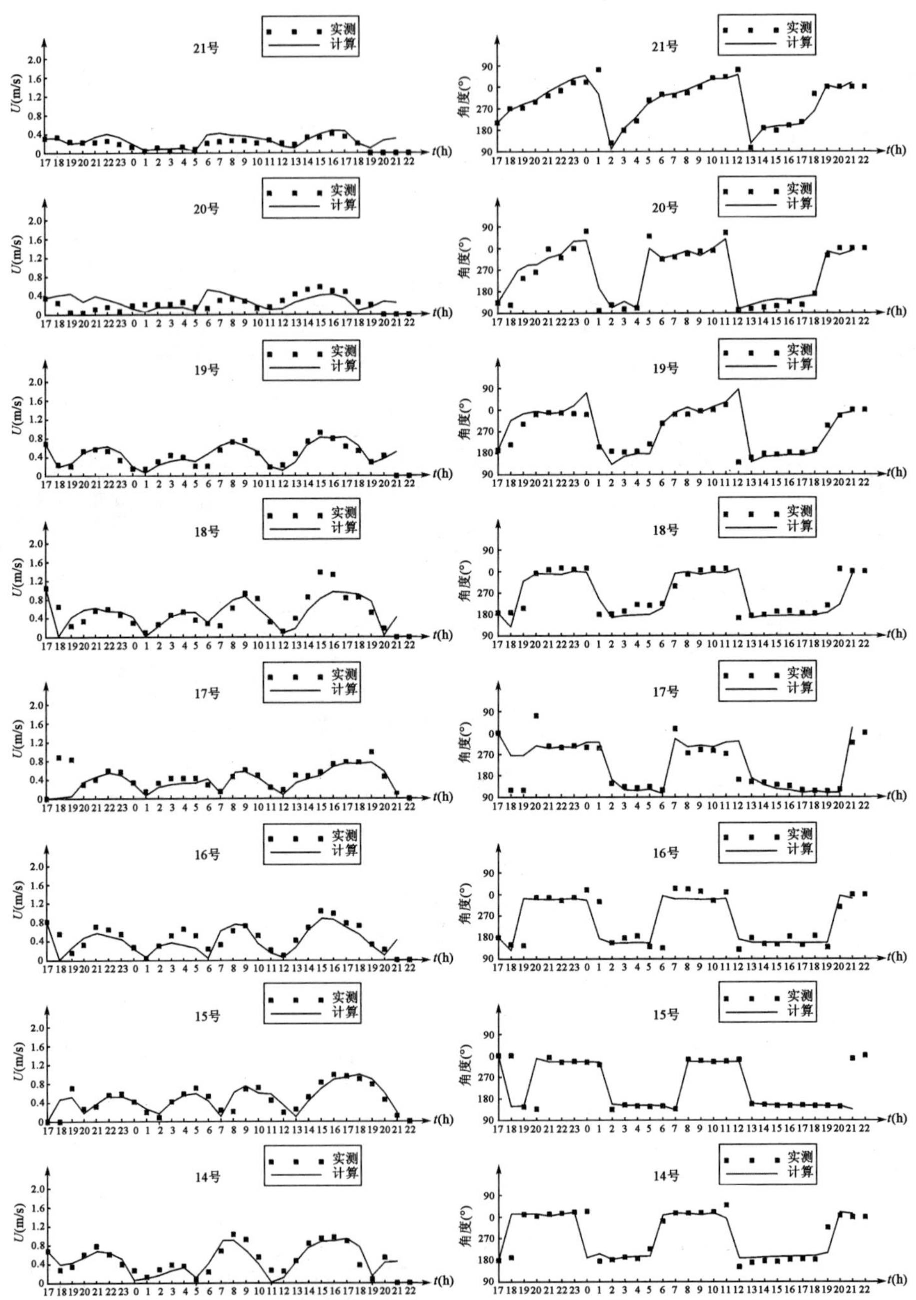

图 3-1-9　大潮流速流向过程验证(14 号、15 号、16 号、17 号、18 号、19 号、20 号、21 号站)

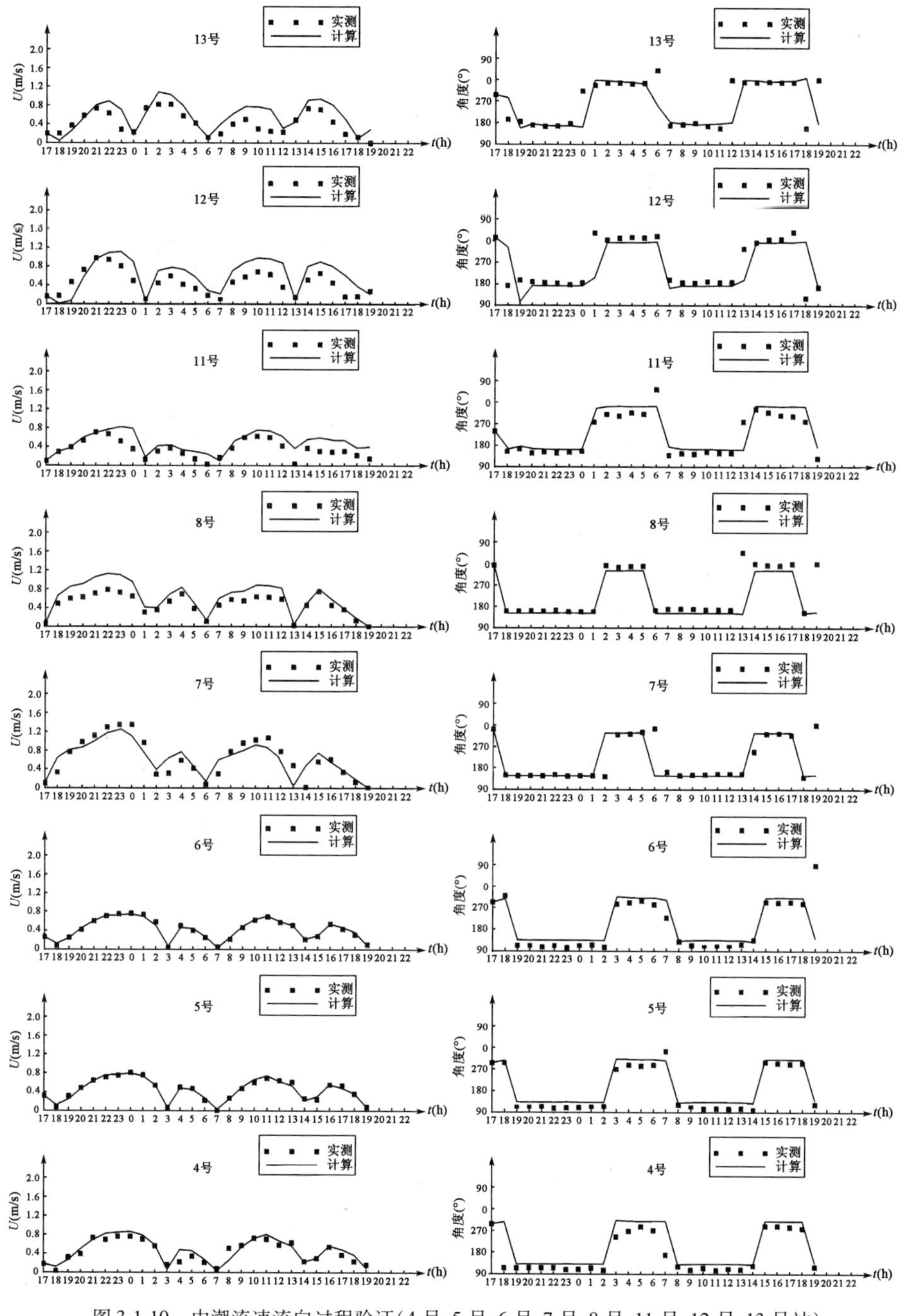

图 3-1-10　中潮流速流向过程验证(4 号、5 号、6 号、7 号、8 号、11 号、12 号、13 号站)

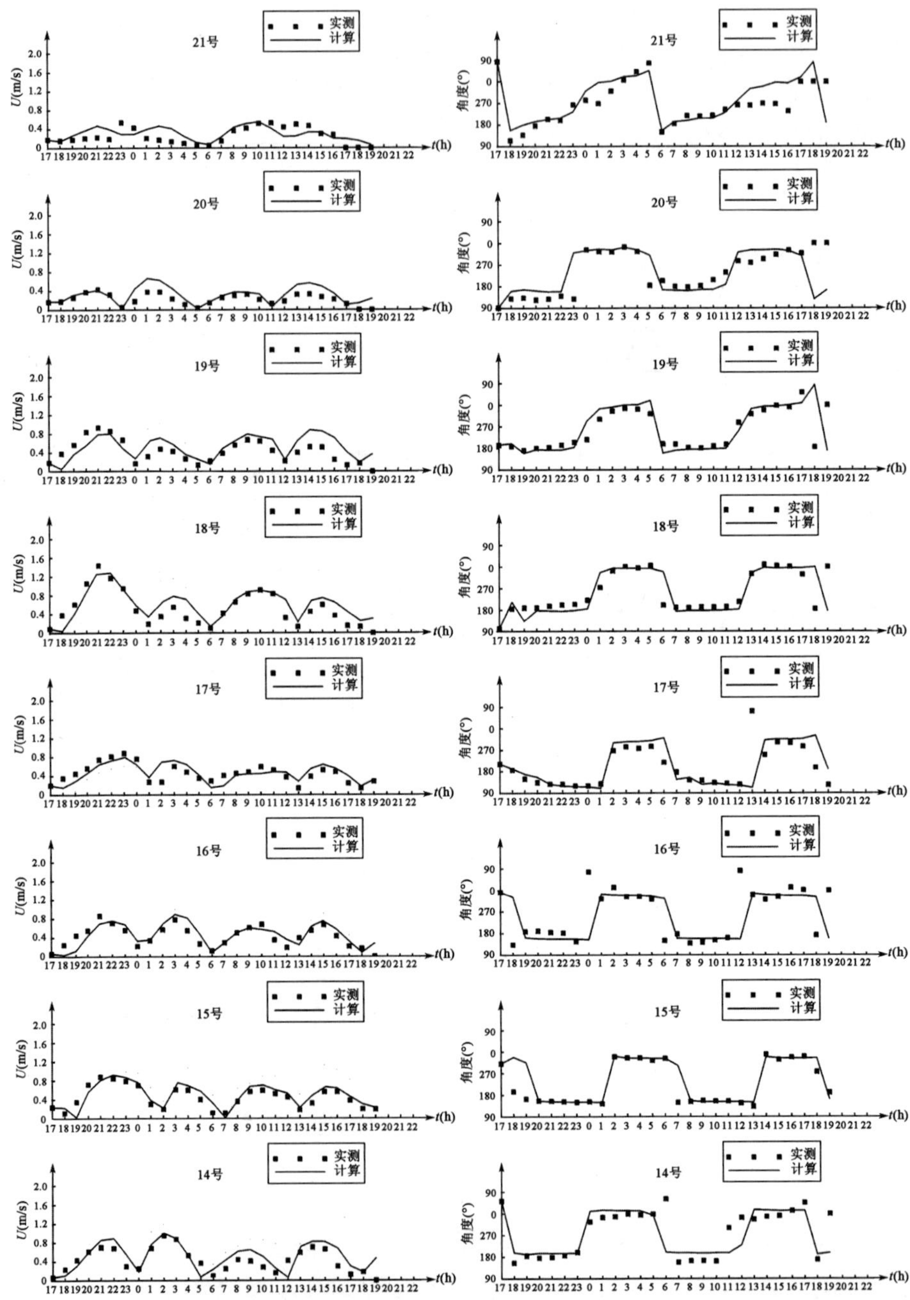

图 3-1-11　中潮流速流向过程验证(14 号、15 号、16 号、17 号、18 号、19 号、20 号、21 号站)

1.5.2 小范围验证

选择2004年6月19日11时—6月20日13时大潮过程、2004年6月14日11时—6月15日13时中潮过程和2004年6月11日11时—6月12日13时小潮过程,分别对模型进行验证:水文测点见图3-1-12,用于潮位验证有两个站,即九州港站(1号)和香港国际机场站(2号);用于流速流向验证的站位有9个站,即1号、2号、3号、4号、5号、6号、7号、8号和9号测流点。

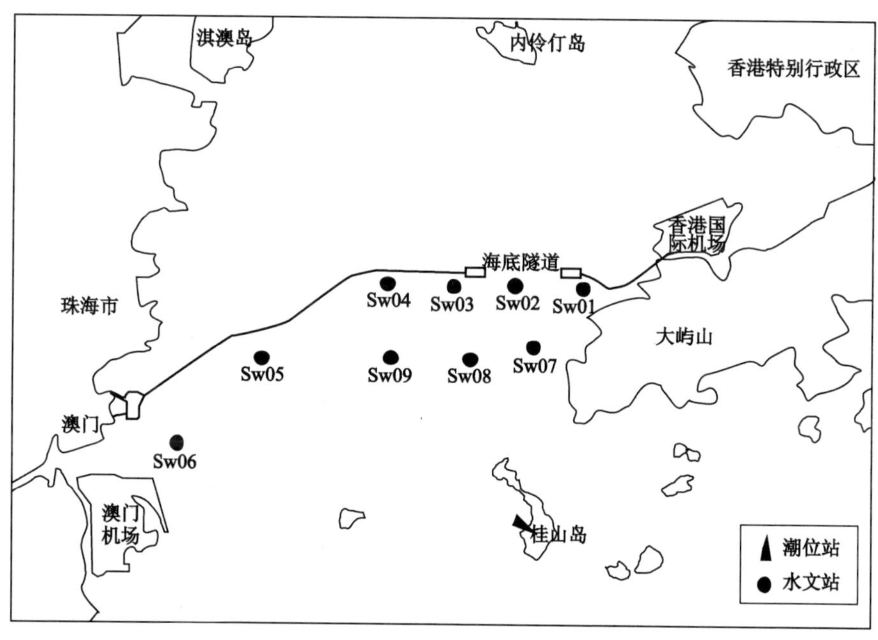

图3-1-12 2004年水文测点位置图

大潮潮位验证曲线见图3-1-13;中潮潮位验证曲线见图3-1-14;小潮潮位验证曲线见图3-1-15;大潮流速流向验证曲线见图3-1-16;中潮流速流向验证曲线见图3-1-17;小潮流速流向验证曲线见图3-1-18。

选择2009年3月27日10时—3月28日13时大潮过程、2009年4月2日12时—4月3日16时小潮过程、2009年6月22日8时—6月23日12时大潮过程、2009年6月16日9时—6月17日14时小潮过程,分别对模型也进行了验证,水文测点见图3-1-19。用于潮位验证有两个站,即九州港站(1号)和香港国际机场站(2号);用于流速流向验证有11个站,即1号、2号、3号、4号、5号、6号、7号、8号、9号、10号和11号测流点。

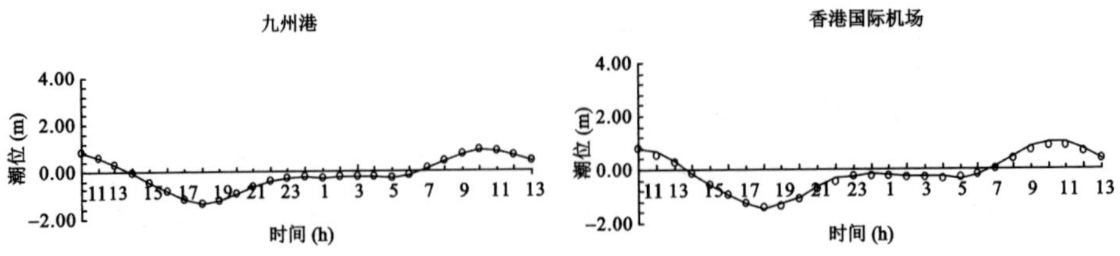

图 3-1-13　大潮潮位过程验证

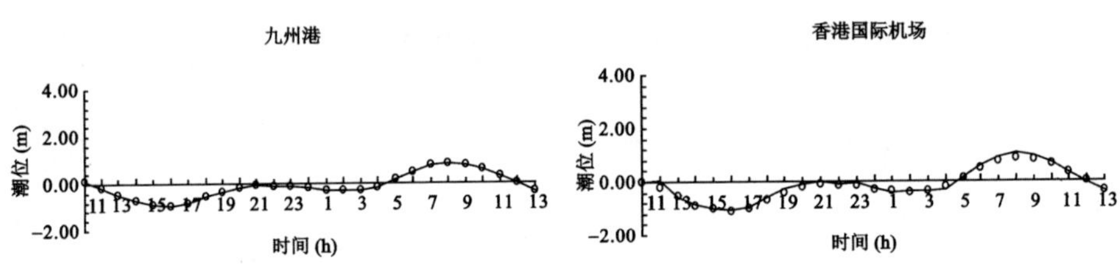

图 3-1-14　中潮潮位过程验证

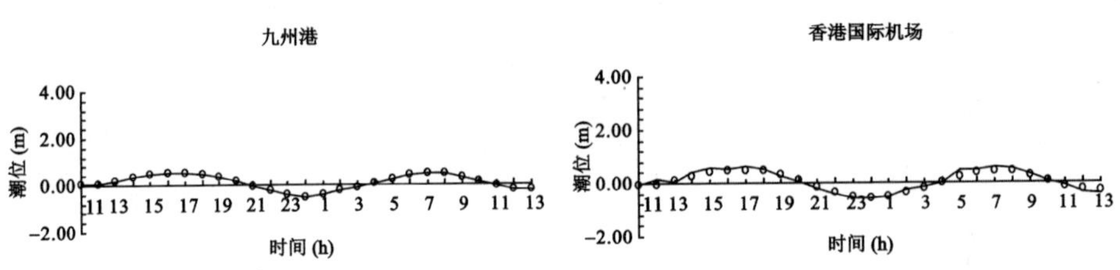

图 3-1-15　小潮潮位过程验证

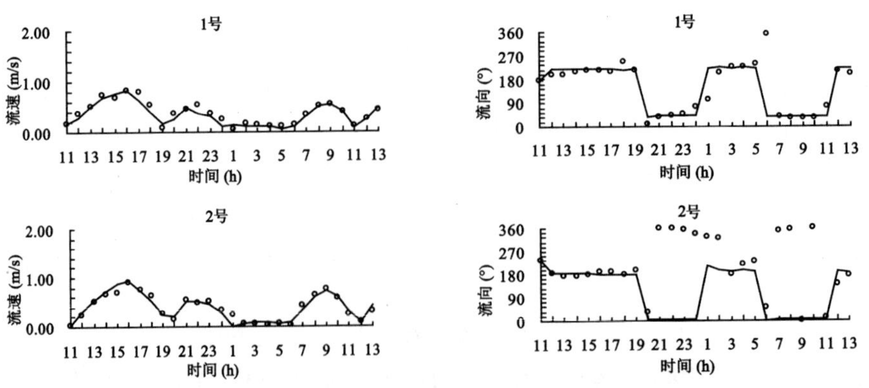

图　3-1-16

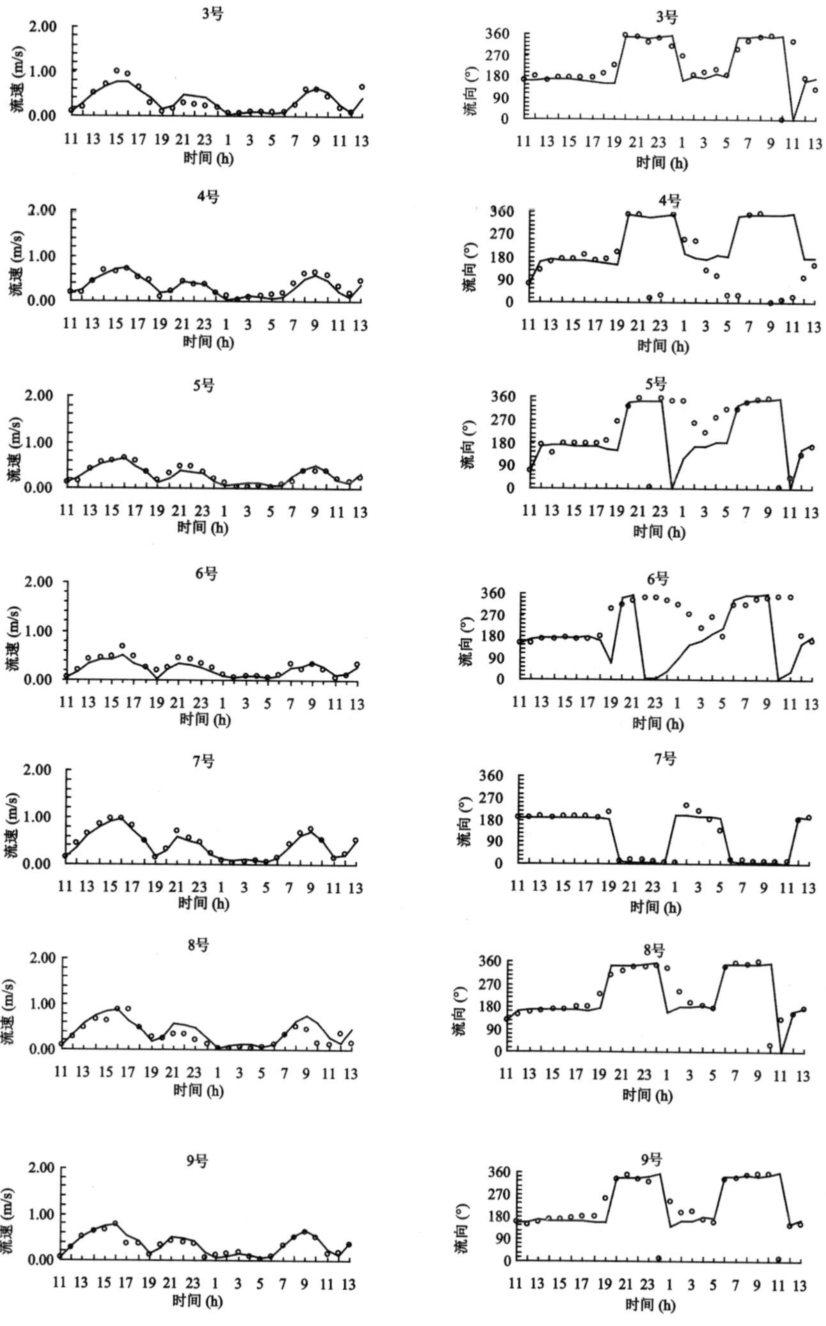

图 3-1-16　大潮流速流向验证

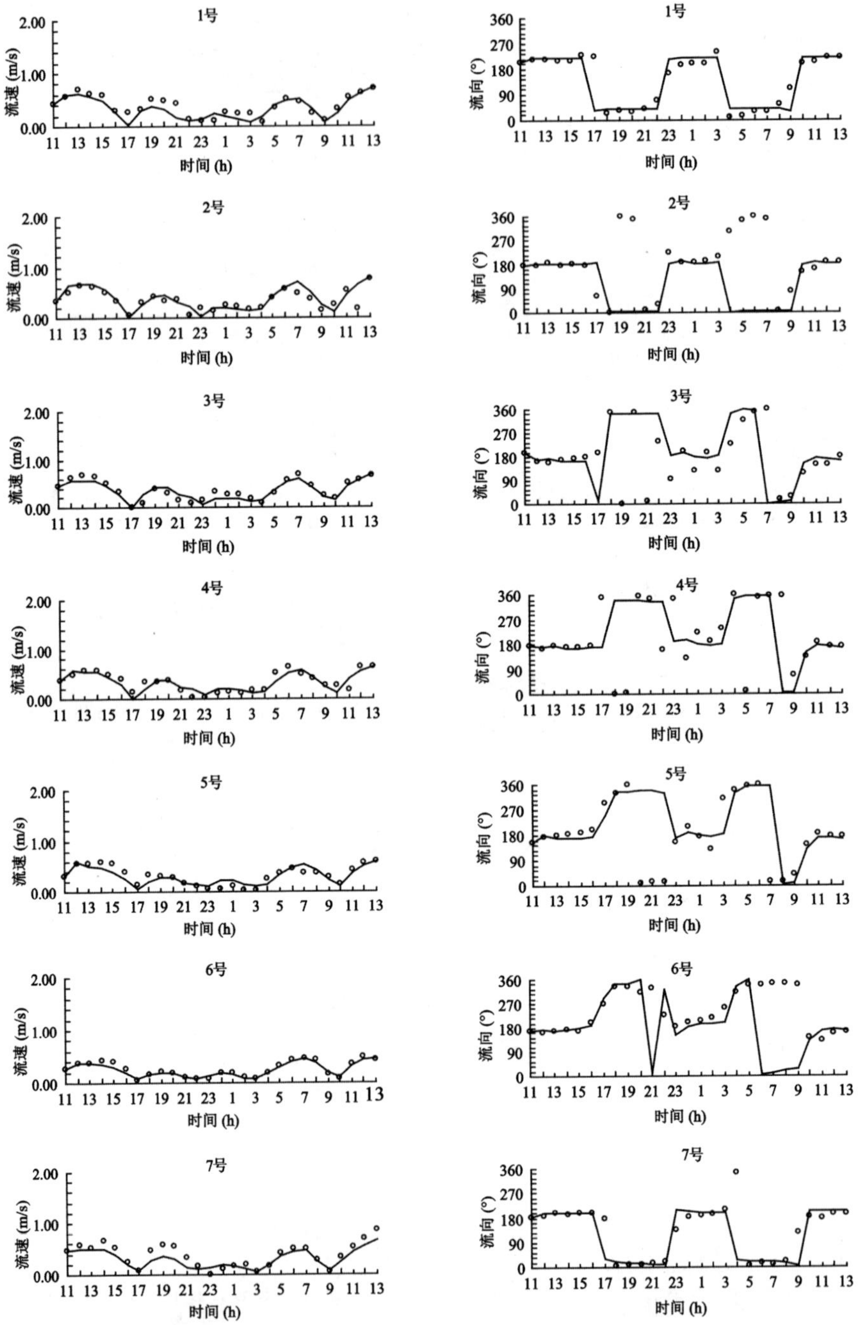

图 3-1-17

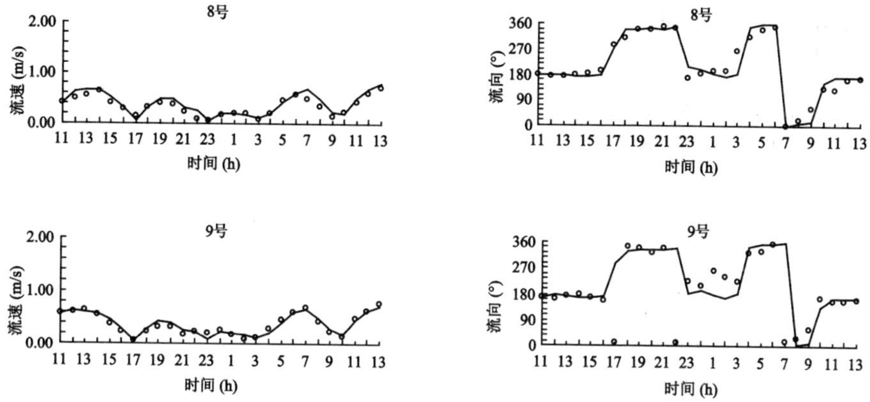

图 3-1-17　中潮流速流向过程验证

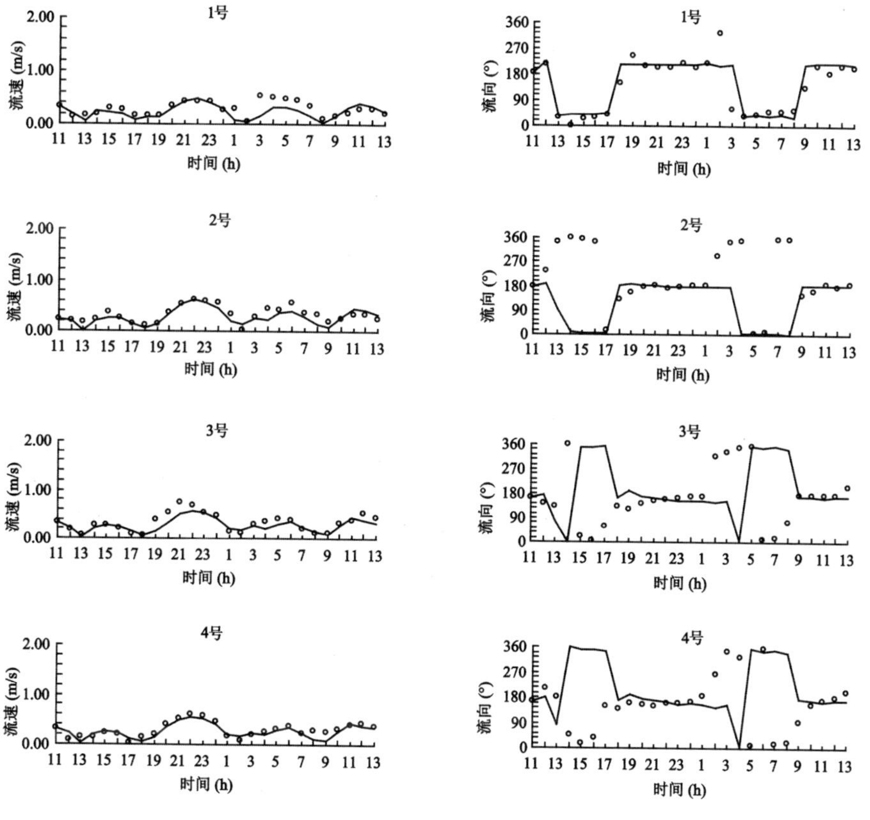

图　3-1-18

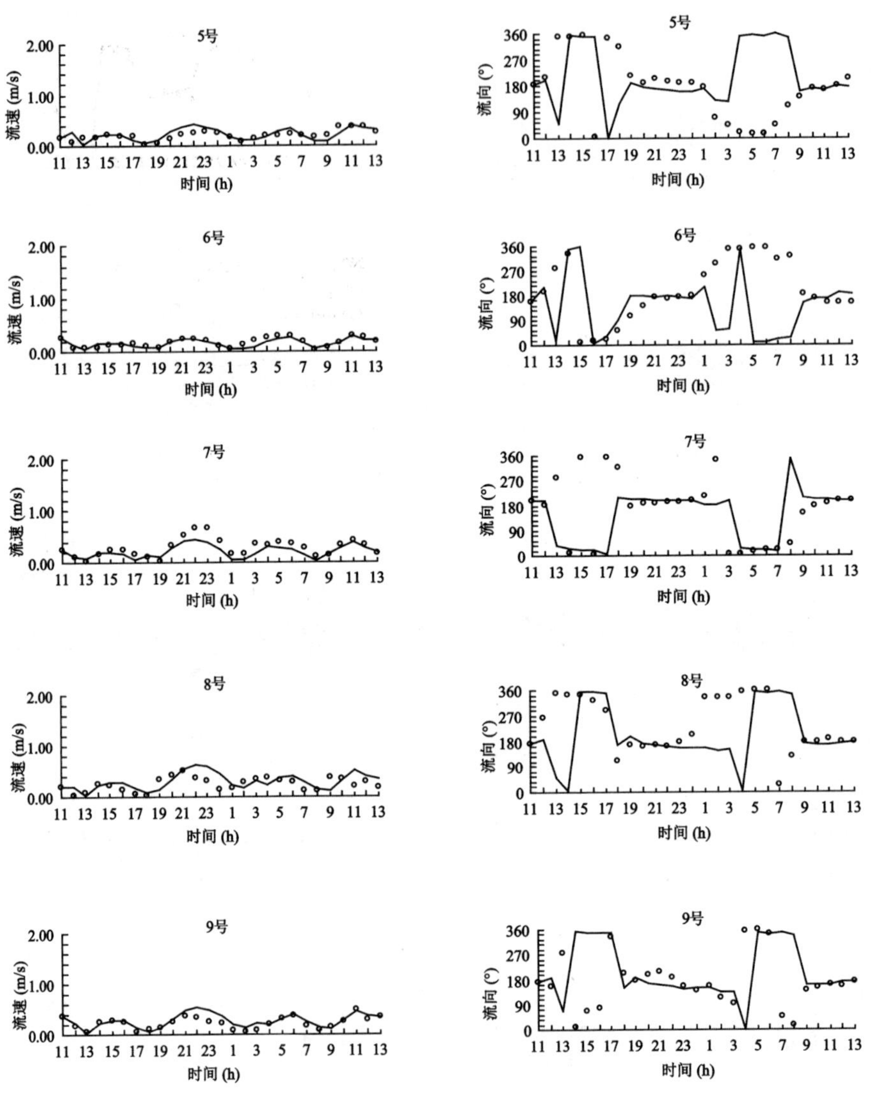

图 3-1-18　小潮流速流向过程验证

枯季大潮潮位验证曲线见图 3-1-20；枯季小潮潮位验证曲线见图 3-1-21；洪季大潮潮位验证曲线见图 3-1-22；洪季小潮潮位验证曲线见图 3-1-23；枯季大潮流速流向验证曲线见图 3-1-24；枯季小潮流速流向验证曲线见图 3-1-25；洪季大潮流速流向验证曲线见图 3-1-26；洪季小潮流速流向验证曲线见图 3-1-27。

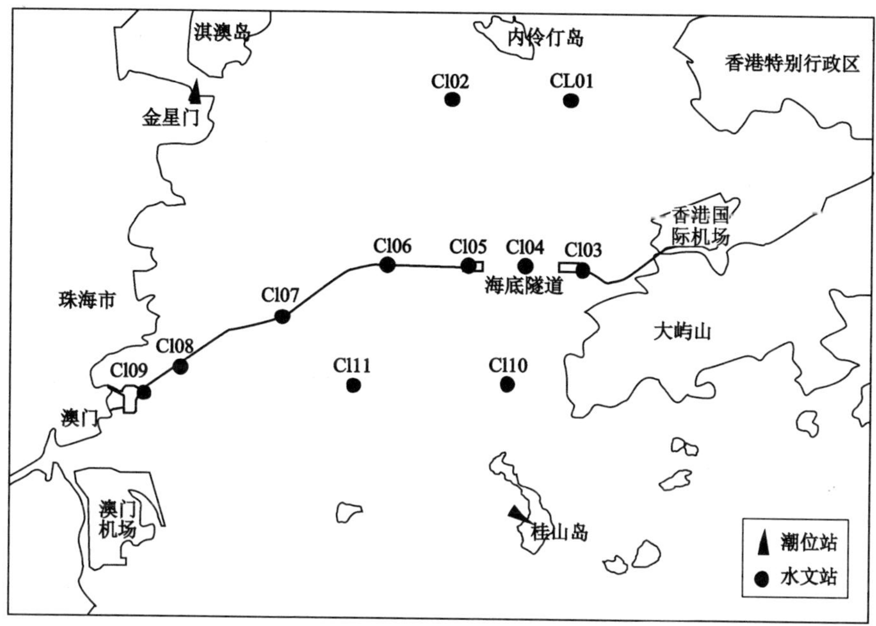

图 3-1-19 2009 年水文测点位置图

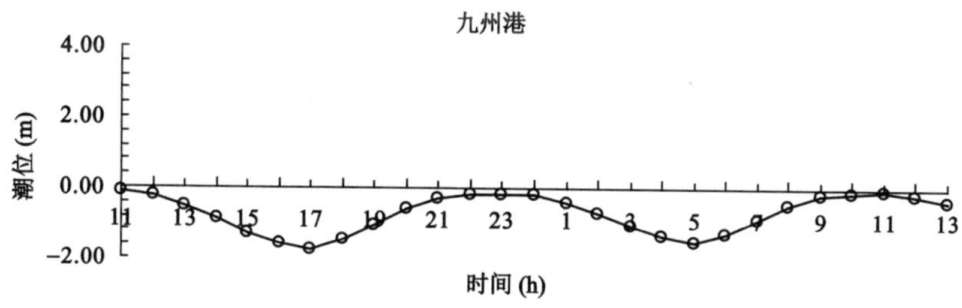

图 3-1-20 枯季大潮潮位过程验证

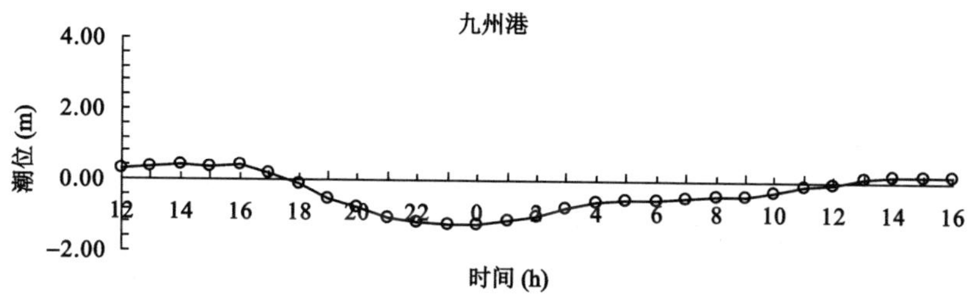

图 3-1-21 枯季小潮潮位过程验证

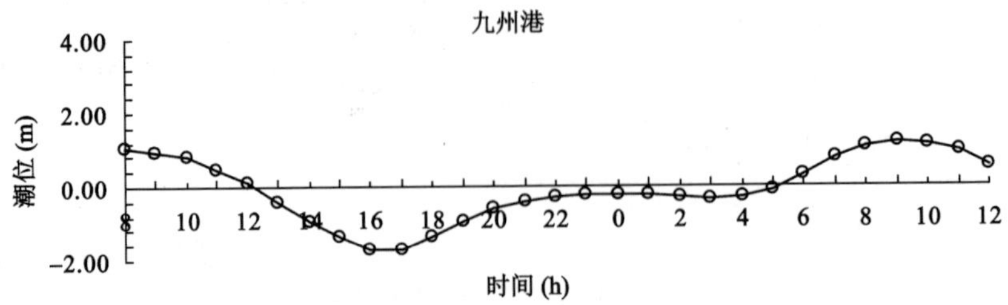

图 3-1-22　洪季大潮潮位过程验证

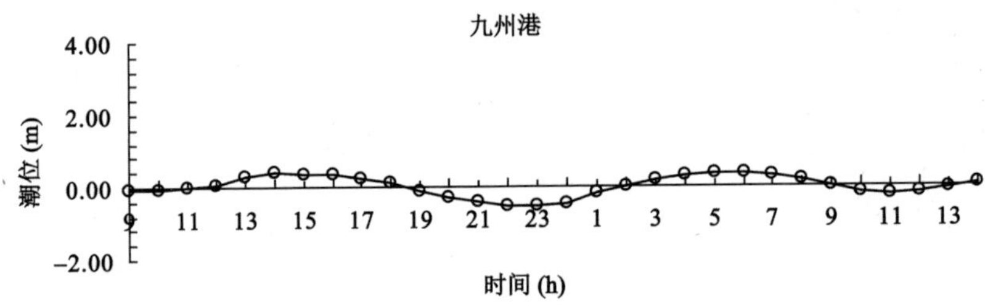

图 3-1-23　洪季小潮潮位过程验证

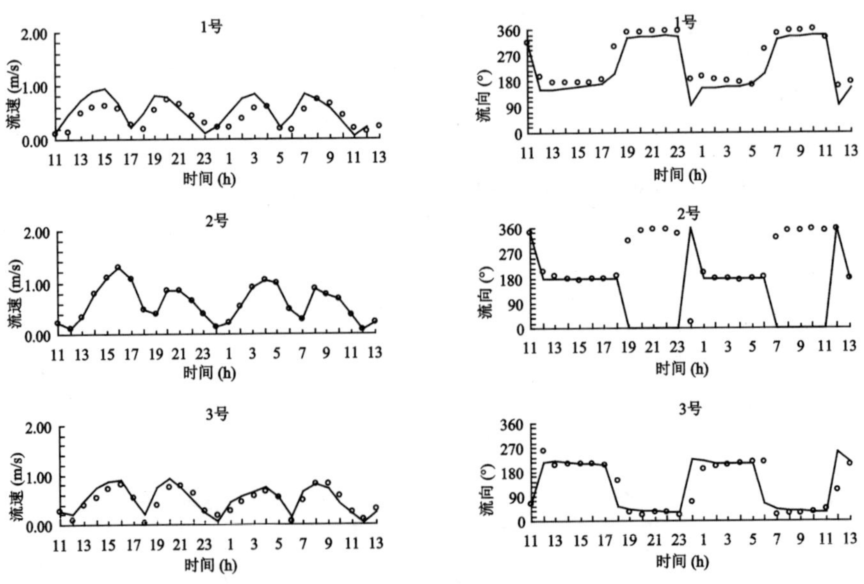

图　3-1-24

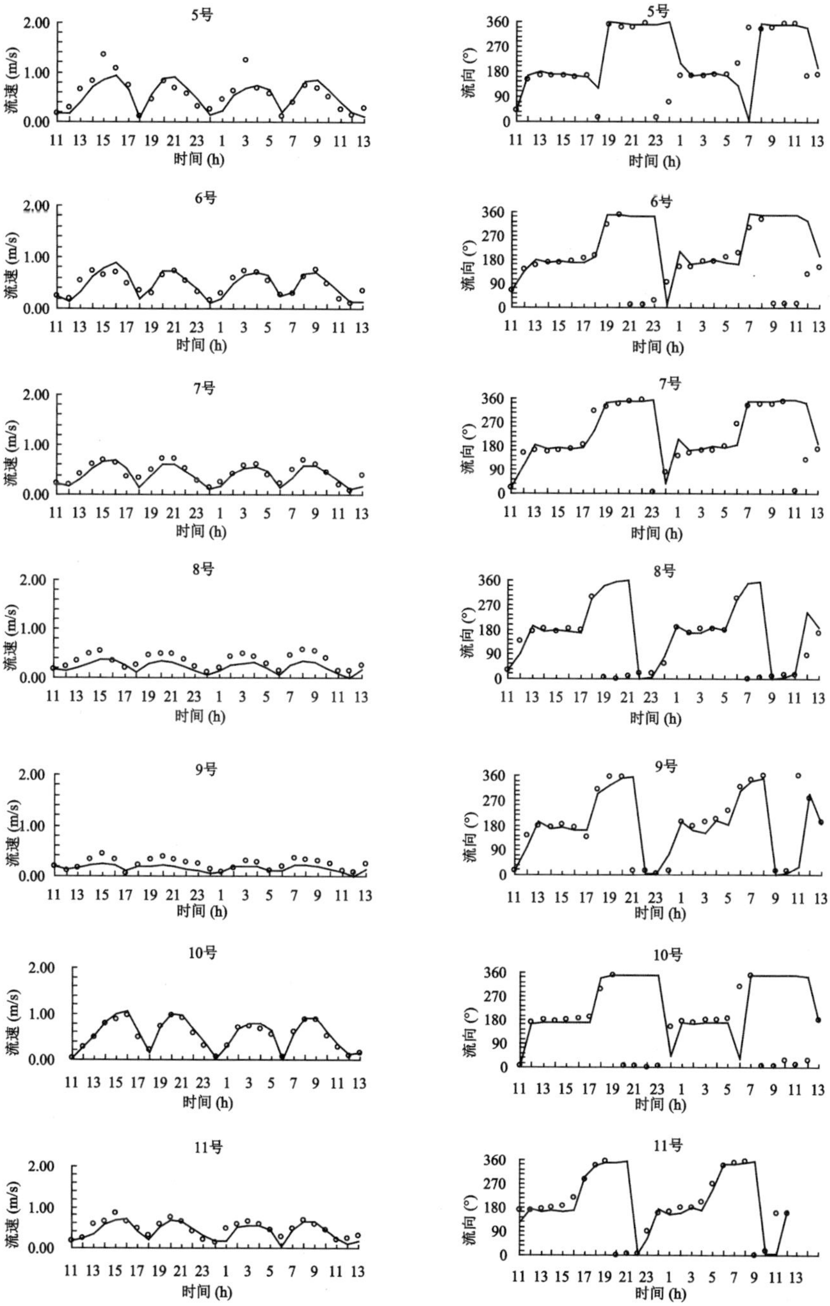

图 3-1-24　枯季大潮流速流向验证

1号
2号
3号
4号
5号
6号
7号
流速 (m/s)
流向 (°)
时间 (h)
2.00
1.00
0.00
360
270
180
90
0
12 14 16 18 20 22 0 2 4 6 8 10 12 14 16

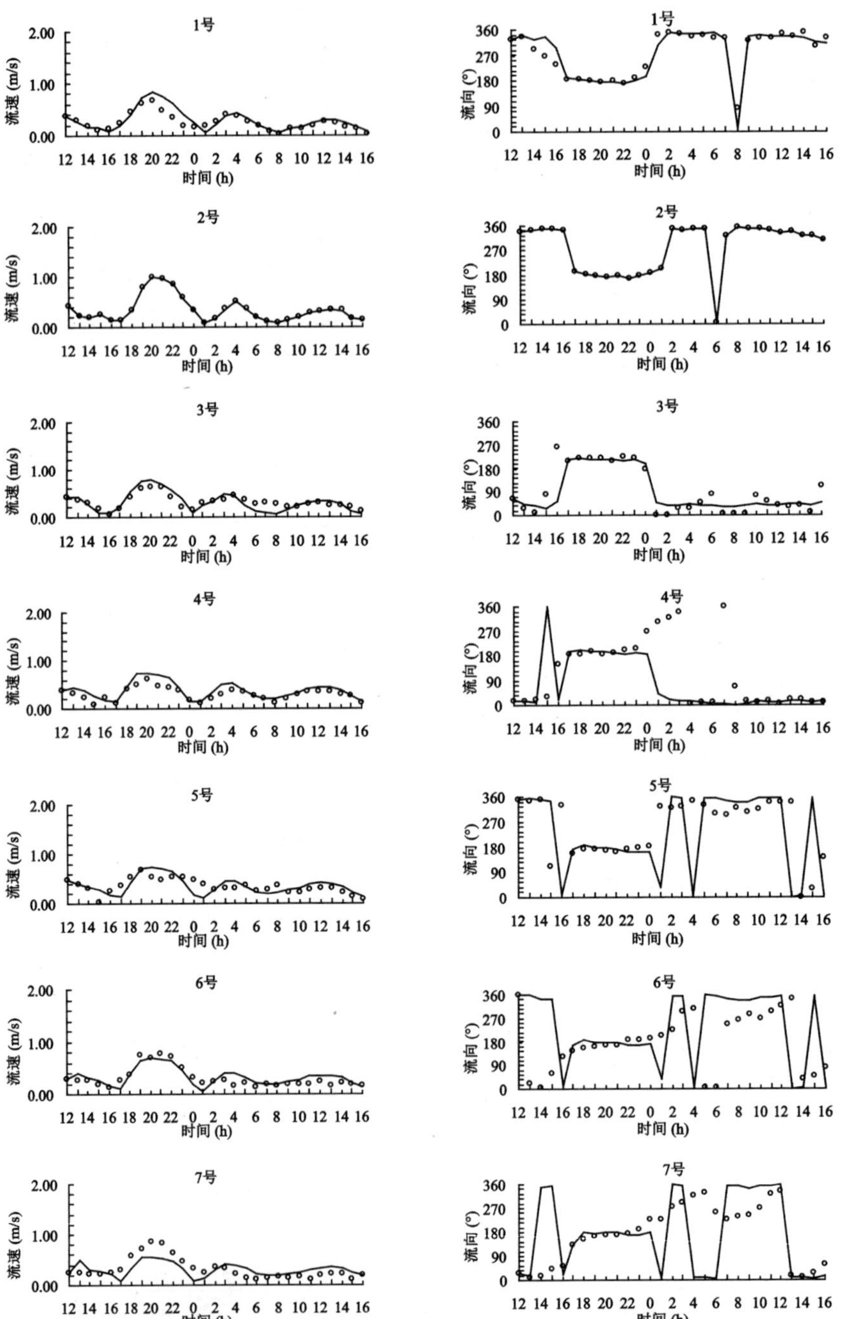

图 3-1-25

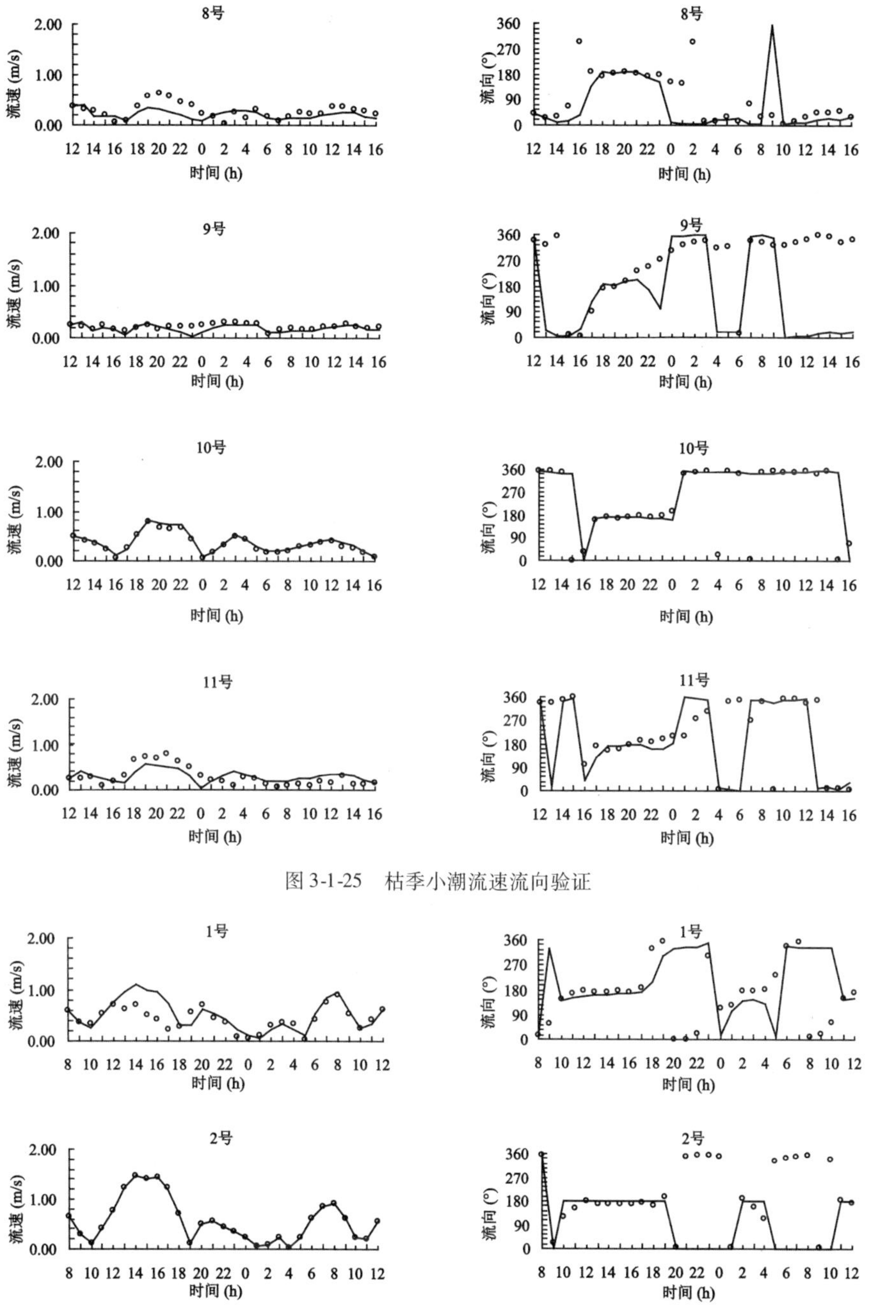

图 3-1-25　枯季小潮流速流向验证

图　3-1-26

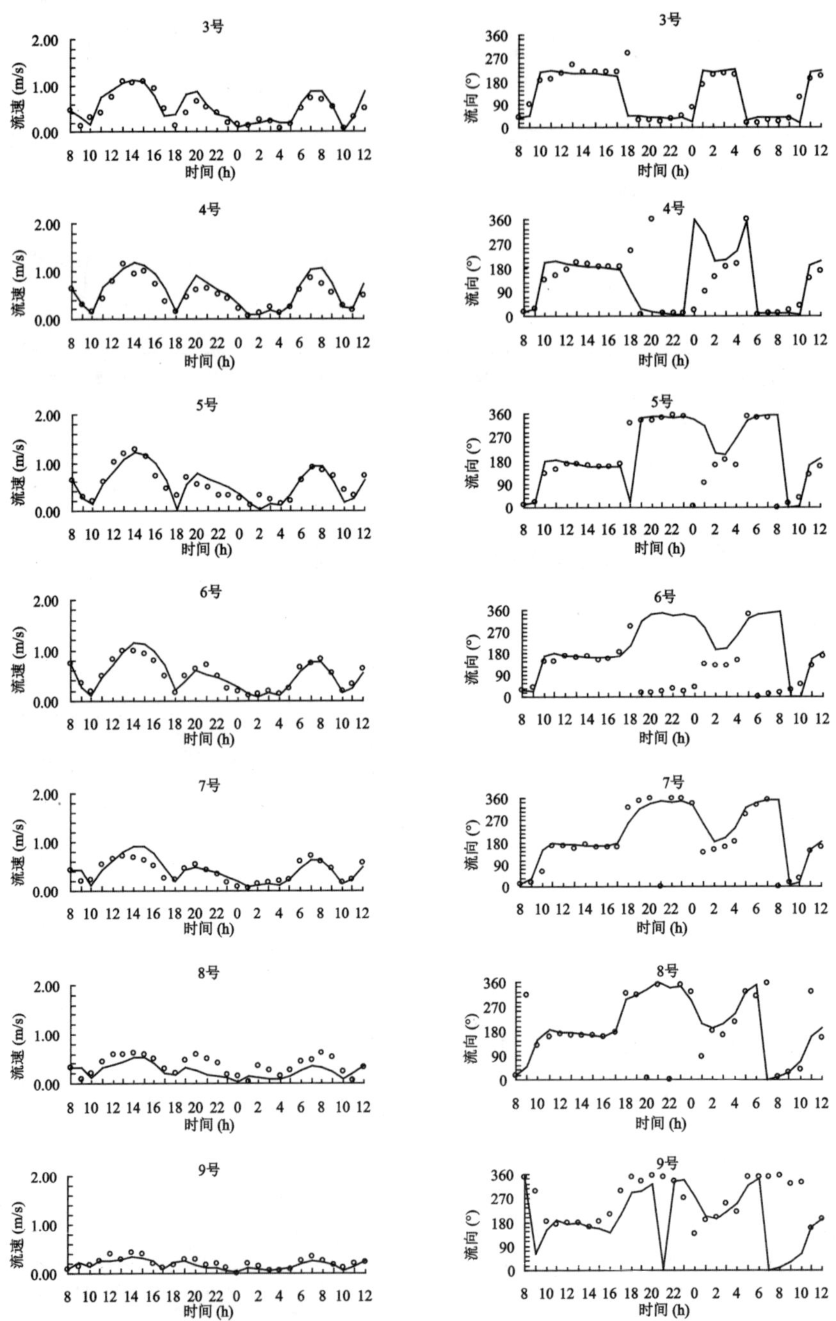

图 3-1-26

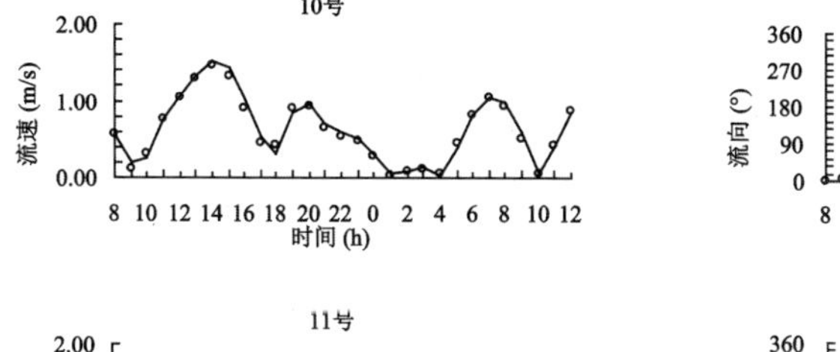

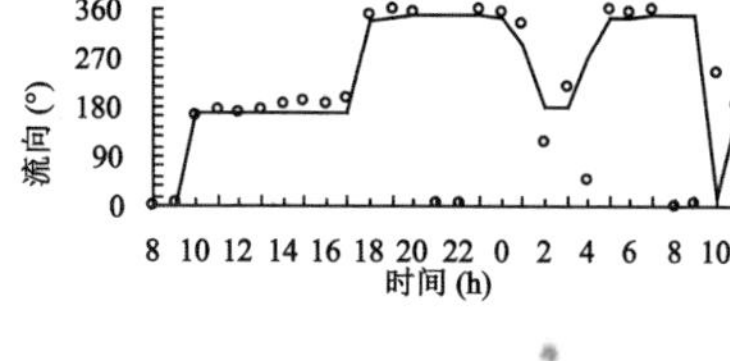

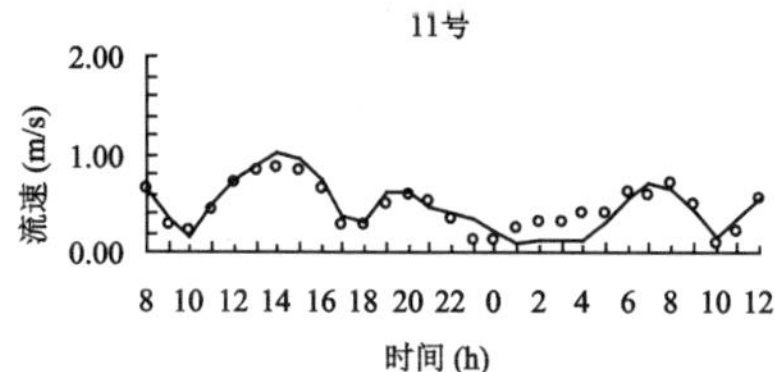

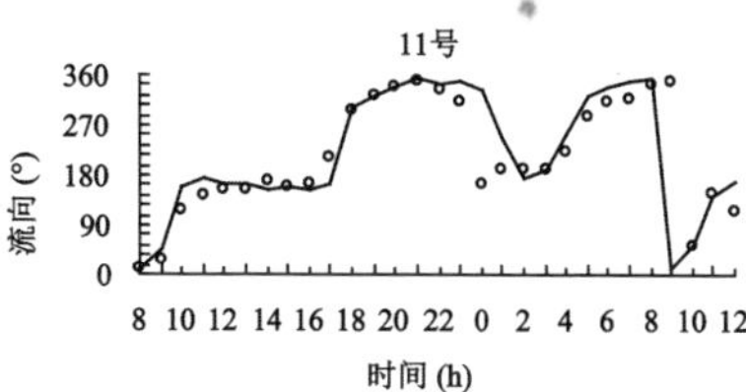

图 3-1-26　洪季大潮流速流向验证

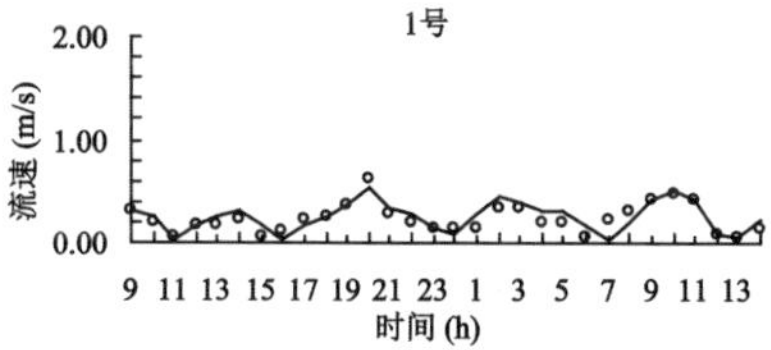

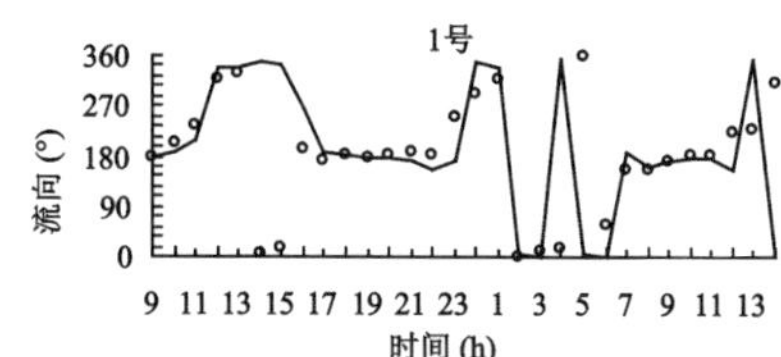

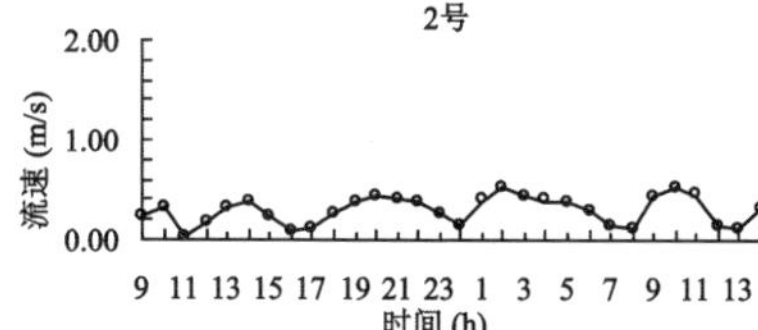

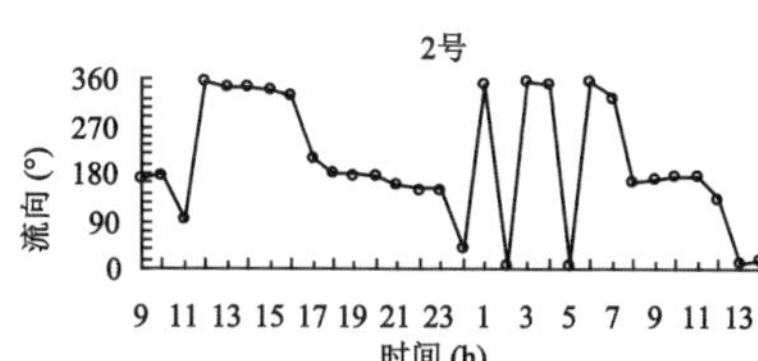

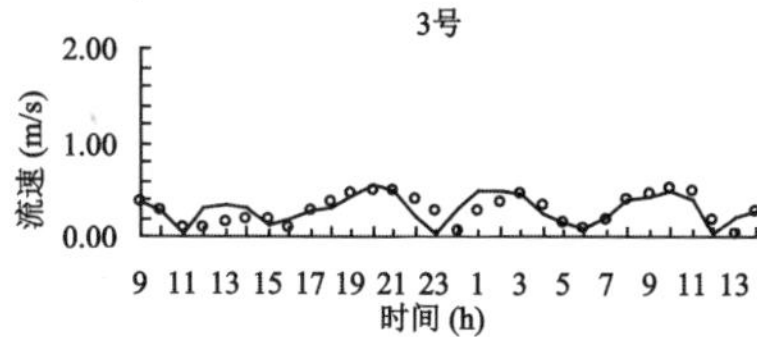

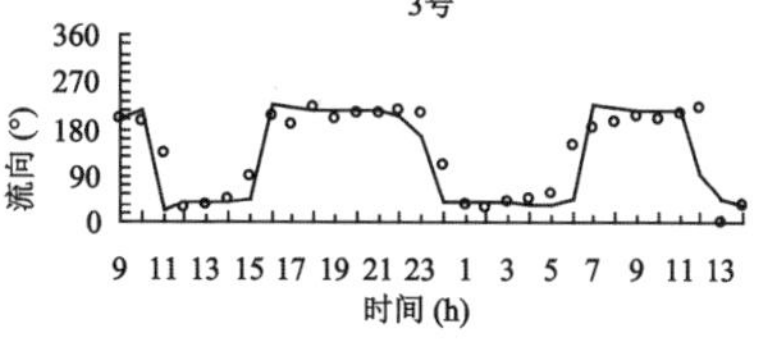

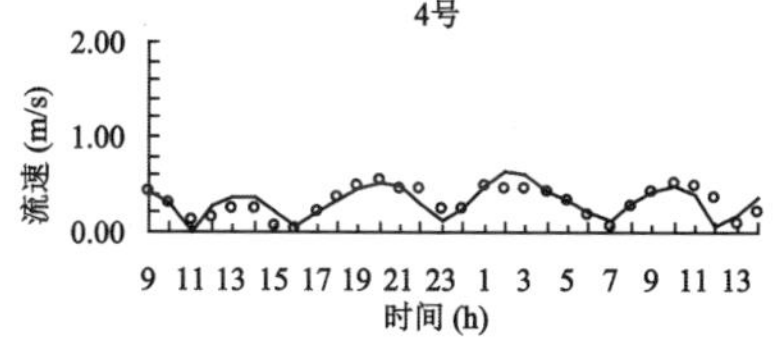

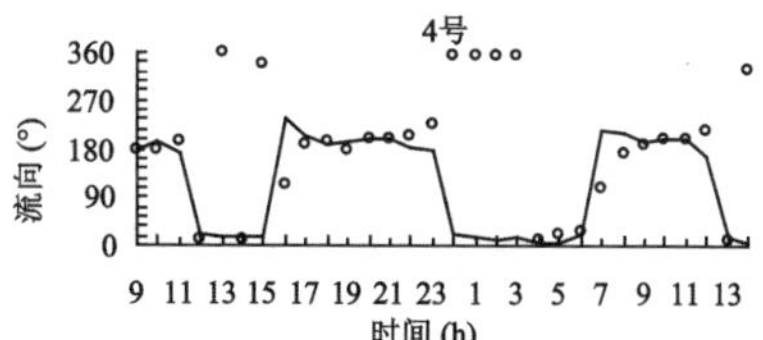

图　3-1-27

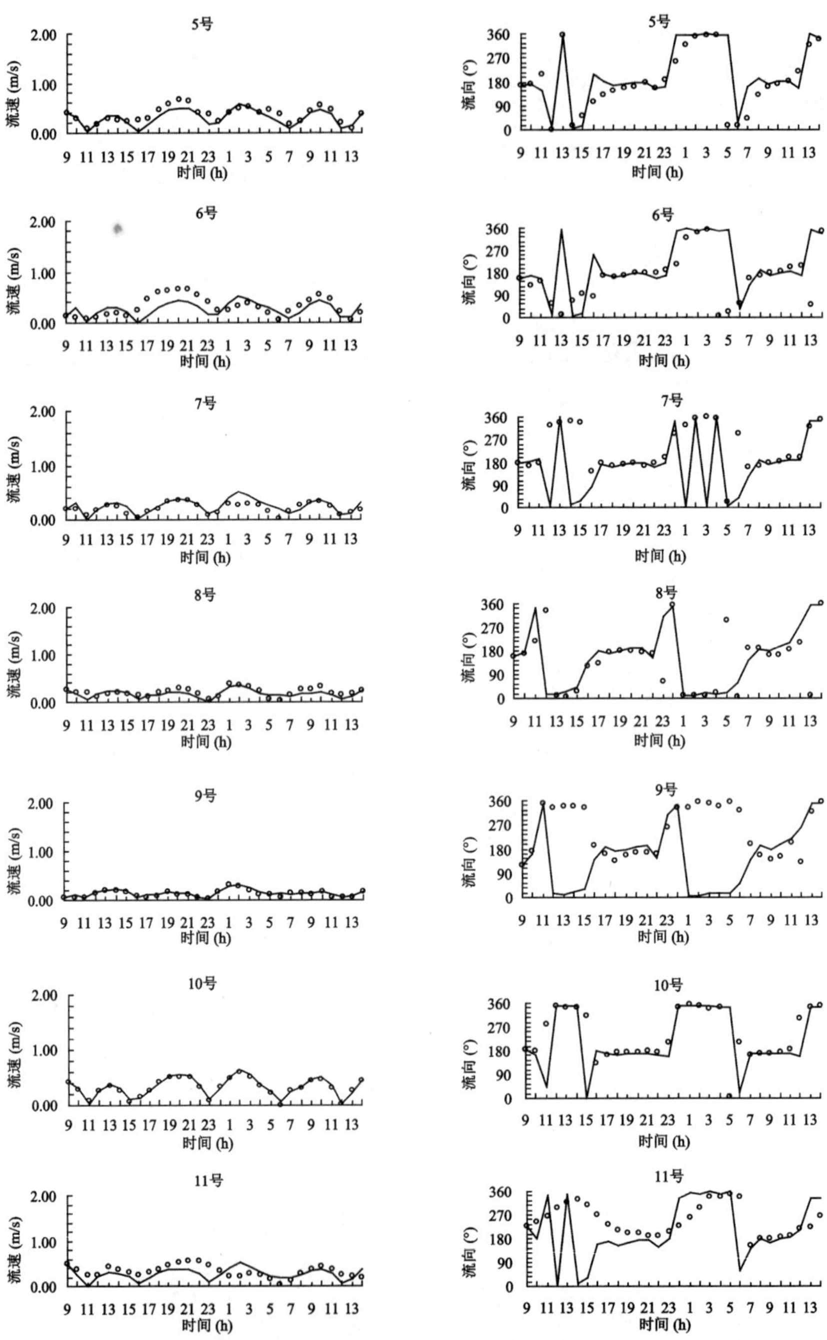

图 3-1-27　洪季小潮流速流向验证

从模型的验证过程来看，无论是计算的量值还是位相，均与实测值基本吻合（高低潮时间的相位误差不大于±0.5h，最高和最低潮位值偏差小于±10cm；涨、落潮段平均流速偏差在±10%以内），涨潮和落潮流态与海区地形轮廓相符。因此可以认为模型的验证是成功的，可以应用本模型对计算海区内的各种方案工程前和工程后的潮流场进行数值模拟的计算分析。

1.6　工程海区现状流场分布

据图3-1-28和图3-1-29，结合以往的研究，工程海区（伶仃洋内外海域）工程方案前的流场分布具有以下特点：

（1）伶仃洋河口湾的潮流基本上是呈往复流动，流动趋势是，涨潮时，经香港水道的涨潮水体自东向西进入伶仃洋，经珠海至大濠岛断面的涨潮水体自南向北进入伶仃洋。在自南向北进入伶仃洋的涨潮水体中，靠近东侧的一部分在绕过大濠岛后转向东北，与经过香港水道流入的涨潮水体在铜鼓海区相汇，并转向偏北，流向深圳湾和伶仃洋河口湾的湾底。对于虎门、蕉门、洪奇沥和横门，它们既是径流下泄的通道，在上游河道内又具有一定的纳潮库区，致使涨潮水体经各自河道的口门进入上游河道内。落潮时，各河道的纳潮水体与径流一起下泄进入伶仃洋，并汇同伶仃洋的落潮水体向南退出。对于伶仃洋东侧的落潮水体在同深圳湾的落潮水体汇合后继续向南流动，并在铜鼓海区分为两股，一股转向偏东，经香港水道退出，另一股转向西南，并绕过大濠岛后退出。

（2）伶仃洋海区水流运动取决于两个因素，一是外海潮波；二是径流。受径流影响，涨潮流速小于落潮流速。从所选潮型的计算结果看，枯季全航道平均的涨潮段流速为0.38m/s，落潮段流速为0.52m/s，而洪季全航道平均的涨潮段流速为0.45m/s，落潮段流速为0.57m/s。同样受径流影响，枯季涨、落潮历时相差较小，但洪季落潮历时大于涨潮历时。上述特征是洪季径流较大、涨潮水体在向上游运动时受阻的必然结果。

（3）伶仃洋河口湾的潮波运动方向为南北向，由于南北方向距离较长，所以存在着一定的位相差。当南部开始涨潮时，北部仍在落潮，经一段时间后才转为涨潮。当南部涨潮流速为最大时，北部涨潮流速还在逐步增大，经一段时间后才出现最大涨潮流，而此时南部涨潮流速已开始减小。同样，落潮和最大落潮流速发生时刻也是北部较南部滞后一段时间。这里所讲的一段时间就是南北方向的位相差。计算结果表明，位相差的大小与潮型有关，无论是枯季还是洪季，当大落潮出现时，伶仃洋南北向的位相差最为明显，平均为2小时左右。

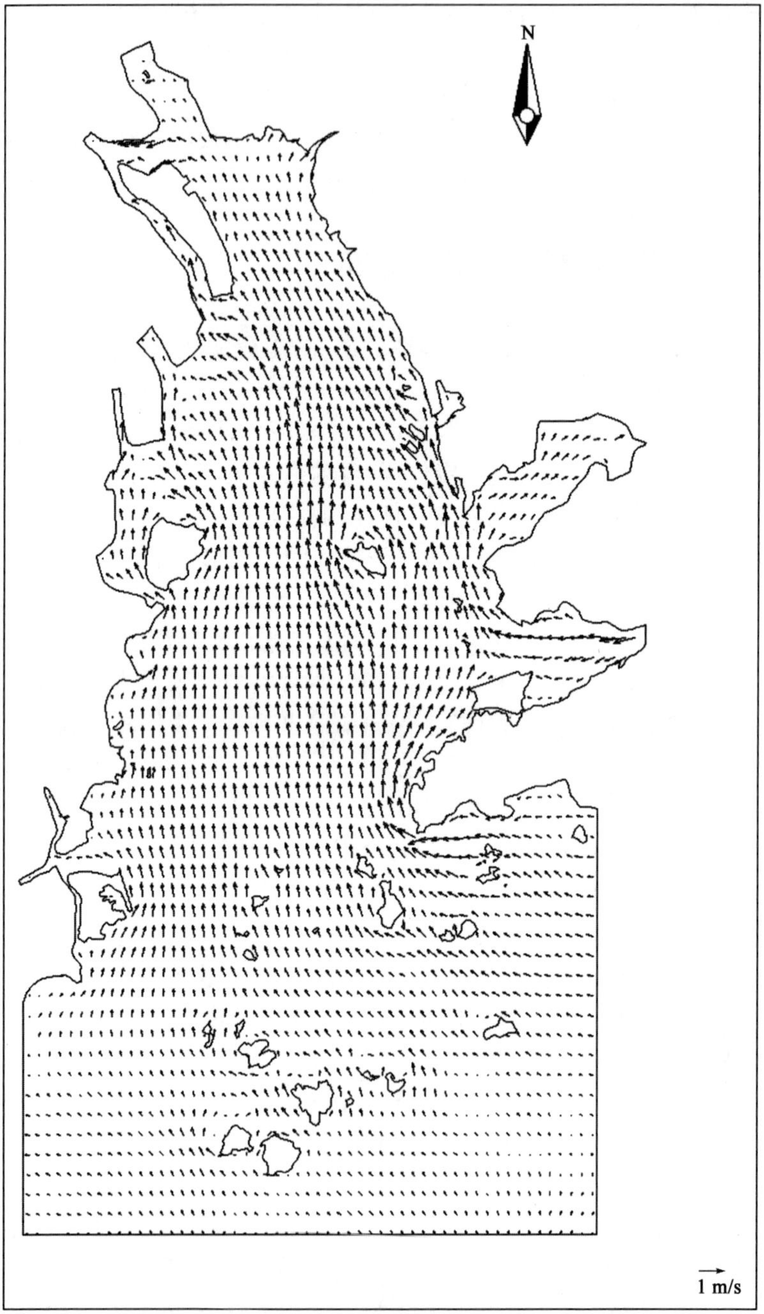

图 3-1-28　工程海区涨急流态图

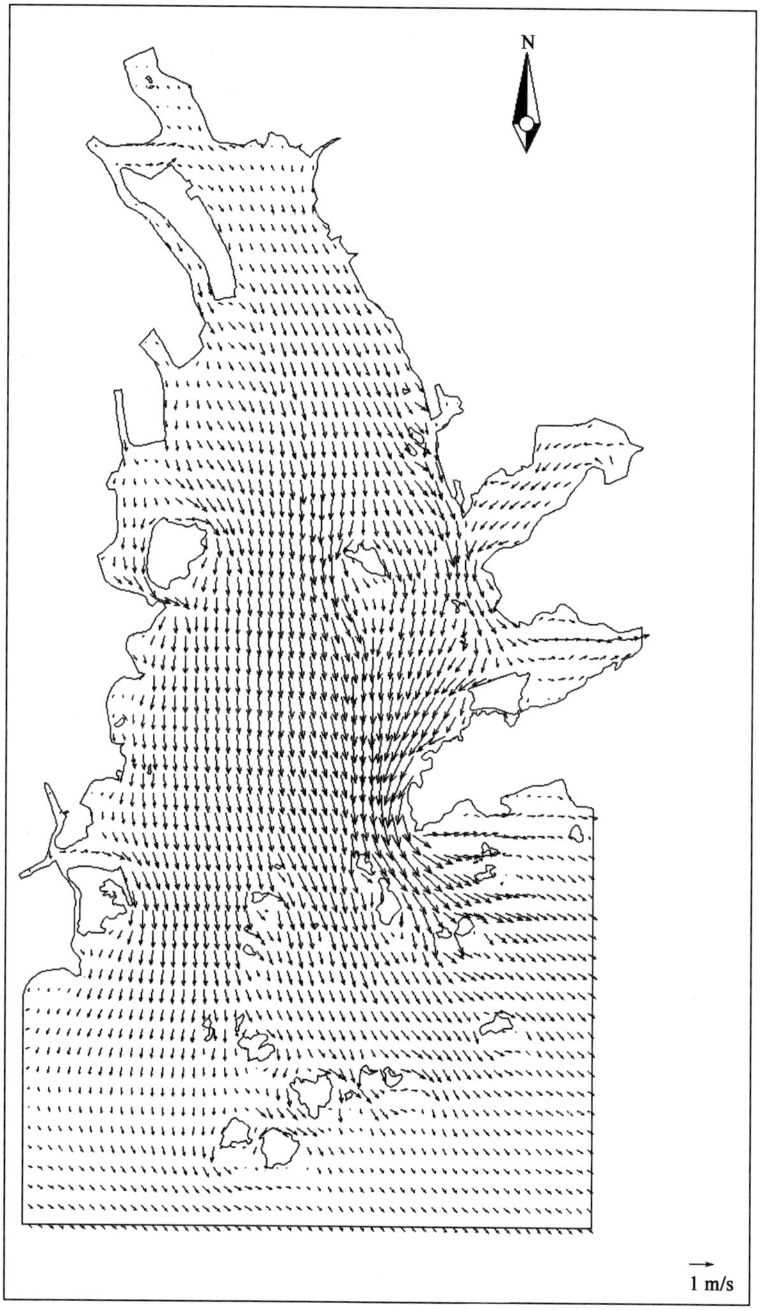

N

1 m/s

图 3-1-29　工程海区落急流态图

(4)大濠岛以外海区涨潮水流由于受多个岛屿的影响比较紊乱,各区差异也比较大,但总的变化趋势基本呈往复流动,即涨潮时沿程水流由外侧东北向逐渐东偏,到大濠岛附近时,水流流向基本呈北向;落潮时从大壕岛深槽的近似南向逐渐东偏,到达模型南边界时,水流流向基本呈东南向。但由于该段海区潮流动力不强,所以流速的变化规律是涨潮流速小于落潮流速。

1.7 工程方案计算及结果分析

1.7.1 方案网格

本工程项目涉及桥墩和人工岛问题,为了准确了解大桥若干桥墩和人工岛建设对周围水流动力环境的影响,对大桥桥墩和人工岛进行了网格加密。图 3-1-30为大模型方案网格图,图 3-1-31 为小模型方案网格图,大模型网格节点数为 108548 个,小模型网格节点数为 84170 个,最小空间步长都为 3.85m。

1.7.2 工程后的流态

图 3-1-32 ~ 图 3-1-35 分别为原型和方案的涨落急流态图。从图 3-1-32 ~ 图 3-1-35可以看出:

(1)港珠澳大桥工程实施后仅大桥及人工岛附近的流态发生变化,远离大桥的海区流态不受影响。

(2)人工岛的涨落潮背流面为弱流区。

1.7.3 工程方案对流场的影响范围

为了了解大桥方案对周围流场的影响范围,在大桥与江海直达航道、青州航道和伶仃西航道的交点沿正南北方向取 3 个断面,在断面上选取 37 个特征点(图 3-1-36),其中 1 号 ~12 号位于伶仃航道断面,13 号 ~24 号位于青州航道断面,25 号 ~37 号位于与江海直达航道断面。其中 1 号 ~12 号特征点之间的距离分别为 11000m、4000m、3000m、2000m、1000m、1000m、2000m、3000m、4000m、11000m、13000m; 13 号 ~24 号特征点之间的距离分别为 11000m、4000m、3000m、2000m、1000m、1000m、2000m、3000m、4000m、11000m、13000m; 25 号 ~37 号特征点之间的距离分别为 13000m、5000m、4000m、3000m、2000m、1000m、1000m、2000m、3000m、4000m、6000m、11000m。

方案工程前后各特征点的涨落潮平均流速及变化统计列于表 3-1-1 中。

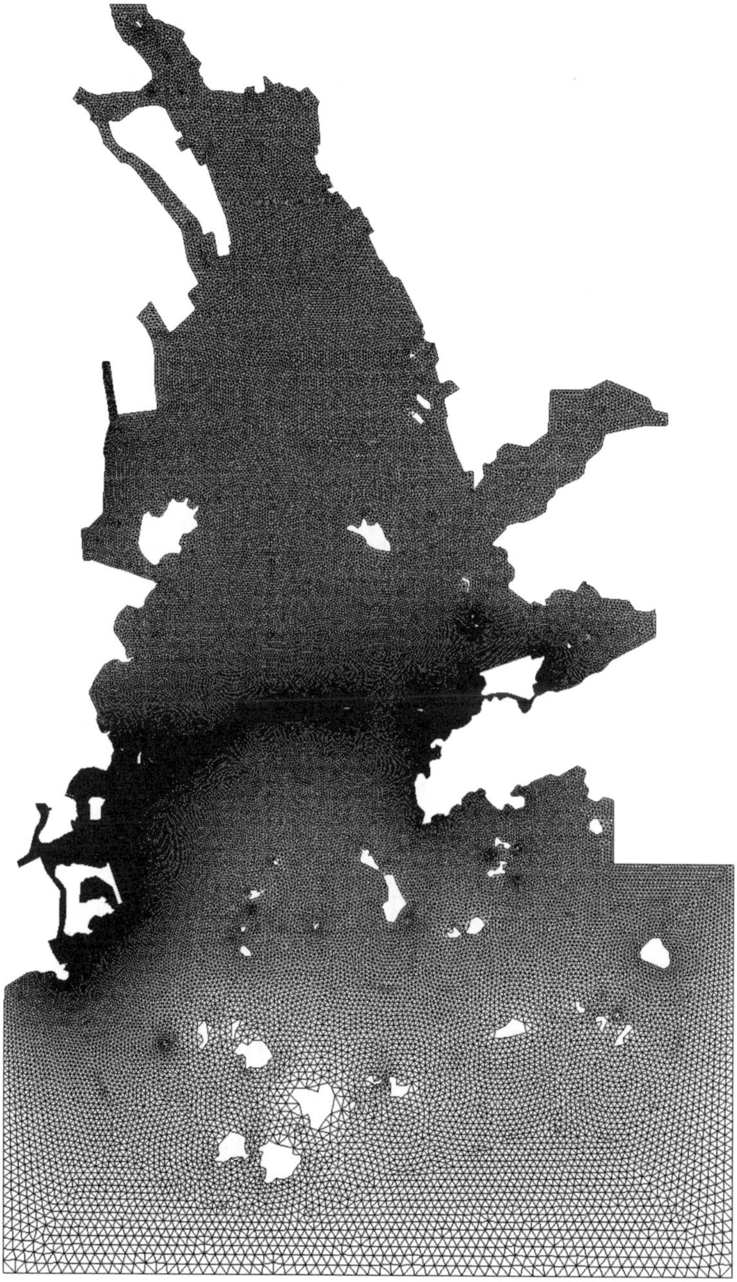

图 3-1-30　大模型网格图

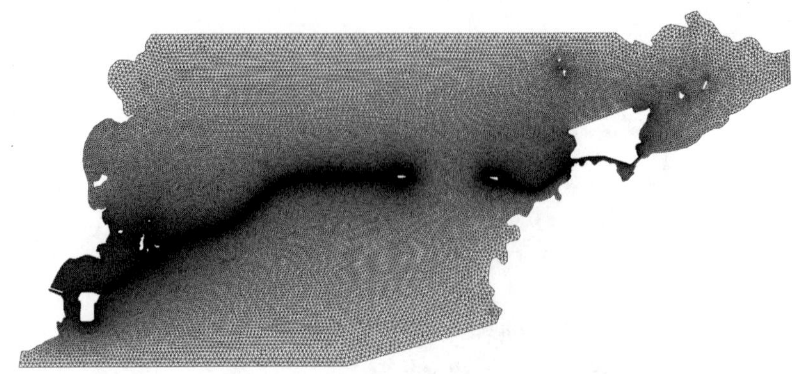

图 3-1-31　小模型网格图

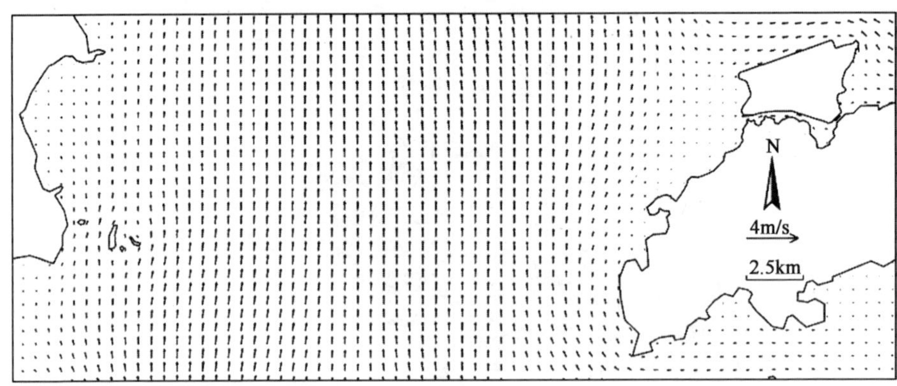

图 3-1-32　桥区附件原型涨急流场图

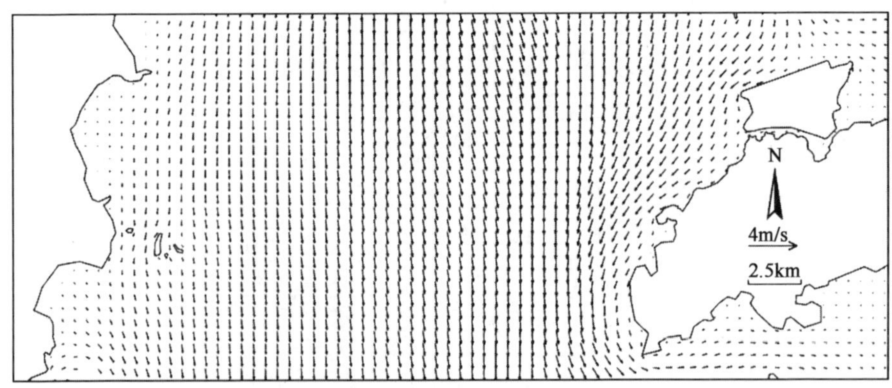

图 3-1-33　桥区附近原型落急流场图

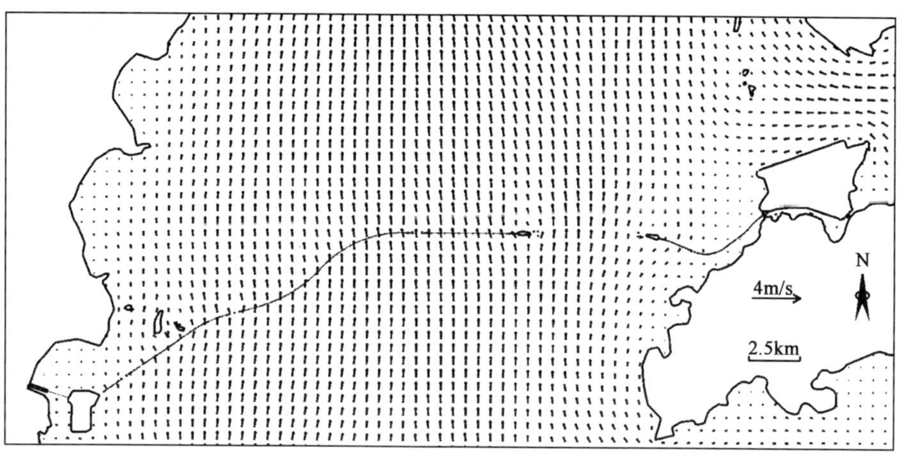

图 3-1-34　方案实施后桥区附近涨急流场图

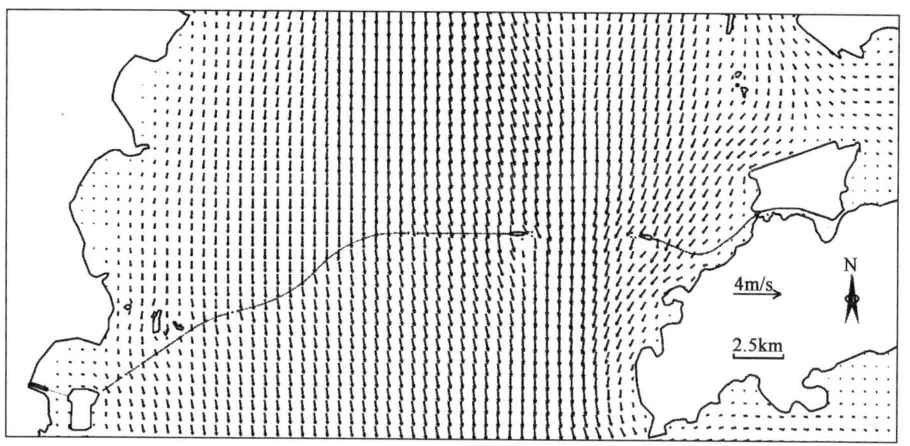

图 3-1-35　方案实施后桥区附近落急流场图

各特征点潮段平均流速工程前后对比结果　　表 3-1-1

位置	涨潮潮段平均流速(m/s)			落潮潮段平均流速(m/s)		
	原型	方案	差值	原型	方案	差值
1	0.37	0.37	0.00	0.46	0.46	0.00
2	0.42	0.42	0.00	0.30	0.29	-0.01
3	0.46	0.46	0.00	0.40	0.39	-0.01
4	0.49	0.51	0.02	0.42	0.41	-0.01

续上表

位置	涨潮潮段平均流速(m/s)			落潮潮段平均流速(m/s)		
	原型	方案	差值	原型	方案	差值
5	0.51	0.57	0.06	0.42	0.44	0.02
6	0.52	0.58	0.06	0.43	0.48	0.05
7	0.53	0.56	0.03	0.43	0.48	0.05
8	0.55	0.55	0.00	0.43	0.43	0.00
9	0.54	0.53	-0.01	0.42	0.40	-0.02
10	0.35	0.34	-0.01	0.37	0.35	-0.02
11	0.23	0.23	0.00	0.22	0.22	0.00
12	0.17	0.17	0.00	0.15	0.15	0.00
13	0.50	0.50	0.00	0.51	0.51	0.00
14	0.48	0.48	0.00	0.48	0.47	-0.01
15	0.48	0.48	0.00	0.46	0.44	-0.02
16	0.47	0.46	-0.01	0.43	0.40	-0.03
17	0.47	0.41	-0.06	0.43	0.37	-0.06
18	0.47	0.49	0.02	0.42	0.35	-0.07
19	0.47	0.44	-0.03	0.42	0.32	-0.10
20	0.47	0.47	0.00	0.42	0.40	-0.02
21	0.48	0.48	0.00	0.38	0.38	0.00
22	0.35	0.36	0.01	0.36	0.37	0.01
23	0.28	0.28	0.00	0.27	0.26	-0.01
24	0.16	0.16	0.00	0.13	0.13	0.00
25	0.15	0.15	0.00	0.21	0.20	0.00
26	0.34	0.35	0.01	0.27	0.27	0.00
27	0.41	0.42	0.01	0.35	0.34	-0.01
28	0.40	0.42	0.02	0.35	0.36	0.01
29	0.43	0.44	0.01	0.35	0.35	0.00
30	0.35	0.30	-0.05	0.37	0.34	-0.03
31	0.35	0.21	-0.14	0.38	0.20	-0.18
32	0.35	0.32	-0.03	0.39	0.31	-0.08
33	0.34	0.34	0.00	0.39	0.38	-0.01
34	0.35	0.34	-0.01	0.37	0.36	-0.01
35	0.37	0.36	-0.01	0.38	0.37	-0.01
36	0.32	0.31	-0.01	0.35	0.34	-0.01
37	0.21	0.21	0.00	0.17	0.17	0.00

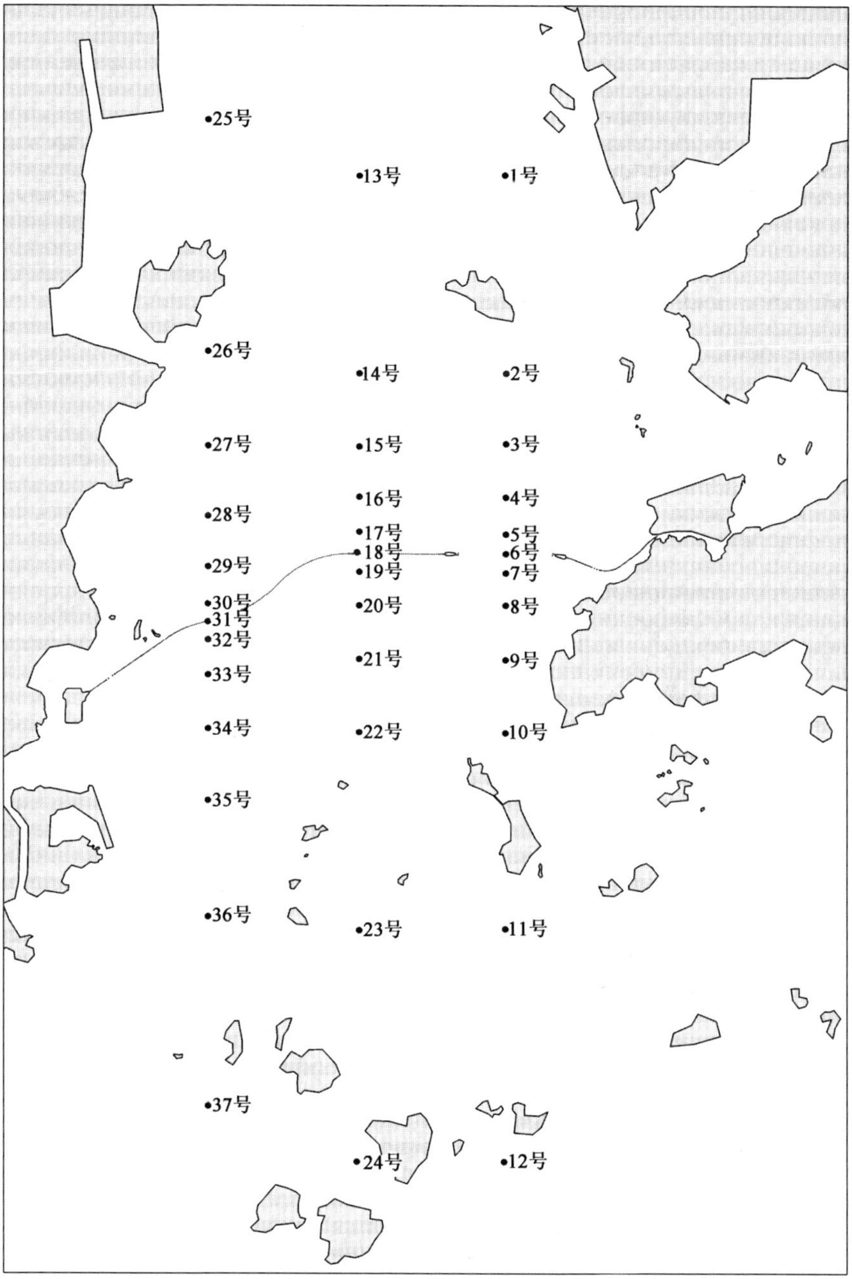

图 3-1-36　用于大桥建设对周围流场影响范围的断面及特征点示意图

从表 3-1-1 可以看出：

(1)如果流速变化精确到 0.01m/s 作为有影响的界定标准，那么工程前后 1 号、13 号、25 号、11 号、12 号、23 号、24 号、36 号、37 号的流速均无变化，因此，大桥对潮流的影响界于内伶仃岛与桂山岛之间。

(2)如果流速变化精确到 0.05m/s 作为有显著影响的界定标准，那么大桥对潮流的影响在其南北两侧各 3km 的范围内。

(3)大桥工程对东西人工岛之间的伶仃航道影响最显著。

1.7.4 工程方案对港口航道潮流场的影响

1)穿越大桥桥线各航道流速变化

为了了解大桥通航孔流速的变化，把不同方案各通航孔工程前后涨落潮的平均流速差值进行了绘图比较，大桥方案各通航孔工程前后的流速差(工程方案后 - 工程方案前)分别见图 3-1-37 ~ 图 3-1-46。

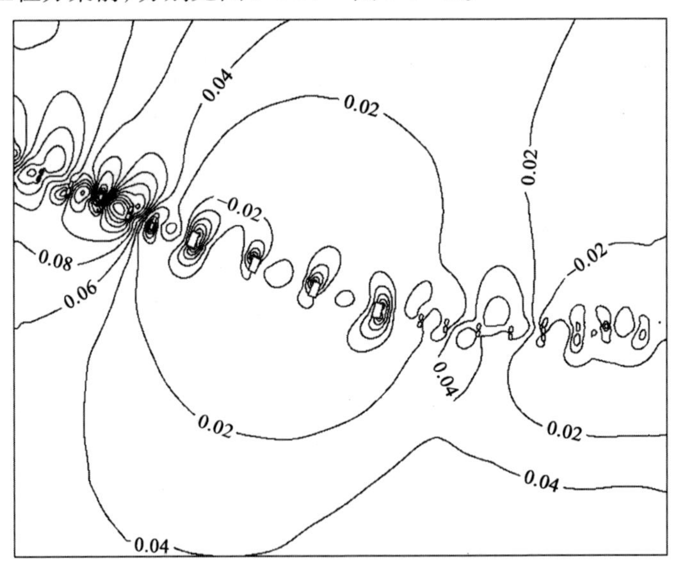

图 3-1-37 香港侧航道附近涨潮平均流速差分布(m/s)

从图 3-1-37 ~ 图 3-1-46 可以看出：

(1)大桥桥线附近、人工岛附近流速流向均发生了变化。

(2)东西人工岛南北两侧的背流面流速都减小。

(3)东西人工岛之间的伶仃航道和香港侧航道呈增加趋势，而青州航道、江海直达航道、九州航道、香港侧航道靠近大桥部分流速有减小的趋势。

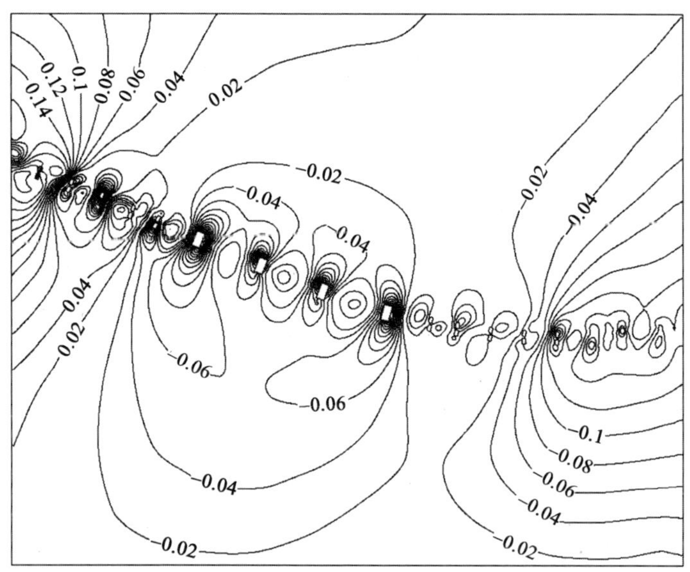

图 3-1-38 香港侧航道附近落潮平均流速差分布(单位:m/s)

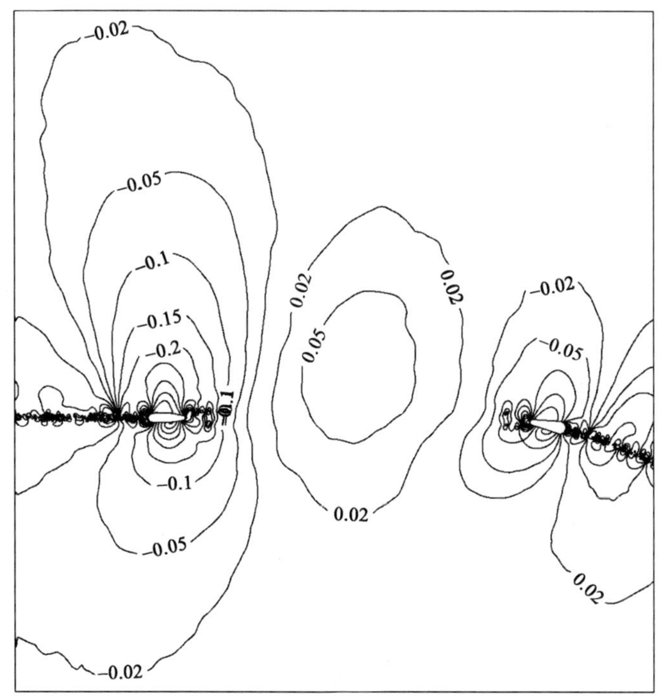

图 3-1-39 人工岛附近涨潮平均流速差分布(单位:m/s)

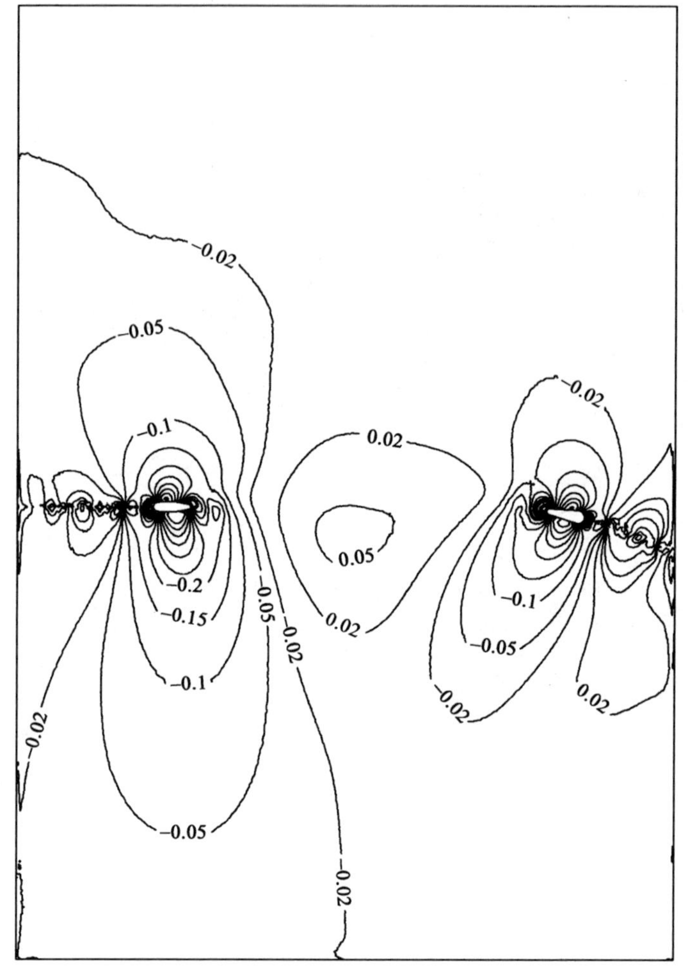

图 3-1-40　人工岛附近落潮平均流速差分布(单位:m/s)

2)各航道流速流向变化

为了量化研究大桥工程实施后大桥附近各航道的流速流向变化,在各航道选取了 36 个特征点(见图 3-1-47),其中在伶仃洋的西滩、中滩和东滩分别选取了 4 个、3 个、3 个特征点,这些特征点 4 个方案工程前后的流速和流向变化分别见表 3-1-2、表 3-1-3。

从表 3-1-2 和表 3-1-3 可以看出:

(1)大桥工程实施后,内伶仃岛以北的伶仃航道段、西滩、中滩和东滩的流速流向没有变化(流速精确到 0.01m/s,流向精确到 1°)。

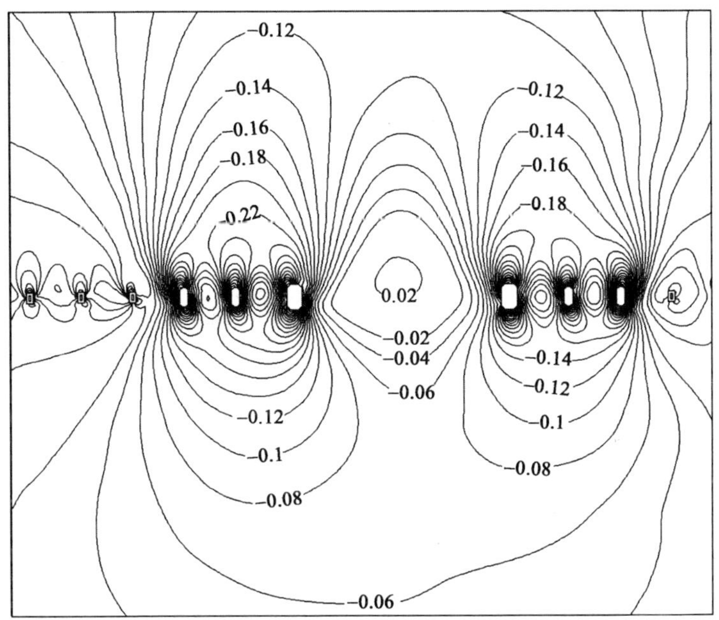

图 3-1-41 青州航道附近涨潮平均流速差分布(单位:m/s)

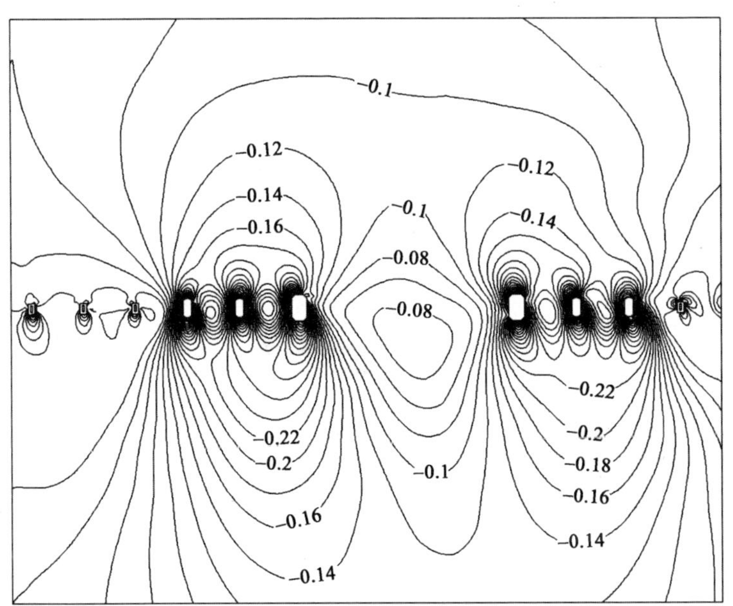

图 3-1-42 青州航道附近落潮平均流速差分布(单位:m/s)

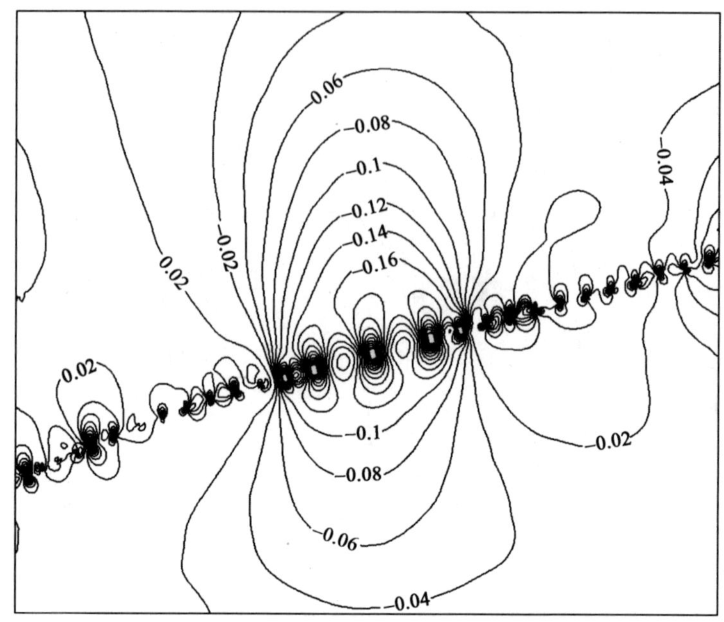

图 3-1-43　江海直达航道附近涨潮平均流速差分布(单位:m/s)

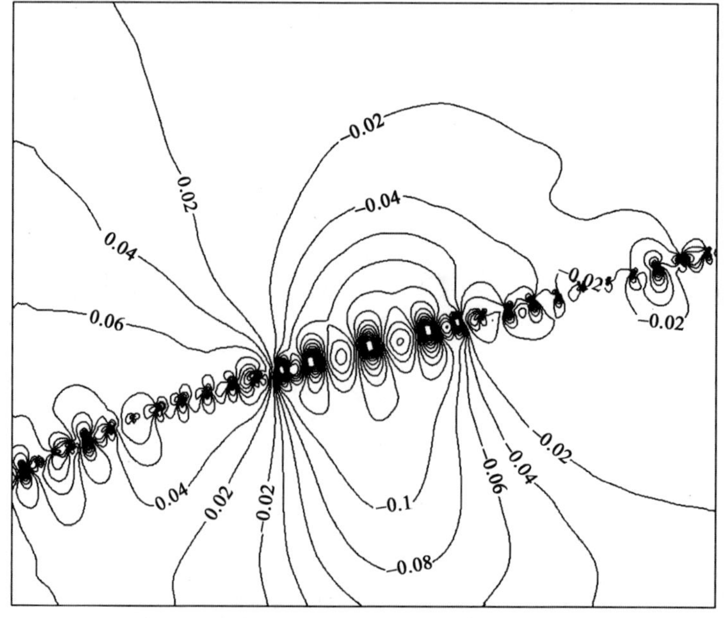

图 3-1-44　江海直达航道附近落潮平均流速差分布(单位:m/s)

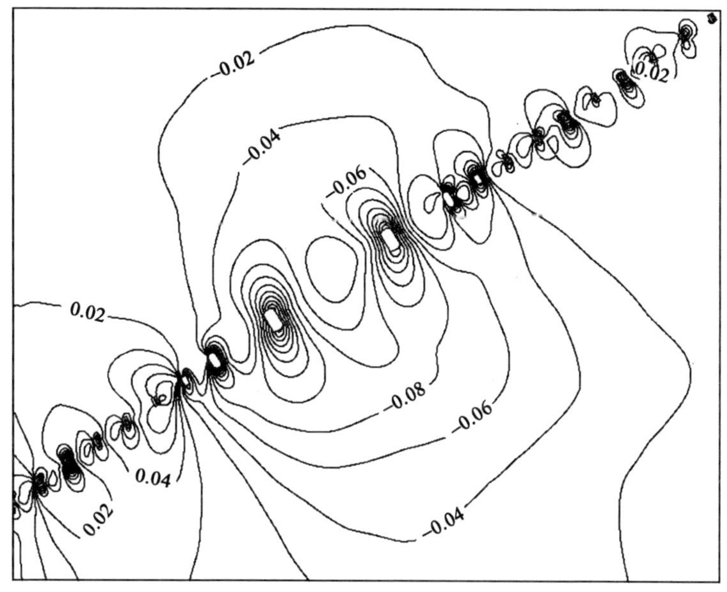

图 3-1-45 九州航道附近涨潮平均流速差分布(单位:m/s)

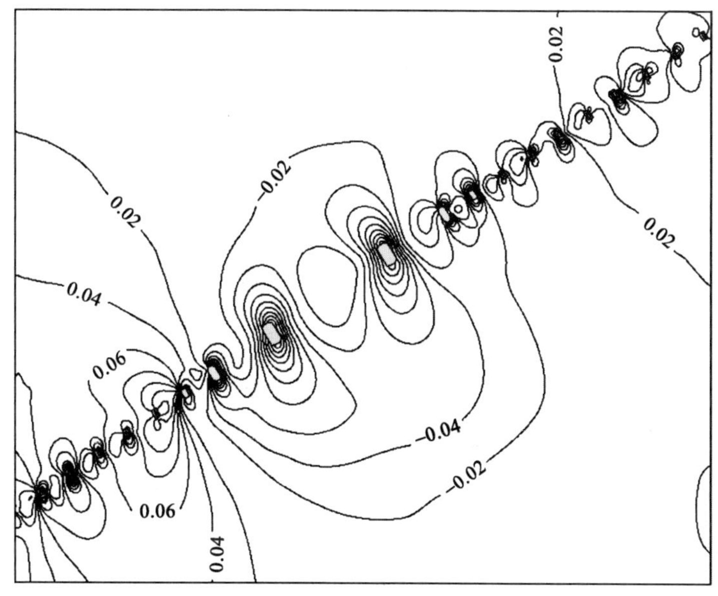

图 3-1-46 九州航道附近落潮平均流速差分布(单位:m/s)

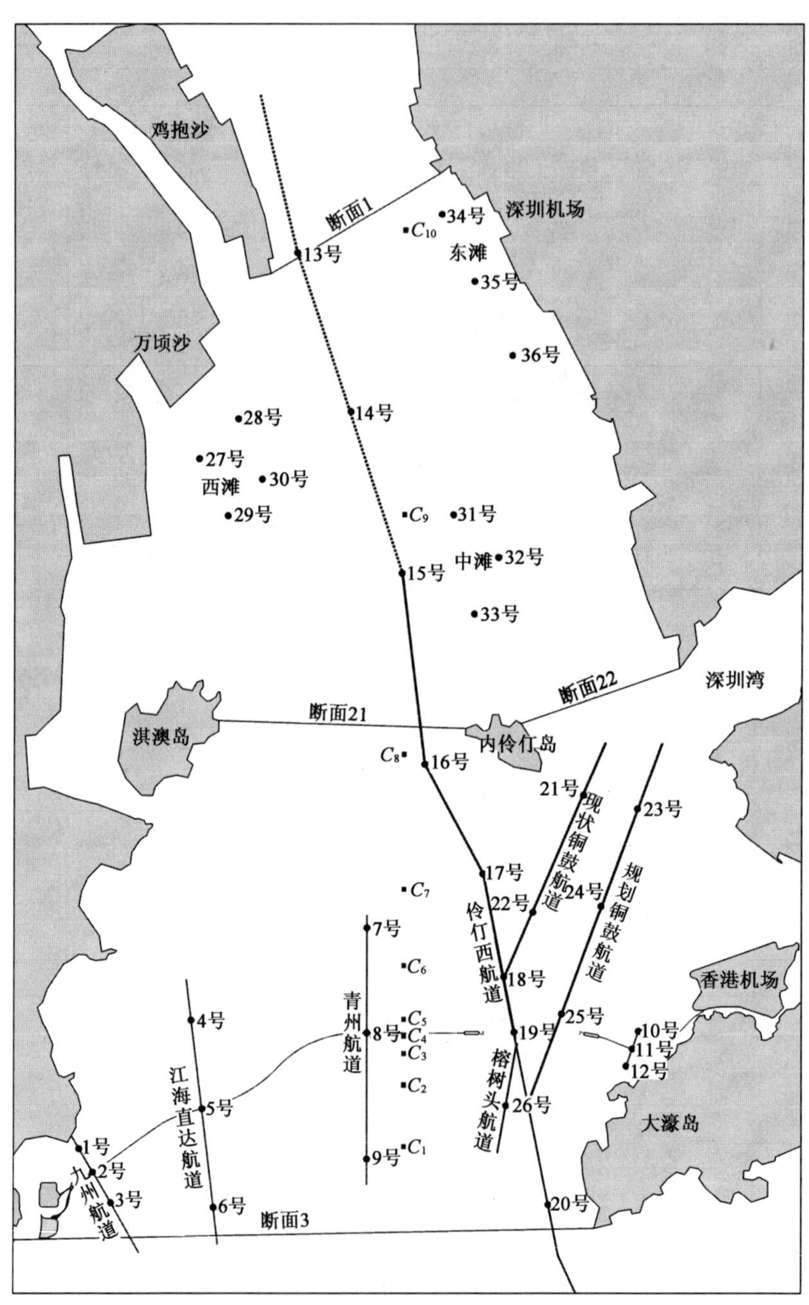

图 3-1-47　用于工程前后流速、流向、潮位、潮量分析的特征点位图

各特征点潮段平均流速对比结果　　表 3-1-2

位置	涨潮潮段平均流速(m/s)				落潮潮段平均流速(m/s)			
	原型	方案	差值	比例(%)	原型	方案	差值	比例(%)
1	0.16	0.14	-0.02	-12.5	0.15	0.15	0.00	0.0
2	0.23	0.18	-0.05	-21.7	0.21	0.18	-0.03	-14.3
3	0.29	0.29	0.00	0.0	0.25	0.23	0.02	-8.0
4	0.40	0.41	0.01	2.5	0.33	0.34	0.01	3.0
5	0.35	0.28	-0.07	-20.0	0.38	0.31	-0.07	-18.4
6	0.35	0.35	0.00	0.0	0.38	0.37	-0.01	-2.6
7	0.48	0.47	-0.01	-2.1	0.46	0.45	-0.01	-2.2
8	0.47	0.50	0.03	6.4	0.42	0.37	-0.05	-11.9
9	0.36	0.37	0.01	2.8	0.39	0.37	-0.02	-5.1
10	0.28	0.30	0.02	7.1	0.26	0.29	0.03	11.5
11	0.25	0.25	0.00	0.0	0.24	0.27	0.03	12.5
12	0.18	0.22	0.04	22.2	0.21	0.23	0.02	9.5
13	0.34	0.33	-0.01	-2.9	0.37	0.35	-0.02	-5.4
14	0.48	0.47	-0.01	-2.1	0.52	0.49	-0.03	-5.8
15	0.53	0.53	0.00	0.0	0.58	0.57	-0.01	-1.7
16	0.58	0.59	0.01	1.7	0.61	0.60	-0.01	-1.6
17	0.52	0.52	0.00	0.0	0.48	0.47	-0.01	-2.1
18	0.53	0.52	-0.01	-1.9	0.47	0.45	-0.02	-4.3
19	0.55	0.59	0.04	7.3	0.46	0.50	0.04	8.7
20	0.39	0.39	0.00	0.0	0.39	0.39	0.00	0.0
21	0.50	0.50	0.00	0.0	0.43	0.43	0.00	0.0
22	0.46	0.45	-0.01	-2.2	0.40	0.38	-0.02	-5.0
23	0.44	0.46	0.02	4.5	0.38	0.38	0.00	0.0
24	0.45	0.45	0.00	0.0	0.40	0.39	-0.01	-2.5
25	0.48	0.51	0.03	6.3	0.39	0.40	0.01	2.6
26	0.55	0.54	-0.01	-1.8	0.45	0.42	-0.03	-6.7
27	0.12	0.12	0.00	0.0	0.21	0.21	0.00	0.0
28	0.53	0.53	0.00	0.0	0.22	0.22	0.00	0.0
29	0.16	0.16	0.00	0.0	0.19	0.19	0.00	0.0

续上表

位置	涨潮潮段平均流速(m/s)				落潮潮段平均流速(m/s)			
	原型	方案	差值	比例(%)	原型	方案	差值	比例(%)
30	0.35	0.35	0.00	0.0	0.40	0.40	0.00	0.0
31	0.48	0.48	0.00	0.0	0.53	0.53	0.00	0.0
32	0.46	0.46	0.00	0.0	0.52	0.52	0.00	0.0
33	0.45	0.45	0.00	0.0	0.51	0.51	0.00	0.0
34	0.35	0.35	0.00	0.0	0.38	0.38	0.00	0.0
35	0.36	0.36	0.00	0.0	0.39	0.39	0.00	0.0
36	0.38	0.38	0.00	0.0	0.41	0.41	0.00	0.0

各特征点潮段平均流向对比结果 表3-1-3

位置	涨潮潮段平均流向(°)			落潮潮段平均流向(°)		
	原型	方案	差值	原型	方案	差值
1	14	3	-11	194	190	-4
2	2	332	-30	182	157	-25
3	355	358	3	175	172	-3
4	1	1	0	186	190	4
5	4	349	-15	178	167	-11
6	9	9	0	183	181	-2
7	359	359	0	179	180	1
8	1	358	-3	176	175	-1
9	4	2	-2	178	174	-4
10	42	26	-16	217	217	0
11	50	18	-32	228	195	-33
12	56	60	4	235	233	-2
13	335	335	0	151	152	1
14	349	349	0	159	159	0
15	358	357	-1	174	174	0
16	346	347	1	172	171	-1
17	345	343	-2	162	161	-1
18	360	355	-5	177	177	0
19	2	2	0	180	176	-4

续上表

位置	涨潮潮段平均流向(°)			落潮潮段平均流向(°)		
	原型	方案	差值	原型	方案	差值
20	342	341	-1	163	162	-1
21	10	11	1	190	191	1
22	4	2	-2	184	186	2
23	5	3	-2	190	189	-1
24	359	357	-2	189	190	1
25	17	17	0	197	202	5
26	1	2	1	182	182	0
27	320	320	0	131	131	0
28	324	324	0	109	109	0
29	334	334	0	144	144	0
30	343	343	0	138	138	0
31	355	355	0	170	170	0
32	355	355	0	171	171	0
33	358	358	0	176	176	0
34	330	330	0	147	147	0
35	338	338	0	154	154	0
36	347	347	0	161	161	0

(2)内伶仃岛以南的九州航道段。方案实施后:涨潮流速在桥段位置流速减小0.05m/s,减小幅度为21.7%,桥段以北流速减小0.02m/s,减小幅度12.5%,桥段以南流速基本没有变化;落潮流速在桥段位置流速减小0.03m/s,减小幅度为14.3%,桥段以北流速基本没有变化,桥段以南流速减小0.02 m/s,减小幅度8.0%;

(3)内伶仃岛以南的江海直达航道段。方案实施后:涨潮流速在桥段位置流速减小0.07 m/s,减小幅度为20.0%,桥段以北流速增加0.01 m/s,增加幅度2.5%,桥段以南流速基本没有变化;落潮流速在桥段位置减小0.07m/s,减小幅度为18.4%,桥段以北流速增加0.01 m/s,增加幅度3.0%,桥段以南流速减小0.01 m/s,减小幅度2.6%;

(4)内伶仃岛以南的青州航道段。方案实施后:涨潮流速在桥段位置流速增加0.03 m/s,增加幅度6.4%,桥段以北流速减小0.01 m/s,减小幅度2.1%,

桥段以南流速增加0.01 m/s,增加幅度2.8%;落潮流速在桥段位置减小0.05 m/s,减小幅度为11.9%,桥段以北流速减小0.01 m/s,减小幅度2.2%,桥段以南流速减小0.02 m/s,减小幅度为5.1%;

(5)内伶仃岛以南的香港侧航道段。方案实施后:涨潮流速在桥段位置流速基本不变,桥段以北流速增加0.02 m/s,增加幅度7.1%,桥段以南流速增加0.04 m/s,增加幅度22.2%,落潮流速在桥段位置增加0.03 m/s,增加幅度12.5%,桥段以北流速增加0.03 m/s,增加幅度11.5%,桥段以南流速增加0.02,增加幅度9.5%;

(6)内伶仃岛以南的伶仃航道段。方案实施后:两人工岛之间区域流速呈增加趋势,涨潮流速增加0.01~0.04 m/s,增加幅度为1.7%~7.3%,落潮流速增加最大0.04 m/s,增加幅度8.7%;远离人工岛区域流速呈减小趋势;

(7)内伶仃岛以南的现状铜鼓航道、规划铜鼓航道和榕树头航道。方案实施后:靠近人工岛隧道部分流速呈增加趋势,涨潮流速增加0.02~0.03 m/s,增加幅度为4.5%~6.3%;落潮流速增加0.01 m/s,增加幅度2.6%;远离人工岛隧道区域流速呈减小趋势。

1.7.5 工程方案对潮位的影响

为了了解大桥工程实施后的潮位变化,沿伶仃洋南北取一断面,断面上选取了C_1~C_{10}共10个点,各方案实施前后这10个点的高、低潮位变化见表3-1-4。

特征点高、低潮位沿程变化(cm) 表3-1-4

点位	C1	C2	C3	C4	C5	C6	C7	C8	C9	C10
高潮位	-0.3	-0.4	-0.6	-0.7	-1.0	-0.7	-0.3	-0.3	-0.2	-0.1
低潮位	0.4	0.6	0.6	0.6	0.5	0.7	0.5	0.3	0.2	0.1

从表3-1-4可以看出:

(1)大桥工程实施后对伶仃洋潮位影响很小,高低潮位变化量在1.0cm以内。

(2)大桥工程实施后,伶仃洋的潮位呈现出高潮位降低、低潮位抬高的现象,但幅度很小,大桥并未产生明显的阻水造成潮位壅高现象。

(3)潮差变化量在2cm以内。

1.7.6 工程方案对潮量的影响

为了解大桥工程对潮量的影响,在大桥南、北取了3条断面(见图3-1-47),

即断面1（南沙—深圳机场断面）、断面2（淇澳岛—内伶仃岛—赤湾断面，其中淇澳岛—内伶仃岛为断面21，内伶仃岛—赤湾断面为断面22）、断面3（大桥南侧的澳门—大濠岛断面），断面宽度分别为9456.7m，12593.2m，8488.2m，29592.7m。

各断面工程前后的涨、落潮潮量分别见表3-1-5和表3-1-6。从表中可见，大桥建设后，伶仃洋各断面涨落潮潮量均呈减小趋势：减小幅度介于0.3%～0.9%之间。

各断面全潮涨潮量工程前后对比　　表3-1-5

断面	潮量	涨潮量（10^8m^3）	减小量（10^8m^3）	减幅（%）
断面1	现状	9.56	—	—
	方案	9.53	0.03	0.3
断面21	现状	16.66	—	—
	方案	16.58	0.08	0.5
断面22	现状	9.49	—	—
	方案	9.46	0.03	0.3
断面2	现状	26.15	—	—
	方案	26.04	0.11	0.4
断面3	现状	43.06	—	—
	方案	42.67	0.39	0.9

各断面全潮落潮量工程前后对比　　表3-1-6

断面	潮量	落潮量（10^8m^3）	减小量（10^8m^3）	减幅（%）
断面1	现状	12.46	—	—
	方案	12.41	0.05	0.4
断面21	现状	20.23	—	—
	方案	20.09	0.14	0.7
断面22	现状	13.27	—	—
	方案	13.20	0.07	0.5
断面2	现状	33.50	—	—
	方案	33.29	0.21	0.6
断面3	现状	57.90	—	—
	方案	57.35	0.55	0.9

1.7.7 优化方案实施后含沙量变化

这里以 2009 年 6 月洪季水体含沙量为例对方案实施后的悬沙进行计算，图 3-1-48和图 3-1-49 为方案实施后桥区附近涨、落急含沙量分布场，由图可见：优化方案实施后，大桥工程并没有改变周围海区悬沙浓度的总体分布。

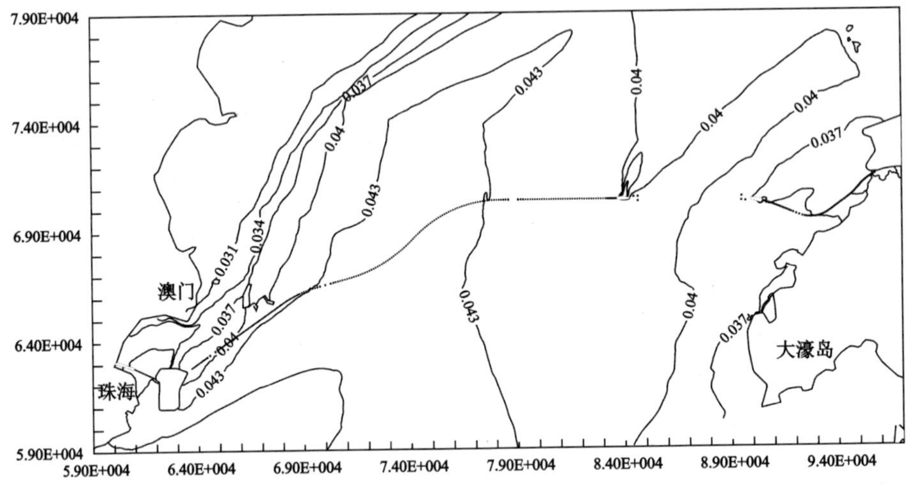

图 3-1-48 方案实施后涨急时刻含沙量分布(单位:kg/m^3)

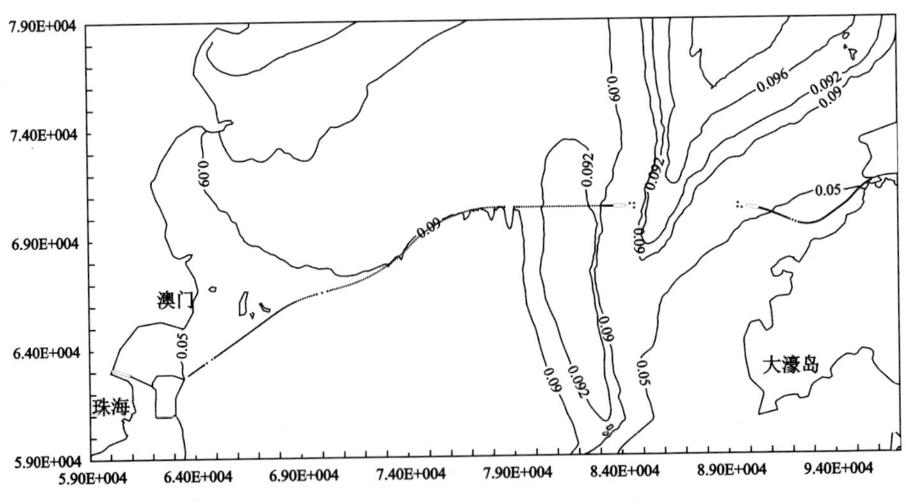

图 3-1-49 方案实施后落急时刻含沙量分布(单位:kg/m^3)

1.7.8　优化方案实施后冲淤分布

1）冲淤验证

利用2004年和2008年桥区大比例尺水深测图，对工程区2004—2008年地形变化进行了比较，结果如下：

（1）桥区西部近岸浅滩冲淤交替，冲淤量变化很小；桥区西部-10～-5m等深线之间呈现轻微淤积，年均淤积速率为3～4cm/a；大濠水道除深槽中部出现了冲刷外，整体还是微淤状态。

（2）整个桥区附近（除部分伶仃航道受开挖影响）基本为冲淤平衡状态。

这样的冲淤资料，用泥沙数学模型验证比较困难。本研究所采用的冲淤模型已在多个港口中得到应用，技术成熟，计算结果均较合理地反映了实际地形冲淤情况。我们这里以2008年4月和2008年9月实测的伶仃航道水深为资料对伶仃航道进行冲淤验证，并使用这些资料调整泥沙参数。实测分析结果与模拟计算结果见图3-1-50所示。结果表明，伶仃航道上段处于淤积状态，下段航道为天然深槽，处于微冲或不冲不淤状态，与前面岸滩稳定性分析得出的结论基本一致，这也进一步说明了该冲淤模型的合理性，用于本工程是可行的。

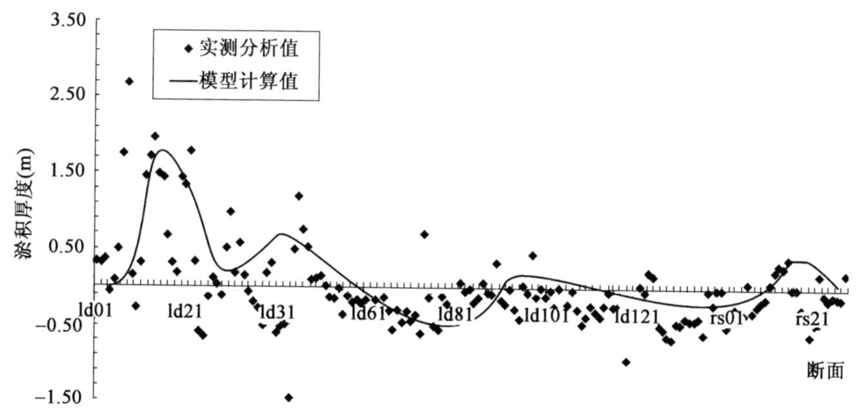

图3-1-50　伶仃航道冲於验证情况

2）冲淤影响范围

利用已经验证好的冲淤模型对大桥优化方案实施后伶仃洋海域的冲淤进行计算。图3-1-51为方案实施后工程海区的冲淤示意图。由图可见：

（1）总体上看，优化方案实施后，冲淤影响仅限于工程区附近。

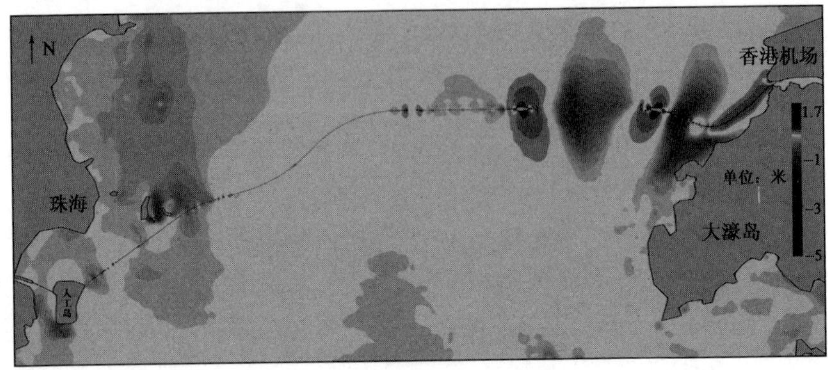

图 3-1-51　方案实施后冲淤分布图

(2)冲刷区域分别为珠澳口岸人工岛东北侧桥头人工岛附近、珠澳口岸人工岛西南侧、伶仃航道、人工岛两侧和香港侧航道附近。

(3)淤积区域分别为人工岛南北两侧、大濠岛北侧香港机场西侧附近和西人工岛西侧桥区两侧大部分区域。

1.7.9　人工岛冲淤情况

图 3-1-52 和图 3-1-53 分别为东西人工岛附近冲淤分布图，由图可见：

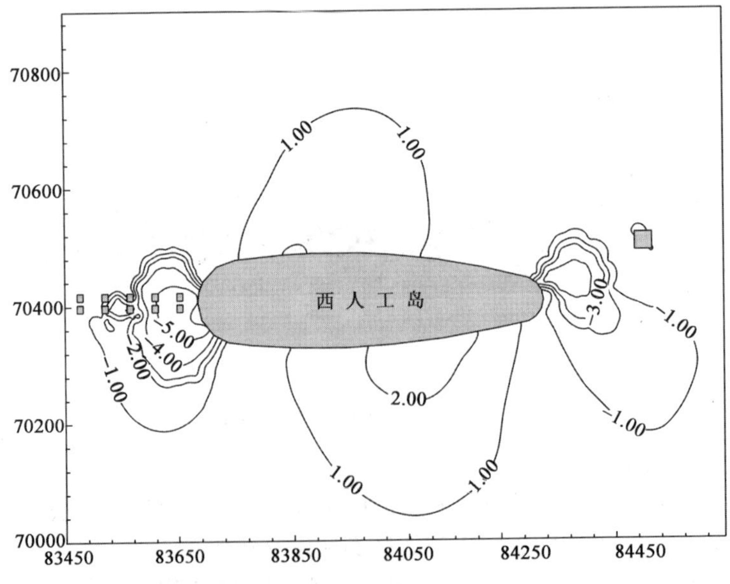

图 3-1-52　西人工岛冲淤情况(单位:m)

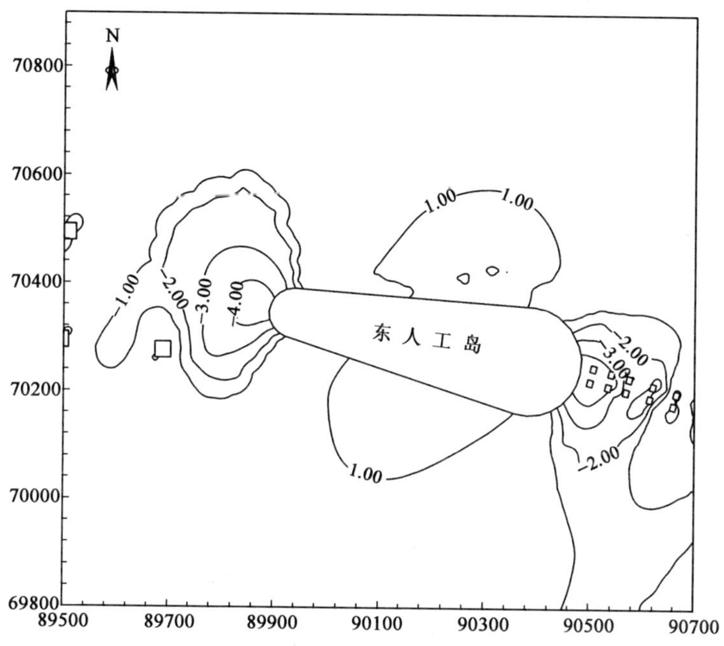

图3-1-53　东人工岛冲淤情况(单位:m)

(1)优化方案实施后,人工岛东西两侧呈冲刷状态,南北两侧迎背水面为淤积状态。

(2)西侧人工岛西侧冲刷大于东侧,最大冲刷深度为5.0m,最大淤积厚度约为2.0m。

(3)东侧人工岛最大冲刷深度为4.0m,最大淤积厚度约为2.0m。

1.7.10　各个通航孔冲淤情况

图3-1-54～图3-1-58分别为伶仃航道、青州航道、江海直达航道、九州航道和香港侧航道冲淤分布图,由图可见:

(1)达到平衡状态时,各个通航孔附近呈轻微冲刷状态,最大冲刷深度不超过1.2m。

(2)伶仃航道以西各个通航孔两侧一定距离附近呈轻微淤积状态,淤积厚度介于0.1～0.4m之间。

(3)大桥建设对伶仃航道水深无负面影响。

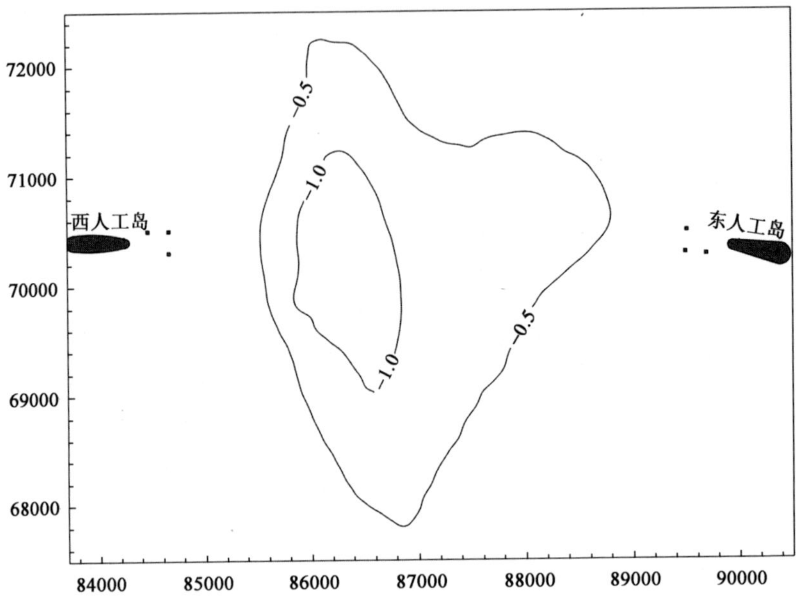

图 3-1-54　伶仃航道桥冲淤分布图(单位:m)

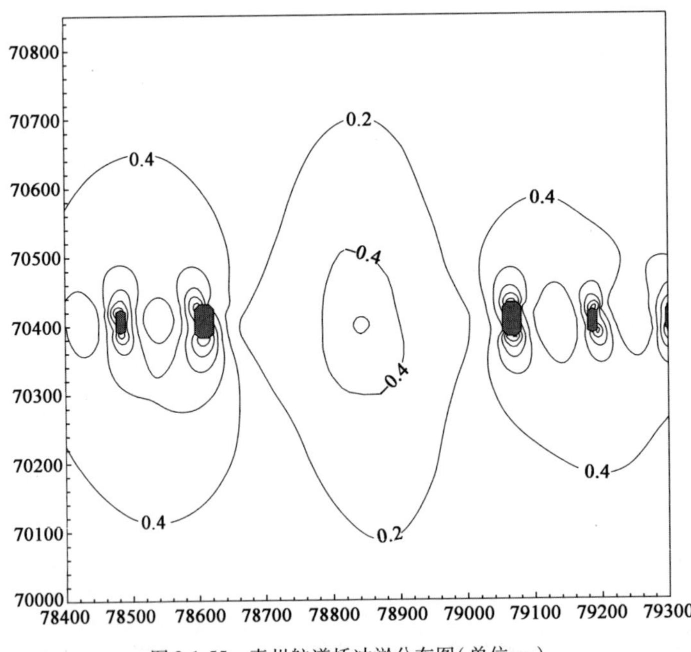

图 3-1-55　青州航道桥冲淤分布图(单位:m)

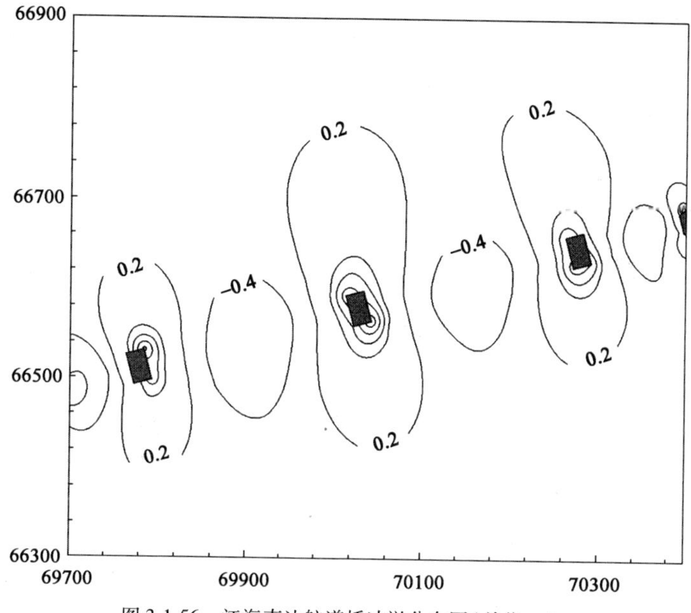

图 3-1-56 江海直达航道桥冲淤分布图(单位:m)

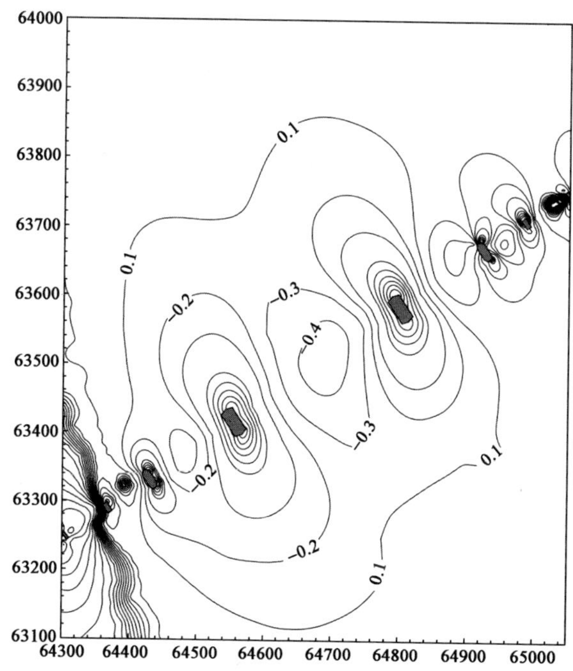

图 3-1-57 九州航道桥冲淤分布图(单位:m)

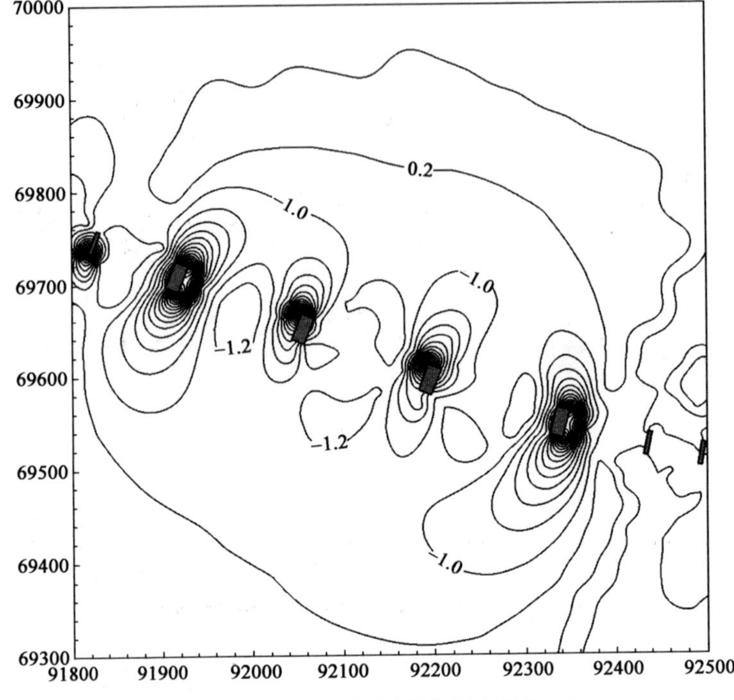

图 3-1-58　香港侧航道桥冲淤分布图(单位:m)

2 人工岛及桥墩局部动床冲刷物理模型试验研究

2.1 模型设计

2.1.1 系列模型试验理论依据

在动床模型试验中，要同时满足悬移和起动相似两个条件，或者仅满足两者之一条件，都要求模型沙重率较小，粒径较细；而过细的模型沙会带来絮凝及粘结力等各方面的问题，反过来又使悬移和起动相似难以满足。如果可供模型使用的模型沙重率较大、粒径较粗，即如果找不到合适的模型沙，要满足悬移和起动相似，就要求模型做得较大，并使模型中能出现较大的流速变化，而这些条件在许多情况下是很难做到的。

系列模型就是为解决这类问题而提出的一种试验方法。利用此方法，模型沙的重率可以较大，粒径可以较粗，而模型不必做得很大。由于模型和原型泥沙运动不相似而带来试验成果的偏差，可以通过做一系列的由小到大的模型，将试验成果外延，来加以消除。这样的模型试验方法，实质上是利用不相似的模型取得相似试验结果的一种有效方法。

沙玉清假定模型试验所研究的物理量与影响这一物理量的其他变量之间存在如下指数关系：

$$X = Kh^{\alpha_1}Y^{\alpha_2}Z^{\alpha_3}$$

式中，X 为所研究的物理量，可以是冲淤深度，也可以是冲淤时间；h 为深度；Y、Z 为深度以外的其他水力、泥沙因素变量；α_1、α_2、α_3 分别为这些变量的指数；K 为系数。这里自变量仅取三个，当有较多自变量时，也可同样纳入。

对上述方程式写成比尺关系式，其结果为：

$$\lambda_x = \lambda_k \lambda_h^{\alpha_1} \lambda_y^{\alpha_2} \lambda_z^{\alpha_3}$$

沙玉清认为系数比尺 λ_k 是由模型缩小引起的，假定它与深度比尺成指数关系，即：

$$\lambda_k = C\lambda_h^{a_0}$$

另外，将有关水力因素变量的比尺通过一定的比尺关系式转化成深度比尺的函数，例如 $\lambda_u = \lambda_h^{1/2}$，$\lambda_q = \lambda_h^{3/2}$ 等；而泥沙因素变量的比尺，则通过采用原型沙，均化为 1，即 $\lambda_d = \lambda_{\gamma_s} = \lambda_{\frac{\gamma_s-\gamma}{\gamma}} = \lambda_\omega = \lambda_j = 1$ 等，

这样，上述比尺关系式将转化为：

$$\lambda_k = C\lambda_h^{\alpha}$$

式中，α 为全部水力、泥沙因素变量比尺均转化为深度比尺后的指数和。对于原型而言，$\lambda_h = 1$，$n_k = 1$，故应有 $C = 1$，最后得：

$$\lambda_x = \lambda_h^{\alpha}$$

或

$$\frac{X_y}{X_m} = \lambda_h^{\alpha}$$

故

$$X_m = \frac{X_y}{\lambda_h^{\alpha}}$$

综上分析可见，当采用一定几何比尺的模型进行试验时，则 λ_h 为已知，X_m 可以通过观测求得，式中的未知量尚有 α、X_y 两个。如果能做两个模型就可建立两个方程式，联解后便可求得 X_y，或将所得 X_m 及 λ_h 的数据点绘在双对数纸上（见图 3-2-1），连接 1、2 两点，与 $\lambda_h = 1$ 或 $\lg\lambda_h = 0$ 的纵轴相交，交点纵坐标即为所求原型物理量的数值 X_y。

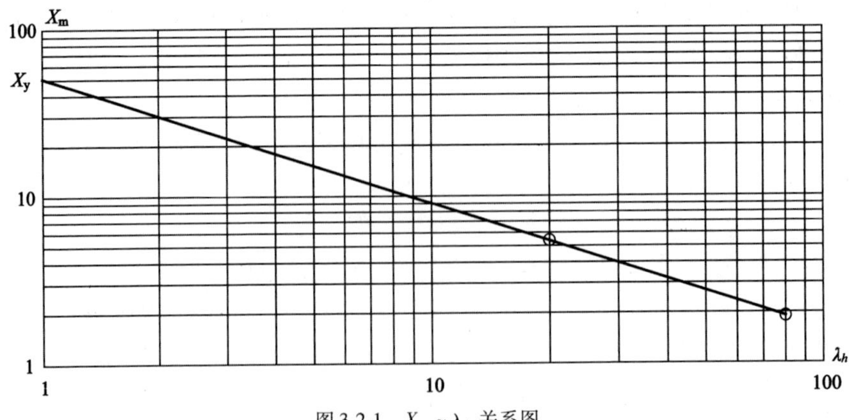

图 3-2-1　$X_m \sim \lambda_h$ 关系图

当模型沙采用原型沙或者模型沙与原型沙遵循同一起动规律时，则泥沙起动流速相似，比尺一般式为：

$$\lambda_{U_c} = \lambda_{\gamma_s-\gamma}^{1/2}\lambda^{1/2}\left(\frac{\lambda_h}{\lambda_d}\right)^{1/6}$$

在满足重力相似条件下流速比尺为：

$$\lambda_U = \lambda_h^{1/2}$$

则得完全满足相似理论的正态动床模型几何比尺为：

$$\lambda_{H_0} = \lambda_d \lambda_{\gamma_s\quad\gamma}^{3/2}$$

将有关参数代入上式，即可得出经系列模型延伸到比尺 λ_h，即可得出原型情况下的冲刷深度。

即当采用原型沙时，得出 λ_h 为 1；当采用模型沙时，λ_h 不等于 1。

1）当原型沙为无粘性沙时

可以选择无粘性的模型沙采用上述公式计算得出系列模型延伸到比尺 λ_h。

2）当原型沙为粘性沙时

选择起动规律相一致的粘性模型沙较为困难，且模型试验较难控制。即使选用无粘性的模型沙进行试验，因公式中不包括粘性项，也不能采用上式计算得出系列模型延伸到比尺 λ_h。

因此本模型考虑选取起动摩阻流速为 U_M^* 的模型沙作为系列模型试验用沙，通过原型沙和模型沙起动流速计算出与模型沙相匹配的模型试验比尺 λ_h，计算关系如下：

$$\lambda_h = (\frac{U_Y^*}{U_M^*})^2$$

通过系列模型试验结果，经系列模型即可延伸得出比尺为 λ_h 的试验量值 X，再乘以模型比尺 λ_h，即 $\lambda_h \times X$ 即为原型试验量值。

自 1991 年以来，采用系列模型进行的埕岛油田人工岛在波浪水流共同作用下局部冲刷试验研究、如东人工岛陆岛通道桥墩冲刷物理模型研究、江苏 LNG 接收站配套码头工程人工岛周边在海洋动力作用下冲淤动床泥沙物理模型试验研究、港珠澳大桥工程方案人工岛及桥墩局部动床冲刷物理模型试验研究等都取得了较好的试验结果，试验预报值与工程后实际结果基本相符。可见，系列模型不仅具有理论基础，也经过了实际工程检验，是完全可以采用的。

2.1.2　模型比尺

模型比尺的选择除应能满足水流及泥沙运动相似条件外，还应综合考虑下列条件：①工程区域范围及试验场地的大小、试验设备供给能力、测量精度；②模型水流应满足流态相似,研究区域内的水深不宜小于3cm;③模型应满足阻力相似,并同时考虑摩阻损失不能太大;④易选择满足起动相似要求的模型沙。

从试验范围、试验场地及满足模型比尺考虑,并经综合比较,最终确定人工岛冲刷系列模型比尺选取1:90和1:150;桥墩局部冲刷系列模型选取1:30、1:60和1:90,各模型比尺结果见表3-2-1。

系列模型比尺结果　　表3-2-1

项　目	系列1	系列2	系列3	系列4
	计算值	计算值	计算值	计算值
几何比尺	30	60	90	150
变率	1	1	1	1
流速比尺	5.48	7.75	9.49	12.25
时间比尺	5.48	7.75	9.49	12.25
起动流速比尺	5.48	7.75	9.49	12.25
沉速比尺	5.48	7.75	9.49	12.25
干重度比尺	0.86	0.86	0.86	0.86
底沙冲淤时间比尺	3.02	18.25	41.06	108.63

2.1.3　模型范围

从图3-2-2中可以看出,港珠澳大桥人工岛周围的地势及水流条件较复杂。一侧为大濠水道(广州港出海航道从该区通过),水深流急;另一侧为浅滩区,水浅流缓。人工岛工程实施后,从人工岛周边冲刷下来的泥沙在水流和地形作用下向大濠水道运动的可能性是存在的,因此,正确模拟人工岛周围的水流特征及泥沙运动规律十分必要。要满足上述自然水流和地形变化,就要求模型有一定的范围来保证试验精度。

按照人工岛平面布置,两个人工岛选取相同范围,即:伶仃水道一侧留出1.4km,可包括-10m以下部分深槽;在浅滩一侧留出0.4km,满足过流量要求,以减少阻水的影响。

2.1.4　模型沙选择

2009年2月交通运输部天津水运科学研究院在大桥轴线上采集了3个底

质泥沙样品，经分析，桥区底质泥沙平均中值粒径为 0.008 2mm，由水槽试验获得起动摩阻流速为 3.78cm/s。

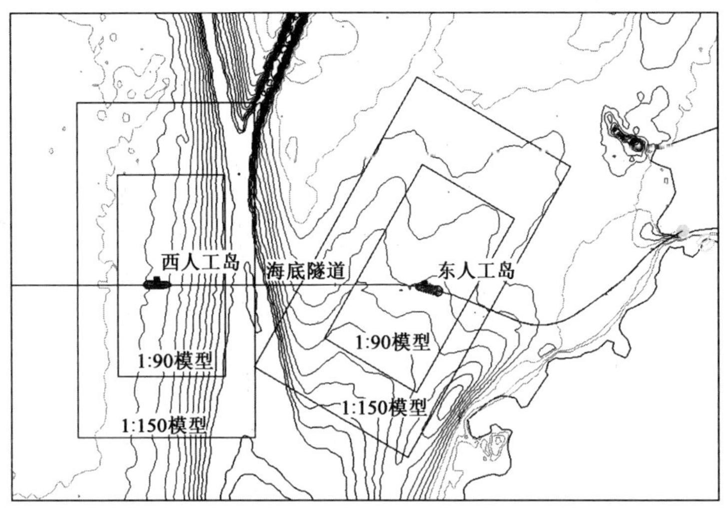

图 3-2-2　东、西人工岛周边地势图

经过多种模型沙的比选，最终选取重度为 1.19kg/m^3 的塑料沙作为模型沙，中值粒径为 0.30mm，起动摩阻流速为 0.46cm/s。综上两者起动摩阻流速相比，最终确定 λ_h 为 68。

2.2　人工岛定床模型潮流验证

选择 2009 年 3 月 27 日 10:00 ~ 3 月 28 日 13:00 枯季大潮进行验证。

本模型验证分别布置了 6 个水位点和 6 个测流点，测点布置如图 3-2-3 所示。

模型中 6 个站水位和 6 个站流速与流向验证资料均由数学模型提供。本模型通过反复调试，完成了定床潮流验证试验。

本模型无论水位还是流速与流向，各站过程线均与原型吻合良好，相位一致，高低潮位偏差值小于 0.10m，流速偏差值小于 10%，流向偏差值小于 10°，基本满足了相似要求。

由模型验证结果表明，模型设计是合理的，模型边界选取能满足潮流场的要求，验证是成功的，可以进行方案试验。

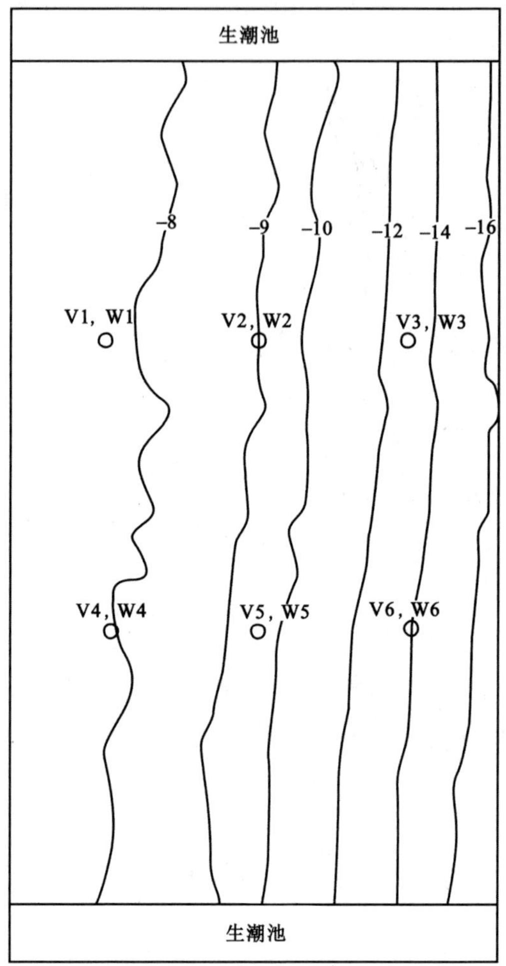

图 3-2-3　西人工岛模型验证点位布置图(比尺为 1:90)

2.3　人工岛定床模型潮流试验

2.3.1　试验潮型及测点布置

1)潮型选择

选取模型比尺 1:150 进行定床潮流方案试验。

试验潮型选取 2009 年枯季大潮,最高潮位为 0.77m,最低潮位为 -1.06m,

最大潮差为 1.72m，平均潮差为 1.66m。

2）测点布置

在人工岛上、下游共布置（W01～W07）7 个水位测点。

在西人工岛周边（V1～V9）布设 9 个断面共计 54 个测点。

在东人工岛周边（V1～V10）布设 10 个断面共计 56 个测点。

2.3.2　试验结果分析

2.3.2.1　西人工岛

1）天然流场及流速、流向变化

①本岛海域流场基本为往复流；

②人工岛周边流速是呈东大西小分布；

③各点平均流速（详见图 3-2-4～图 3-2-7），涨潮介于 0.54～0.71m/s，平均值约为 0.62m/s；落潮介于 0.48～0.64m/s，平均值约为 0.56m/s，其中平均流速是涨潮大于落潮，最大流速是落潮大于涨潮。

2）工程方案后流场及流速、流向变化

（1）受人工岛挑流的作用，涨、落潮水流在人工岛中部向两侧分流，两端会出现明显的绕流，流速明显增加，人工岛西部增加值介于 0.01～0.23m/s，人工岛东部增加值介于 0.01～0.13m/s；在人工岛背影区会出现较大范围环流区或弱流区，流速减小值介于 0.19～0.57m/s；其中弱流区所影响的范围形态是涨潮呈北大南小、落潮呈南大北小变化。

（2）从图 3-2-6 和图 3-2-7 可以看出，工程后在人工岛两端头部涨、落潮流场呈对称分布，流速变化剧烈区主要集中在以人工岛东、西两端为中心的椭圆形区域内。

（3）在人工岛两端头部，受人工岛对水流的挤压，流速增大，并在人工岛背影区水流交界面附近会产生较大漩涡。

（4）由于受人工岛东端头部防撞墩台的影响，水流分布很复杂，漩涡较多；在防撞墩东侧，流速也会明显增大。

3）工程前后潮位变化

工程后，因受人工岛和桥墩阻水的影响，在人工岛上、下游各 1.5km 范围内，涨潮时，桥区下游潮位抬高平均值约为 0.04m，桥区上游潮位降低平均值不足 0.02m；落潮时，桥区下游潮位降低平均值约为 0.02m，桥区上游潮位抬高平均值约为 0.05m。特别是临近人工岛时，上、下游潮位抬高值可达 0.07～0.10m。

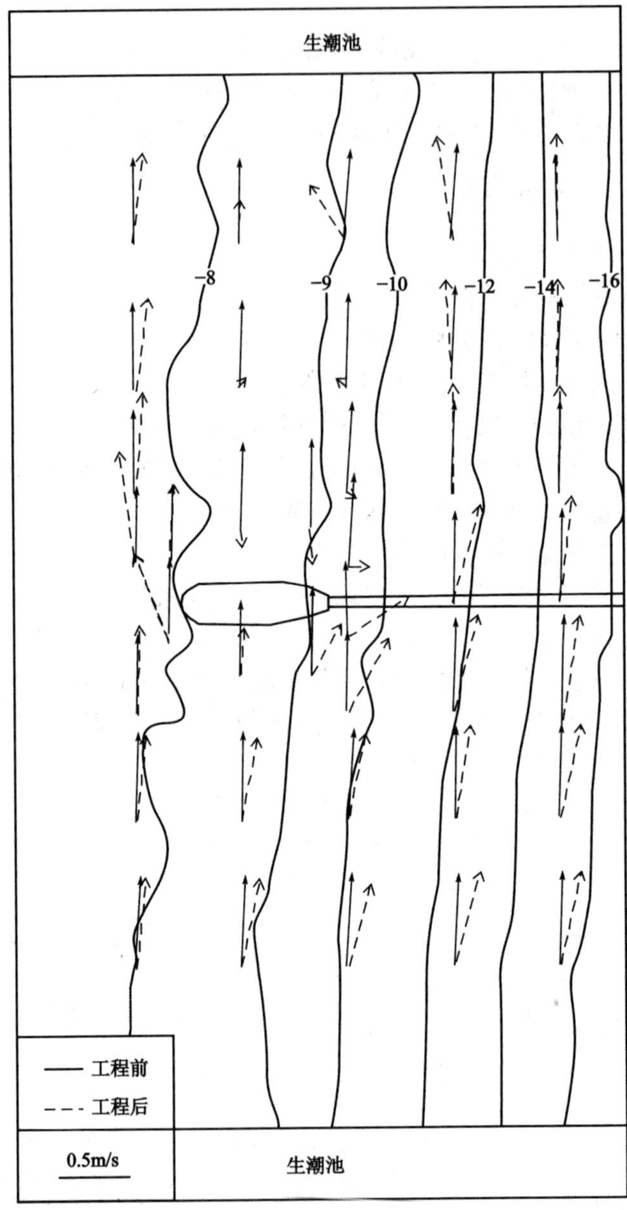

图 3-2-4　涨潮平均流速矢量图(西人工岛)

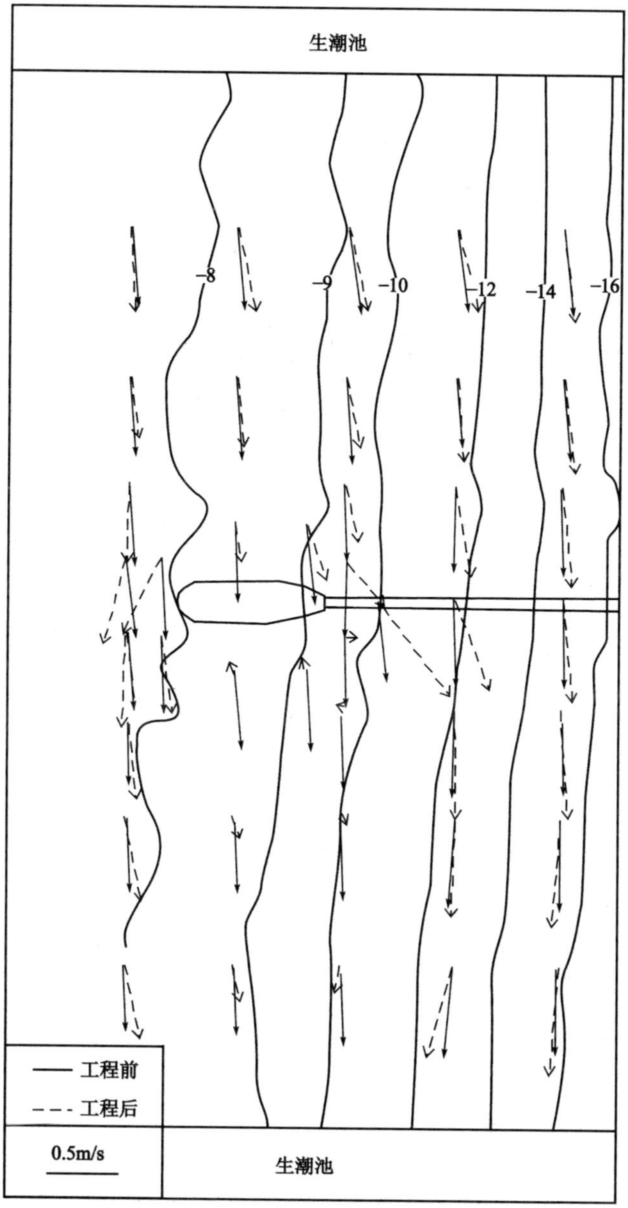

图 3-2-5　落潮平均流速矢量图(西人工岛)

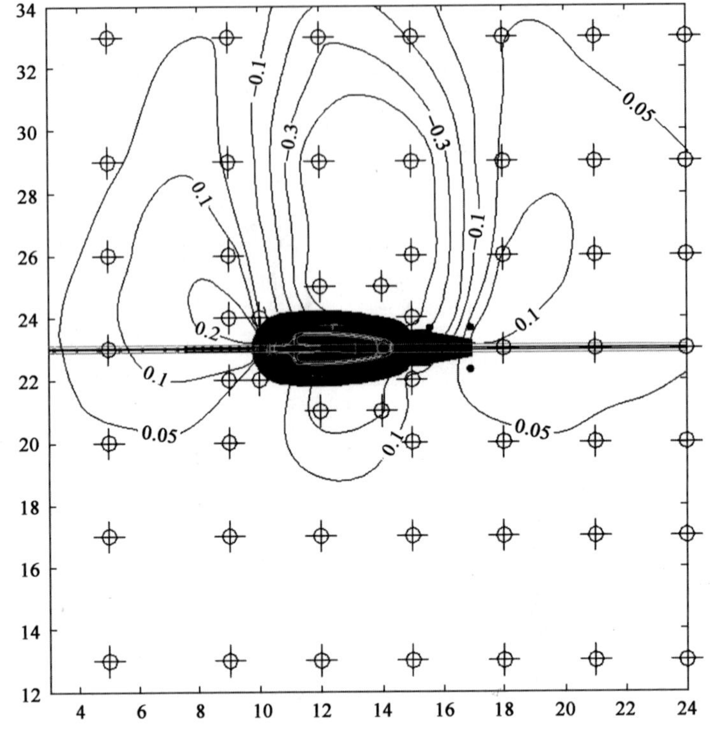

图 3-2-6　西人工岛涨潮平均流速增减值分布图(单位:m/s)

2.3.2.2　东人工岛

1)天然流场及流速、流向变化

(1)本岛海域流场基本为往复流;

(2)本海域东侧为大濠水道深槽,西侧为大澳岛,人工岛周边流速是呈西大东小分布;

(3)各点涨潮平均流速(详见图 3-2-8 ~ 图 3-2-11)介于 0.46 ~ 0.58m/s,平均值为 0.51m/s;落潮平均流速介于 0.53 ~ 0.64m/s,平均值为 0.59m/s;平均流速及最大流速是涨潮大于落潮。

2)工程方案后流场及流速、流向变化

(1)东人工岛与水流加夹角为 20° ~ 30°,因此,涨潮时在人工岛中部偏东向两侧分流,落潮时在人工岛东端头偏西向两侧分流,在人工岛两侧形成绕流,流速明显增加,人工岛东部增加值介于 0.01 ~ 0.20m/s,人工岛西部增加值介于 0.01 ~ 0.22m/s;在人工岛背影区会出现较大范围环流区或弱流区,流速减小值介于0.06～0.54m/s；其中弱流区所影响的范围形态是涨潮呈北大南小、落潮呈南大北小变化。

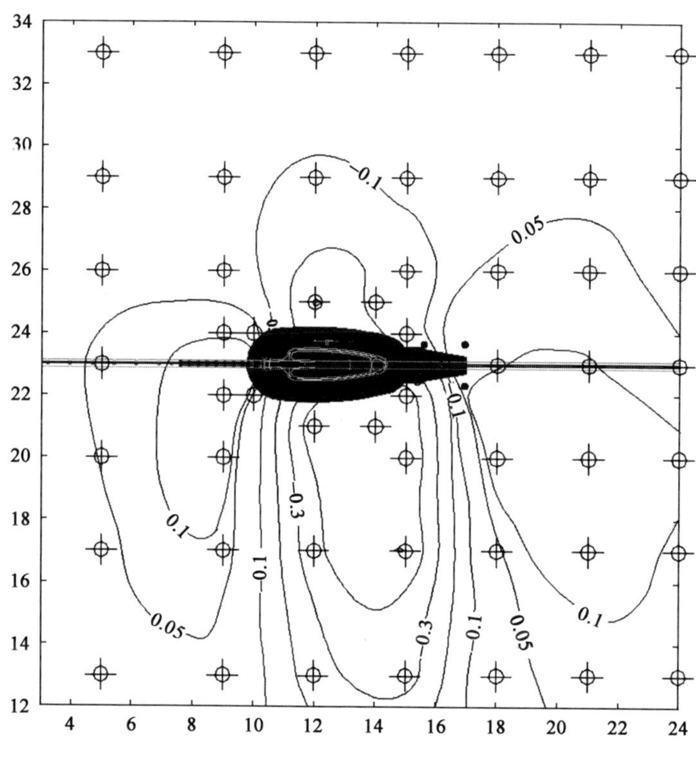

图3-2-7　西人工岛落潮平均流速增减值分布图(单位:m/s)

(2)在人工岛两侧，涨潮水流基本沿岛边斜向流动，流出岛头后，向西偏转；落潮水流沿西岛边斜向流动，流出岛头后，水流向东偏转；并在人工岛背影区水流交界面附近产生较大漩涡；

(3)在人工岛西端头部，由于受防撞墩台的影响，水流分布很复杂，漩涡较多；在防撞墩西侧，流速也会明显增大；

(4)从图3-2-10和图3-2-11可以看出，工程后，在人工岛两端头部涨、落潮流场呈不对称分布，流速变化剧烈区主要集中在以人工岛东、西两端为中心的椭圆形区域内。

3)工程前后潮位变化

工程后，因受人工岛和桥墩阻水的影响，在人工岛上、下游各1.5km范围内，涨潮时，桥区下游潮位抬高平均值约0.04m，桥区上游潮位降低平均值不足

0.02m；落潮时，桥区下游潮位降低平均值不足0.02m，桥区上游潮位抬高平均值约0.04m。特别是临近人工岛时，上、下游潮位抬高值可达0.06~0.08m。

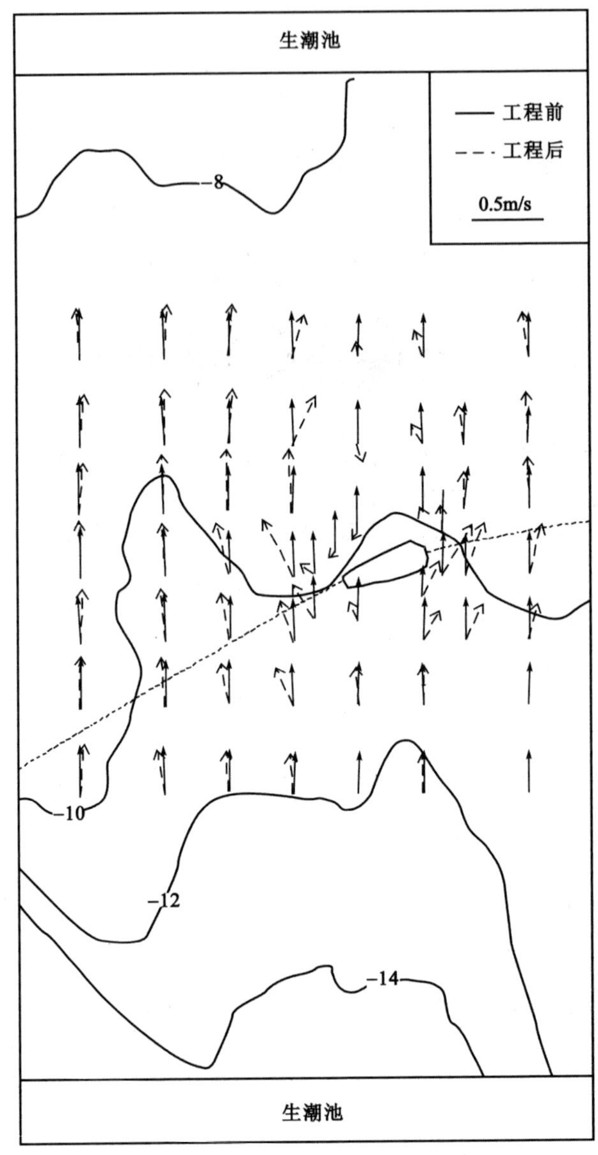

图3-2-8　涨潮平均流速矢量图(东人工岛)

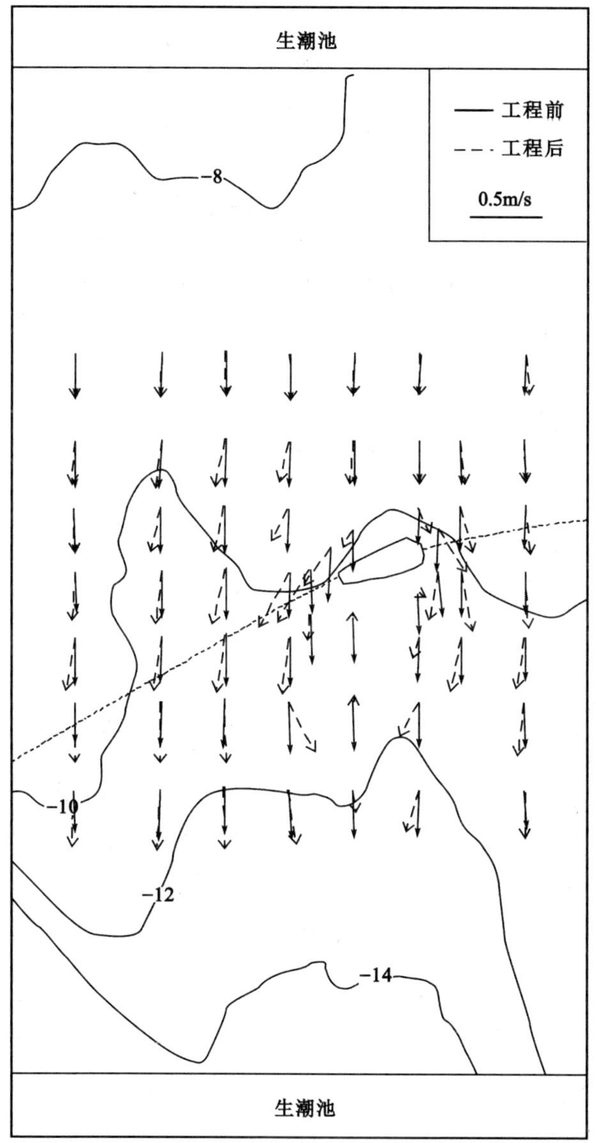

图 3-2-9　落潮平均流速矢量图(东人工岛)

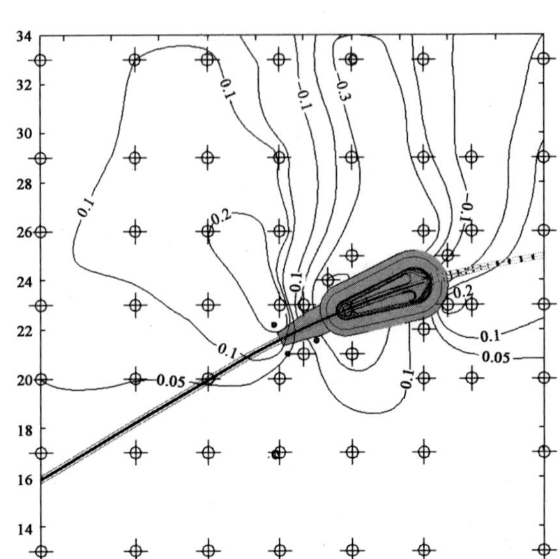

图 3-2-10　东人工岛涨潮平均流速增减值分布图(单位:m/s)

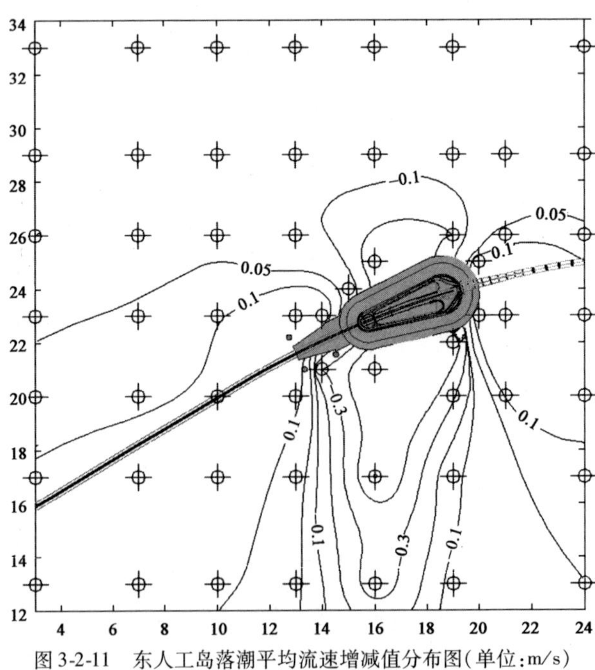

图 3-2-11　东人工岛落潮平均流速增减值分布图(单位:m/s)

2.4　人工岛动床模型冲刷试验

2.4.1　试验条件

在1∶90和1∶150两种模型中，选取动床区范围是相同的，长为13m，宽为21m。动床地形都是按模型高0.2m进行铺沙制作。

潮汐水流是一种周期性的运动，其过程具有从落憩过渡到涨急，再从涨急过渡到涨憩的变化，而海床上的泥沙只有当流速大于起动流速时才能产生运动，而流速小时，泥沙将处于静止状态，基本不会运动。

为了缩短模型试验周期，我们只进行了实际流速大于泥沙起动流速段的试验。具体试验方法是：依据2004年6月（洪季）和2009年3月（枯季）实测流速过程，把大于0.4m/s的流速分成若干段，按大、中、小潮所对应时间组合成涨潮过程和落潮过程，控制流程如图3-2-12所示。

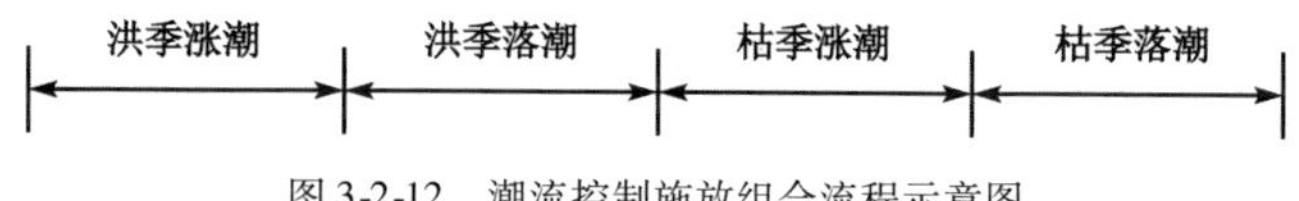

图3-2-12　潮流控制施放组合流程示意图

2.4.2　冲淤结果分析

本试验主要研究人工岛在正常水流作用下的最大可能冲刷深度及冲刷形态，因此选取相对稳定后冲刷坑深度及形态作为人工岛最大可能冲刷深度及形态变化。

2.4.2.1　西人工岛

从试验结果来看，在西人工岛周边有3个冲刷比较剧烈的区域，分别是岛桥结合部和岛隧结合部南、北两侧（见图3-2-13）。试验结果见表3-2-2。其中：人工岛岛桥结合部最大冲刷深度为14.8m，平均冲刷长度为7.8m，最大冲刷长度为1160m，最大冲刷宽度为190m；岛隧结合部南、北两侧最大冲刷深度分别为11.5m和11.1m，平均冲刷深度分别为6.3m和6.0m，最大冲刷长度分别为900m和860m，最大冲刷宽度分别为430m和450m。

潮流组合作用下西人工岛最大冲刷尺度（单位：m）　　表3-2-2

项目	位　置	试验结果		计算结果	
		1∶90	1∶150	1∶68	原型
深度	岛桥结合部	0.155	0.083	0.218	14.8
	岛隧结合部南侧	0.112	0.053	0.169	11.5
	岛隧结合部北侧	0.105	0.047	0.163	11.1

续上表

项目	位　置	试 验 结 果		计 算 结 果	
		1:90	1:150	1:68	原型
长度	岛桥结合部	6.9	1.4	17.1	1160
	岛隧结合部南侧	4.7	0.7	13.3	900
	岛隧结合部北侧	4.5	0.7	12.7	860
宽度	岛桥结合部	1.6	0.6	2.7	190
	岛隧结合部南侧	3.8	1.5	6.3	430
	岛隧结合部北侧	3.9	1.5	6.6	450

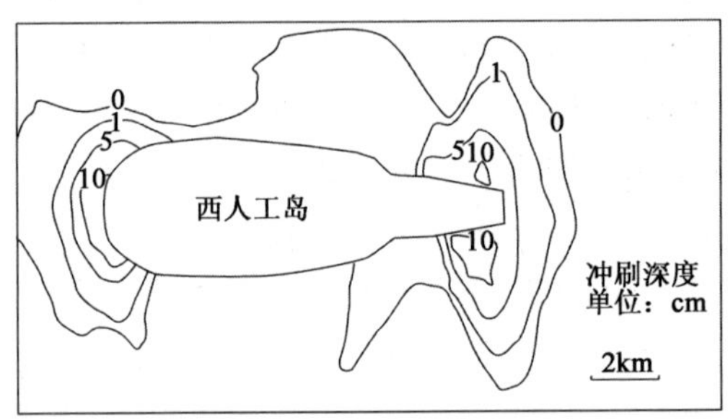

图 3-2-13　西人工岛周边局部冲刷形态

2.4.2.2　东人工岛

试验结果来看，在东人工岛周边也有 3 个冲刷比较剧烈的区域，分别是人工岛岛桥结合部和岛隧结合部南、北两侧（见图 3-2-14）。试验结果见表 3-2-3。其中：人工岛岛桥结合部最大冲刷深度为 12.6m，平均冲刷深度为 6.5m，最大冲刷长度为 1190m，最大冲刷宽度为 190m；岛隧结合部南、北两侧最大冲刷深度分别为 8.6m 和 7.5m，平均冲刷深度分别为 5.8m 和 5.5m，最大冲刷长度分别为 900m 和 960m，最大冲刷宽度分别为 350m 和 580m。

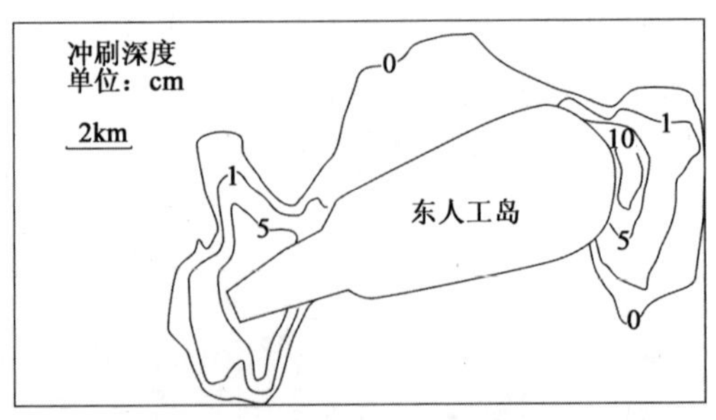

图 3-2-14　东人工岛周边局部冲刷形态

潮流组合作用下东人工岛最大冲刷尺度(单位:m)　　表 3-2-3

项目	位　置	试验结果		计算结果	
		1:90	1:150	1:68	原型
深度	岛桥结合部	0.126	0.062	0.186	12.6
	岛隧结合部南侧	0.082	0.037	0.127	8.6
	岛隧结合部北侧	0.072	0.033	0.110	7.5
长度	岛桥结合部	6.8	1.1	17.5	1190
	岛隧结合部南侧	4.7	0.7	13.3	900
	岛隧结合部北侧	5.0	0.9	14.1	960
宽度	岛桥结合部	1.6	0.6	2.7	190
	岛隧结合部南侧	3.1	1.2	5.2	350
	岛隧结合部北侧	4.4	1.3	8.6	580

2.4.3　人工岛冲刷形态变化

2.4.3.1　西人工岛

(1)人工岛周边冲刷形态与人工岛周边流场变化相匹配,受人工岛挑流作用,在人工岛东、西两端头部流速明显增大,冲刷深度也大(见图 3-2-13、图 3-2-15、图 3-2-16)。其中:在人工岛西端,涨潮冲刷槽与落潮冲刷槽相重合,只出现一条冲刷槽;在人工岛东端,涨潮冲刷槽与落潮冲刷槽并不相一致,出现两条冲刷槽,均被岛隧结合部相隔断。

图 3-2-15　西人工岛岛桥附近冲刷形态

图 3-2-16　西人工岛岛隧附近冲刷形态

(2)由于西人工岛与水流方向基本垂直,涨、落潮水流均受人工岛的阻水作用,水流集中于人工岛东、西两端,从而造成局部区域冲深较大。其中:在岛桥结合部，因岛体高、护岸陡，水流较急，冲刷深度较大，但冲刷范围较小；在岛隧结合部，由于隧道防护体坡度较缓，集中于岛端的水流将均匀分散在隧道防护体一定范围内，从而表现出冲刷深度较小，而冲刷范围较大。

(3)落潮流速大于涨潮流速，随着落潮水体的变化，对底床泥沙作用较强，向下游冲刷深度大，范围也大。

(4)随着泥沙冲刷区域的增大，在冲刷槽两侧及后方也就出现了相应的淤积区域。由于水流在绕过人工岛后向人工岛中心方向偏移，致使人工岛上、下游会出现较为明显的淤积区。

(5)受人工岛挑流的影响，伶仃航道流速增大，相对应的航道内也会出现冲刷，冲刷是以落潮流作用为主。

2.4.3.2　东人工岛

(1)人工岛周边冲刷形态与人工岛周边流场变化相匹配，受人工岛挑流作用，在人工岛东、西两端头部流速明显增大，冲刷深度也大（见图3-2-14、图3-2-17、图3-2-18）。两端冲刷规律与西人工岛相一致，本文不再赘述。

图3-2-17　东人工岛岛桥附近冲刷形态

图3-2-18　东人工岛岛隧附近冲刷形态

(2)由于东人工岛与水流方向有一定夹角，落潮水流向西挑流比较明显，使人工岛西侧汇集落潮水体较多，而涨潮水流向东挑流比较明显，在人工岛东侧汇集涨潮水体较多。但由于东侧岛体高、阻水作用集中，则冲刷深、范围小；西侧沿着防护体斜坡水流比较分散，出现冲刷范围大，而冲刷深度小。

(3)伴随着冲刷区域的增大，在冲刷槽两侧及后方均会出现淤积区域。由于水流在绕过人工岛后向人工岛中心方向偏移，致使人工岛上、下游出现了较明显的淤积区。

(4)受人工岛挑流的影响，伶仃航道流速增大，相对应的航道内也出现冲刷，冲刷是以落潮流作用为主。

2.4.4 工程后淤积分析

根据冲刷试验结果及理论分析，对工程后淤积强度和淤积部位本文也进行了分析和计算，所获结果可供整体物理模型参考。

（1）根据试验结果及分析，人工岛周边淘刷的泥沙主要集中在冲刷槽和人工岛两侧，并且约80%泥沙均淤积在人工岛两侧的环流区内，根据人工岛周边冲刷量，可计算出环流区的平均淤强。

（2）根据模型试验结果及分析，冲刷后泥沙将主要淤积在人工岛上游和下游区域，其中：在西人工岛上游1.26km^{2}范围内，平均淤厚为0.60m，最大淤厚0.93m；在西人工岛下游1.49km^{2}范围内，平均淤厚为1.48m，最大淤厚2.33m。在东人工岛上游1.13km^{2}范围内，平均淤厚为0.66m，最大淤厚1.04m，在东人工岛下游1.01km^{2}范围内，平均淤厚为1.24m，最大淤厚1.95m。

2.5 桥墩动床模型试验

2.5.1 桥墩结构形式

为得出港珠澳大桥桥墩冲刷变化规律，我们选取了两种桥墩结构进行冲刷试验。110m跨桥墩承台尺度为21.5m×13.0m×5.5m（长×宽×高），75m跨桥墩承台尺度为18.5m×11.5m×6.0m（长×宽×高）。桥墩尺度及结构形式见表3-2-4。

桥墩底部及上部结构尺度（单位：m）　　表3-2-4

桥		原型尺寸		1:30 比尺		1:60 比尺		1:90 比尺	
		长	宽	长	宽	长	宽	长	宽
110m 跨	基础	21.5	13.0	0.72	0.43	0.36	0.22	0.24	0.14
	桥墩	12.0	4.0	0.40	0.13	0.20	0.07	0.13	0.04
75m 跨	基础	18.5	11.5	0.62	0.38	0.31	0.19	0.21	0.13
	桥墩	11.0	4.0	0.37	0.13	0.18	0.07	0.12	0.04

2.5.2 试验条件及验证结果

（1）本模型选择6.9m水深对应110m桥跨，选择5.2m水深对应75m桥跨。

（2）采用1:90比尺进行潮流验证，洪季大潮潮位和流速、流向验证资料由数学模型提供。

(3)模型验证选取了3个站潮位过程和9个站流速、流向过程进行验证。验证结果基本满足了水流相似要求。

2.5.3 桥墩周边流场变化特征

桥墩周围水流结构主要包括墩前向下水流、墩前水面涌波和尺度较大的漩涡体系。漩涡体系是一种综合水流结构,其中包括在墩前冲刷坑边缘形成的绕桥墩两侧流向下游的马蹄形漩涡、桥墩两侧水流分离引起的尾流漩涡。涡漩体系在墩后和两侧还不断地由床面释放出小漩涡,向水面发展。

在桥墩迎水面上出现涌波,它的旋转方向恰好与马蹄形漩涡相反,涌波干扰行近水流,使行近水流向下流动的强度削弱。

尾流漩涡是由桥墩表面不稳定的切应力层卷起,从分离线两侧脱离出来,在Re很小时,呈现很稳定的漩涡体系,紧靠桥墩向下游流动。实际工程中Re都很大,尾流漩涡极不稳定,不断地从桥墩两侧施放出来,带往下游。桥墩形状和行近流速决定了尾流漩涡的强度,流线型桥墩将产生相对较弱的尾涡,而矩形桥墩则产生很强的尾涡。释放漩涡的效率、向下游发展的速度和距离,从水面下逐渐减小,到天然床面为止。

2.5.4 动床桥墩冲刷结果分析

2.5.4.1 桥墩冲刷结果

本试验所要研究的最大可能冲刷尺度包括:墩上游最大可能冲刷深度与最大可能冲刷长度,以及桥墩下游最大可能深度与最大可能冲刷长度。

在正常潮流作用下,不同比尺的冲刷深度见表3-2-5,冲刷范围见表3-2-6。

桥墩最大冲刷深度(单位:m)　　表3-2-5

桥墩 \ 比尺		试验结果			计算结果	
		1:90	1:60	1:30	1:68	原型
桥墩上游	110m跨桥墩	0.033	0.056	0.151	0.048	3.27
	75m跨桥墩	0.022	0.035	0.093	0.031	2.11
桥墩下游	110m跨桥墩	0.027	0.037	0.065	0.034	2.29
	75m跨桥墩	0.020	0.025	0.043	0.024	1.62

经计算,110m跨桥墩上、下游最大冲刷深度分别为3.27m和2.29m,冲刷长度分别为7~10m和23~30m;75m跨桥墩最大冲刷深度分别为2.21m和

1.62m，上、下游最大冲刷长度分别为3～6m和12～20m。

桥墩上游冲刷长度(单位:m)　　表3-2-6

桥墩 \ 比尺		试验结果			计算结果	
		1:90	1:60	1:30	1:68	原型
桥墩上游	110m跨桥墩	0.070	0.120	0.340	0.103	7.00
	75m跨桥墩	0.030	0.050	0.120	0.043	2.95
桥墩下游	110m跨桥墩	0.200	0.430	1.510	0.337	22.92
	75m跨桥墩	0.100	0.215	0.753	0.169	11.47

2.5.4.2　桥墩冲刷形态变化

在潮流作用一年后，桥墩上、下游均有冲刷，桥墩上游冲刷范围较小，深度较大；桥墩下游冲刷范围较大，深度较小。

受桥墩阻水的影响，在桥墩前出现涌波，承台正前方泥沙开始运动，出现冲刷，但冲刷范围和深度均有限；随桥墩前不断冲刷，承台也不断出露后而产生阻水，在承台周围产生马蹄形漩涡并向下发展，淘刷承台前沿床面，从而加大承台前的冲刷深度，最终形成月牙形冲刷形态；当水流在绕过桥墩后，分别在桥墩后面出现多个尾流漩涡，中间为小流速区，由于桥墩后面尾流漩涡的作用，桥墩南侧的冲刷形态为两侧冲刷深度较大且长度较长、中间深度浅且长度短的变化形态。冲刷形态见图3-2-19和图3-2-20。

在邻近冲刷区后面，会出现一定范围的淤积，淤积形态呈带状分布，淤积分布呈近大远小变化。

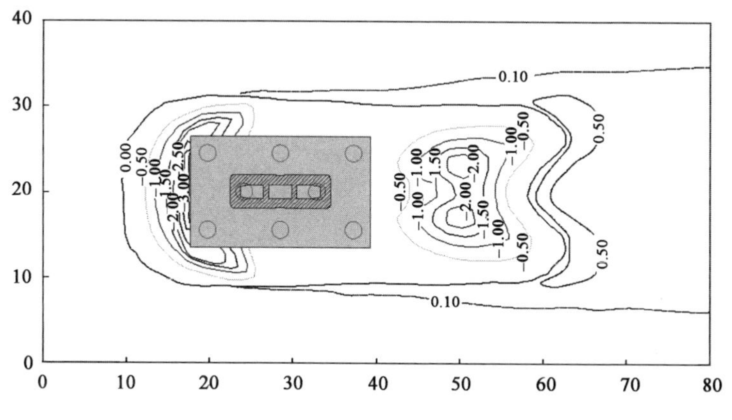

图3-2-19　110m跨桥墩上、下游冲淤变化深度及范围(单位:m)

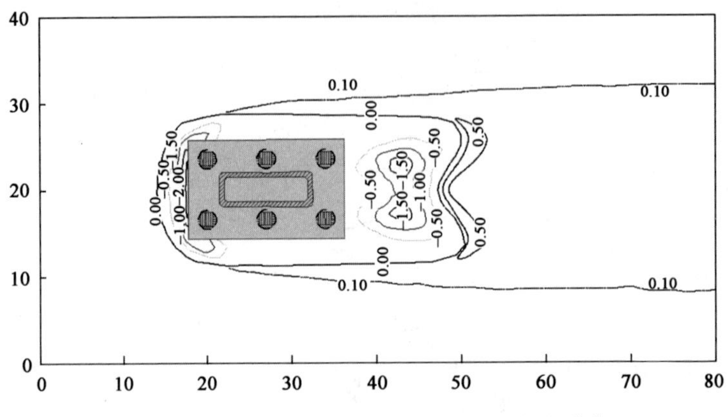

图 3-2-20 75m 跨桥墩上、下游冲淤变化深度及范围(单位:m)

3　潮流泥沙动床整体物理模型试验研究

3.1　模型比尺确定

3.1.1　水平比尺

本项目进行伶仃洋整体物理模型的主要任务是研究港珠澳大桥建成后对伶仃洋潮流场的影响以及桥区附近水位、流速及流向的变化，并进一步预报伶仃航道和西滩区域的淤积分布及长期淤积地形对水流的影响。

按照上述试验内容和要求，模型范围（见图3-3-1）需涵盖珠江四大口门、广州港南沙港区、深圳港西部港区、深圳湾、珠海、澳门、香港机场和大万山以北海域，因此模型南边界应选择在大万山岛附近，北边界至虎门，原型长度110km，东西边界按固定岸线控制，原型最大宽度可达50km。为满足上述边界要求，并结合在开发区已建的试验大厅，该厅长为138m，宽为54m，经计算，则确定模型水平比尺为1∶900。

3.1.2　垂直比尺

在潮流模型中，除满足重力、阻力相似外，模型水流还应处于阻力平方区内，即雷诺数Re＞1000，因此，垂直比尺的限制条件为：

$$\lambda_h \leqslant \left(\frac{V_p h_p}{\nu_m \times 1000}\right)^{2/3} = 148$$

从模型加糙的可能性考虑，模型糙率应小于0.028，否则模型加糙是相当困难或难以实现的。因此，垂直比尺还应由下式进行确定，即：

$$\lambda_n = \frac{n_\mathrm{p}}{n_\mathrm{m}} \geqslant \frac{0.021}{0.028} = 0.75，又\ \lambda_n = \frac{\lambda_h^{\frac{2}{3}}}{\lambda_l^{\frac{1}{2}}}$$

$$\therefore \quad \lambda_h = \left(\frac{\lambda_n}{\lambda_l^{\frac{1}{2}}}\right)^{3/2} \geqslant (0.75\sqrt{900})^{3/2} = 107$$

另外，在模型设计中，有关比尺的确定还应兼顾下列条件：①工程区域范围及试验场地的大小、试验设备供给能力、测量精度等；②模型水流应满足流态相似,研究区域内的水深不宜小于 3cm;③模型应满足阻力相似,并同时考虑摩阻损失不能太大;④易选择满足泥沙沉降和起动相似的模型沙。

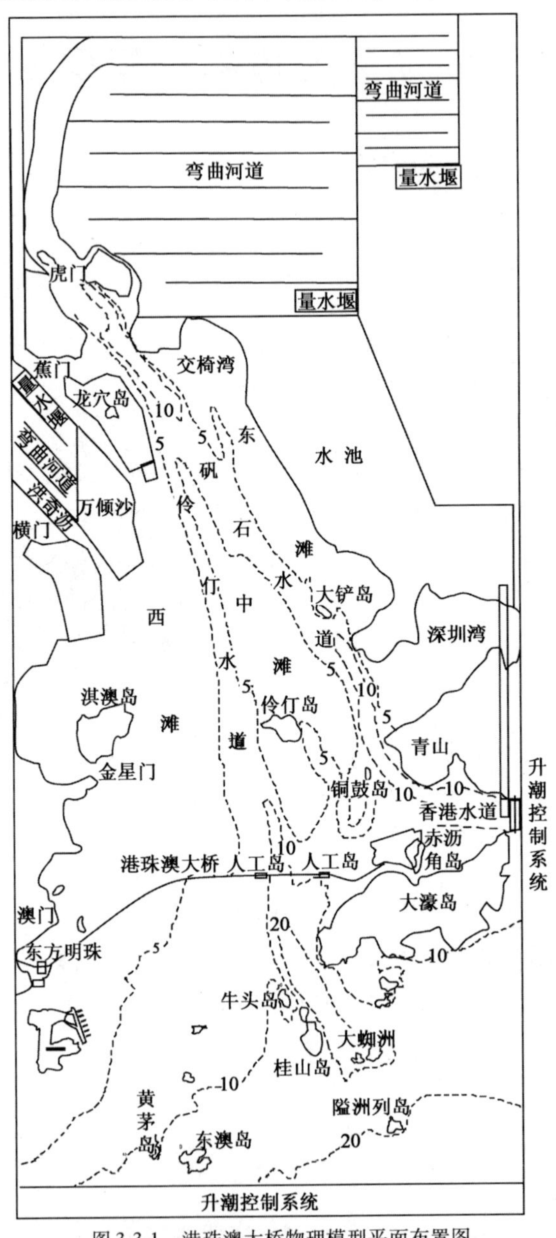

图 3-3-1 港珠澳大桥物理模型平面布置图

按照上述相似要求，本模型经综合比较并通过选沙分析，最终确定垂直比尺为1:120。

本模型其他比尺的确定，可详见表3-3-1。

模型比尺汇总表

表3-3-1

比尺名称		符号及计算公式	计算值	实际采用值
几何比尺	水平比尺	λ_l	900	900
	垂直比尺	λ_h	120	120
	变率	E	7.5	7.5
水流运动相似比尺	流速比尺	$\lambda_u = \lambda_v = \lambda_h^{1/2}$	10.95	10.95
	潮量比尺	$\lambda_w = \lambda_l^2 \times \lambda_h$	9.72×10^7	9.72×10^7
	时间比尺	$\lambda_t = \lambda_l / \lambda_h^{1/2}$	82.16	82.16
	糙率比尺	$\lambda_n = \lambda_h^{2/3} / \lambda_l^{1/2}$	0.81	0.81
泥沙运动相似比尺	沉速比尺	$\lambda_\omega = \lambda_h^{3/2} / \lambda_1$	1.46	1.51
	起动流速比尺	$\lambda_{v_c} = \lambda_v$	10.95	10.17
	扬动流速比尺	$\lambda_{v_f} = \lambda_v$	10.95	10.17
	干重度比尺	$\lambda_{\gamma_o} = \gamma_{op} / \gamma_{om}$	1.24	1.18
	含沙量比尺	$\lambda_s = \lambda_{\gamma_s} / \lambda_{\frac{\gamma_s - \gamma}{\gamma}}$	0.37	0.40
	冲淤时间比尺	$\lambda_{t_1} = \frac{\lambda_{\gamma 0}}{\lambda_s} \lambda_t$	194	180
备注	含沙量比尺及泥沙冲淤时间比尺根据模型地形验证进行调整			

3.1.3 模型沙的选择

桥区附近悬沙中值粒径为0.0072mm，属粘土质粉砂。这种悬沙是会产生絮凝的，通过计算，絮凝后的当量粒径约为0.022mm，对应的静水沉速约为0.381mm/s左右。按这种悬沙的要求，经比较，本模型选择重度为1.19kg/m^{3}的褐煤作为模型悬沙，当平均中值粒径为0.045mm时，模型沙沉速约为0.252mm/s，换算成实际沉速比尺为1.51，与计算沉速比尺1.46相比，偏差为3.4%，可以满足沉降相似要求。

现场实测桥区附近底质泥沙中值粒径为0.0082mm，经水槽试验可知，在水深为5m时，起动流速为1.22m/s。本模型也同样选择重度为1.19kg/m^{3}的褐煤作为模型底沙，当平均中值粒径为0.400mm时，模型沙起动流速为0.12m/s，换算成实际起动流速比尺为10.17，与计算起动流速比尺10.95相比，偏差为7.2%，基本能满足起动相似的要求。

3.2 潮流验证试验

3.2.1 验证潮型及内容

本模型分别采用2002年12月4~5日（枯季）、2007年8月13~14日（洪季)、2009 年 3 月 27 ~ 28 日(枯季)和 2009 年 6 月 22 ~ 23 日(洪季)4 种潮型进行了验证。其中:2002 年 12 月 4 ~ 5 日测量区域为大铲湾附近海域,验证取 7 条垂线、3 个水位;2007 年 8 月 13 ~ 14 日测量区域为大濠岛以北的整个伶仃洋海域,验证取 12 条垂线、8 个水位;2009 年 3 月 27 ~ 28 日和 2009 年 6 月 22 ~ 23 日测量区域为桥区附近海域,两次验证均取 11 条垂线、5 个水位。测点布置如图 3-3-2所示,验证潮型及内容见表 3-3-2。

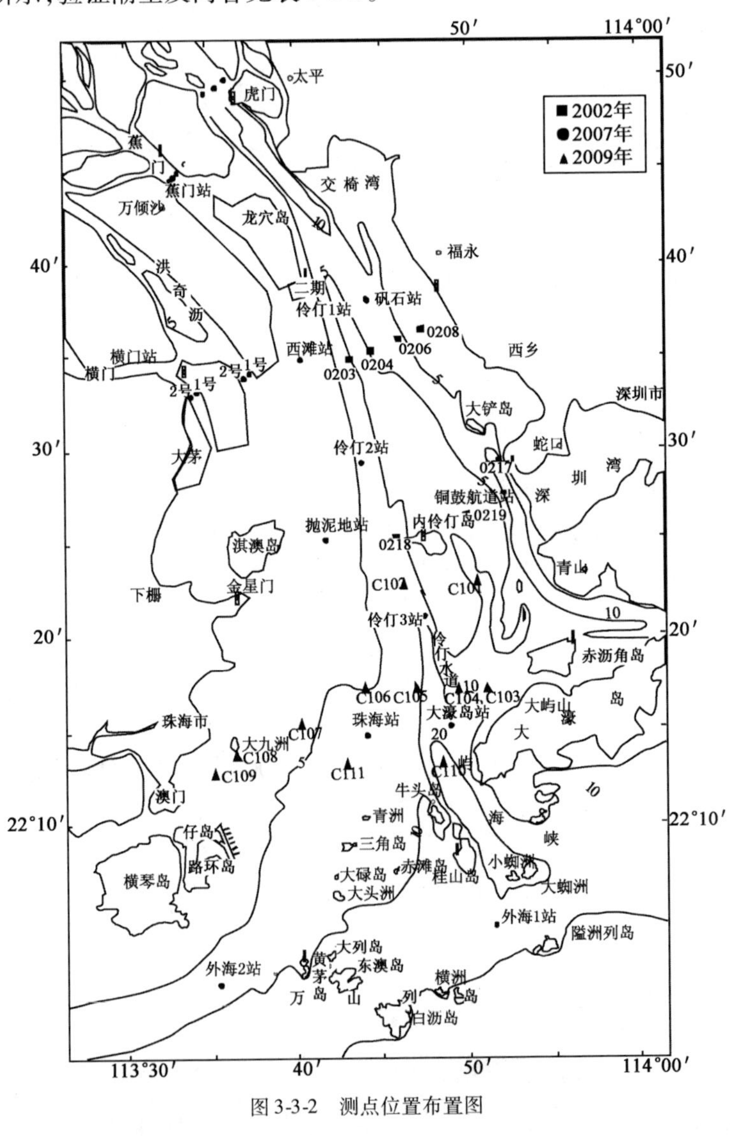

图 3-3-2　测点位置布置图

验证资料情况汇总表

表 3-3-2

验证时间	潮位测点	流速流向测点
2002.2.4 10:00 ~ 12.5 14:00	赤湾、内伶仃岛、深圳机场	0203 号、0204 号、0205 号、0206 号 0217 号、0218 号、0219 号
2007.8.13 15:00 ~ 8.14 23:00	黄茅岛、桂山岛、金星门、内伶仃岛、赤湾、万倾沙、深圳机场、南沙港区	洪奇沥 1 号、横门 1 号、抛泥地西滩、大濠岛、珠海伶仃 1 号、伶仃 2 号、伶仃 3 号矾石、铜鼓航道、外海 1 号
2009.3.27 10:00 ~ 3.28 14:00	珠海九州、香港机场、金星门、内伶仃岛、赤湾	CL01 号 ~ CL11 号
2009.6.22 8:00 ~ 6.23 12:00	珠海九州、香港机场、金星门、内伶仃岛、赤湾	CL01 号 ~ CL11 号

3.2.2 验证结果

模型潮位验证曲线见图 3-3-3 ~ 图 3-3-6，模型流速及流向验证曲线见图 3-3-7 ~ 图 3-3-15。

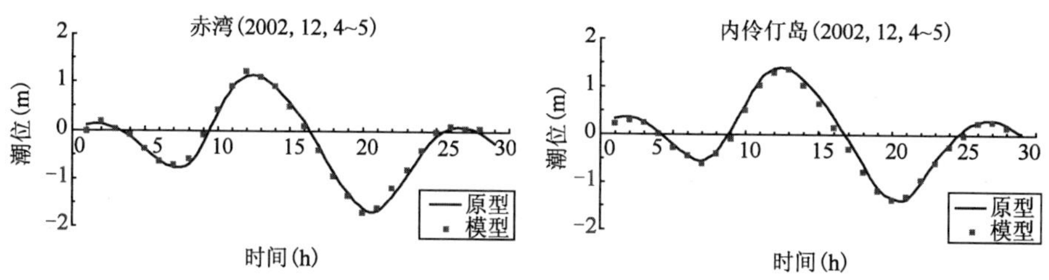

图 3-3-3 逐时潮位过程线比较(2002 年 12 月 4 ~ 5 日)

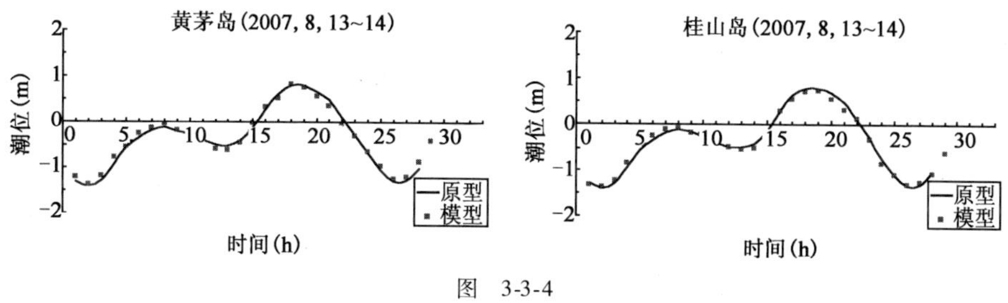

图 3-3-4

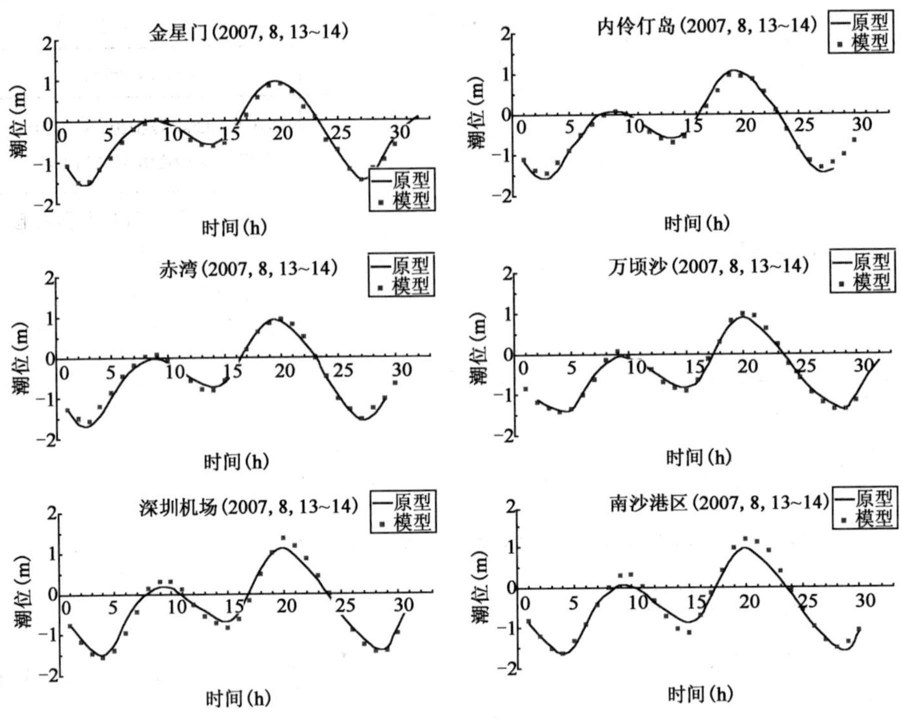

图 3-3-4　逐时潮位过程线比较(2007 年 8 月 13 ~ 14 日)

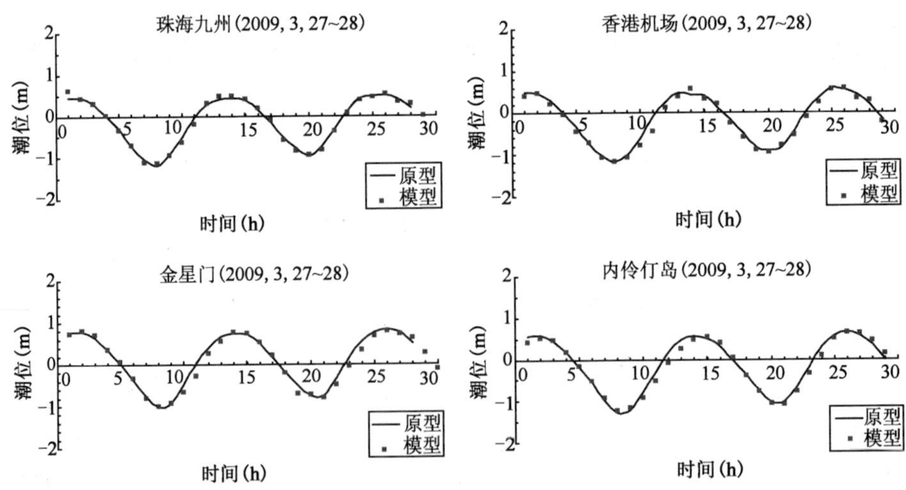

图 3-3-5　逐时潮位过程线比较(2009 年 3 月 27 ~ 28 日)

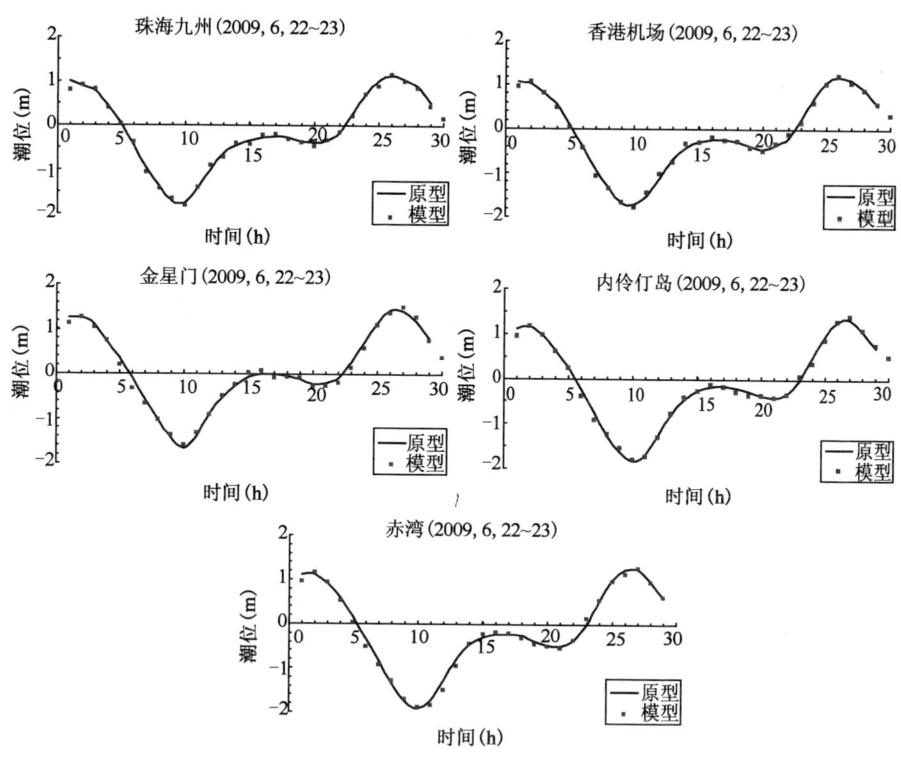

图 3-3-6　逐时潮位过程线比较(2009 年 6 月 22～23 日)

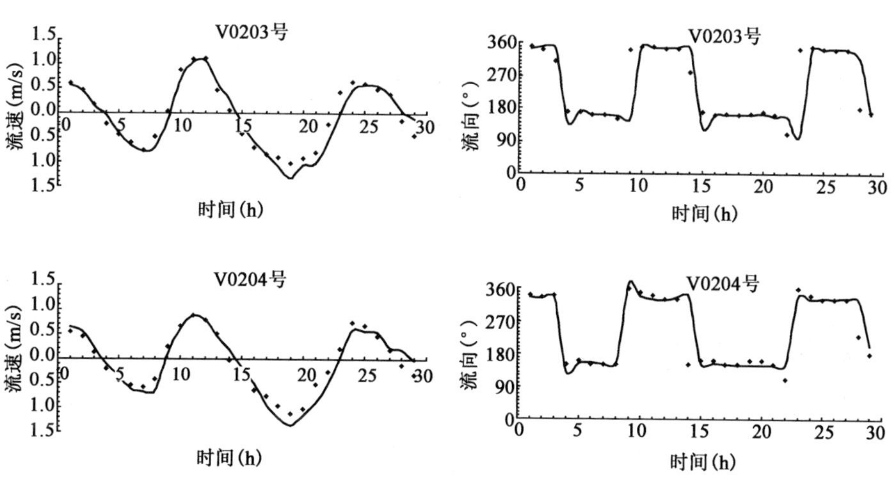

图　3-3-7

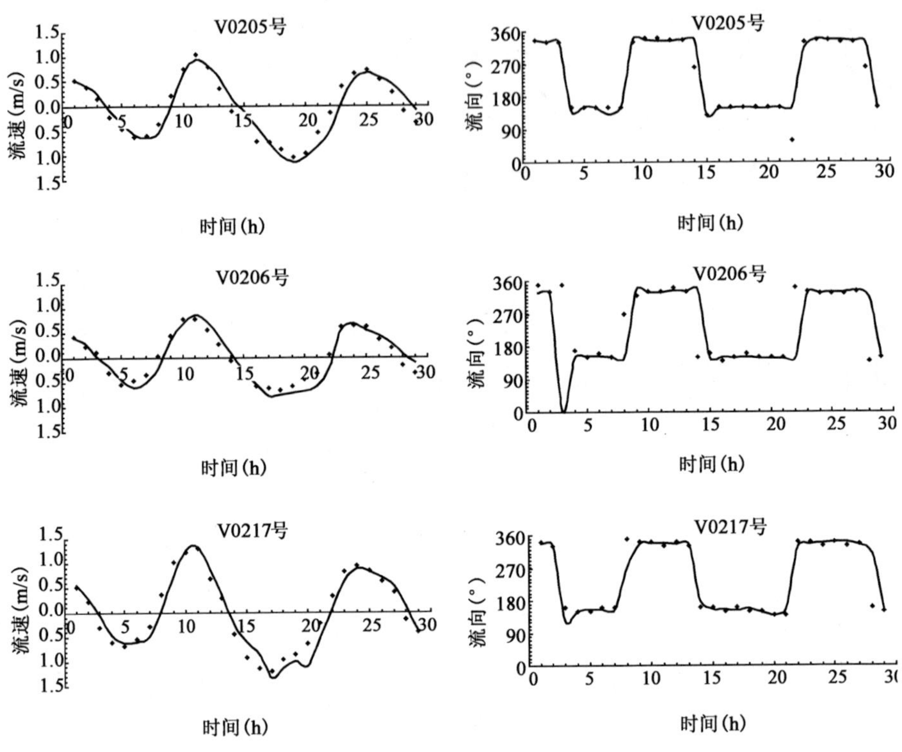

图 3-3-7　模型与原型流速和流向过程线比较(2002 年 12 月 4 ~ 5 日)

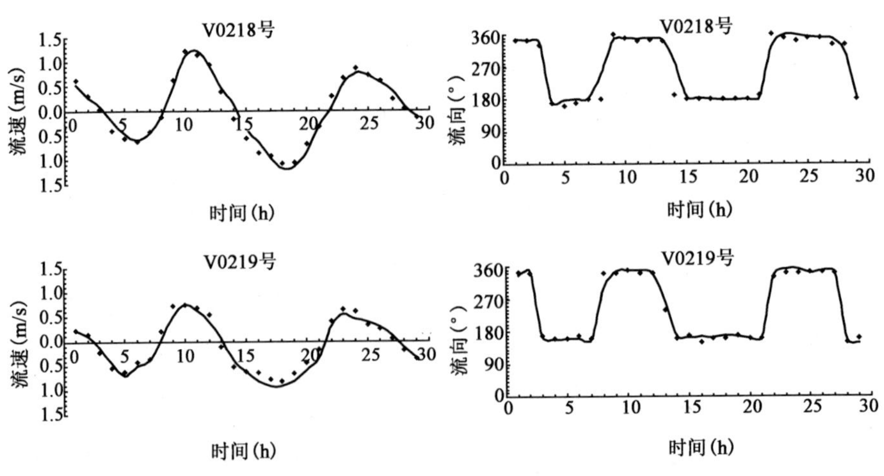

图 3-3-8　模型与原型流速和流向过程线比较(2002 年 12 月 4 ~ 5 日)

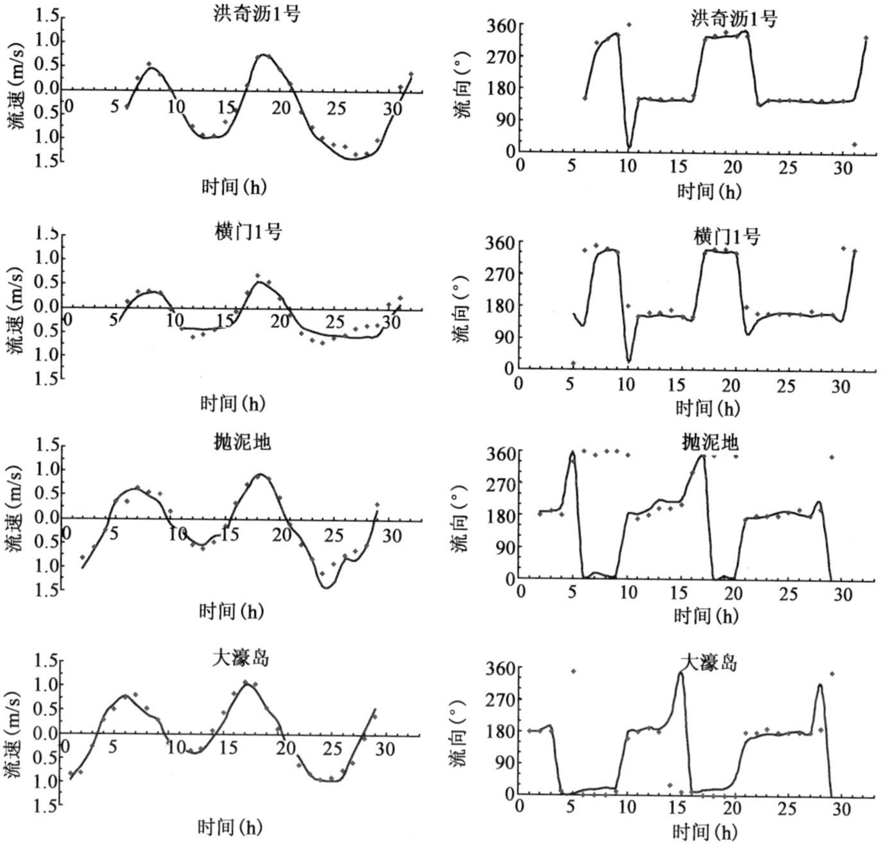

洪奇沥1号

流速(m/s)　时间(h)

洪奇沥1号

流向(°)　时间(h)

横门1号

流速(m/s)　时间(h)

横门1号

流向(°)　时间(h)

抛泥地

流速(m/s)　时间(h)

抛泥地

流向(°)　时间(h)

大濠岛

流速(m/s)　时间(h)

大濠岛

流向(°)　时间(h)

图 3-3-9　模型与原型流速和流向过程线比较(2007 年 8 月 13～14 日)

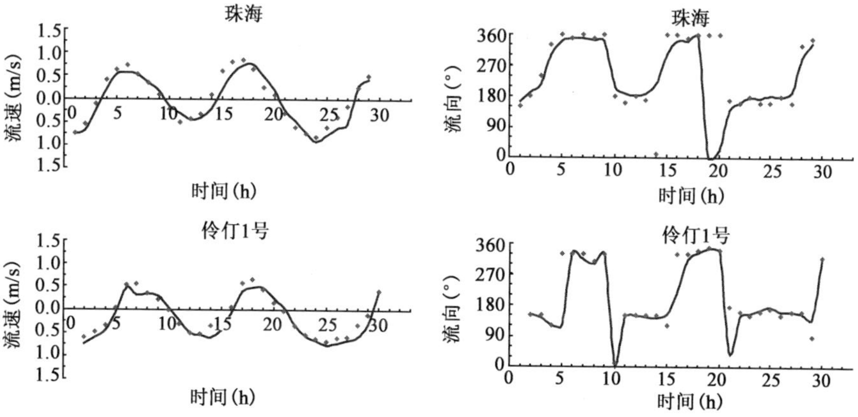

珠海

流速(m/s)　时间(h)

珠海

流向(°)　时间(h)

伶仃1号

流速(m/s)　时间(h)

伶仃1号

流向(°)　时间(h)

图　3-3-10

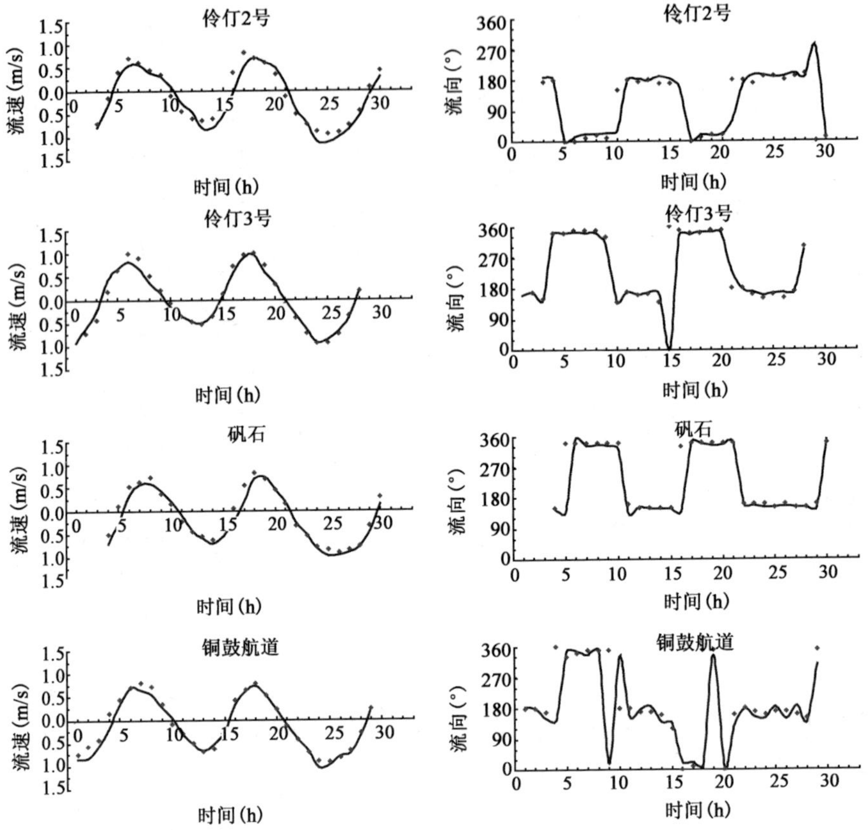

伶仃2号

伶仃3号

矾石

铜鼓航道

图 3-3-10　模型与原型流速和流向过程线比较(2007 年 8 月 13～14 日)

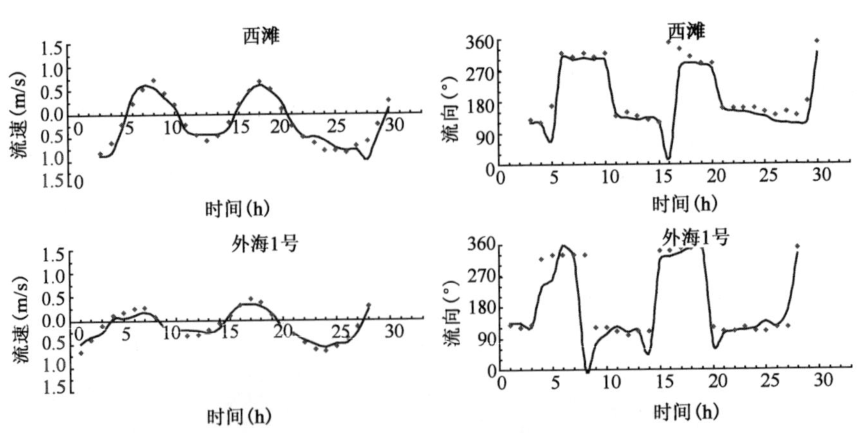

图 3-3-11　模型与原型流速和流向过程线比较(2007 年 8 月 13～14 日)

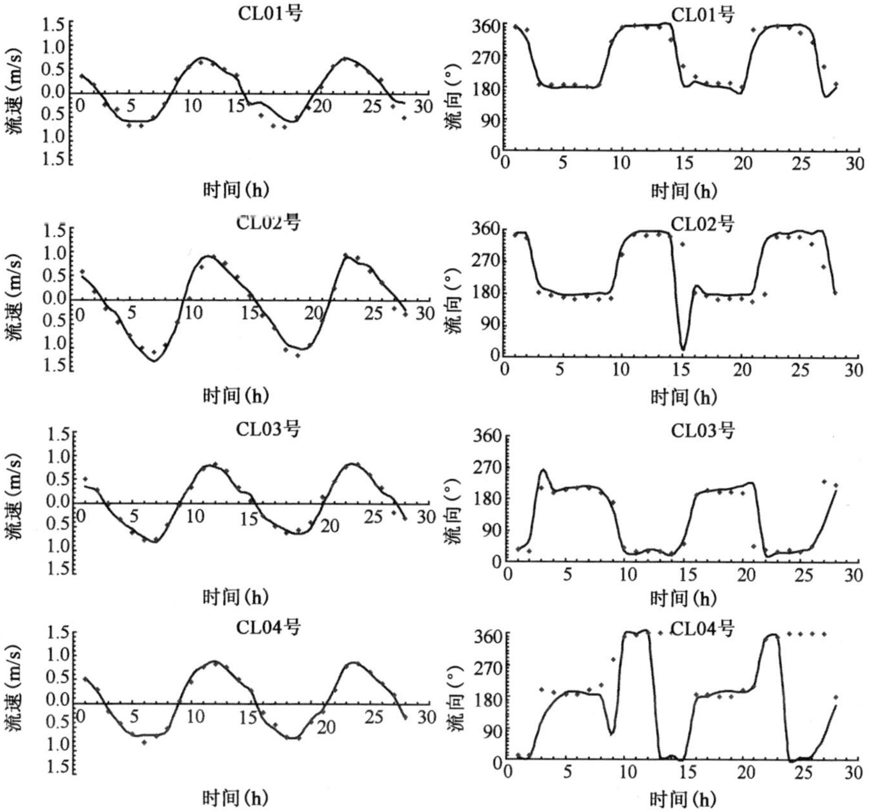

图 3-3-12　模型与原型流速和流向过程线比较(2009 年 3 月 27 ~ 28 日)

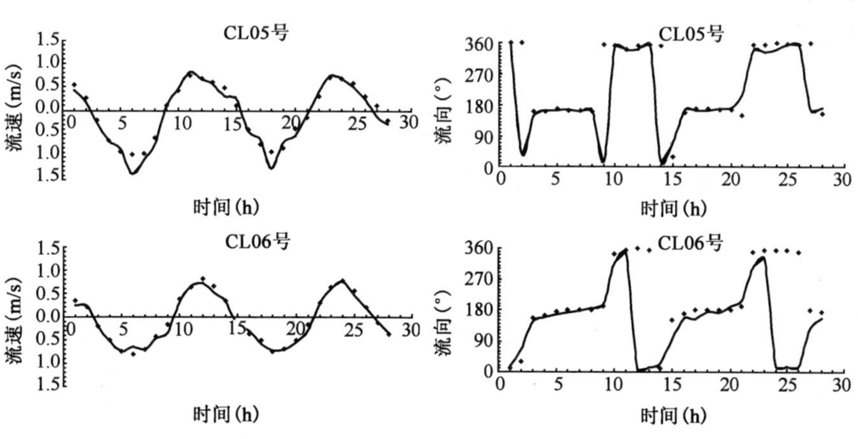

图　3-3-13

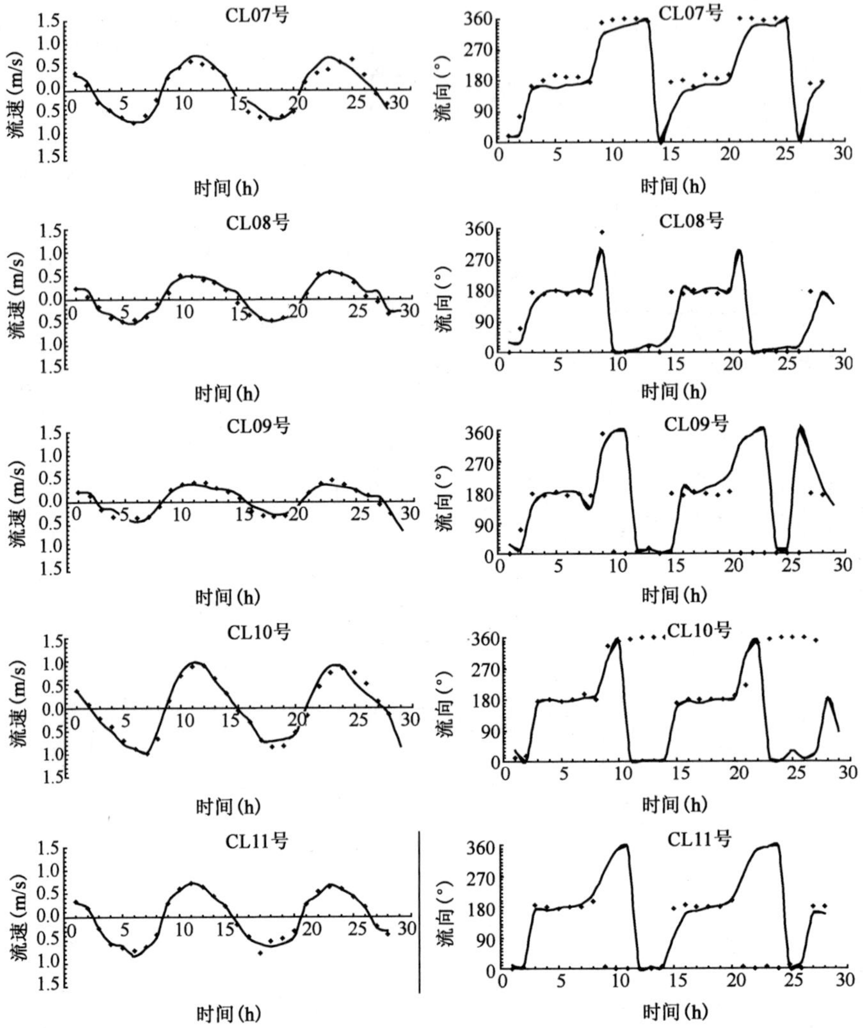

图 3-3-13　模型与原型流速和流向过程线比较(2009 年 3 月 27 ~ 28 日)

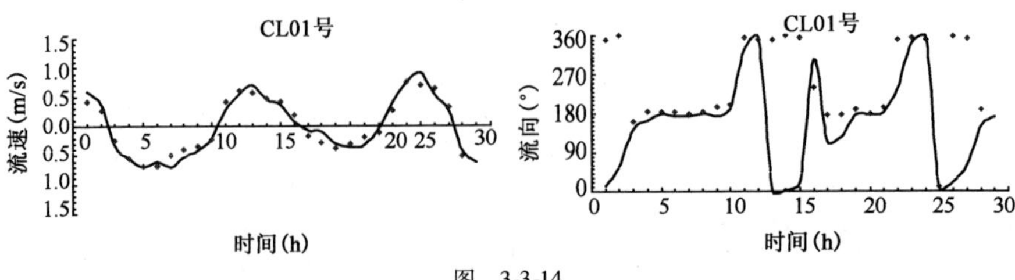

图　3-3-14

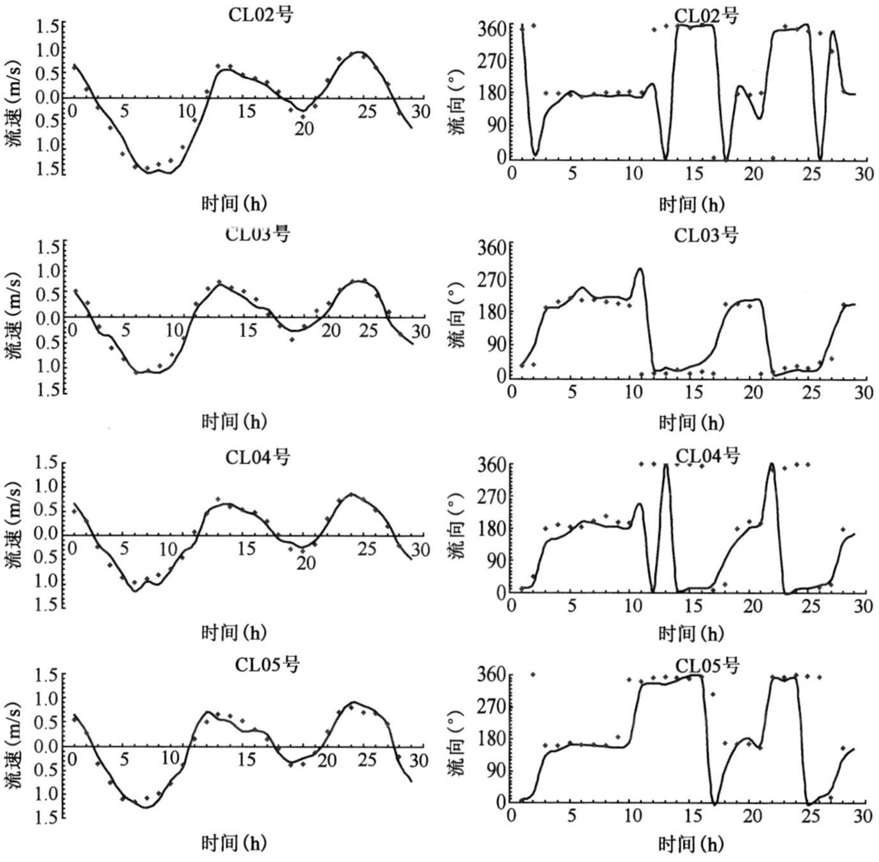

图 3-3-14　模型与原型流速和流向过程线比较(2009 年 6 月 22 ~ 23 日)

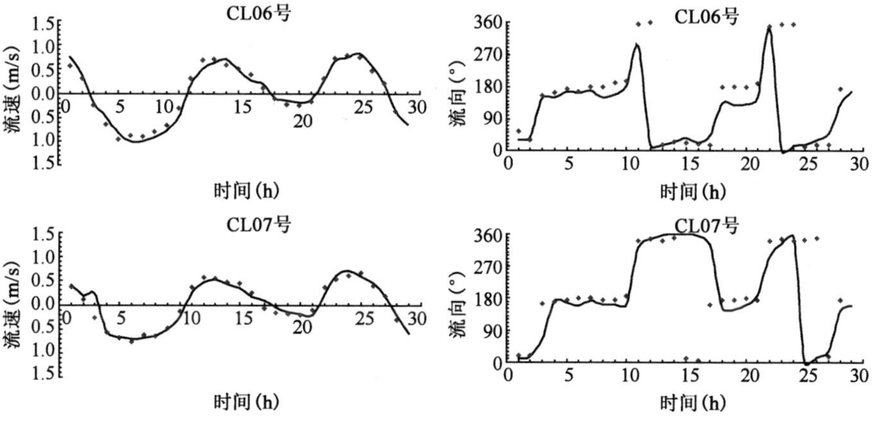

图　3-3-15

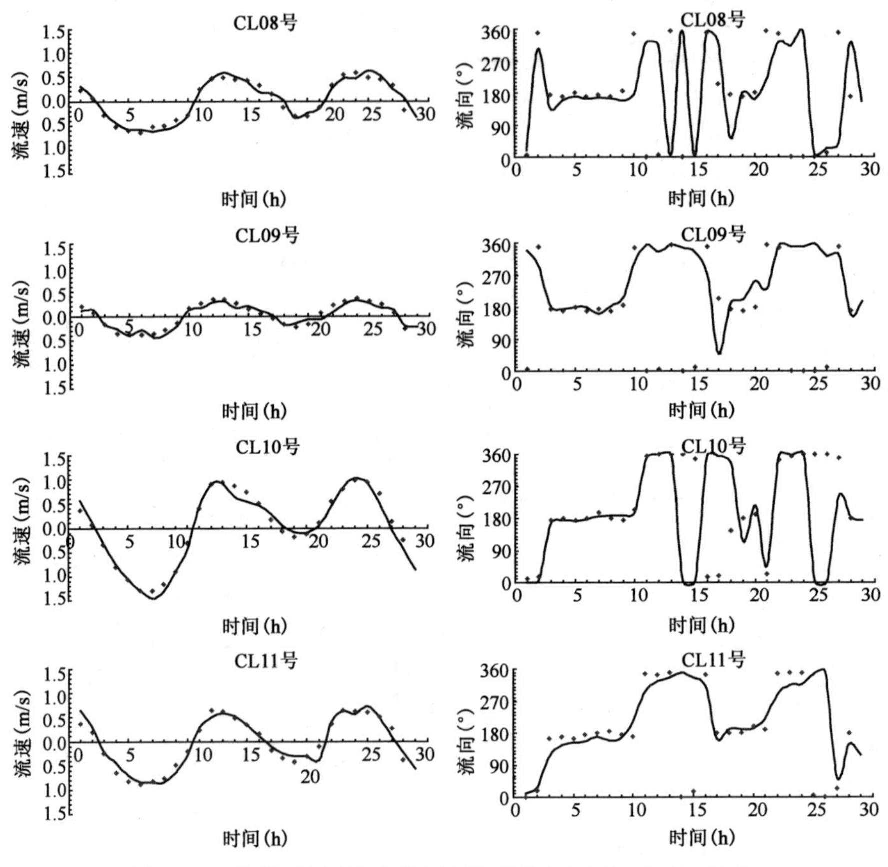

图 3-3-15　模型与原型流速和流向过程线比较(2009 年 6 月 22 ~ 23 日)

通过 4 种实测潮型的验证,无论是潮位,还是流速、流向,变化过程均与原型吻合良好,相位一致,高潮位和低潮位差值基本能控制在 0.10m 左右,流速差值小于 10%,流向差值小于 10°,满足了相似要求,验证是成功的。

3.3　潮流方案试验

3.3.1　试验潮型

为了较好地反映工程前后桥区及伶仃洋的流场变化,我们在验证的 4 种潮型中,选取了 2007 年 8 月 13 ~ 14 日(洪季)和 2009 年 3 月 27 ~ 28 日(枯季)两种代表潮型进行方案试验。

3.3.2 测点布置

为了对比方案实施前后,工程附近潮位变化,在桥区上、下游各6km范围内布置12个水位测点(G01号~G12号),加上三角岛、桂山岛、澳门机场、珠海九州、金星门、内伶仃岛、香港机场、赤湾、南沙港区、深圳机场、虎门11个水位测点,共计23个水位点,具体位置如图3-3-16所示。

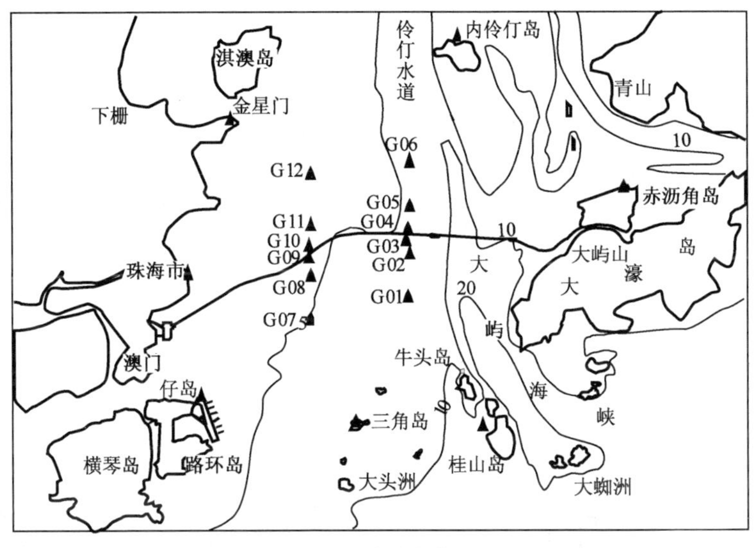

图3-3-16 水位点布置图

本模型测流点共布置62个,其中,沿伶仃航道布置7个测点,暗士顿水道布置5个测点,沿铜鼓航道布置3个测点,桥区上、下游布置47个测点(见图3-3-17)。

3.3.3 流场变化

本模型采用VDMS流场实时测量系统,对工程前、后流场进行了测量,获得涨、落急流场;同时采用照相机,对东、西人工岛局部区域进行了流场拍照,见图3-3-18~图3-3-21。

3.3.3.1 天然状态下流场变化

在天然状态下,涨潮水流自外海进入大濠岛至澳门的湾口后,在伶仃水道以西海域,涨潮水流平行向北,至各河口后分别汇入河道内。在伶仃水道以东海域,自然水流相对较乱,首先在大濠岛附近出现绕岛水流,并分成两股,一股沿伶仃航道向北流动,沿程水流形态基本与航道走向一致;另一股沿铜鼓海域向东北方向流动,至铜鼓岛(龙鼓洲)附近与暗士顿水道涨潮水流汇合后,一部分流向深圳湾,一部分沿矾石水道向湾顶流动。在伶仃洋两股主流中间(伶仃水道和矾石水道),即内伶仃岛附近,还会出现明显的绕岛水流,并形成较大范围的弱流区。

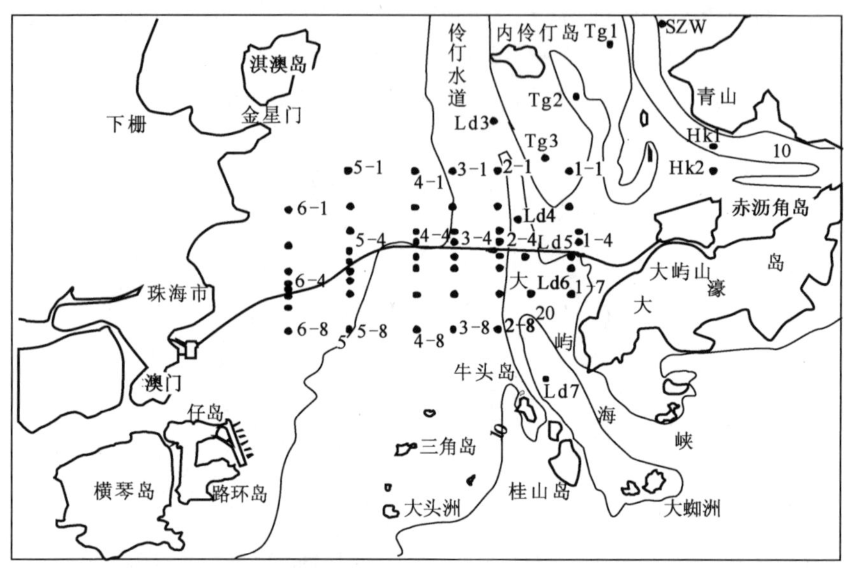

图 3-3-17　测流点布置图

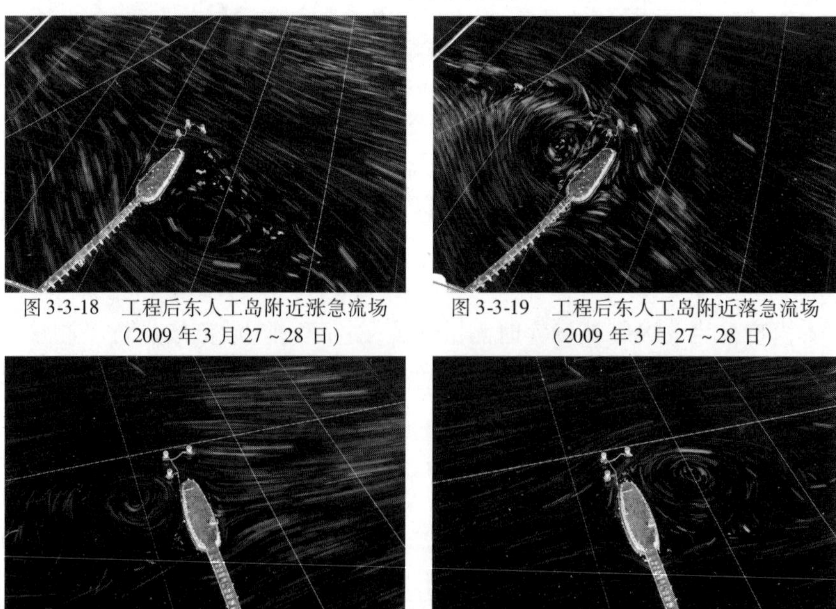

图 3-3-18　工程后东人工岛附近涨急流场（2009 年 3 月 27 ~ 28 日）

图 3-3-19　工程后东人工岛附近落急流场（2009 年 3 月 27 ~ 28 日）

图 3-3-20　工程后西人工岛附近涨急流场（2009 年 3 月 27 ~ 28 日）

图 3-3-21　工程后西人工岛附近落急流场（2009 年 3 月 27 ~ 28 日）

落潮时，各河道水流流出河口后，自北向南流动，流场也比较平顺，但在内伶仃岛附近，局部浅滩水流会汇入伶仃航道内，对伶仃航道水深维护不利。伶仃水道以东海域，落潮水流自北向南流动，至内伶仃岛附近，伶仃水道的水流向东南偏转，而矾石水道，一部分经暗士顿水道流入外海，另一部分向西南方向流动，并与伶仃水道的落潮水流汇合后流向外海。

3.3.3.2　实施工程后流场变化

(1)实施工程后，除桥区上、下游各4~5km的范围内流场有变化外，其余区域流场是不变的。

(2)受人工岛分流和汇流的影响，在人工岛南侧和北侧会出现回流区和较大范围的弱流区，最大影响范围，在西人工岛海域，东西影响长度约为2km，南北影响长度约为3km，在东人工岛海域，东西影响长度约为1.6km，南北影响长度约为2.3km。

(3)受两个人工岛绕岛水流的共同作用，两岛之间水流会同时出现向东偏转和向西偏转的变化，而且水流强度也会有所增大。

(4)通过模型观察，无论是110m桥跨还是75m桥跨，出现涡漩水流只在桥墩附近，影响范围也较小。而青州航道桥、江海直达航道桥和九州航道桥，因承台在海床上，承台和桥墩尺寸相对较大，会出现较大的绕墩水流和涡旋水流，而且对局部水流的影响也会增大。

3.3.4　潮位变化

(1)本模型选取3条横断面进行了横向水位测量，其中：上游断面选择在赤湾、内伶仃岛、金星门一线；中游断面选择在香港机场、G03号、G09号、九州港一线；下游断面选择在桂山岛、三角岛、澳门机场一线。从工程前后潮位过程线比较来看，无论工程前还是工程后，桥区附近(中断面一线)都会有横向比降出现，涨潮时是呈东低西高变化，两者平均潮位差值介于0.04~0.08m之间；落潮时是呈东高西低分布，两者平均潮位差值介于0.03~0.08m之间。造成该区横向水位变化的原因，主要是与铜鼓海域分流或汇流，以及大濠岛阻水和湾口断面明显缩窄而壅水的影响有关。

(2)通过内伶仃岛、G03号和三角岛潮位比较(如图3-3-22)，沿纵向会出现明显的相位差，最大相位差可达2小时左右。

(3)实施工程后，因桥墩阻水的影响，在桥区上、下游各3~4km范围内，平均潮位会有所改变，涨潮时，桥区下游平均抬高约0.02m，桥区上游平均降低不足0.01m；落潮时，桥区上游平均抬高约0.02m，桥区下游平均降低约0.01m。

特别是在桥区上下游 500m 区域,潮位变化更为明显,水位抬高值可达 0.04 ~ 0.06m。而在上述变化区以外,各点潮位可保持不变。

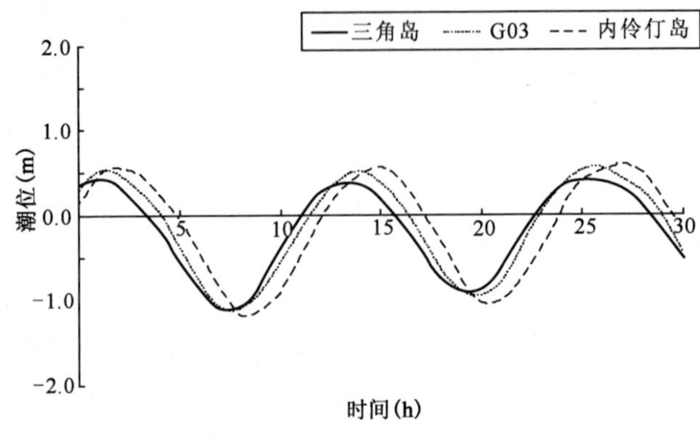

图 3-3-22　纵向水位变化过程比较

(4)在流速大、桥墩间距小的区域,潮位变化要大于流速小、桥墩间距大的区域。而实施工程后引起潮位变化,涨、落急时段更为明显。

3.3.5　流速及流向变化

为了进一步比较桥区附近流速变化,我们在桥区上、下游 12km 范围内,共布置 62 个测流点,经多次测量资料对比分析,获得结果如图 3-3-23、图 3-3-24 和表 3-3-3 ~ 表 3-3-9 所示。

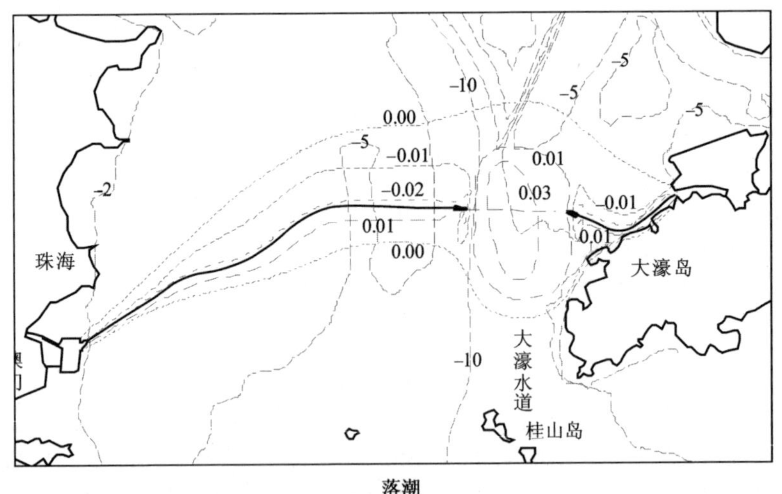

图　3-3-23

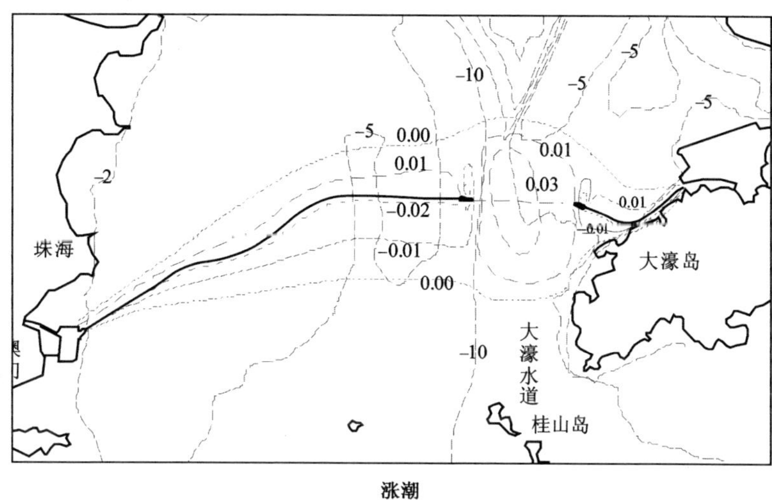

涨潮

图 3-3-23 工程后涨、落潮影响范围及流速变化等值线图

工程前后流速及流向对比结果(单位:流速 m/s,方向°) 表 3-3-3

测站	项目	2007 年 8 月 13 ~ 14 日						2009 年 3 月 27 ~ 28 日					
		天然		方案		变化量		天然		方案		变化量	
		流速	流向	流速	流向	流速	流向	流速	流向	流速	流向	流速	流向
Ld01 号	涨潮	0.32	344	0.32	342	0.0	-2	0.37	343	0.37	340	0.0	-3
	落潮	0.44	156	0.44	155	0.0	-1	0.49	155	0.49	153	0.0	-2
Ld02 号	涨潮	0.45	14	0.45	17	0.0	3	0.50	12	0.50	15	0.0	3
	落潮	0.57	178	0.57	180	0.0	2	0.62	180	0.62	180	0.0	0
Ld03 号	涨潮	0.54	341	0.54	343	0.0	2	0.50	349	0.50	343	0.0	-6
	落潮	0.50	161	0.50	161	0.0	0	0.57	168	0.57	163	0.0	-5
Ld04 号	涨潮	0.55	6	0.56	2	0.01	-4	0.56	359	0.56	2	0.01	3
	落潮	0.56	176	0.56	175	0.00	-1	0.59	181	0.58	176	-0.01	-5
Ld05 号	涨潮	0.58	360	0.61	2	0.03	2	0.55	4	0.57	4	0.02	0
	落潮	0.63	182	0.66	180	0.03	-2	0.54	181	0.57	180	0.03	-1
Ld06 号	涨潮	0.58	7	0.58	3	0.00	-4	0.56	9	0.55	5	-0.01	-4
	落潮	0.55	185	0.56	180	0.01	-5	0.56	181	0.57	180	0.01	-1
Ld07 号	涨潮	0.59	348	0.59	350	0.00	2	0.58	358	0.58	355	0.00	-3
	落潮	0.55	170	0.55	172	0.00	2	0.60	176	0.60	173	0.00	-3

续上表

测站	项目	2007年8月13~14日						2009年3月27~28日					
		天　然		方　案		变化量		天　然		方　案		变化量	
		流速	流向	流速	流向	流速	流向	流速	流向	流速	流向	流速	流向
Tg01号	涨潮	0.36	27	0.36	25	0.0	-2	0.32	17	0.32	21	0.0	4
	落潮	0.44	184	0.44	187	0.0	3	0.35	184	0.35	184	0.0	0
Tg02号	涨潮	0.49	5	0.49	7	0.0	2	0.42	2	0.42	2	0.0	0
	落潮	0.48	155	0.48	155	0.0	0	0.40	140	0.40	140	0.0	0
Tg03号	涨潮	0.51	7	0.51	10	0.0	3	0.47	3	0.47	5	0.0	2
	落潮	0.50	158	0.50	159	0.0	1	0.49	144	0.49	144	0.0	0
DC	涨潮	0.60	347	0.60	347	0.0	0	0.64	351	0.64	349	0.0	-2
	落潮	0.65	165	0.65	162	0.0	-3	0.67	158	0.67	160	0.0	2
CW	涨潮	0.52	348	0.52	351	0.0	3	0.63	344	0.63	348	0.0	4
	落潮	0.49	164	0.49	161	0.0	-3	0.59	164	0.59	164	0.0	0
SZW	涨潮	0.31	32	0.31	33	0.0	1	0.40	35	0.40	35	0.0	0
	落潮	0.27	181	0.27	181	0.0	0	0.32	186	0.32	186	0.0	0
HK1号	涨潮	0.46	312	0.46	306	0.0	-6	0.64	299	0.64	304	0.0	5
	落潮	0.44	127	0.44	130	0.0	3	0.55	135	0.55	132	0.0	-3
HK2号	涨潮	0.29	299	0.29	299	0.0	0	0.31	296	0.31	296	0.0	0
	落潮	0.32	87	0.32	92	0.0	5	0.42	88	0.42	90	0.0	2

工程前后流速及流向对比结果(1号纵断面)(单位:流速 m/s,方向°)　　表3-3-4

测站	项目	2007年8月13~14日						2009年3月27~28日					
		天　然		方　案		变化量		天　然		方　案		变化量	
		流速	流向	流速	流向	流速	流向	流速	流向	流速	流向	流速	流向
1-1号	涨潮	0.46	18	0.46	22	0.00	4	0.4	17	0.4	22	0.00	5
	落潮	0.39	198	0.39	198	0.00	0	0.42	190	0.42	195	0.00	5
1-2号	涨潮	0.56	13	0.56	20	0.00	7	0.45	11	0.45	20	0.00	9
	落潮	0.49	190	0.5	195	0.01	5	0.48	191	0.48	195	0.00	4
1-3号	涨潮	0.58	28	0.58	36	0.00	8	0.63	23	0.63	34	0.00	11
	落潮	0.54	198	0.55	205	0.01	7	0.50	198	0.51	205	0.01	7
1-4号	涨潮	0.57	29	0.58	37	0.01	8	0.53	29	0.54	38	0.01	9
	落潮	0.52	202	0.55	215	0.03	13	0.55	206	0.58	215	0.03	9

续上表

测站	项目	2007年8月13~14日						2009年3月27~28日					
		天然		方案		变化量		天然		方案		变化量	
		流速	流向	流速	流向	流速	流向	流速	流向	流速	流向	流速	流向
1-5号	涨潮	0.55	30	0.57	20	0.02	-10	0.60	27	0.63	20	0.03	-7
	落潮	0.44	210	0.45	195	0.01	-15	0.53	207	0.54	193	0.01	-14
1-6号	涨潮	0.59	31	0.6	20	0.01	-11	0.61	31	0.62	20	0.01	-11
	落潮	0.49	209	0.49	201	0.00	-8	0.52	207	0.52	200	0.00	-7
1-7号	涨潮	0.53	31	0.54	22	0.01	-9	0.65	25	0.65	22	0.00	-3
	落潮	0.6	212	0.6	205	0.00	-7	0.62	210	0.62	204	0.00	-6

工程前后流速及流向对比结果(2号纵断面) 表3-3-5

测站	项目	2007年8月13~14日						2009年3月27~28日					
		天然		方案		变化量		天然		方案		变化量	
		流速	流向	流速	流向	流速	流向	流速	流向	流速	流向	流速	流向
2-1号	涨潮	0.54	355	0.54	358	0.00	3	0.51	0	0.51	358	0.00	-2
	落潮	0.50	161	0.50	165	0.00	4	0.54	164	0.54	165	0.00	1
2-2号	涨潮	0.58	359	0.58	358	0.00	-1	0.54	0	0.54	0	0.00	0
	落潮	0.45	173	0.45	170	0.00	-3	0.59	173	0.6	170	0.01	-3
2-3号	涨潮	0.51	2	0.51	1	0.00	-1	0.53	1	0.52	0	-0.01	-1
	落潮	0.49	170	0.51	165	0.02	-5	0.52	175	0.54	165	0.02	-10
2-4号	涨潮	0.55	4	0.54	358	-0.01	-6	0.53	7	0.52	0	-0.01	-7
	落潮	0.50	174	0.52	160	0.02	-14	0.59	180	0.61	162	0.02	-18
2-5号	涨潮	0.58	359	0.61	13	0.03	14	0.54	0	0.57	15	0.03	15
	落潮	0.64	176	0.62	186	-0.02	10	0.60	177	0.58	186	-0.02	9
2-6号	涨潮	0.55	1	0.57	10	0.02	9	0.55	4	0.56	11	0.01	7
	落潮	0.57	177	0.57	180	0.00	3	0.59	176	0.58	180	-0.01	4
2-7号	涨潮	0.53	358	0.54	360	0.01	2	0.57	359	0.58	360	0.01	1
	落潮	0.50	176	0.50	180	0.00	4	0.53	174	0.53	180	0.00	6
2-8号	涨潮	0.53	1	0.53	360	0.00	-1	0.55	2	0.55	0	0.00	-2
	落潮	0.47	176	0.47	178	0.00	2	0.54	178	0.54	179	0.00	1

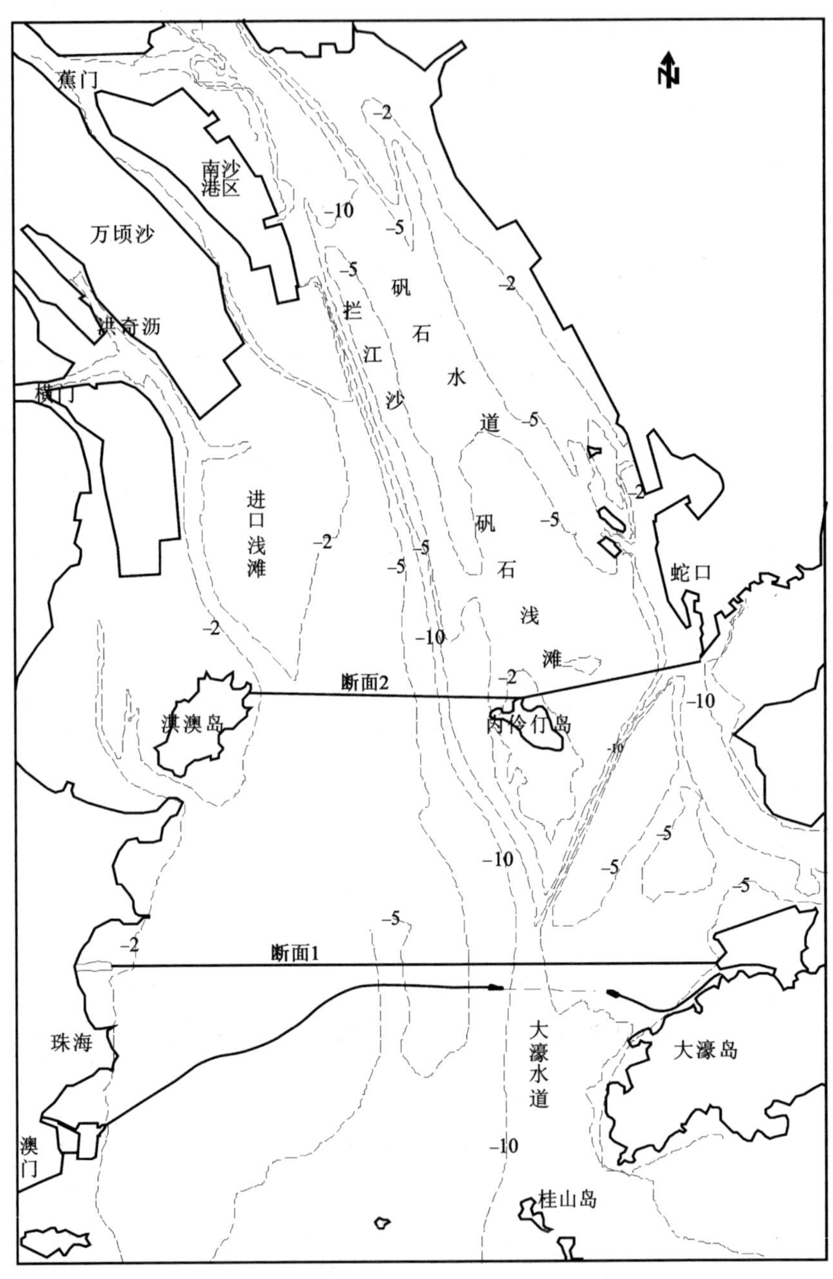

图 3-3-24　潮流量计算断面

工程前后流速及流向对比结果(3 号纵断面)(单位:流速 m/s,方向°) 表 3-3-6

测站	项目	2007 年 8 月 13 ~ 14 日						2009 年 3 月 27 ~ 28 日					
		天然		方案		变化量		天然		方案		变化量	
		流速	流向	流速	流向	流速	流向	流速	流向	流速	流向	流速	流向
3-1 号	涨潮	0.45	3	0.45	3	0.00	0	0.48	355	0.48	358	0.00	3
	落潮	0.44	168	0.44	160	0.00	-8	0.46	170	0.46	162	0.00	-8
3-2 号	涨潮	0.47	356	0.47	350	0.00	-6	0.52	359	0.52	352	0.00	-7
	落潮	0.46	176	0.45	165	-0.01	-11	0.53	176	0.52	166	-0.01	-10
3-3 号	涨潮	0.50	356	0.50	348	0.00	-8	0.53	0	0.53	350	0.00	-10
	落潮	0.48	173	0.46	175	-0.02	2	0.52	175	0.51	175	-0.01	0
3-4 号	涨潮	0.49	2	0.50	0	0.01	-2	0.57	1	0.58	0	0.01	-1
	落潮	0.47	169	0.45	178	-0.02	9	0.57	173	0.55	176	-0.02	3
3-5 号	涨潮	0.45	359	0.44	360	-0.01	1	0.47	2	0.46	1	-0.01	-1
	落潮	0.46	171	0.48	175	0.02	4	0.49	170	0.5	172	0.01	2
3-6 号	涨潮	0.42	0	0.41	5	-0.01	5	0.48	2	0.47	3	-0.01	1
	落潮	0.43	172	0.43	175	0.00	3	0.48	174	0.48	175	0.00	1
3-7 号	涨潮	0.44	357	0.43	6	-0.01	13	0.50	8	0.5	10	0.00	2
	落潮	0.41	172	0.41	180	0.00	8	0.48	170	0.48	178	0.00	8
3-8 号	涨潮	0.47	356	0.47	6	0.00	10	0.51	1	0.51	5	0.00	4
	落潮	0.41	168	0.41	180	0.00	12	0.47	175	0.47	180	0.00	5

工程前后流速及流向对比结果(4 号纵断面) 表 3-3-7

测站	项目	2007 年 8 月 13 ~ 14 日						2009 年 3 月 27 ~ 28 日					
		天然		方案		变化量		天然		方案		变化量	
		流速	流向	流速	流向	流速	流向	流速	流向	流速	流向	流速	流向
4-1 号	涨潮	0.49	0	0.49	0	0.00	0	0.56	2	0.56	0	0.00	-2
	落潮	0.45	179	0.45	180	0.00	1	0.49	175	0.49	178	0.00	3
4-2 号	涨潮	0.47	2	0.47	0	0.00	-2	0.49	358	0.49	1	0.00	3
	落潮	0.45	178	0.45	180	0.00	2	0.5	178	0.5	179	0.00	1
4-3 号	涨潮	0.47	357	0.47	0	0.00	3	0.53	359	0.53	2	0.00	3
	落潮	0.45	168	0.45	180	0.00	12	0.49	176	0.48	180	-0.01	4
4-4 号	涨潮	0.49	1	0.49	0	0.00	-1	0.52	359	0.53	0	0.01	1
	落潮	0.44	178	0.43	180	-0.01	2	0.49	176	0.48	179	-0.01	3

续上表

测站	项目	2007年8月13~14日						2009年3月27~28日					
		天然		方案		变化量		天然		方案		变化量	
		流速	流向	流速	流向	流速	流向	流速	流向	流速	流向	流速	流向
4-5号	涨潮	0.48	5	0.47	2	-0.01	-3	0.5	359	0.49	1	-0.01	2
	落潮	0.43	176	0.44	180	0.01	4	0.45	176	0.46	180	0.01	4
4-6号	涨潮	0.43	1	0.43	1	0.00	0	0.52	358	0.51	0	-0.01	2
	落潮	0.45	178	0.45	181	0.00	3	0.46	175	0.46	179	0.00	4
4-7号	涨潮	0.46	1	0.46	2	0.00	13	0.48	359	0.48	0	0.00	1
	落潮	0.43	172	0.43	180	0.00	8	0.46	176	0.46	180	0.00	4
4-8号	涨潮	0.45	354	0.45	0	0.00	6	0.48	355	0.48	358	0.00	3
	落潮	0.44	177	0.44	180	0.00	3	0.48	173	0.48	178	0.00	5

工程前后流速及流向对比结果(5号纵断面)(单位:流速m/s,方向°)　表3-3-8

测站	项目	2007年8月13~14日						2009年3月27~28日					
		天然		方案		变化量		天然		方案		变化量	
		流速	流向	流速	流向	流速	流向	流速	流向	流速	流向	流速	流向
5-1号	涨潮	0.54	359	0.54	3	0.00	4	0.48	1	0.48	3	0.00	2
	落潮	0.48	185	0.48	185	0.00	0	0.43	180	0.43	185	0.00	5
5-2号	涨潮	0.5	4	0.5	10	0.00	6	0.51	2	0.51	9	0.00	7
	落潮	0.42	173	0.41	182	-0.01	9	0.46	179	0.45	182	-0.01	3
5-3号	涨潮	0.45	359	0.46	351	0.01	-8	0.46	1	0.46	350	0.00	-11
	落潮	0.41	177	0.39	185	-0.02	8	0.43	175	0.41	185	-0.02	10
5-4号	涨潮	0.42	357	0.42	345	0.00	-12	0.44	1	0.45	347	0.01	-14
	落潮	0.44	177	0.42	180	-0.02	3	0.41	179	0.39	180	-0.02	1
5-5号	涨潮	0.42	3	0.40	8	-0.02	5	0.43	1	0.41	8	-0.02	7
	落潮	0.38	176	0.37	162	-0.01	-14	0.43	179	0.42	164	-0.01	-15
5-6号	涨潮	0.45	360	0.43	6	-0.02	6	0.43	1	0.41	6	-0.02	5
	落潮	0.37	177	0.37	180	0.00	3	0.4	178	0.4	180	0.00	2
5-7号	涨潮	0.44	355	0.43	4	-0.01	9	0.42	2	0.41	5	-0.01	1
	落潮	0.38	180	0.38	180	0.00	0	0.43	173	0.43	180	0.00	7
5-8号	涨潮	0.43	352	0.43	359	0.00	7	0.48	356	0.48	359	0.00	3
	落潮	0.47	178	0.47	181	0.00	3	0.41	179	0.41	180	0.00	1

工程前后流速及流向对比结果(6号纵断面)　　表3-3-9

测站	项目	2007年8月13~14日						2009年3月27~28日					
		天然		方案		变化量		天然		方案		变化量	
		流速	流向	流速	流向	流速	流向	流速	流向	流速	流向	流速	流向
6-1号	涨潮	0.33	4	0.33	4	0.00	4	0.36	358	0.36	3	0.00	6
	落潮	0.31	188	0.31	184	0.00	-4	0.35	182	0.35	184	0.00	2
6-2号	涨潮	0.41	0	0.41	2	0.00	2	0.41	355	0.41	2	0.00	7
	落潮	0.35	177	0.35	180	0.00	3	0.37	180	0.37	180	0.00	0
6-3号	涨潮	0.44	3	0.44	356	0.00	-7	0.41	0	0.42	357	0.01	-3
	落潮	0.35	180	0.34	180	-0.01	0	0.38	178	0.37	180	-0.01	2
6-4号	涨潮	0.41	0	0.42	354	0.01	-6	0.42	0	0.42	355	0.00	-5
	落潮	0.35	180	0.34	180	-0.01	0	0.39	178	0.38	180	-0.01	2
6-5号	涨潮	0.45	0	0.45	356	0.00	-4	0.42	359	0.43	356	0.01	-3
	落潮	0.37	179	0.36	168	-0.01	-11	0.41	177	0.40	169	-0.01	-8
6-6号	涨潮	0.43	0	0.42	354	-0.01	-6	0.44	0	0.43	353	-0.01	-7
	落潮	0.35	179	0.36	170	0.01	-9	0.41	177	0.42	170	0.01	-7
6-7号	涨潮	0.38	356	0.37	356	-0.01	0	0.47	360	0.46	356	-0.01	-4
	落潮	0.36	175	0.36	175	0.00	0	0.44	174	0.44	175	0.00	1
6-8号	涨潮	0.43	358	0.43	358	0.00	0	0.41	354	0.41	355	0.00	1
	落潮	0.37	175	0.37	178	0.00	3	0.37	174	0.37	176	0.00	2

工程后，桥区附近流速、流向变化具有以下特点：

(1)在桥区附近，因受人工岛和桥墩的影响，流速和流向均会发生变化，影响范围和变化幅度，人工岛区域大于桥墩区域，深水区大于浅水区，西人工岛大于东人工岛。

(2)在东、西人工岛之间的深槽内，位于隧道上、下游约7km区域，涨、落潮流速呈增加趋势，平均增加值介于0.01~0.03m/s之间，最大增加值为0.08m/s左右，即工程后该区最大流速可达1.50m/s以上。工程后流向变化主要集中在隧道上、下游各0.5km区域内，涨潮时，东人工岛下游向西偏转、上游向东偏转，西人工岛下游向东偏转、上游向西偏转，平均偏转角度，东人工岛介于7°~10°，西人工岛介于6°~15°；落潮时，东人工岛上游向西偏转、下游向东偏转，西人工岛上游向东偏转、下游向西偏转，平均偏转角度，东人工岛介于9°~15°，西人工岛介于9°~18°。而距隧道轴线2km以外深槽内或沿伶仃航道轴线上，各点涨、落潮流向可保持不变。

(3)在西滩桥区上、下游宽度为0.5 ~3.5km范围内,涨潮时,桥区下游流速呈减小趋势,上游流速呈增加趋势,落潮时,桥区上游流速呈减小趋势,下游流速呈增加趋势,但平均增减值介于0.01 ~0.02m/s之间,最大增减值为0.03m/s左右。而流向有变化的区域,主要集中在桥墩上、下游0.9km范围内,其他区域流向基本可保持不变。

(4)在香港水域,由于受大濠岛自然岸线和赤沥角机场围岛岸线的阻水和绕岛水流影响,天然流速较小,工程后对水流的影响也很小,平均流速增减值不足0.01m/s。

(5)从桥墩布置来看,110m桥跨位于流速较大、水深较深的区域,75m桥跨位于流速较小、水深较浅的区域,但这两种桥跨因受不同水深和不同水流的作用,工程后流速增减值并没有明显的差别。

(6)在工程区以外,无论是伶仃航道、铜鼓航道、暗士顿水道,还是南沙港区、深圳港西部港区,工程后流速和流向均呈不变趋势,因此,港珠澳大桥的建设基本不会对伶仃洋已有港口、航道造成影响。

(7)港珠澳大桥建成后,对水流动力的影响是局部的,变化量值也很小,基本不会对滩槽形态造成影响,伶仃洋仍可维持现状的滩槽格局。

3.3.6 潮量变化

为了对比工程实施后对伶仃洋纳潮量的影响,在桥区上游1km和淇澳岛~内伶仃岛~赤湾布置两条断面,如图3-3-24,对比潮型选取2009年枯季大潮。

在天然状态下,通过1号断面进的潮量约为43亿m^3,通过2号断面进的潮量约为28亿m^3。方案实施后,通过1号断面的潮量约为42亿m^3,减小幅度约为2.3%;通过2号断面的潮量,约为28亿m^3,工程前、后基本无变化。由此说明,工程实施后对潮流和潮量的影响仅限于桥区附近,对内伶仃岛以上水域没有影响。

3.4 动床泥沙试验

3.4.1 试验条件

(1)试验控制潮型选取2009年3月和6月洪、枯季大、小潮潮型进行组合,上游径流的施放按照季度来划分,半年施放枯季径流,半年施放洪季径流。其

中：虎门、蕉门、洪奇沥、横门洪季径流量分别为1466m^3/s、1372m^3/s、507m^3/s、890m^3/s，枯季径流量分别为367m^3/s、343m^3/s、127m^3/s、223m^3/s。

（2）桥区附近海域2009年实测枯季涨、落潮平均含沙量为0.04～0.06kg/m^3，最大值介于0.06～0.07kg/m^3之间；洪季涨、落潮平均含沙量为0.05～0.07kg/m^3，最大值介于0.30～0.74kg/m^3之间；并结合2007年大范围含沙量实测资料，确定年平均含沙量，落潮时南沙港区附近为0.20kg/m^3、西滩为0.28kg/m^3，涨潮时桂山岛附近为0.10kg/m^3、西滩为0.20kg/m^3。含沙量测点分别在西滩布设两个，伶仃航道布设两个，香港机场一个。投沙控制分别在上游布置三条断面进行落潮含沙量施放，在桂山岛～澳门机场和香港机场各布设一条断面进行涨潮含沙量的控制施放，含沙量测点及加沙管道布置如图3-3-25所示。

（3）采用褐煤作为模型沙，选取悬沙中值粒径为0.045mm，底沙中值粒径为0.400mm，经预备试验结果比较，该模型沙基本可满足泥沙沉降和起动相似的要求。

（4）动床布置如图3-3-26所示，南边界距桥轴线4km，北边界距桥轴线6km，东边界以大濠岛～香港机场为界，西边界以珠澳口岸为界。

（5）动床制作采用桩点和模板相结合方法进行，在地形变化较为复杂的航道、深槽水域采用模板法，模板在动床制作完毕后取出。

（6）模型地形采用地形仪与称重法相结合的手段进行测取，其中动床区采用地形仪测量，动床区以外采用称重法进行取样、烘干、称重，采样点在西滩、伶仃航道、铜鼓航道和铜鼓浅滩区共布置138个。地形仪测量，在桥区上、下游各2.8km宽度范围内，由珠澳人工岛至大濠岛之间共布置45条测量断面，其中1号～38号断面间距为900m，断面方向基本与桥轴线垂直，B1～B7则主要覆盖人工岛区域，测取范围及测量断面布置如图3-3-26所示。

3.4.2　验证试验

3.4.2.1　地形验证依据

（1）伶仃航道沿程淤强变化是呈北段大、南段小的分布特点（见图3-3-27），航道平均淤强基本上不随航道长度和深度的变化而明显改变，而且不同阶段航道浚深工程后，航道淤积并不严重，平均淤强一直维持在42.0～46.0cm/a之间，北段最大淤强也仅为100.0cm/a左右。

（2）铜鼓航道开挖后沿程淤强变化是呈两头小、中部大的分布特征（见图3-3-28），平均淤强介于53.0～57.0cm/a之间，但中部局部最大淤强约为100.0cm/a左右；铜鼓浅滩呈逐渐淤积南扩趋势，平均淤积速率为2.4cm/a。

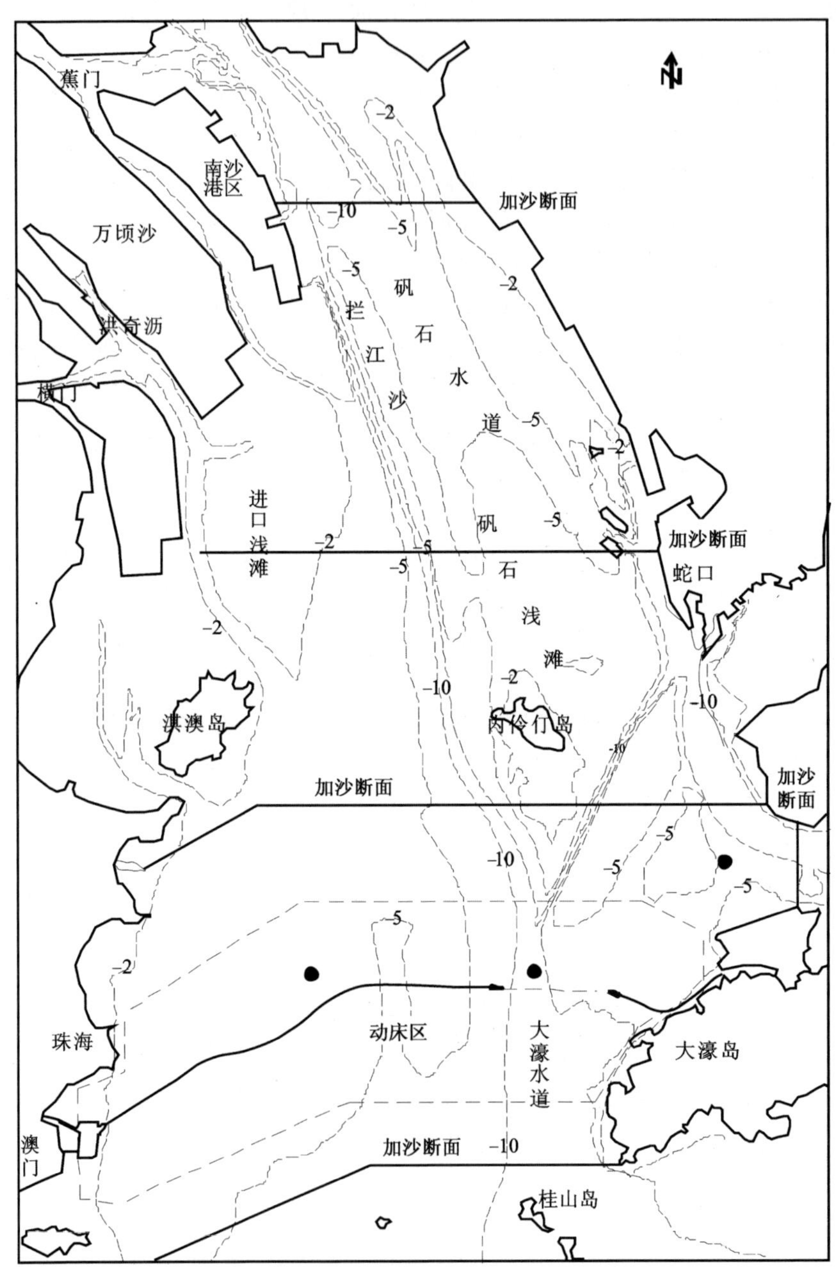

图 3-3-25　模型加沙控制及含沙量测点布置图

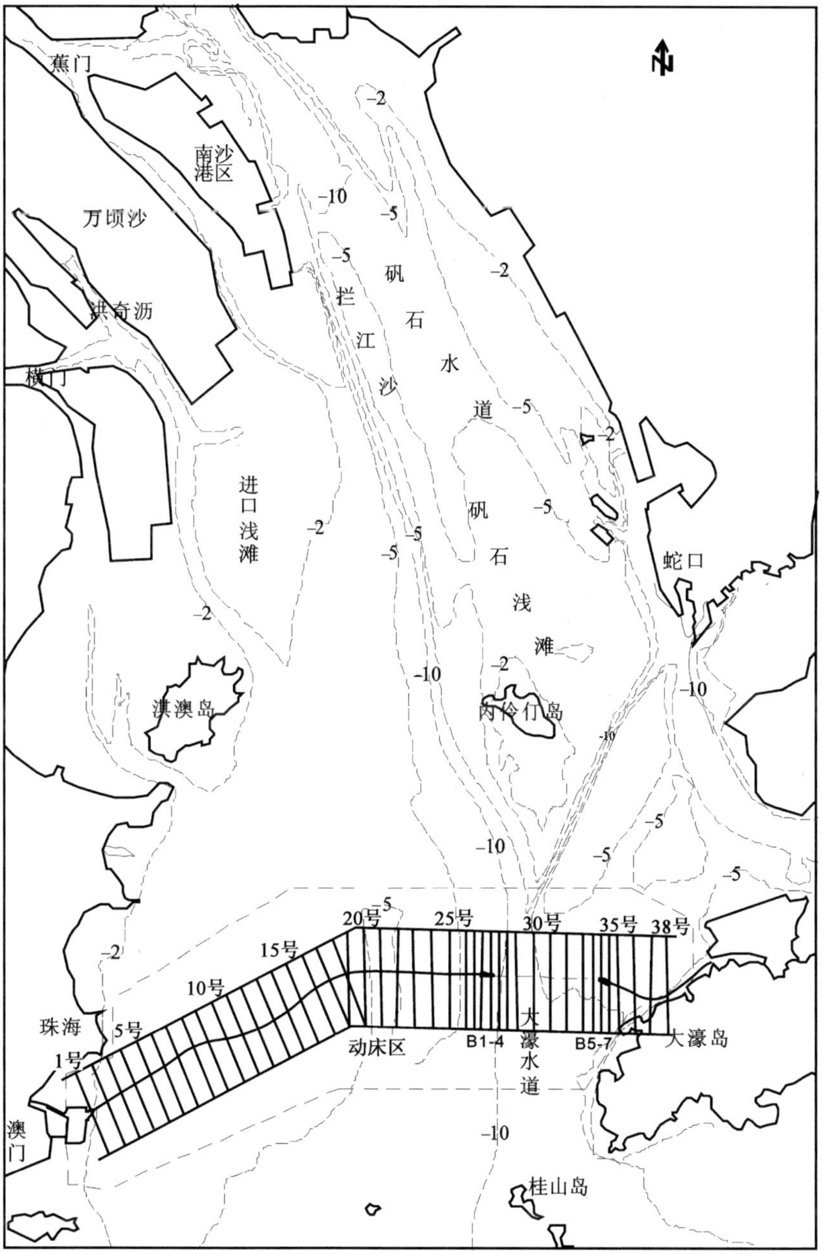

图 3-3-26　地形仪测量范围及断面布置

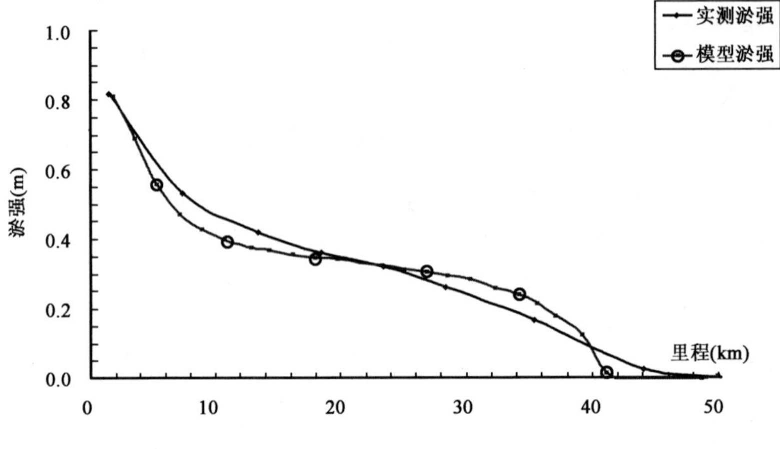

图 3-3-27　伶仃航道沿程冲淤验证情况

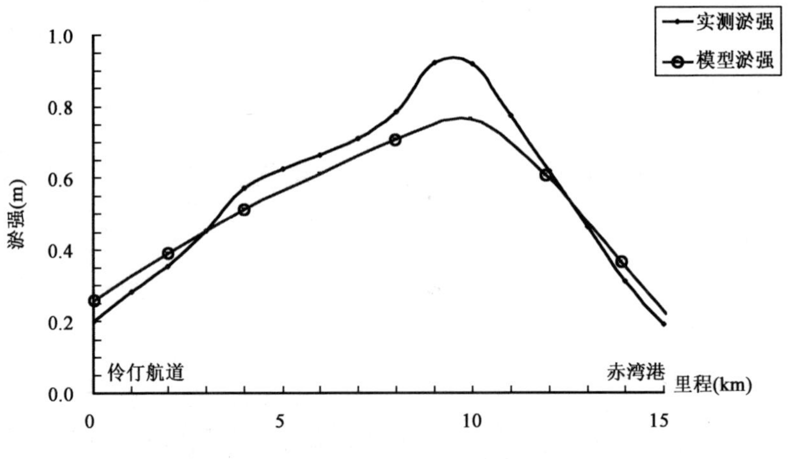

图 3-3-28　铜鼓航道沿程冲淤验证情况

(3)利用2004年和2008年桥区大比例尺水深测图,对大桥轴线处水深进行了比较,其结果为:-2～-10m等深线之间主要呈淤积状态,年均淤积速率介于0.6～6.4cm/a之间,平均值为3.3cm/a左右;珠澳人工岛附近基本处于冲淤平衡、略有淤积状态,年均淤积速率介于-2.3～3.8cm/a,平均值为0.8cm/a;在大濠水道深槽内,有冲有淤,基本呈冲淤平衡略有冲刷状态,平均冲刷强度为1.1cm/a。

3.4.2.2　验证试验对比结果

经过1年天然状态下动床泥沙验证试验(见图3-3-29),可得结果如下:

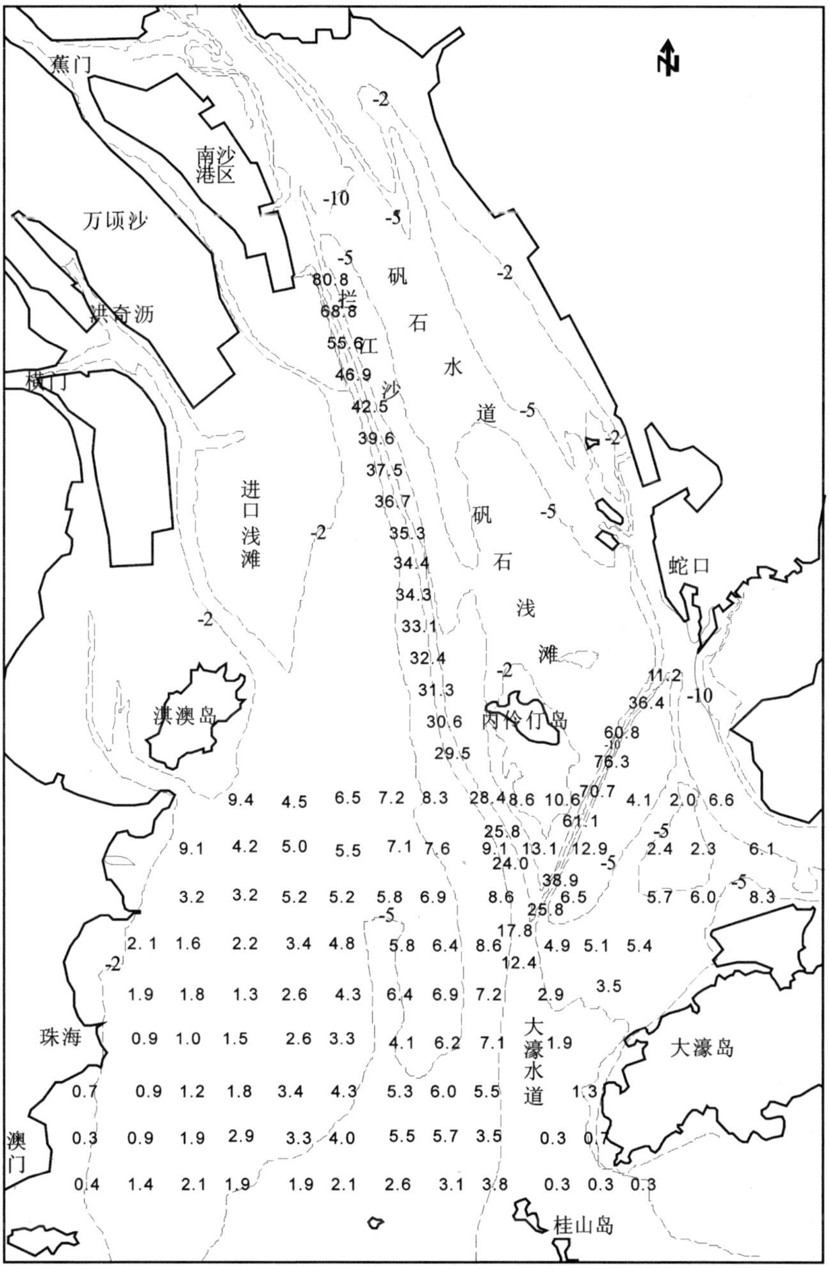

图 3-3-29　天然状态下 1 年后淤积地形变化(单位:cm)

(1)南沙港区至桥区附近的伶仃航道内为淤积状态(见图3-3-27),淤积分布是由南沙港区向桥区递减,模型淤积强度介于12.4~81.0cm/a之间,平均值为36.3cm/a,与原型平均值41.2cm/a相比,误差为11.9%。

(2)铜鼓航道淤积分布(见图3-3-28)是中部淤强最大、向两侧逐渐减小,模型淤积强度介于11.2~76.3cm/a之间,平均值为48.0cm/a,与原型平均值55.0cm/a相比,误差为13.1%。

(3)整个西滩海域均呈淤积状态,淤积强度自岸向伶仃航道是呈递增分布,从上游向下游是呈递减分布,模型淤积强度介于0.3~9.1cm/a,平均值为4.0cm/a,与原型平均值3.3cm/a相比,误差为21.2%。

(4)大濠水道主要表现是有冲有淤,基本呈冲淤平衡略有冲刷状态,冲淤速率介于-1.4~1.4cm/a,年平均冲刷强度为0.1cm/a,与原型平均值1.1cm/a相比,偏差要大些。

3.4.3 方案试验

3.4.3.1 试验内容

方案试验边界条件与验证试验边界条件相同。试验分为短周期和长周期试验来进行,其中短周期(一年)的重复试验主要是给出工程实施初期地形变化结果;长周期试验将按照年度来进行,每一年度结束对地形进行测量,统计累计地形变化速率,并结合人工岛和桥墩冲刷试验、数模冲淤计算结果和有关的工程实践,预报出平衡后的长周期地形,为长周期累计地形条件下的潮流变化及影响分析提供地形控制依据。

3.4.3.2 短周期(一年)试验结果分析

(1)港珠澳大桥工程实施后,基本没有改变滩槽淤积和地形分布规律,淤积分布仍表现为由岸边向伶仃航道、由外海向湾内呈递增的变化特征,且伶仃航道和铜鼓航道的淤积分布也与天然状态近似一致(见图3-3-30)。就量值比较,伶仃航道平均淤积强度为37.0cm/a,铜鼓航道平均淤积强度为48.2cm/a,与天然状态下的差异仅为2%左右,说明工程实施第一年对伶仃航道和铜鼓航道的淤积不会造成太大的影响。

(2)经比较,在内伶仃岛以南的西滩海域,桥区上、下游工程前平均淤积强度分别为4.5cm/a和3.5cm/a,工程后平均淤积强度分别为4.9cm/a和3.1cm/a。这种淤积的变化,在桥区上游工程后淤积强度比工程前是呈增大趋势,桥区下游工程后比工程前是呈减小趋势。出现这种变化的原因,主要是桥墩阻水造成西滩桥区上游落潮水流动力减小,同时,也削弱了泥沙下泄能力,使桥区上游的淤

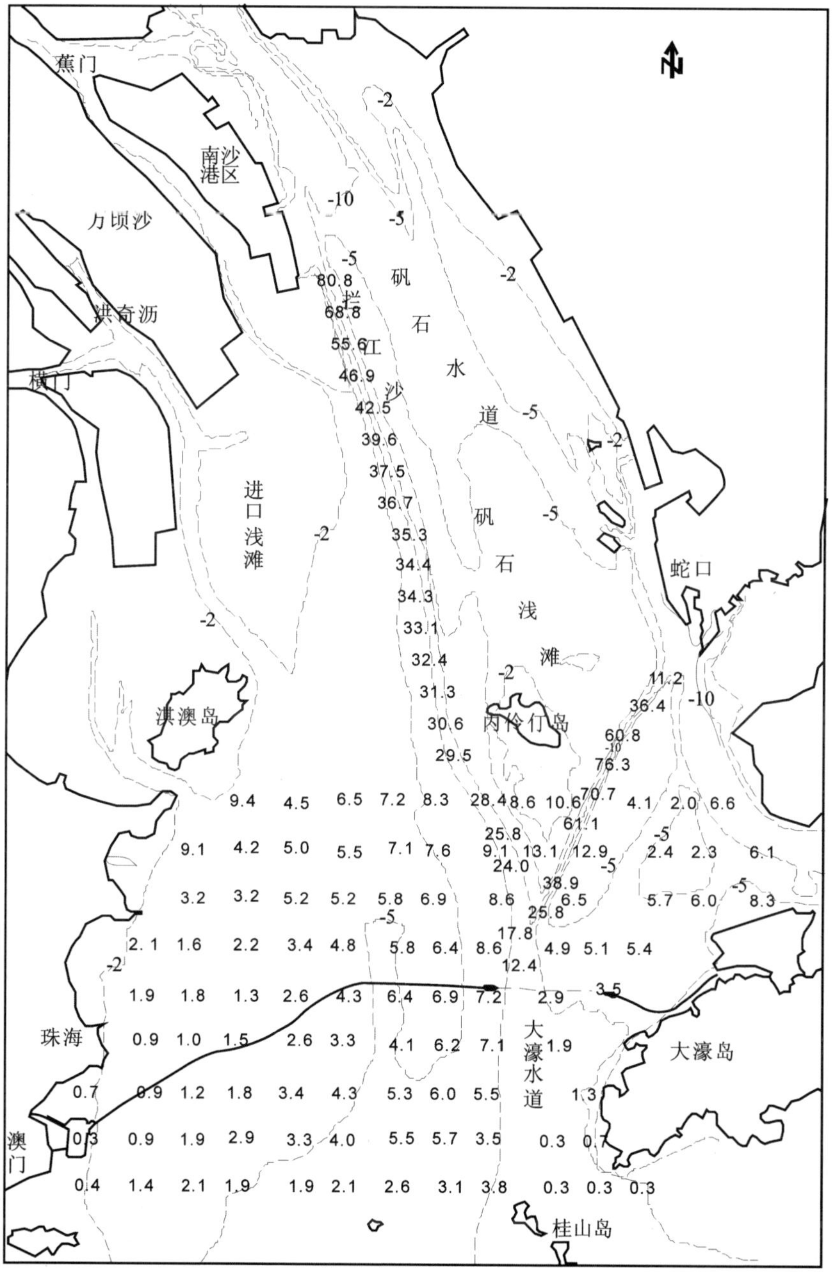

图 3-3-30　实施 1 年后淤积地形变化(单位:cm)

积加重，而桥区下游淤积量则随上游淤积量增加而随之减缓，也是符合输沙总量相平衡的规律。

(3)在紧邻桥区附近，西滩海域的淤积分布是呈上游淤积较重、下游淤积较轻，深水淤积较重、浅水淤积较轻的变化特征。从西滩各断面平均水深变化比较(表3-3-10)，上游淤积强度介于1.0～16.0cm/a之间，平均淤积强度为8.3cm/a，下游淤积强度介于0～11.0cm/a之间，平均淤积强度为6.0cm/a，与工程后上、下游大范围的平均淤强4.9cm/a和3.1cm/a相比，桥区附近淤强平均值要大69%～93%，说明该桥工程实施后，第1年较重，淤积的部位将集中在桥区附近约5km范围内，不会对西滩大范围淤积造成影响。

西滩各断面平均水深变化对比(单位:m)　　表3-3-10

断面号	桥区北侧			桥区南侧		
	天然	方案	淤强	天然	方案	淤强
1号	2.00	1.99	-0.01	3.78	3.78	0.00
2号	3.99	3.94	-0.05	5.75	5.75	0.00
3号	6.18	6.17	-0.01	6.33	6.28	-0.05
4号	6.53	6.43	-0.10	6.47	6.42	-0.05
5号	6.75	6.70	-0.05	6.67	6.67	0.00
6号	7.09	7.08	-0.01	7.38	7.35	-0.03
7号	7.41	7.37	-0.04	7.53	7.50	-0.03
8号	7.49	7.46	-0.03	7.31	7.26	-0.05
9号	7.48	7.39	-0.09	7.21	7.19	-0.02
10号	7.49	7.42	-0.07	7.21	7.17	-0.04
11号	7.85	7.82	-0.03	8.20	8.16	-0.04
12号	7.73	7.67	-0.06	8.30	8.26	-0.04
13号	7.78	7.76	-0.02	8.70	8.67	-0.03
14号	7.84	7.77	-0.07	8.86	8.82	-0.04
15号	7.78	7.71	-0.07	8.69	8.63	-0.06
16号	8.13	7.97	-0.16	8.61	8.55	-0.06
17号	8.04	7.94	-0.10	8.66	8.55	-0.11
18号	8.30	8.18	-0.12	8.70	8.62	-0.08
19号	8.97	8.81	-0.16	8.88	8.78	-0.10

续上表

断面号	桥区北侧			桥区南侧		
	天然	方案	淤强	天然	方案	淤强
20号	8.94	8.81	-0.13	9.15	9.04	-0.11
21号	8.94	8.82	-0.12	9.14	9.05	-0.09
22号	9.03	8.96	-0.07	9.48	9.39	-0.09
23号	9.03	8.88	-0.15	9.53	9.42	-0.11
24号	9.46	9.31	-0.15	9.83	9.71	-0.12
25号	9.91	9.75	-0.16	10.23	10.13	-0.10
26号	10.06	9.92	-0.14	10.65	10.55	-0.10
平均			-0.083			-0.060

(4)在西人工岛东、西两侧均会出现较明显的冲刷坑,越靠近人工岛根部,冲刷深度越大,冲刷坑内冲刷深度变化值介于320~370cm/a之间,冲刷坑范围是呈上游小、下游大,长度分别为250m和400m(见图3-3-25)。特别是在西冲刷坑外侧还会有显著的泥沙堆积体出现,堆积地形最大高度为60.0cm/a左右,向上、下游最大延伸长度可达1000m。形成这种冲淤变化的主要原因是人工岛西侧引桥墩随束水和水流紊动作用的增强,引起桥墩之间的流速明显增大,使人工岛和引桥墩根部淘刷,而冲刷起来的泥沙直接落淤所致;而在人工岛东侧,冲刷深度变化值介于280~340cm/a之间,冲刷强度小于西侧,也不会出现显著的泥沙堆积现象,其原因主要是该区邻近深槽,水流动力较强,泥沙起动后,将主要沿绕岛水流,向人工岛南侧运移,并随水流向外海扩散,致使岛头附近的大濠水道深槽内会出现局部淤积,这种变化对航道淤积的影响应给予重视。

(5)在西人工岛南、北两侧为缓流区,是泥沙淤积较重的区域,南、北两侧淤积强度相差不多,平均淤积强度均为33.0cm/a左右,分布规律是越靠近人工岛,淤积强度越大,最大淤积强度为70.0cm/a,同时紧邻岛壁两侧也会有冲刷沟出现(见图3-3-31)。

(6)东人工岛东侧也与引桥相连,同样受到水流的明显作用,冲淤分布与西人工岛西侧变化规律相类似,但冲淤强度要小于西人工岛,冲刷坑内冲刷深度变化值介于280cm/a~330cm/a之间,上、下游冲刷长度分别为150m和300m左右,堆积地形的最大高度为40.0cm/a,最大延伸范围为700m(见图3-3-32);人工岛西侧也呈冲刷变化,冲刷坑方向自人工岛向深槽延伸,与落潮水流方向基本一致,冲刷深度变化值介于230cm/a ~260cm/a之间,而冲刷后泥沙将主要向人工岛南侧运移,并随水流向外海扩散,基本不会对伶仃航道淤积造成影响。

图 3-3-31　西人工岛附近地形变化

图 3-3-32　东人工岛附近地形变化

(7)东人工岛南、北两侧也是缓流区,南侧淤积强度大于北侧,南、北两侧平均淤积强度分别为 28.0cm/a 和 22.0cm/a,越靠近人工岛淤积强度越大,最大淤积强度为 53.0cm/a,同时紧邻岛壁两侧也会有冲刷沟出现。

(8)在海底隧道区域,工程后整体水深变化是有冲有淤,各断面最大冲刷强度为 7.0cm/a,平均冲刷强度为 4.0cm/a,这主要是受东、西人工岛的共同影响,深槽流速增加,冲刷强度也会随之增大,但在西人工岛岛头附近的伶仃航道内也会出现了局部淤积。

(9)在东人工岛至赤沥角岛之间的海域,由于受大濠岛和赤沥角岛的掩蔽,流速较弱,桥区上、下游均表现为淤积状态,上游淤积强度介于 7.0 ~ 27.0cm/a,平均值为 16.0cm/a 左右,下游淤积强度介于 1.0 ~ 20.0cm/a,平均值为 12.0cm/a左右,分布规律是越靠近赤沥角岛淤积强度越大。

(10)在每个桥墩根部,都会出现冲刷坑,冲刷坑大小和强度变化与水流动力的分布一致,水流动力大的区域,冲刷坑的深度和范围也越大,其中以西人工岛引桥区为最大,冲刷深度最大值可达 370cm/a,范围可达 650m;东人工岛引桥区次之,冲刷深度最大值可达 330cm/a,范围可达 450m。而距西人工岛 2km 以外的非通航桥墩区,冲刷强度明显减弱,冲刷深度最大值小于 60cm/a,冲刷范围为 40m 左右,冲刷起来的泥沙很快在桥轴线南、北两侧沉积下来,并堆积在桥轴线两侧 50m 左右的范围内,最大堆积高度为 30cm/a 左右,最终可沿桥轴线形成一条宽度不足 100m 的沟状地形(见图 3-3-33)。东人工岛东侧非通航桥区冲刷规律与西滩桥区相同,冲刷强度略强,冲刷深度最大值为 96cm/a,冲刷范围为 40m 左右,但泥沙堆积体不明显,而且沿桥轴线也基本没有出现冲刷沟地形。

(11)在三个通航桥附近,因为承台在泥面以上,下部是过水墩桩,冲刷强度和范围相对非通航桥墩,并没有显著变化。其中:青州航道桥冲刷深度最大值为

56cm/a，范围为 40m 左右，泥沙堆积体最大高度为 26cm/a；江海直达通道桥冲刷深度最大值为 50cm/a，范围为 35m 左右，泥沙堆积体最大高度为 20cm/a；九州航道桥冲刷深度最大值为 30cm/a，范围为 25m 左右，泥沙堆积体最大高度为 15cm/a，堆积体主要分布于桥墩南北两侧。

(12)在珠澳人工岛东侧岛桥结合部，也会有冲刷，冲刷坑内冲刷深度变化值介于 205 ~ 240cm/a 之间，上、下游冲刷长度分别为 80m 和 150m 左右(见图 3-3-34)，但在该岛西侧岛桥结合部，冲刷强度和范围要明显小于东侧。

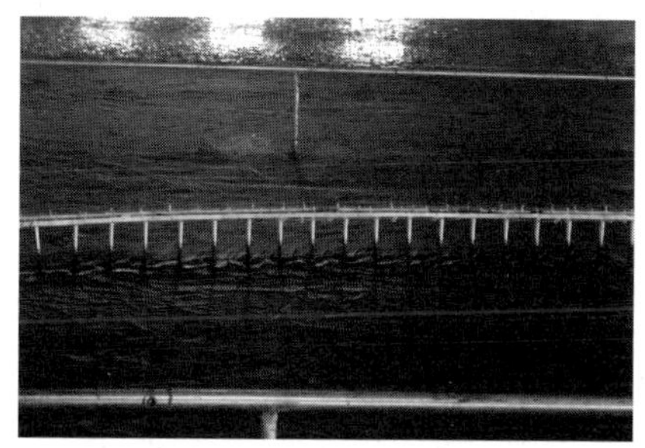

图 3-3-33　西滩桥轴线附近地形变化

图 3-3-34　珠澳人工岛附近地形变化

3.4.3.3　连续 2 年和 3 年冲淤试验结果分析

在港珠澳大桥实施 1 年后淤积地形和伶仃航道及铜鼓航道水深都有维护基础上，不改变模型边界试验条件情况下，我们又实施了 2 年和 3 年的冲淤试验。大范围淤积地形变化如图 3-3-35。

(1)通过对比，在潮流作用 2 年和 3 年后，滩槽的淤积规律和地形变化，其结果见表 3-3-11。由表 3-3-11 可以看出，第 1 年至第 3 年淤强变化，西滩桥区北侧大范围平均淤强分别为 4.9cm/a、4.6cm/a、4.5cm/a，呈减小趋势；西滩桥区南侧大范围平均淤强分别为 3.1cm/a、3.3cm/a、3.4cm/a，呈增加趋势；铜鼓航道平均淤强分别为 48.2cm/a、47.9cm/a、48.1cm/a；伶仃航道从内伶仃岛以北均为 44.6cm/a，内伶仃岛以南分别为 26.0cm/a、26.9cm/a、27.3cm/a，与工程前相比，内伶仃岛以南伶仃航道，第 1 年至第 3 年平均淤积增加值分别为 1.4cm/a，2.3cm/a 和 2.7cm/a，最大淤积增加值分别为 4.1cm/a，4.3cm/a 和 4.8cm/a。从上述淤积变化趋势来看，铜鼓航道的淤强的变化，因受急水门分流作用的调整和远离河流泥沙的直接影响，1 ~ 3 年航道淤强变化基本相同，工程后不会对该航道淤积造成影响；而伶仃航道，由于受桥区淤积加快的影响，阻碍了水流向南流动，使西滩水流不断向航道内汇入，因西滩水体含沙量较高，增加伶仃岛以南航道段的淤积是必然的，试验结果也反映了该段航道淤强呈增大的变化规律。

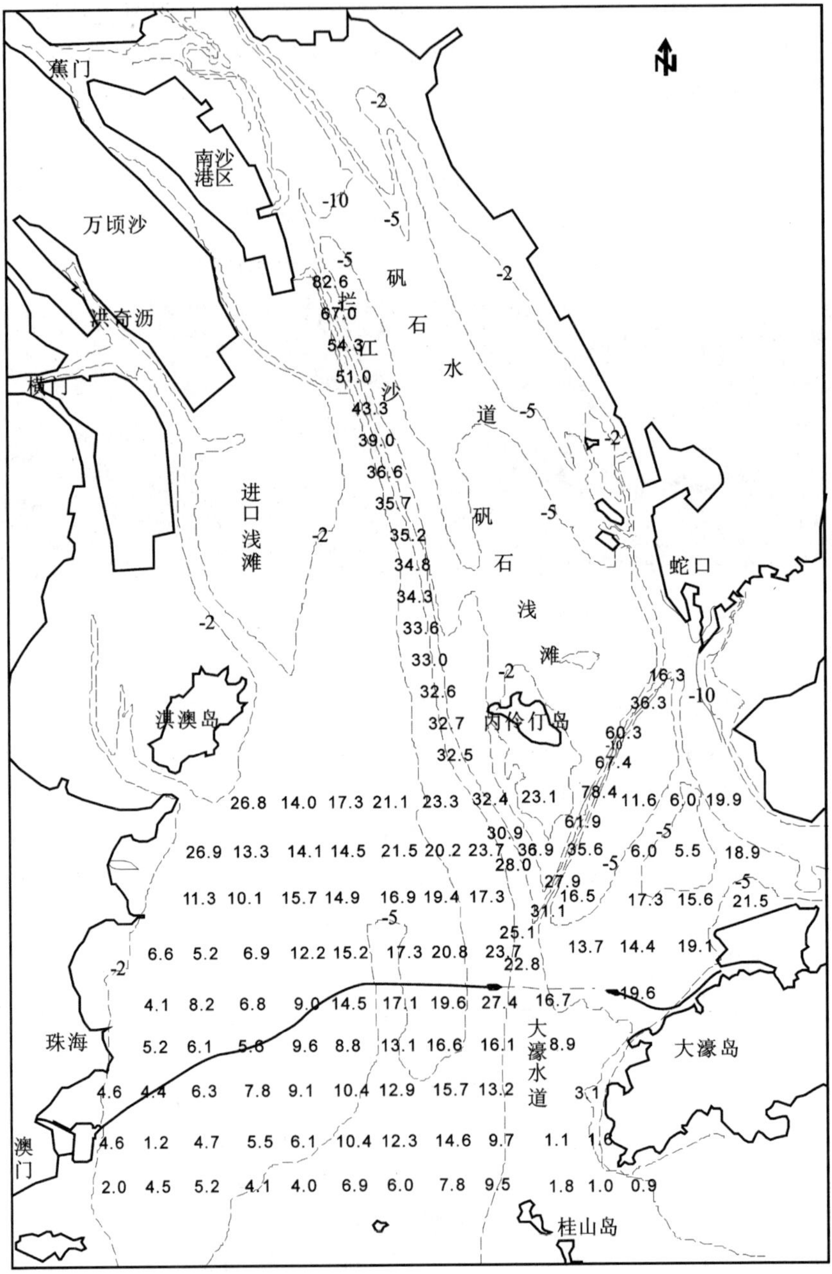

图 3-3-35 实施 3 年后淤积地形变化(单位:cm)

(2)工程后与工程前相比,大濠水道冲淤变化趋势基本相同,其规律为有冲有淤,基本呈冲淤平衡略有冲刷状态。但在西人工岛附近,因受人工岛阻水挑流的影响,冲刷起来的泥沙会向大濠水道深槽内运移,3年后在大濠水道深槽西侧累积淤积厚度可达0.48m,淤积范围南北长650m,东西宽140m;这种淤积的影响是短暂的,在人工岛冲刷达到平衡后可消失,而且这些淤积物也会随航道维护疏浚逐渐被清掉,基本不会对航道轴线稳定构成威胁。

(3)在西滩的桥区上、下游各2.5km范围内,淤积变化依然是呈上游淤积较重、下游淤积较轻,深水淤积较重、浅水淤积较轻的变化特征。从3年淤积结果比较(表3-3-11),桥轴线北侧2.5km范围内平均淤强为8.3cm/a、6.3cm/a和4.7cm/a,分别为西滩桥区北侧大范围平均淤强的169%、137%和104%;南侧2.5km范围内平均淤强分别为6.0cm/a、4.7cm/a和3.6cm/a,分别为西滩桥区北侧大范围平均淤强的194%、142%和106%。由此可见,大桥工程造成的淤积影响将主要集中在桥区附近约5km范围内,这种局部较重淤积的变化也会随时间的延长逐渐减轻。

西滩桥轴线附近多年平均淤积强度变化(单位:cm/a)　　表3-3-11

区　域	第1年	第2年	第3年
西滩桥轴线北侧2.5km范围内	8.30	6.30	4.70
西滩桥轴线北侧~内伶仃岛	4.90	4.60	4.50
比值	1.69	1.37	1.04
西滩桥轴线南侧2.5km范围内	6.00	4.70	3.60
西滩桥轴线南侧~桂山岛	3.10	3.30	3.40
比值	1.94	1.42	1.06

(4)在西人工岛东、西两侧的冲淤分布形态与第1年基本相同,冲刷坑继续增深,冲刷最大部位,均发生在岛桥结合部一侧,第1年至第3年冲刷深度最大值分别为3.7m、6.4m和7.2m(见表3-3-12),第2年和第3年的增幅分别为2.7m和0.8m。冲刷坑的范围依然呈北侧小、南侧大的形态,第1年至第3年北侧冲刷长度分别为250m、350m和360m左右,南侧分别为400m、540m和570m左右,第2年和第3年总的增幅分别为190m和40m。就每年增加的冲刷深度和范围而言,均呈现逐年减小趋势,至第3年冲刷深度和范围增加幅度均已很小。

西人工岛附近冲淤变化(单位:m) 表3-3-12

项　　目	第1年	第2年	第3年
冲刷深度	3.2~3.7	6.0~6.4	6.8~7.2
北侧最大冲刷长度	250	350	360
南侧最大冲刷长度	400	540	570
北侧平均淤积强度	0.33	0.49	0.54
南侧平均淤积强度	0.33	0.53	0.58

(5)西人工岛南、北两侧是缓流区,泥沙淤积相对较重,见表3-3-12。南侧第1年至第3年的淤积强度分别为33cm、53cm和58cm,北侧分别为33cm、49cm和54cm,变化规律与第1年南、北两侧基本相同,而第2年、第3年则表现为南侧淤积强度逐渐强于北侧,这与落潮流较强且含沙量较大有关。

(6)东人工岛附近的地形变化与西人工岛相同,其差异在于无论冲刷还是淤积,强度都比西人工岛要小,见表3-3-13。第1年至第3年,冲刷深度最大值分别为3.3m、4.5m和5.1m,北侧最大冲刷长度分别为150m、200m和220m,南侧最大冲刷长度分别为300m、370m和400m。在该人工岛南、北两侧的淤积变化,北侧平均淤积强度分别为22cm、35cm和40cm,南侧平均淤积强度分别为28cm、41cm和43cm。

东人工岛附近冲淤变化(单位:m) 表3-3-13

项　　目	第1年	第2年	第3年
冲刷深度	2.8~3.3	4.1~4.5	4.7~5.1
北侧最大冲刷长度	150	200	220
南侧最大冲刷长度	300	370	400
北侧平均淤积强度	0.22	0.35	0.40
南侧平均淤积强度	0.28	0.41	0.43

(7)桥墩根部的冲刷坑也会随着时间的延长而继续增深、增大,冲刷坑的深度与范围与该区域水流动力的分布一致。靠近西人工岛的引桥区为最大,东人工岛引桥区次之,其量值与东、西人工岛附近冲刷量值相同。在西人工岛西侧,离人工岛越远,冲刷深度与范围越小,在2km以外的西滩非通航桥区,冲刷深度明显减弱(表3-3-14),工程后第1年至第3年,冲刷深度最大值分别为0.60m、0.84m和0.90m;3个通航桥区距离人工岛较远,且桥墩间距较大,冲刷强度一

般较非通航桥区要小,工程后第1年~第3年,青州航道桥附近冲刷深度最大值分别为0.56m、0.72m和0.80m;江海直达通道桥附近冲刷深度最大值分别为0.50m、0.59m和0.64m;九州航道桥附近冲刷深度最大值分别为0.30m、0.36m和0.40m。

桥区附近冲刷深度变化(单位:m)　　表3-3-14

项　　目	第1年	第2年	第3年
西滩(非通航桥区)	0.60	0.84	0.90
青州航道桥	0.56	0.72	0.80
江海直达通道桥	0.50	0.59	0.64
九州航道桥	0.30	0.36	0.40
香港侧(非通航桥区)	0.96	1.28	1.38

(8)东人工岛东侧非通航桥区,由于承台下部墩柱出露泥面,对水流扰动较大,桥墩冲刷强度较西滩桥墩冲刷要大,第1年至第3年,冲刷深度最大值分别为0.96m、1.28m和1.38m。

(9)珠澳人工岛东侧岛桥结合部冲刷也较重,冲刷强度表现为越靠近人工岛冲刷强度越大,第1年至第3年冲刷深度最大值分别为2.40m、3.10m和3.50m,西侧岛桥结合部的冲刷强度小于东侧。

3.4.3.4　地形稳定后的水流变化及影响分析

通过3年实测地形的分析,无论是淤积,还是冲刷,越靠近桥区,受工程的影响越大,短期地形的变化也就越剧烈,以后影响逐渐减弱。至工程实施7~8年后淤积强度与天然相比,变化值均小于0.1cm/a,桥区附近的冲淤变化几乎趋于新的平衡状态(见图3-3-36),从图中可以看出,至工程实施3年后,桥区附近的累积淤厚即占到总淤积影响的80%以上。大桥建成7年后,与工程前相比,桥轴线北侧至内伶仃岛之间,大范围地形累积平均淤厚为32.0cm,桥轴线北侧2.5km范围内地形累积平均淤厚为38.3cm,累积最大淤厚为50.7cm,桥轴线南侧至桂山岛之间,大范围地形累积平均淤厚为23.8cm,桥轴线南侧2.5km范围内地形累积平均淤厚为29cm,累积最大淤厚为42.8cm。

在稳定地形基础上,我们又进行了潮流试验,测点布置如图3-3-37。其中测流点布置,除了桥区附近47个测点、伶仃航道4个测点、铜鼓航道3个测点外,在内伶仃岛~淇澳岛的西滩水域增设5个测点,以反映稳定地形条件下的水流变化,所得试验结果如表3-3-15~表3-3-21所示。

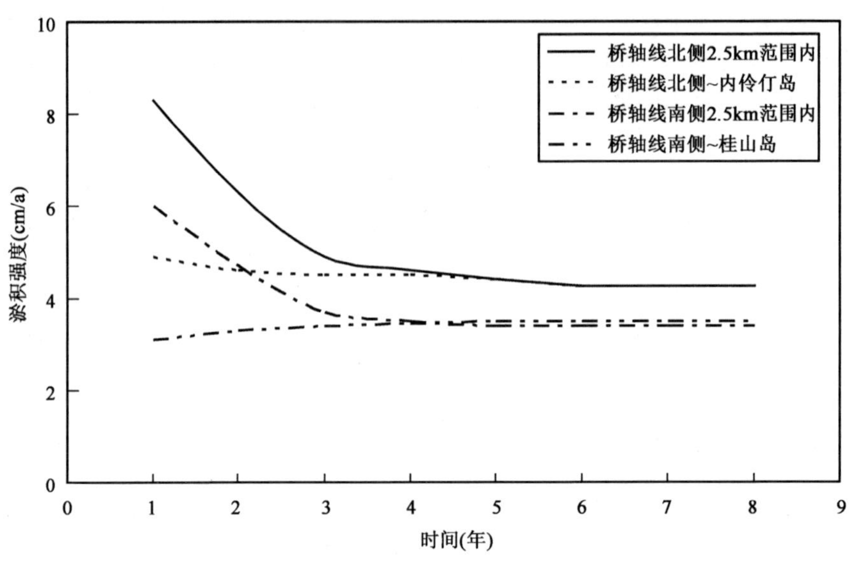

图 3-3-36　桥区附近多年淤积强度预测

工程后和稳定地形后流速及流向对比结果(单位:流速 m/s,流向°)

表 3-3-15

测站	项目	2007 年 8 月 13 ~ 14 日						2009 年 3 月 27 ~ 28 日					
		工程后		稳定地形后		变化量		工程后		稳定地形后		变化量	
		流速	流向	流速	流向	流速	流向	流速	流向	流速	流向	流速	流向
Ld03 号	涨潮	0.50	343	0.51	342	0.01	-1	0.50	343	0.51	341	0.01	-2
	落潮	0.54	161	0.55	158	0.01	-3	0.57	163	0.57	160	0.00	-3
Ld04 号	涨潮	0.56	2	0.57	3	0.01	1	0.56	2	0.57	2	0.01	0
	落潮	0.56	175	0.56	178	0.00	3	0.58	176	0.57	177	-0.01	1
Ld05 号	涨潮	0.61	2	0.61	2	0.00	0	0.57	4	0.58	4	0.01	0
	落潮	0.66	180	0.65	180	-0.01	0	0.57	180	0.57	180	0.00	0
Ld06 号	涨潮	0.58	3	0.58	2	0.00	-1	0.55	5	0.56	4	0.01	-1
	落潮	0.56	180	0.56	181	0.00	1	0.57	180	0.57	181	0.00	1
Tg01 号	涨潮	0.36	25	0.37	26	0.01	1	0.32	21	0.33	25	0.01	4
	落潮	0.44	187	0.45	183	0.01	-4	0.35	184	0.36	183	0.01	-1
Tg02 号	涨潮	0.49	7	0.50	10	0.01	3	0.42	2	0.43	8	0.01	6
	落潮	0.48	155	0.49	157	0.01	2	0.4	152	0.41	155	0.01	3

续上表

测站	项目	2007年8月13~14日						2009年3月27~28日					
		工程后		稳定地形后		变化量		工程后		稳定地形后		变化量	
		流速	流向	流速	流向	流速	流向	流速	流向	流速	流向	流速	流向
Tg03号	涨潮	0.51	10	0.52	12	0.01	2	0.47	5	0.48	10	0.01	5
	落潮	0.5	159	0.51	163	0.01	4	0.49	158	0.49	162	0.00	4
XT1号	涨潮	0.60	347	0.60	348	0.00	1	0.58	349	0.58	350	0.00	1
	落潮	0.65	171	0.65	171	0.00	0	0.61	170	0.60	171	-0.01	1
XT2号	涨潮	0.52	354	0.52	352	0.00	-2	0.51	355	0.51	353	0.00	-2
	落潮	0.49	180	0.49	175	0.00	-5	0.50	179	0.50	175	0.00	-4
XT3号	涨潮	0.67	342	0.67	342	0.00	0	0.65	345	0.65	345	0.00	0
	落潮	0.73	153	0.73	152	0.00	-1	0.70	154	0.70	154	0.00	0
XT4号	涨潮	0.31	2	0.31	3	0.00	1	0.32	4	0.32	3	0.00	-1
	落潮	0.36	187	0.36	187	0.00	0	0.35	185	0.35	184	0.00	-1
XT5号	涨潮	0.40	350	0.40	350	0.00	0	0.38	352	0.38	350	0.00	-2
	落潮	0.42	181	0.42	176	0.00	-5	0.41	180	0.42	176	0.01	-4

工程后和稳定地形后流速及流向对比结果(1号纵断面)(单位:流速m/s,流向°)

表3-3-16

测站	项目	2007年8月13~14日						2009年3月27~28日					
		工程后		稳定地形后		变化量		工程后		稳定地形后		变化量	
		流速	流向	流速	流向	流速	流向	流速	流向	流速	流向	流速	流向
1-1号	涨潮	0.46	22	0.46	22	0.00	0	0.40	22	0.4	22	0.00	0
	落潮	0.39	198	0.39	200	0.00	2	0.42	195	0.42	198	0.00	3
1-2号	涨潮	0.56	20	0.56	20	0.00	0	0.45	20	0.45	20	0.00	0
	落潮	0.50	195	0.5	200	0.00	5	0.48	195	0.48	199	0.00	4
1-3号	涨潮	0.58	36	0.58	35	0.00	-1	0.63	34	0.63	34	0.00	0
	落潮	0.55	205	0.55	206	0.00	1	0.51	205	0.51	207	0.00	2
1-4号	涨潮	0.58	37	0.59	36	0.01	-1	0.54	38	0.55	37	0.01	-1
	落潮	0.55	215	0.56	212	0.01	-3	0.58	215	0.58	214	0.00	-1
1-5号	涨潮	0.57	20	0.58	18	0.01	-2	0.63	20	0.63	19	0.00	-1
	落潮	0.45	195	0.45	195	0.00	0	0.54	193	0.55	193	0.01	0

续上表

测站	项目	2007年8月13—14日						2009年3月27—28日					
		工程后		稳定地形后		变化量		工程后		稳定地形后		变化量	
		流速	流向	流速	流向	流速	流向	流速	流向	流速	流向	流速	流向
1-6号	涨潮	0.60	20	0.6	17	0.00	-3	0.62	20	0.62	18	0.00	-2
	落潮	0.49	201	0.49	201	0.00	0	0.52	200	0.52	200	0.00	0
1-7号	涨潮	0.54	22	0.54	20	0.00	-2	0.65	22	0.65	20	0.00	-2
	落潮	0.60	205	0.6	205	0.00	0	0.62	204	0.62	204	0.00	0

工程后和稳定地形后流速及流向对比结果(2号纵断面)(单位:流速m/s,流向°)

表3-3-17

测站	项目	2007年8月13—14日						2009年3月27—28日					
		工程后		稳定地形后		变化量		工程后		稳定地形后		变化量	
		流速	流向	流速	流向	流速	流向	流速	流向	流速	流向	流速	流向
2-1号	涨潮	0.54	358	0.54	359	0.00	1	0.51	358	0.51	360	0.00	2
	落潮	0.50	165	0.5	163	0.00	-2	0.54	165	0.54	162	0.00	-3
2-2号	涨潮	0.58	358	0.58	359	0.00	1	0.54	0	0.54	2	0.00	2
	落潮	0.45	170	0.45	168	0.00	-2	0.60	170	0.6	167	0.00	-3
2-3号	涨潮	0.51	1	0.51	0	0.00	-1	0.52	0	0.52	0	0.00	0
	落潮	0.51	165	0.52	164	0.01	-1	0.54	165	0.54	163	0.00	-2
2-4号	涨潮	0.54	358	0.54	360	0.00	2	0.52	0	0.53	1	0.01	1
	落潮	0.52	160	0.53	162	0.01	2	0.61	162	0.61	163	0.00	1
2-5号	涨潮	0.61	13	0.62	11	0.01	-2	0.57	15	0.58	13	0.01	-2
	落潮	0.62	186	0.62	184	0.00	-2	0.58	186	0.58	185	0.00	-1
2-6号	涨潮	0.57	10	0.57	11	0.00	1	0.56	11	0.56	11	0.00	0
	落潮	0.57	180	0.57	180	0.00	0	0.58	180	0.58	179	0.00	-1
2-7号	涨潮	0.54	360	0.54	360	0.00	0	0.58	360	0.58	360	0.00	0
	落潮	0.50	180	0.5	180	0.00	0	0.53	180	0.53	180	0.00	0
2-8号	涨潮	0.53	360	0.53	360	0.00	0	0.55	0	0.55	0	0.00	0
	落潮	0.47	178	0.47	178	0.00	0	0.54	179	0.54	179	0.00	0

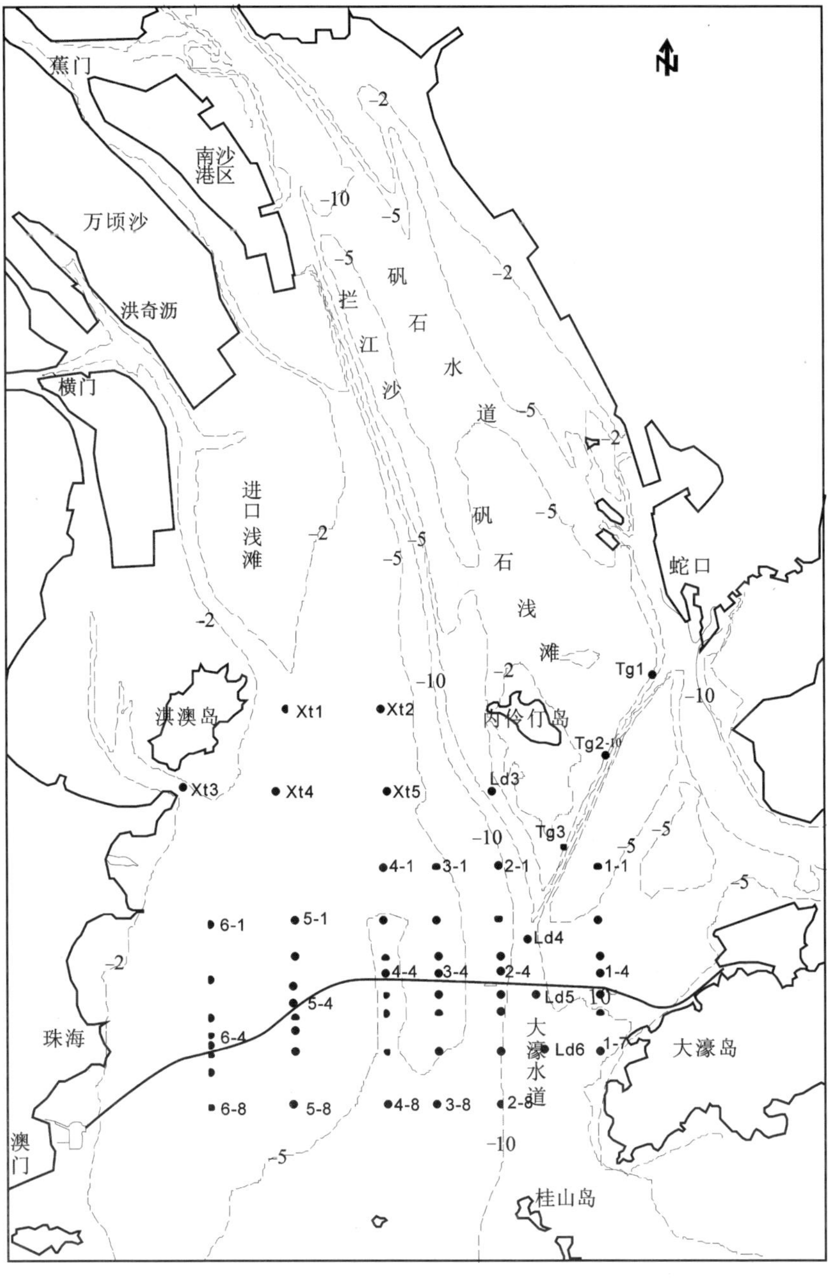

图 3-3-37　工程实施 8 年地形条件下潮流试验测点布置

工程后和稳定地形后流速及流向对比结果(3 号纵断面)(单位:流速 m/s,流向°)

表 3-3-18

测站	项目	2007 年 8 月 13—14 日						2009 年 3 月 27—28 日					
		工程后		稳定地形后		变化量		工程后		稳定地形后		变化量	
		流速	流向	流速	流向	流速	流向	流速	流向	流速	流向	流速	流向
3-1 号	涨潮	0.45	3	0.45	4	0.00	1	0.48	358	0.48	360	0.00	2
	落潮	0.44	160	0.44	162	0.00	2	0.46	162	0.46	163	0.00	1
3-2 号	涨潮	0.47	350	0.47	352	0.00	2	0.52	352	0.52	353	0.00	1
	落潮	0.45	165	0.45	166	0.00	1	0.52	166	0.52	167	0.00	1
3-3 号	涨潮	0.50	348	0.5	350	0.00	2	0.53	350	0.53	351	0.00	1
	落潮	0.46	175	0.46	177	0.00	2	0.51	175	0.51	176	0.00	1
3-4 号	涨潮	0.50	0	0.5	0	0.00	0	0.58	0	0.58	0	0.00	0
	落潮	0.45	178	0.45	178	0.00	0	0.55	176	0.55	176	0.00	0
3-5 号	涨潮	0.44	360	0.44	360	0.00	0	0.46	1	0.46	1	0.00	0
	落潮	0.48	175	0.48	175	0.00	0	0.50	172	0.5	172	0.00	0
3-6 号	涨潮	0.41	5	0.41	6	0.00	1	0.47	3	0.47	6	0.00	3
	落潮	0.43	175	0.43	174	0.00	-1	0.48	175	0.48	173	0.00	-2
3-7 号	涨潮	0.43	6	0.43	6	0.00	0	0.50	10	0.5	10	0.00	0
	落潮	0.41	180	0.41	180	0.00	0	0.48	178	0.48	178	0.00	0
3-8 号	涨潮	0.47	6	0.47	4	0.00	-2	0.51	5	0.51	4	0.00	-1
	落潮	0.41	180	0.41	180	0.00	0	0.47	180	0.47	180	0.00	0

工程后和稳定地形后流速及流向对比结果(4 号纵断面)(单位:流速 m/s,流向°)

表 3-3-19

测站	项目	2007 年 8 月 13—14 日						2009 年 3 月 27—28 日					
		工程后		稳定地形后		变化量		工程后		稳定地形后		变化量	
		流速	流向	流速	流向	流速	流向	流速	流向	流速	流向	流速	流向
4-1 号	涨潮	0.49	0	0.49	0	0.00	0	0.56	0	0.56	0	0.00	0
	落潮	0.45	180	0.45	181	0.00	1	0.49	178	0.49	180	0.00	2
4-2 号	涨潮	0.47	0	0.47	0	0.00	0	0.49	1	0.49	1	0.00	0
	落潮	0.45	180	0.45	181	0.00	1	0.50	179	0.5	180	0.00	1
4-3 号	涨潮	0.47	0	0.47	0	0.00	0	0.53	2	0.53	2	0.00	0
	落潮	0.45	180	0.45	180	0.00	0	0.48	180	0.48	180	0.00	0

续上表

测站	项目	2007年8月13—14日						2009年3月27—28日					
		工程后		稳定地形后		变化量		工程后		稳定地形后		变化量	
		流速	流向	流速	流向	流速	流向	流速	流向	流速	流向	流速	流向
4-4号	涨潮	0.49	0	0.49	0	0.00	0	0.53	0	0.53	0	0.00	0
	落潮	0.43	180	0.43	180	0.00	0	0.48	179	0.48	179	0.00	0
4-5号	涨潮	0.47	2	0.47	2	0.00	0	0.49	1	0.49	1	0.00	0
	落潮	0.44	180	0.44	180	0.00	0	0.46	180	0.46	180	0.00	0
4-6号	涨潮	0.43	1	0.43	1	0.00	0	0.51	0	0.51	0	0.00	0
	落潮	0.45	181	0.45	182	0.00	1	0.46	179	0.46	179	0.00	0
4-7号	涨潮	0.46	2	0.46	2	0.00	0	0.48	0	0.48	0	0.00	0
	落潮	0.43	180	0.43	181	0.00	1	0.46	180	0.46	181	0.00	1
4-8号	涨潮	0.45	0	0.45	1	0.00	1	0.48	358	0.48	358	0.00	0
	落潮	0.44	180	0.44	180	0.00	0	0.48	178	0.48	178	0.00	0

工程后和稳定地形后流速及流向对比结果(5号纵断面)(单位:流速 m/s,流向°)

表3-3-20

测站	项目	2007年8月13—14日						2009年3月27—28日					
		工程后		稳定地形后		变化量		工程后		稳定地形后		变化量	
		流速	流向	流速	流向	流速	流向	流速	流向	流速	流向	流速	流向
5-1号	涨潮	0.54	3	0.54	4	0.00	1	0.48	3	0.48	4	0.00	1
	落潮	0.48	185	0.48	186	0.00	1	0.43	185	0.43	186	0.00	1
5-2号	涨潮	0.50	10	0.5	10	0.00	0	0.51	9	0.51	9	0.00	0
	落潮	0.41	182	0.41	182	0.00	0	0.45	182	0.45	182	0.00	0
5-3号	涨潮	0.46	351	0.46	351	0.00	0	0.46	350	0.46	351	0.00	1
	落潮	0.39	185	0.39	185	0.00	0	0.41	185	0.41	185	0.00	0
5-4号	涨潮	0.42	345	0.42	346	0.00	1	0.45	347	0.45	347	0.00	0
	落潮	0.42	180	0.42	180	0.00	0	0.39	180	0.39	180	0.00	0
5-5号	涨潮	0.40	8	0.4	9	0.00	1	0.41	8	0.41	8	0.00	0
	落潮	0.37	162	0.37	162	0.00	0	0.42	164	0.42	164	0.00	0
5-6号	涨潮	0.43	6	0.43	6	0.00	0	0.41	6	0.41	7	0.00	1
	落潮	0.37	180	0.37	180	0.00	0	0.40	180	0.4	180	0.00	0

续上表

测站	项目	2007 年 8 月 13—14 日						2009 年 3 月 27—28 日					
		工程后		稳定地形后		变化量		工程后		稳定地形后		变化量	
		流速	流向	流速	流向	流速	流向	流速	流向	流速	流向	流速	流向
5-7 号	涨潮	0.43	4	0.43	5	0.00	1	0.41	5	0.41	5	0.00	0
	落潮	0.38	180	0.38	180	0.00	0	0.43	180	0.43	180	0.00	0
5-8 号	涨潮	0.43	359	0.43	359	0.00	0	0.48	359	0.48	360	0.00	1
	落潮	0.47	181	0.47	181	0.00	0	0.41	180	0.41	181	0.00	1

工程后和稳定地形后流速及流向对比结果(6 号纵断面)(单位:流速 m/s,流向°)

表 3-3-21

测站	项目	2007 年 8 月 13—14 日						2009 年 3 月 27—28 日					
		工程后		稳定地形后		变化量		工程后		稳定地形后		变化量	
		流速	流向	流速	流向	流速	流向	流速	流向	流速	流向	流速	流向
6-1 号	涨潮	0.33	4	0.33	5	0.00	1	0.36	3	0.36	3	0.00	0
	落潮	0.31	184	0.31	185	0.00	1	0.35	184	0.35	184	0.00	0
6-2 号	涨潮	0.41	2	0.41	2	0.00	0	0.41	2	0.41	2	0.00	0
	落潮	0.35	180	0.35	180	0.00	0	0.37	180	0.37	180	0.00	0
6-3 号	涨潮	0.44	356	0.44	356	0.00	0	0.42	357	0.42	358	0.00	1
	落潮	0.34	180	0.34	180	0.00	0	0.37	180	0.37	180	0.00	0
6-4 号	涨潮	0.42	354	0.42	355	0.00	1	0.42	355	0.42	355	0.00	0
	落潮	0.34	180	0.34	179	0.00	-1	0.38	180	0.38	180	0.00	0
6-5 号	涨潮	0.45	356	0.45	357	0.00	1	0.43	356	0.43	356	0.00	0
	落潮	0.36	168	0.36	170	0.00	2	0.40	169	0.4	169	0.00	0
6-6 号	涨潮	0.42	354	0.42	354	0.00	0	0.43	353	0.43	354	0.00	1
	落潮	0.36	170	0.36	170	0.00	0	0.42	170	0.42	170	0.00	0
6-7 号	涨潮	0.37	356	0.37	356	0.00	0	0.46	356	0.46	356	0.00	0
	落潮	0.36	175	0.36	176	0.00	1	0.44	175	0.44	176	0.00	1
6-8 号	涨潮	0.43	358	0.43	358	0.00	0	0.41	355	0.41	355	0.00	0
	落潮	0.37	178	0.37	178	0.00	0	0.37	176	0.37	176	0.00	0

在稳定地形后,桥区附近潮位变化,无论高、低潮位还是逐时潮位过程,均与工程实施后基本相同,桥区附近的潮汐形态没有出现新的变化。

在稳定地形后,桥区附近流速和流向变化,在内伶仃岛下游至桥轴线之间的伶仃航道和铜鼓航道流速略有增加，平均值一般都不会超过0.01m/s，流向基本不变。西滩海域，流速和流向变化不明显，只是在内伶仃岛以南航道附近的西滩水流会向伶仃航道内偏转，偏转角度介于2°～5°之间，靠近珠海、澳门一侧海域，流向基本不变。靠近人工岛附近，即两岛之间的涨、落潮流速也会有所增加，增幅值在0.01m/s以内，流向也会向伶仃航道内偏转，偏转角度介于1°～4°之间。

工程实施多年后，潮流变化对淤积的影响，仅在内伶仃岛以南的伶仃航道，此时因西滩汇入该段航道浑水水量的增加，必然会使内伶仃岛以南航道段的淤强增大，但增加量值不会太大，基本不会对滩槽形态造成影响，伶仃洋仍可维持现状的滩槽格局。

4 基本结论

为了研究港珠澳大桥工程实施后，桥墩阻水对工程附近水沙的影响及海床地形冲淤变化，本项目采用地形演变分析、二维潮流悬沙数学模型、人工岛及桥墩局部动床冲刷物理模型及潮流泥沙整体物理模型等多种研究方法对该桥优化方案进行了研究，为港珠澳大桥总体方案优化和工程设计提供必要的技术支持和科学依据。主要结论如下：

(1)珠江流域径流丰富，输沙量较小；伶仃洋整体泥沙环境保持稳定趋势，并朝着有利方向发展；桥区附近的海床地形基本保持稳定。

(2)工程后，该桥对潮位、潮流场的影响，仅集中在桥区上、下游各4～5km范围内。而在该影响区以外，无论是伶仃航道、铜鼓航道，还是南沙港区、深圳港西部港区以及暗士顿水道，工程后流速和流向基本呈不变趋势，不会对上述港口、航道造成影响。

(3)工程后在桥区上、下游各4～5km范围内，沿程潮位平均抬高0.01～0.02m左右，其余区域基本呈不变趋势。

(4)工程后，在东、西人工岛之间的深槽内，位于隧道上、下游约7km区域，涨、落潮平均流速呈增加趋势，平均增加值介于0.01～0.04m/s之间，最大增加值为0.08m/s左右。在西滩桥区，上、下游宽度为0.5～3.5km范围内，涨、落潮平均流速有增有减，平均增减值介于0.01～0.02m/s之间，最大增减值为0.03m/s左右。在香港水域，桥区附近流速变化较小，增减量值不足0.01m/s。工程后流向的改变，主要集中桥区1km范围内，其他区域流向近似不变。

(5)工程后，大桥的冲淤影响仅限于工程区附近；大桥的建设不会改变伶仃航道、铜鼓航道及西滩大范围的地形冲淤变化规律。

(6)受建桥的影响，下泄泥沙受到阻截，造成西滩桥区上游淤积强度增大，下游淤积强度减小，且在桥区上、下游3km范围内淤积较重。

(7)综合分析认为，工程后对西滩和伶仃航道局部淤积会造成影响，但量值变化不大，影响范围也是局部的，不会造成伶仃洋滩槽格局的改变。

本篇参考文献

[1] 杨树森,等.珠江口现场勘测资料成果整编[R].交通部天津水运工程科学研究所,1994.

[2] 李春初.珠江三角洲的地质构造背景与地貌[C].缪鸿基等编,珠江三角洲水土资源[A].广州:中山大学出版社,1988.

[3] 杨树森,等.伶仃洋水沙变化规律对比分析研究报告[R].交通部天津水运工程科学研究所,2007.

[4] 杨树森,等.铜鼓航道泥沙淤积计算及其分析,交通部天津水运工程科学研究所,2001.

[5] 罗章仁,应秩甫,等.华南港湾[M].广州:中山大学出版社,1992.

[6] 杨树森,等.深圳港西部港区公共航道工程初期回淤量计算分析研究报告[R].交通部天津水运工程科学研究所,2008.

[7] 中山大学河口海岸研究所.河口陆架水入侵研究论文集[C].1993.

[8] 杨树森,等.鸡抱沙治导线调整方案二维潮流数值模拟及淤积计算综合论证分析研究报告[R].交通部天津水运工程科学研究所,2007.

[9] 李春初,雷亚平.中山港出海深水航道建设工程—沉积动力环境与滩槽演变研究中山大学河口海岸研究所,2006.

[10] 杨树森,等.广州港南沙港区深水航道方案二维潮流数学模型及泥沙淤积计算分析研究报告,交通部天津水运工程科学研究所,2003.

[11] 杨树森,等.西滩围垦规划方案对伶仃航道淤积的影响研究[R].交通部天津水运工程科学研究所,1995.

[12] 曹祖德,等.珠江口航道整治技术的研究[R].交通部天津水运工程科学研究所、广州港务局,1995.

[13] 杨树森,等.伶仃洋潮流数学模型及西线航道淤积计算[R].交通部天津水运工程科学研究所,1999.

[14] 罗肇森.潮汐通道口拦门沙航道的淤积计算[J].海洋工程,1992,(2):32-40.

[15] 中交公路规划设计院有限公司.港珠澳大桥主体工程初步设计阶段桥位附近水文测验报告[R].2009.

[16] 中华人民共和国交通部.海岸河口潮流、泥沙数值模拟技术规程[M].北京:人民交通出版社,1999.

[17] 窦国仁,董凤舞.潮流和波浪的挟沙能力[J].科学通报,1995,40(5).

[18] 唐士芳. 二维潮流数值水槽的桩群数值模拟[J]. 中国港湾建设,2002,(3):15-21.

[19] 唐士芳,李蓓. 桩群阻力影响下的潮流数值模拟研究[J]. 中国港湾建设,2001,(5):25-29.

第Ⅳ篇

施工篇之一：西人工岛工程

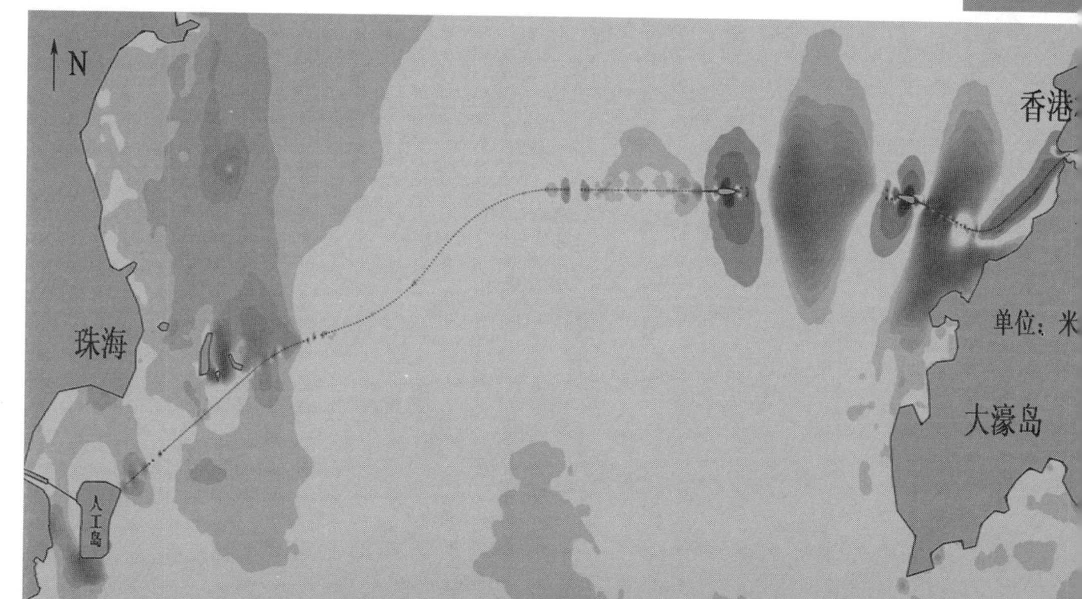

1　二维潮流数学模型研究

1.1　二维潮流数学模型的建立与验证

1.1.1　计算范围

为更好地拟合复杂岸线和航道、堤线等细致建筑物边界，潮流数学模型中采用无结构三角形网格对计算域进行剖分，并采用大范围与局部模型嵌套方式进行计算。网格嵌套范围，如图4-1-1所示，其中大范围模型南边界在大万山岛以南的21°52′N纬度线、北边界在虎门附近的22°49′N纬度线、西边界在113°30′E经度线、东边界在114°E经度线。整个计算域包括伶仃洋西四口门、香港水道、伶仃洋外侧的万山群岛。局部模型南边界在桂山岛北侧，北边界在内伶仃岛南侧，东西距离约52km，南北距离约22km。局部模型所需的潮位边界数值可由大范围模型提供。

大范围模型的计算区域及网格剖分情况如图4-1-1、图4-1-2所示，局部模型的计算区域及网格剖分情况如图4-1-3、图4-1-4所示，其中用以最终模拟工程方案的局部模型共23151个网格单元，最小空间步长为1m，能够保证充足的网格分辨率。

1.1.2　潮流数学模型

潮流计算采用Mike21系列软件中的三角形网格水动力模块（FM模块）。该软件由丹麦水工所开发，可应用于海岸、河口区域的水动力模拟。FM模块（Flexible Mesh）采用无结构三角形网格，在处理潮流动边界、复杂工程建筑物边界等方面具有强大的功能，且计算稳定性良好，现已在国内外许多工程项目研究中得到了广泛应用，模拟结果也具有较高的承认度。

控制方程采用经Navier-Stokes方程沿深积分的二维浅水方程组，并将紊流作用以涡粘系数的形式参数化。基本方程形式见式（4-1-1）～式（4-1-3）。

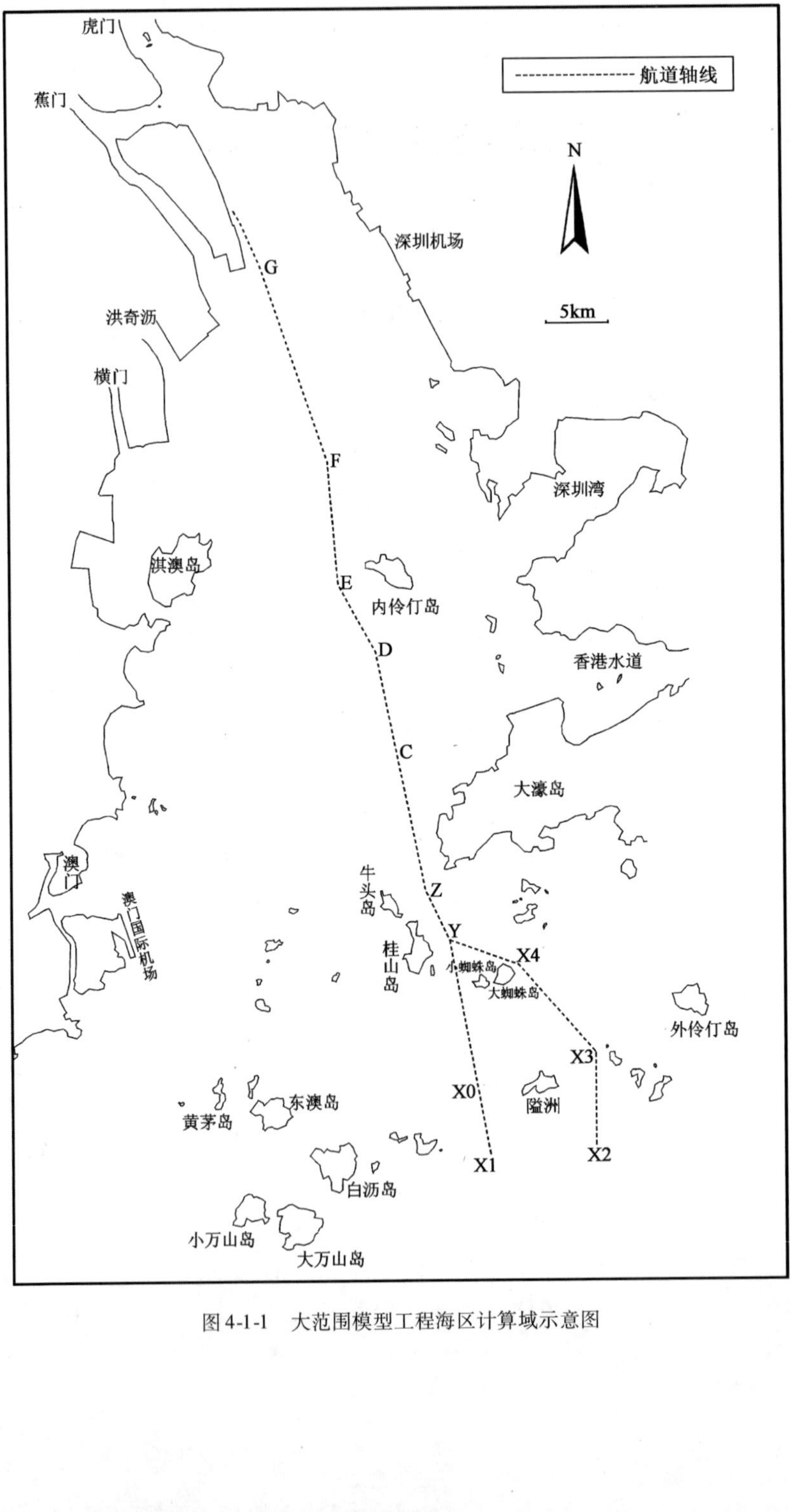

图 4-1-1　大范围模型工程海区计算域示意图

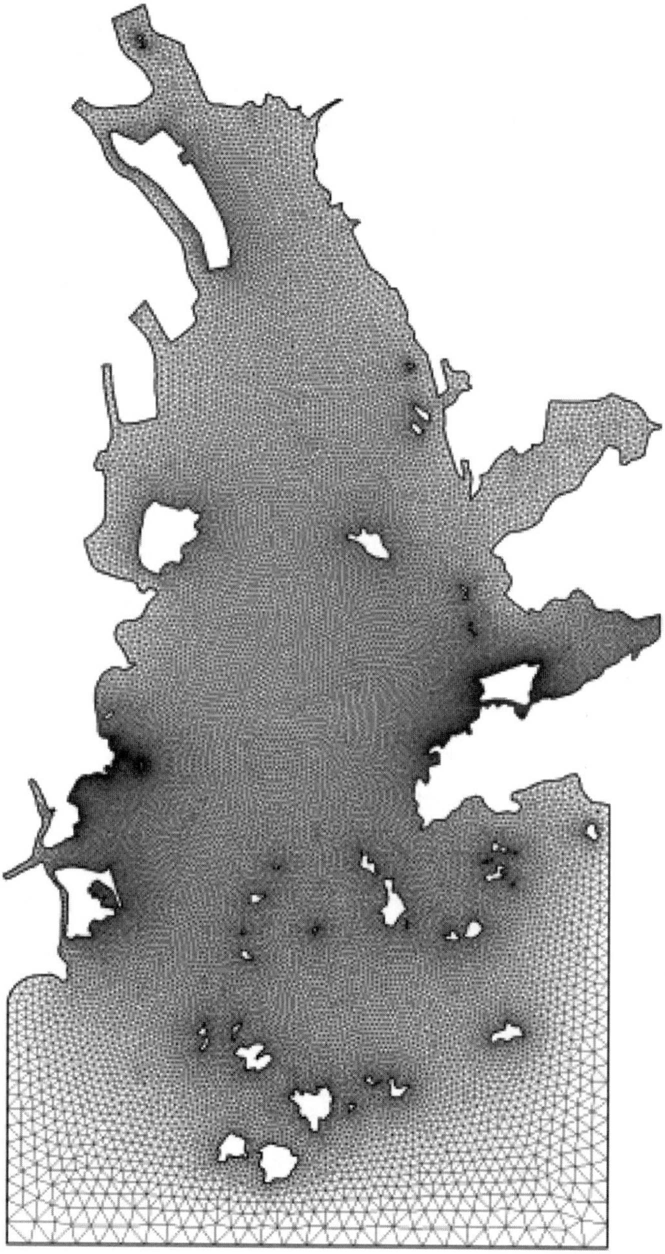

图 4-1-2　大范围模型计算域网格剖分效果图

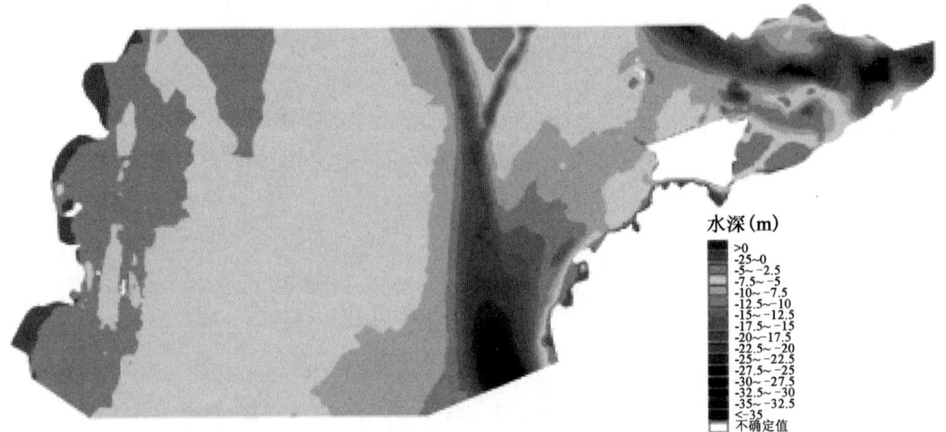

图 4-1-3　局部模型工程海区计算域示意图

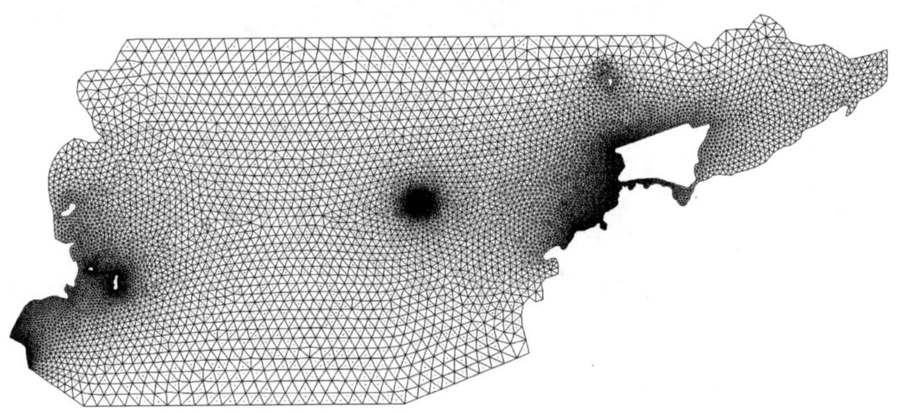

图 4-1-4　局部模型计算域网格剖分效果图

$$\frac{\partial h}{\partial t} + \frac{\partial h\bar{u}}{\partial x} + \frac{\partial h\bar{v}}{\partial y} = hS \tag{4-1-1}$$

$$\frac{\partial h\bar{u}}{\partial t} + \frac{\partial h\bar{u}^2}{\partial x} + \frac{\partial h\,\overline{vu}}{\partial y} = f\bar{v}h - gh\frac{\partial \eta}{\partial x} - \frac{gh^2}{2\rho_0}\frac{\partial \rho}{\partial x} + \frac{\tau_{sx}}{\rho_0} - \frac{\tau_{bx}}{\rho_0} + \frac{\partial}{\partial x}(hT_{xx}) + \frac{\partial}{\partial y}(hT_{xy}) + hu_s S \tag{4-1-2}$$

$$\frac{\partial h\bar{v}}{\partial t} + \frac{\partial h\,\overline{vu}}{\partial x} + \frac{\partial h\bar{v}^2}{\partial y} = -f\bar{u}h - gh\frac{\partial \eta}{\partial y} - \frac{gh^2}{2\rho_0}\frac{\partial \rho}{\partial y} + \frac{\tau_{sy}}{\rho_0} - \frac{\tau_{by}}{\rho_0} + \frac{\partial}{\partial x}(hT_{xy}) + \frac{\partial}{\partial y}(hT_{yy}) + hv_s S \tag{4-1-3}$$

式中：$h = \eta + d$——总水深；

η——自由面高程；

d——静水深；

x、y——横轴和纵轴坐标；

t——时间；

g——重力加速度；

$\bar{u}$、$\bar{v}$——沿 x 和 y 方向的垂线平均流速；

f——科氏力系数；

ρ——水体密度；

ρ_0——参考密度；

S——点源流量；

u_s、v_s——点源流速；

T_{xx}、T_{xy}、T_{yy}——应力项，包括粘性应力、紊流应力和对流等，与流速梯度相关。

底部应力 $\vec{\tau_b} = (\tau_{bx}, \tau_{by})$ 由式(4-1-4)计算：

$$\vec{\tau_b} = \rho_0 c_f \vec{u_b} \left| \vec{u_b} \right| \tag{4-1-4}$$

式中：c_f——拖曳力系数，c_f 可据 Chezy 系数 C 或 Manning 系数 M 计算，见式(4-1-5)和式(4-1-6)：

$$c_f = \frac{g}{C^2} \tag{4-1-5}$$

$$c_f = \frac{g}{(Mh^{1/6})^2} \tag{4-1-6}$$

风应力 $\vec{\tau_s} = (\tau_{sx}, \tau_{sy})$ 计算公式为：

$$\tau_s = \rho_a c_d \left| \vec{u_w} \right| \vec{u_w} \tag{4-1-7}$$

式中：ρ_a——空气密度；

c_d——空气拖曳力系数；

$\vec{u_w}$——海面上 10m 高处的风速，$\vec{u_w} = (u_w, v_w)$。

水平涡粘性系数采用 Samagorinsky 亚网格尺度模型求解，可以较好地描述各种涡的形成，即涡粘系数取值为：

$$A = C_s^2 l^2 \sqrt{2S_{ij}S_{ij}} \tag{4-1-8}$$

式中：C_s——可调系数，可取为 0.28；

S_{ij}——变形速率，与速度梯度相关，即：

$$S_{ij} = \frac{1}{2}\left(\frac{\partial u_i}{\partial x_j} + \frac{\partial u_j}{\partial x_i}\right), (i,j = 1,2) \tag{4-1-9}$$

控制方程采用有限体积法显式求解，并采用干湿网格判断法对露滩现象进行模拟。

1.1.3 模型验证

选择2007年8月13日17时至8月14日22时大潮过程和2007年8月16日13时至8月17日15时中潮过程对模型进行验证：水文测点见图4-1-5。用于潮位验证的有8个，即黄茅岛站(1号)、桂山岛站(2号)、金星门站(3号)、内伶仃岛站(4号)、赤湾站(5号)、宝安机场站(9号)、南沙港区站(10号)和大万山岛站(13号)；用于流速流向验证的有16个，即蕉门1站(4号)、蕉门2站(5号)、蕉门3站(6号)、洪奇沥1站(7号)、洪奇沥2站(8号)、伶仃1站(11号)、伶仃2站(12号)、伶仃3站(13号)、大濠岛站(14号)、矾石站(15号)、铜鼓航道站(16号)、西滩站(17号)、抛泥地站(18号)、珠海站(19号)、外海1站(20号)和外海2站(21号)。

选择2004年6月19日11时至6月20日13时大潮过程、2004年6月14日11时至6月15日13时中潮过程和2004年6月11日11时至6月12日13时小潮过程对模型进行验证：水文测点见图4-1-6，用于潮位验证的有2个站，即九州港站(1号)和香港国际机场站(2号)；用于流速流向验证的站位有9个站，即1号、2号、3号、4号、5号、6号、7号、8号和9号测流点。

选择2009年3月27日10时至3月28日13时大潮过程、2009年4月2日12时至4月3日16时小潮过程、2009年6月22日8时至6月23日12时大潮过程、2009年6月16日9时至6月17日14时小潮过程分别对模型也进行了验证，水文测点见图4-1-7。用于潮位验证有2个站，即九州港站(1号)和香港国际机场站(2号)；用于流速流向验证有11个站，即1号、2号、3号、4号、5号、6号、7号、8号、9号、10号和11号侧流点。

从模型的验证过程来看，无论是计算的量值还是位相，均与实测值基本吻合(高低潮时间的相位误差不大于±0.5h，最高和最低潮位值偏差小于±10cm；涨、落潮段平均流速偏差在±10%以内)，涨潮和落潮流态与海区地形轮廓相符。因此可以认为模型的验证是成功的，可以应用本模型对计算海区内的各种方案工程前和工程后的潮流场进行数值模拟的计算分析。

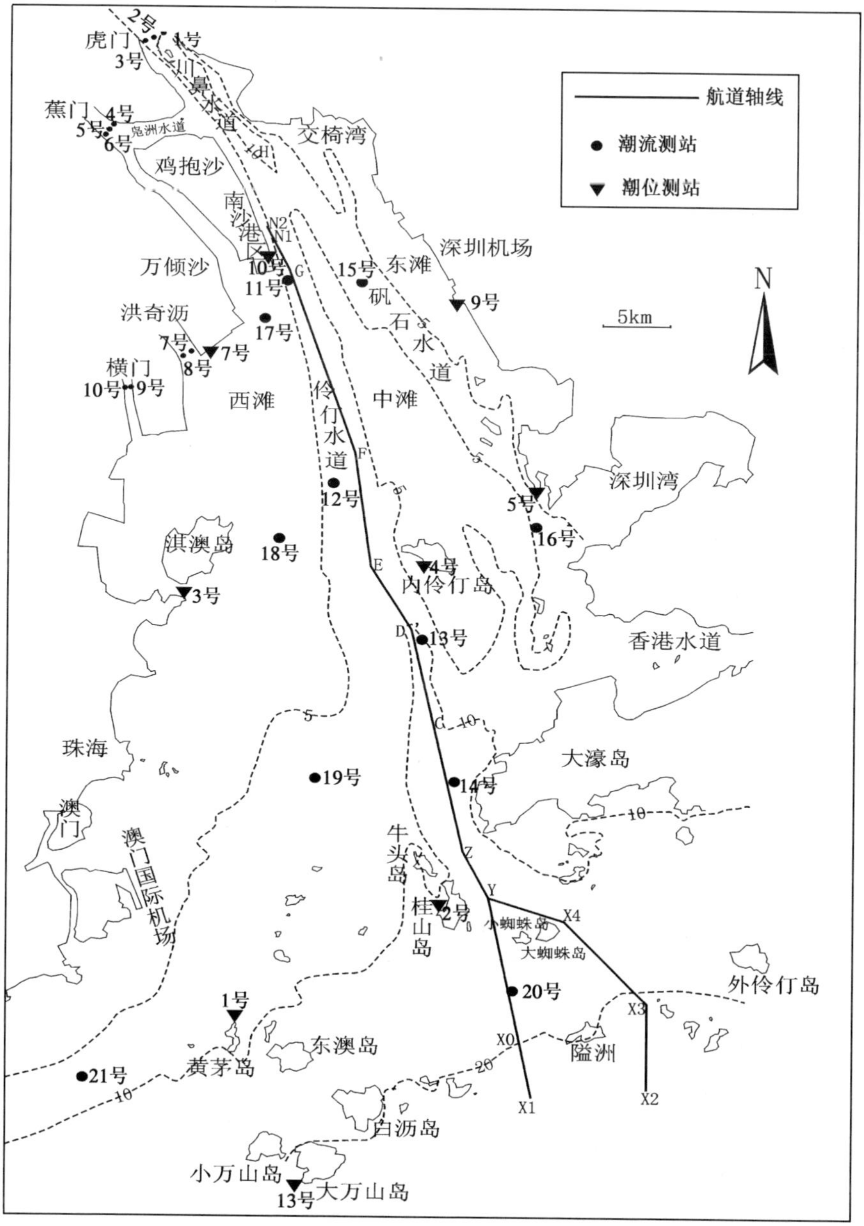

图 4-1-5　2007 年水文测点位置图

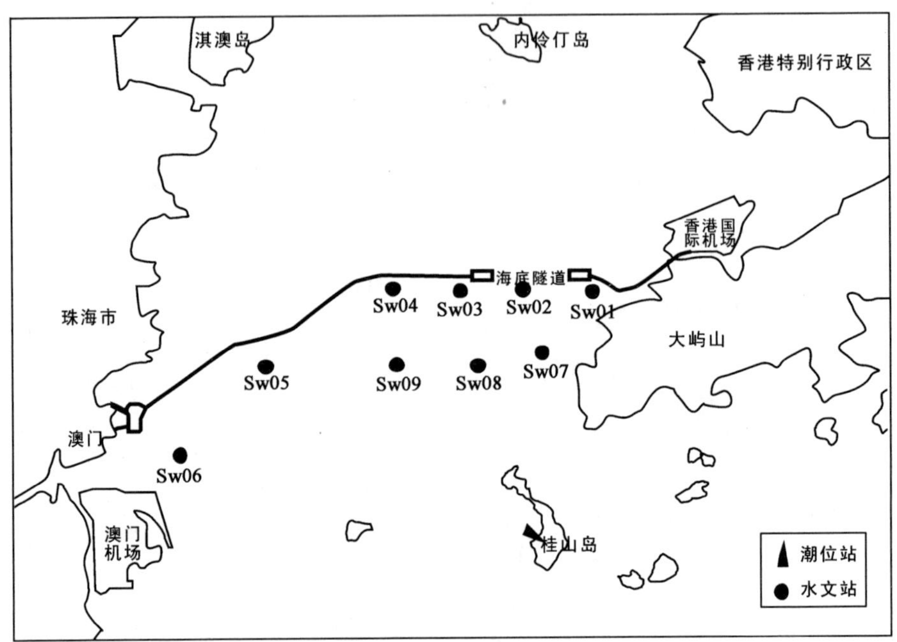

图 4-1-6 2004 年水文测点位置图

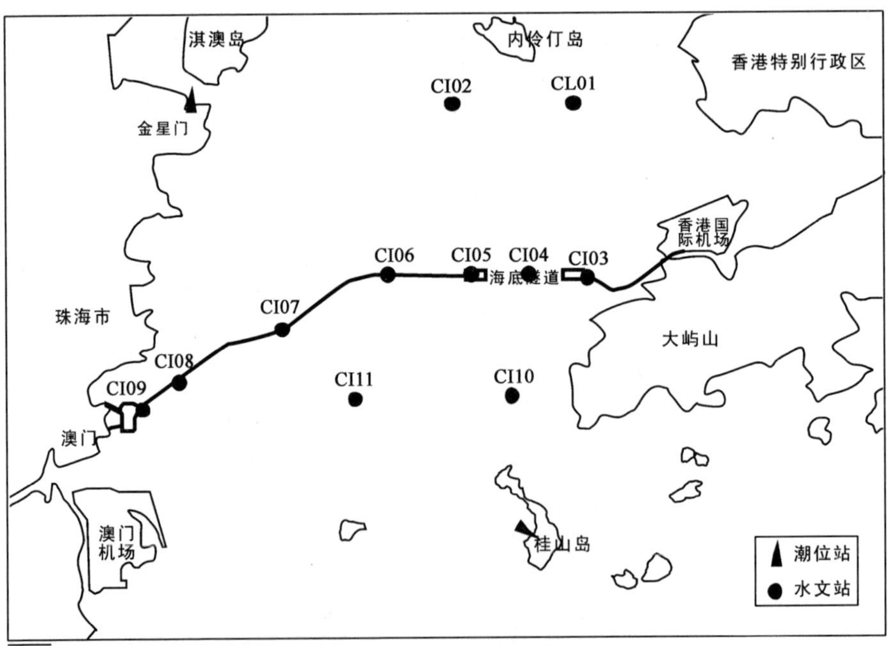

图 4-1-7 2009 年水文测点位置图

1.2　数值模拟计算及结果分析

在以下潮流数值模拟计算成果中，均选用2009年6月22日8时至6月23日12时大潮过程作为代表潮型进行对比分析。

1.2.1　工程前潮流运动规律

图4-1-8和图4-1-9分别为大潮落急和涨急时刻流场图，结合以往的研究，工程海区(伶仃洋内外海域)在现状条件下的流场分布具有以下特点：

(1)伶仃洋河口湾的潮流基本上是呈南北向往复流性质，涨潮时，经香港水道的涨潮水体自东向西进入伶仃洋，经珠海至大濠岛断面的涨潮水体自南向北进入伶仃洋。在自南向北进入伶仃洋的涨潮水体中，靠近东侧的一部分在绕过大濠岛后转向东北，与香港水道流入的涨潮水体在铜鼓海区相汇，并转向偏北，流向深圳湾和伶仃洋河口湾的湾底。对于虎门、蕉门、洪奇沥和横门，它们既是径流下泄的通道，在上游河道内又具有一定的纳潮库区，致使涨潮水体经各自河道的口门进入上游河道内。落潮时，各河道的纳潮水体与径流一起下泄进入伶仃洋，并汇同伶仃洋的落潮水体向南退出。对于伶仃洋东侧的落潮水体，在与深圳湾的落潮水体汇合后继续向南流动，并在铜鼓海区分为两股，一股转向偏东，经香港水道退出，另一股转向西南，绕过大濠岛后退出。

(2)伶仃洋河口湾的潮波主流方向为南北向，由于南北方向距离较长，所以存在着一定的位相差。当南部开始涨潮时，北部仍在落潮，经一段时间后才转为涨潮。当南部涨潮流速为最大时，北部涨潮流速还在逐步增大，经一段时间后才出现最大涨潮流，而此时南部涨潮流速已开始减小。同样，落潮和最大落潮流速发生时刻也是北部较南部滞后一段时间。这里所讲的一段时间就是南北方向的位相差。计算结果表明，位相差的大小与潮型有关，无论是枯季还是洪季，当大潮落潮出现时，伶仃洋南北向的位相差最为明显，平均为2h左右。

(3)大濠岛以外海区涨潮水流受多个岛屿的影响故比较紊乱，各区差异也比较大，但总的变化趋势基本呈往复流动，即涨潮时沿程水流由外侧东北向逐渐东偏，到大濠岛附近时，水流流向基本呈北向；落潮时从大壕岛深槽的近似南向逐渐东偏，到达模型南边界时，水流流向基本呈东南向。但由于该段海区潮流动力不强，所以流速的变化规律是涨潮流速小于落潮流速。

(4)在西人工岛开挖基槽区域(图4-1-10、表4-1-1)，各点平均流速，涨潮介于0.54 ~0.61m/s，平均值约为0.56m/s；落潮平均流速介于0.62 ~0.69m/s，平均值约为0.64m/s。

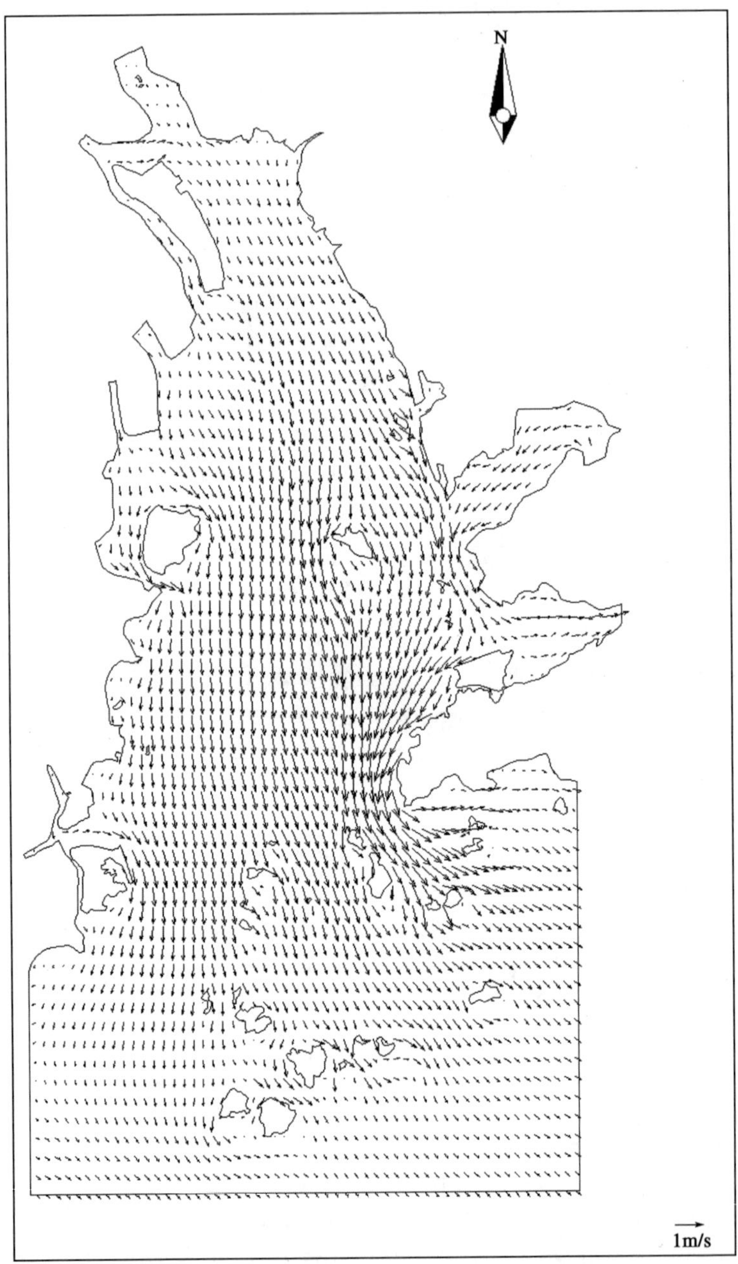

图4-1-8 大范围模型大潮落急流场(工程前)

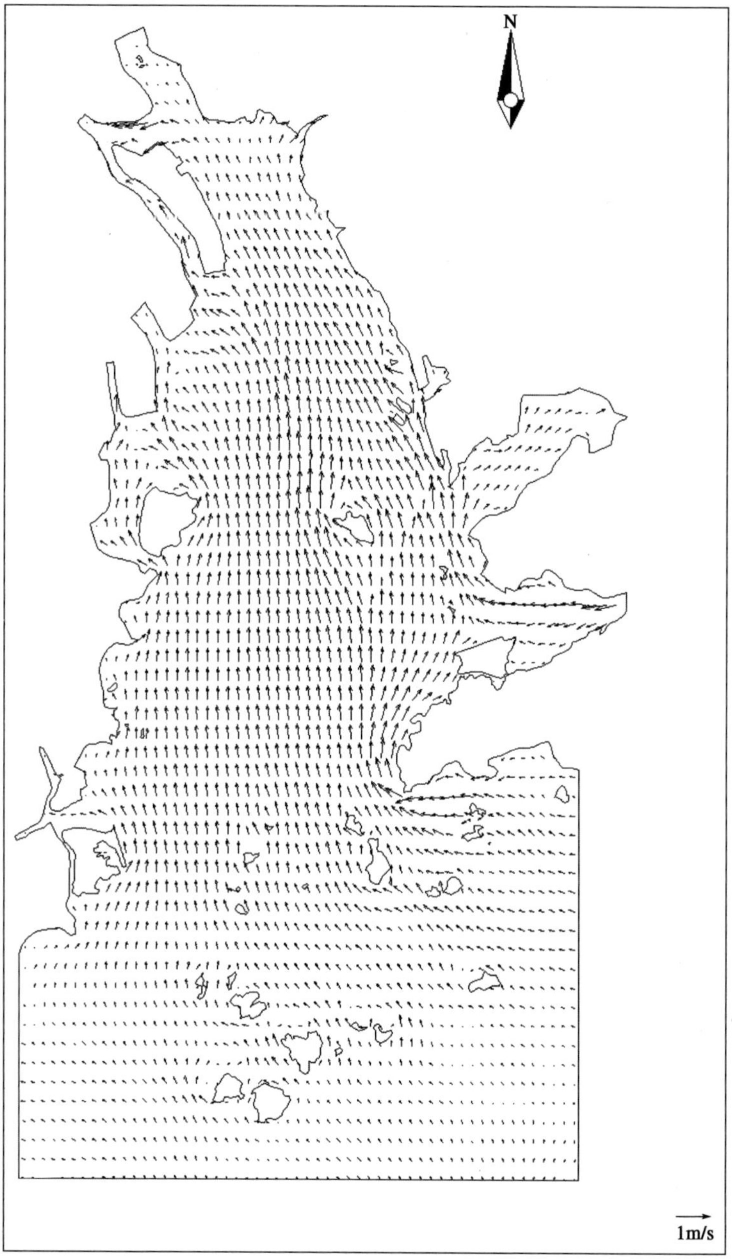

N

1m/s

图 4-1-9　大范围模型大潮涨急流场(工程前)

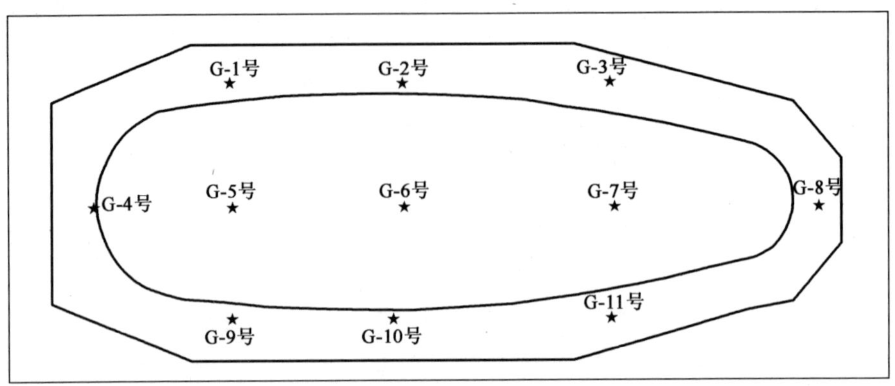

图 4-1-10　基槽内流速计算点

基槽内潮平均流速(工程前)　　表 4-1-1

位　　置	涨潮平均流速(m/s)	落潮平均流速(m/s)
G-1 号	0.55	0.63
G-2 号	0.55	0.64
G-3 号	0.58	0.67
G-4 号	0.55	0.62
G-5 号	0.56	0.65
G-6 号	0.55	0.64
G-7 号	0.57	0.66
G-8 号	0.61	0.69
G-9 号	0.54	0.62
G-10 号	0.54	0.62
G-11 号	0.56	0.65

1.2.2　工程后潮流场计算

1)方案一

根据施工进度、平面布置的相似性并结合计算结果把方案一中各工况分为工况 1 ~ 工况 4 与工况 5 ~ 工况 8 两部分分别进行分析。

(1)工况 1 ~ 工况 5。

图 4-1-11 ~ 图 4-1-20 分别给出了工况 1 ~ 工况 5 工程区局部大潮涨、落急流场,由图可见,工程建设对工程附近水域流场有一定的影响,由于各工况平面

布置形式的不同，局部流场有所差异。主要变化特征如下：

①工况 1 为西人工岛基槽开挖后的状态，潮流经过槽区时涨、落潮流速都有所减小。

②工况 2 ~ 工况 5，涨、落潮流经过槽区时，由于拟建钢圆筒的阻水作用，向工程两侧分流，东西两侧流速明显增大，在拟挖基槽南北两侧背影区出现环流区或弱流区。其中，工况 2 由于阻水断面长度最小，工程实施后流场变化的范围也最小；与工况 3 相比，工况 4 由于南侧钢圆筒的影响，落潮时，在西侧会形成一个环流区，涨潮时两工况下基本一致。工况 5，阻水断面长度相对于工况 3 ~ 工况 4 有所变大，东西两侧流速变化也更大，同时受到西侧 33 号钢圆筒附近工程挑流的影响，涨潮时，水流向西北方向偏转，落潮时，水流向西南方向偏转。

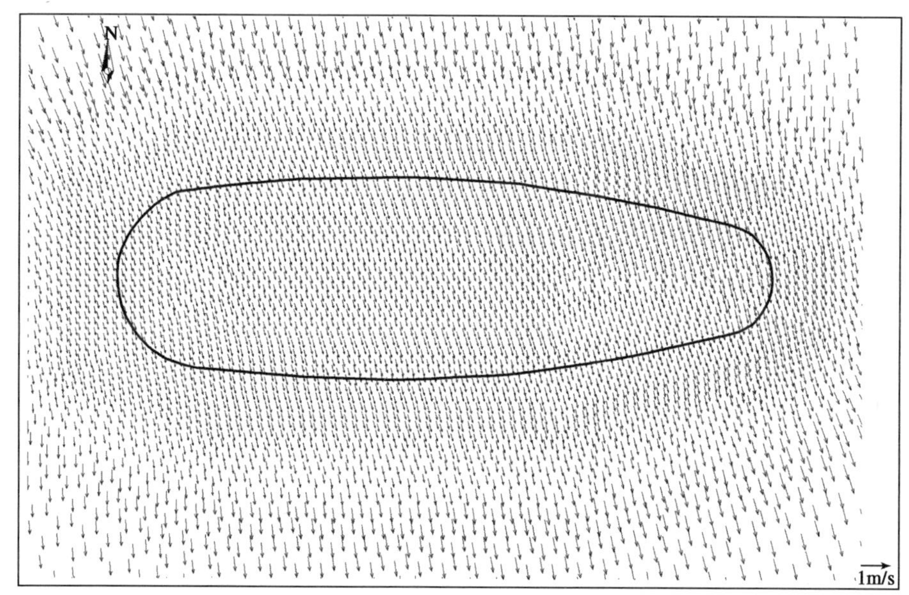

图 4-1-11　局部大潮落急流场(工况 1)

(2)工况 6 ~ 工况 8。

图 4-1-21 ~ 图 4-1-26 分别给出了工况 6 ~ 工况 8 工程区局部大潮涨、落急流场，这四种工况后潮流变化主要特征如下。

工况 6 与工况 7 虽在南侧钢圆筒有部分未合拢区域，但工况 6 ~ 工况 8 对于涨、落潮流阻水断面基本一致，涨、落潮时，水流在人工岛中部向两侧分流，东西两头出现明显的绕流，流速明显增大。在背影区出现较大的环流区或弱流区。工况 6 与工况 7 中南侧钢圆筒未合拢区域，涨潮时流速也相对较小。

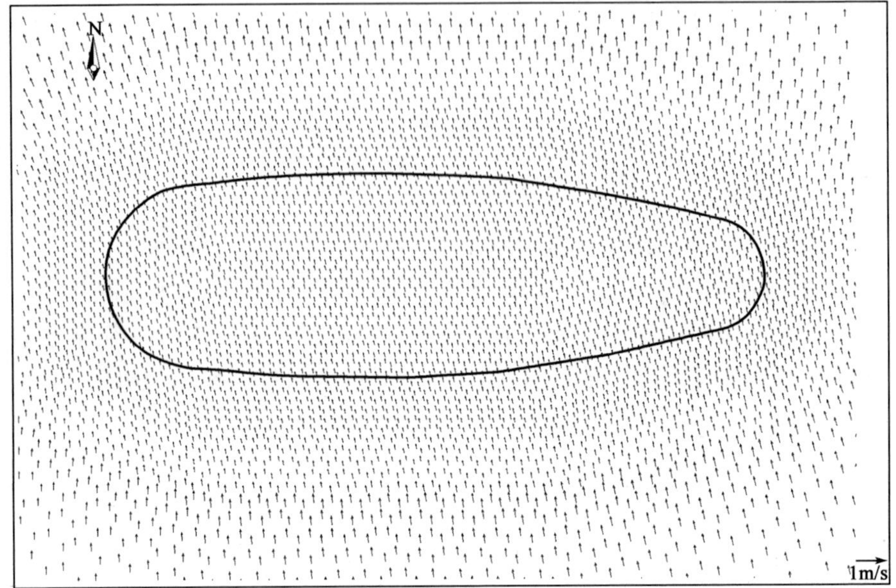

图 4-1-12　局部大潮涨急流场（工况 1）

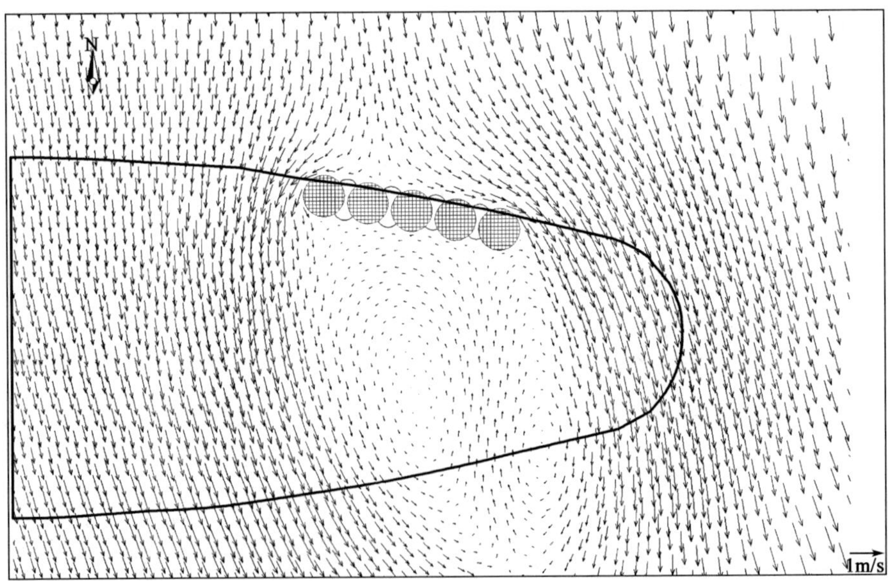

图 4-1-13　局部大潮落急流场（工况 2）

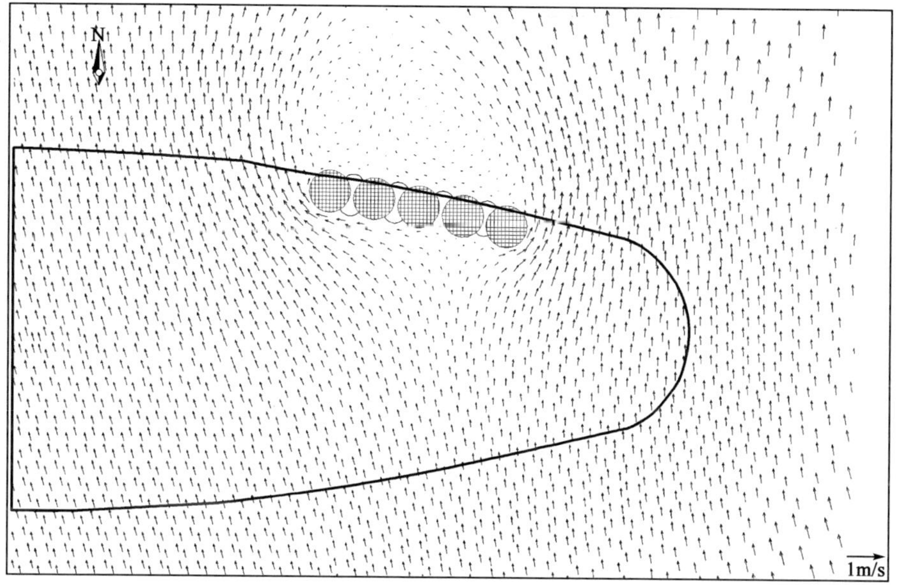

图 4-1-14 局部大潮涨急流场(工况 2)

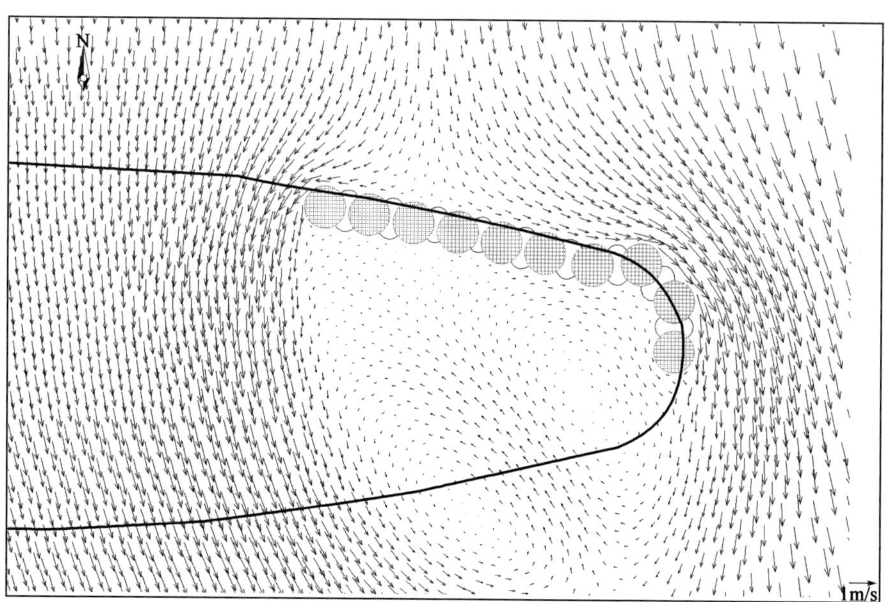

图 4-1-15 局部大潮落急流场(工况 3)

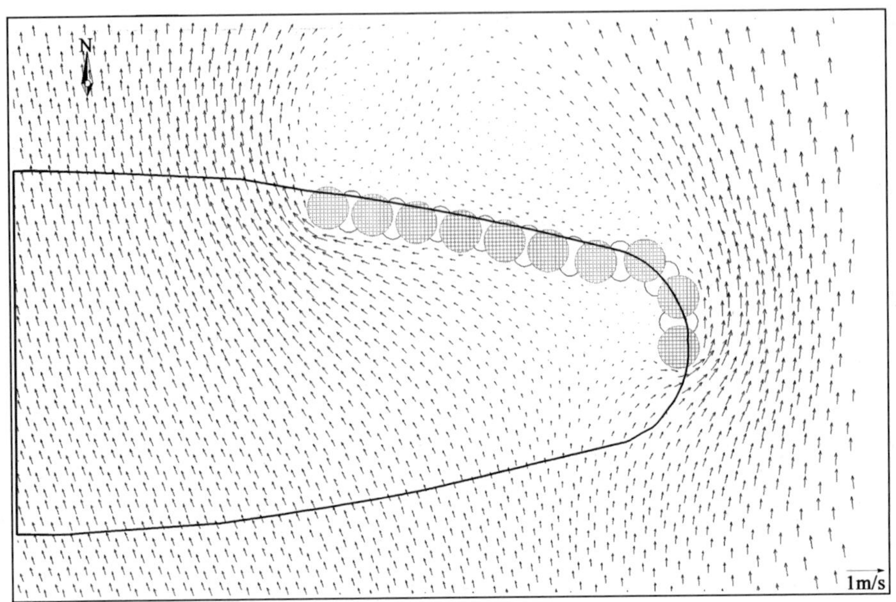

图 4-1-16　局部大潮涨急流场（工况 3）

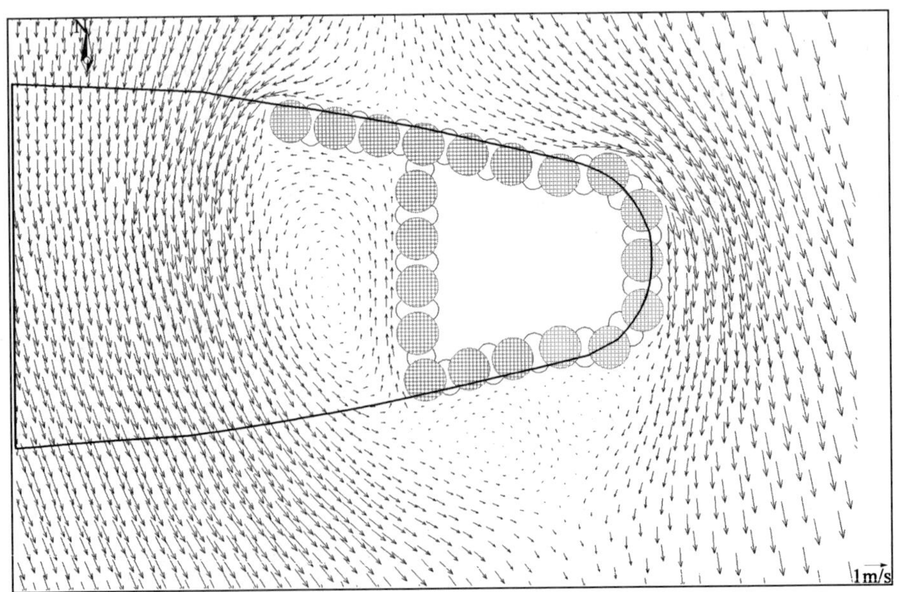

图 4-1-17　局部大潮落急流场（工况 4）

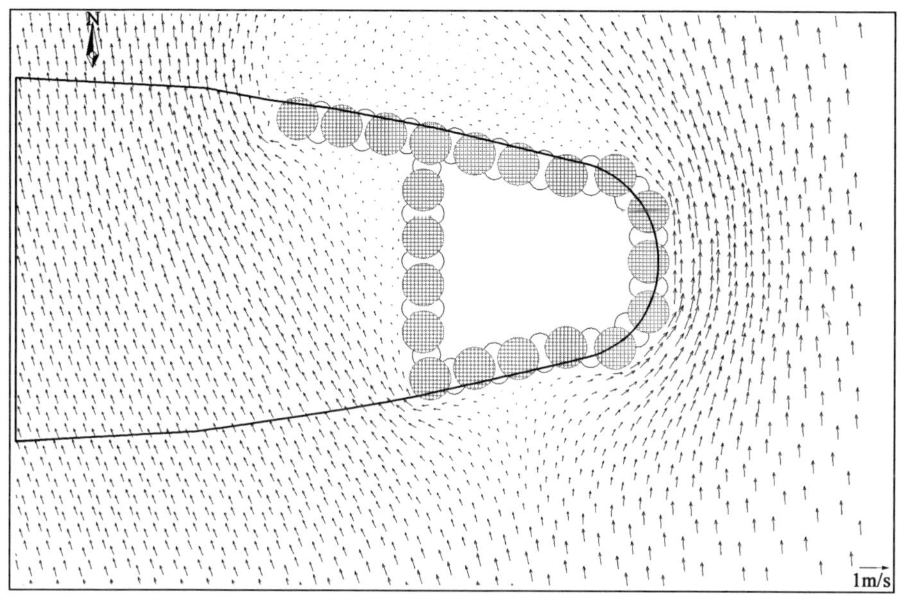

图 4-1-18 局部大潮涨急流场(工况 4)

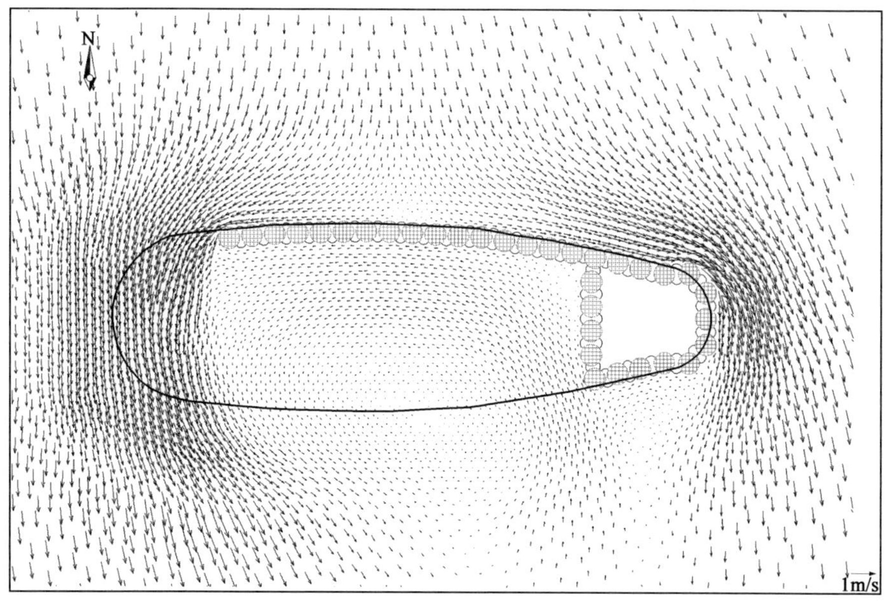

图 4-1-19 局部大潮落急流场(工况 5)

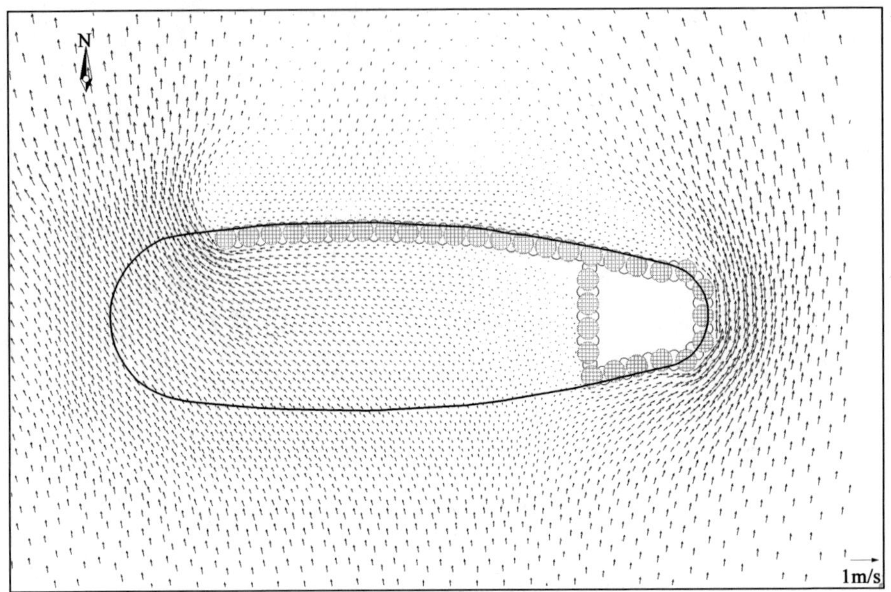

图 4-1-20　局部大潮涨急流场(工况 5)

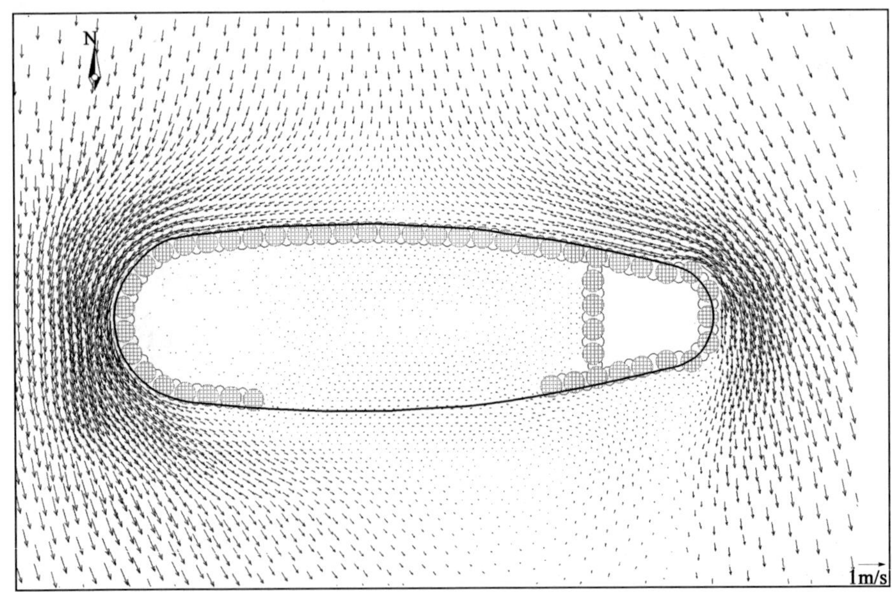

图 4-1-21　局部大潮落急流场(工况 6)

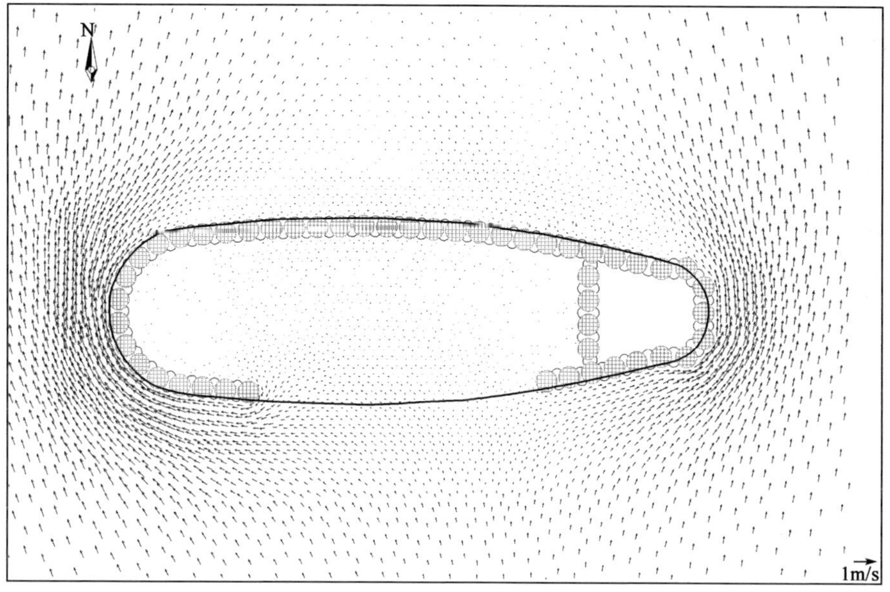

图 4-1-22 局部大潮涨急流场(工况 6)

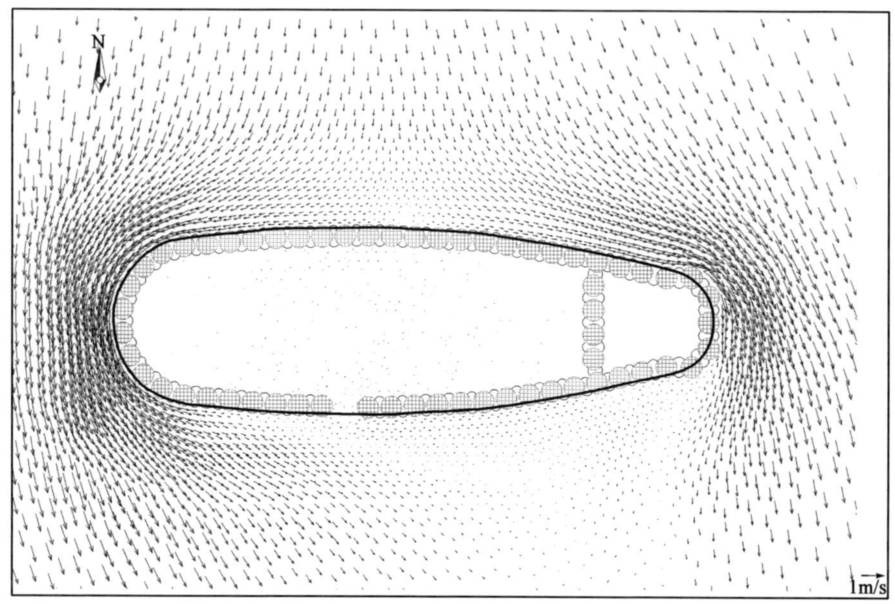

图 4-1-23 局部大潮落急流场(工况 7)

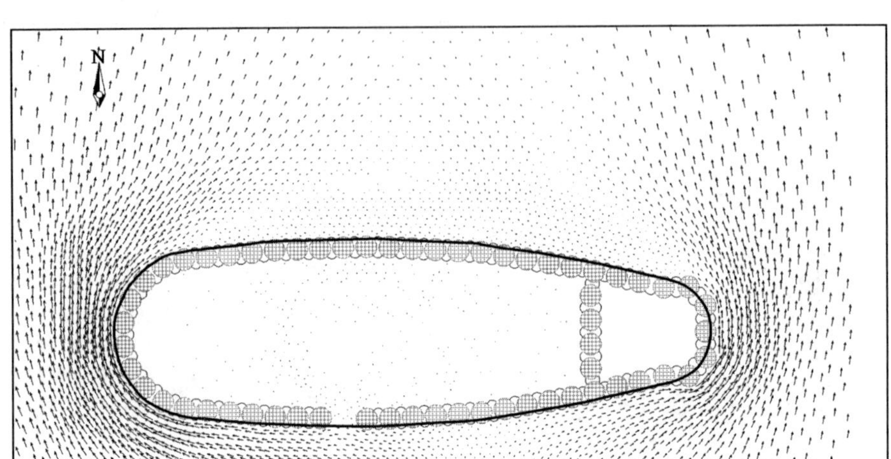

图 4-1-24　局部大潮涨急流场(工况 7)

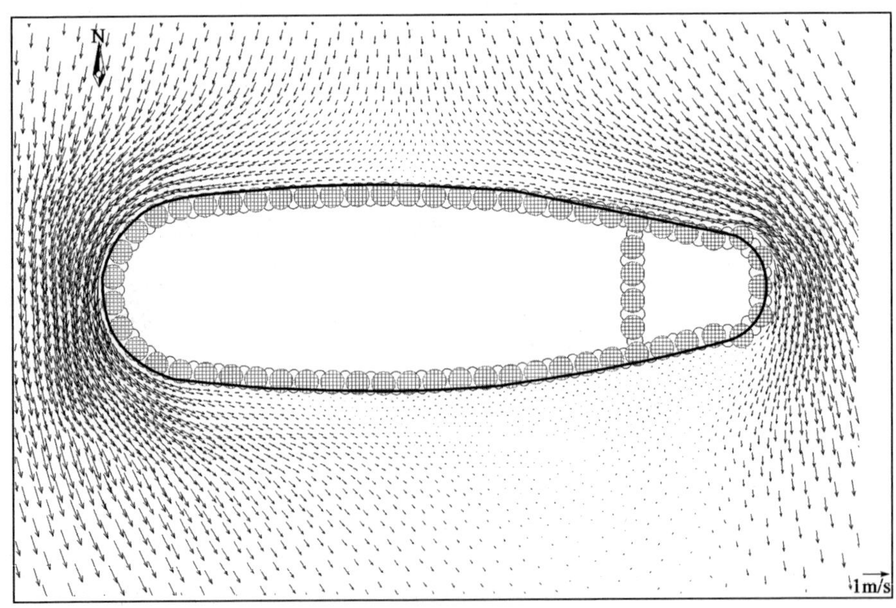

图 4-1-25　局部大潮落急流场(工况 8)

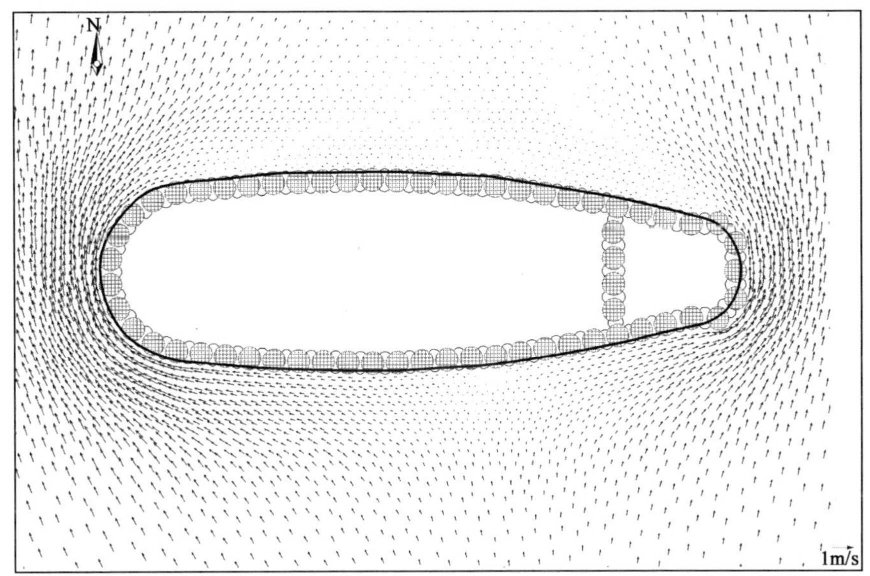

图 4-1-26 局部大潮涨急流场(工况 8)

2)方案二

根据施工进度、平面布置的相似性并结合计算结果把方案二中各工况分为工况 9、10 与工况 11、12 两部分分别进行分析。

(1)工况 9、工况 10。

图 4-1-27 ~ 图 4-1-30 分别给出了工况 9 和工况 10 工程区局部大潮涨、落急流场。主要变化特征如下。

工况 9 与工况 10，涨潮时，受到南侧钢圆筒的阻水作用，两工况下涨潮流变化基本一致；落潮时，工况 9 主要受南侧钢圆筒的影响，落潮流在人工岛南侧附近发生偏转，而工况 10 由于北侧钢圆筒的实施，落潮流在人工岛北侧即开始向东侧分流。

(2)工况 11、工况 12。

图 4-1-31 ~ 图 4-1-34 分别给出了工况 11 和工况 12 工程区局部大潮涨、落急流场，这四种工况后潮流变化主要特征如下。

工况 11 和工况 12 对于涨潮流阻水断面基本一致，涨潮时，水流在人工岛中部向两侧分流，东西两头出现明显的绕流，流速明显增大，在背影区出现较大的环流区或弱流区；落潮时，工况 11 相对于工况 12 在人工岛西侧流态有所不同，水流受到 42 号钢圆筒附近挑流的影响，西侧水流向西南方向偏转，工况 12 与涨潮一致，在人工岛中部向两侧分流，绕过人工岛后向中间偏转，东侧偏转角度小于西侧。

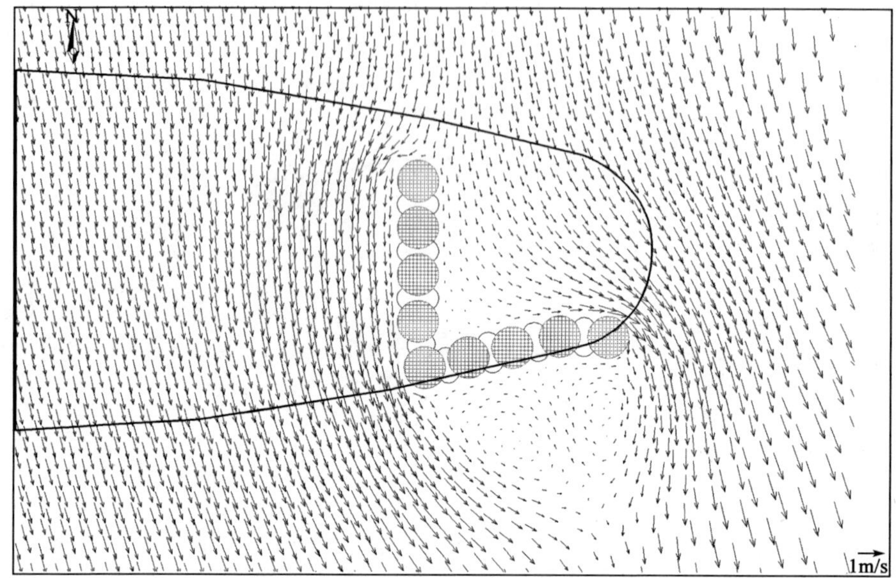

图 4-1-27　局部大潮落急流场(工况 9)

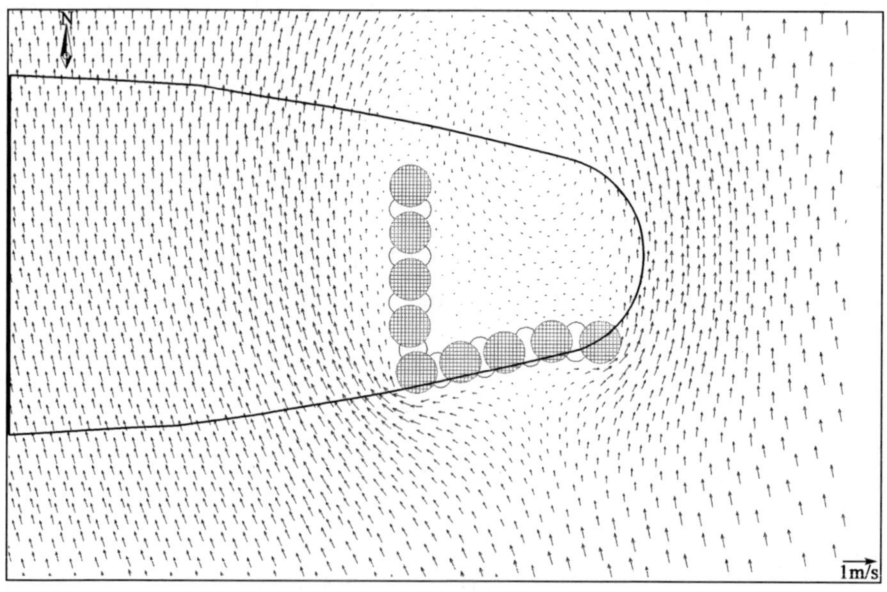

图 4-1-28　局部大潮涨急流场(工况 9)

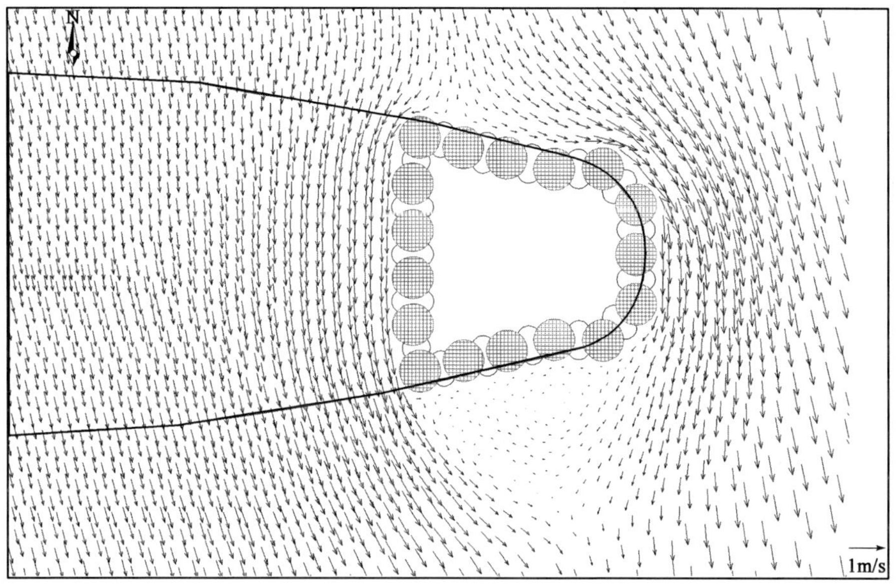

图 4-1-29　局部大潮落急流场(工况 10)

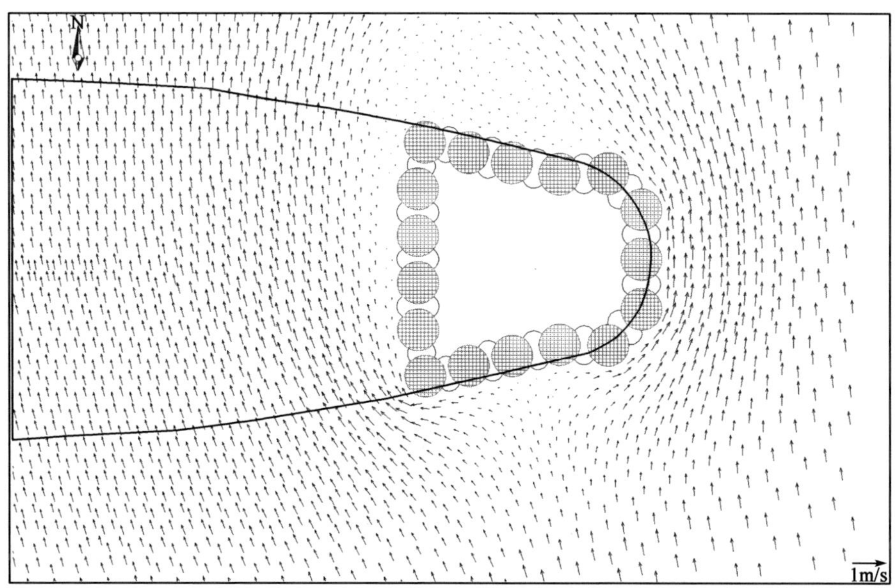

图 4-1-30　局部大潮涨急流场(工况 10)

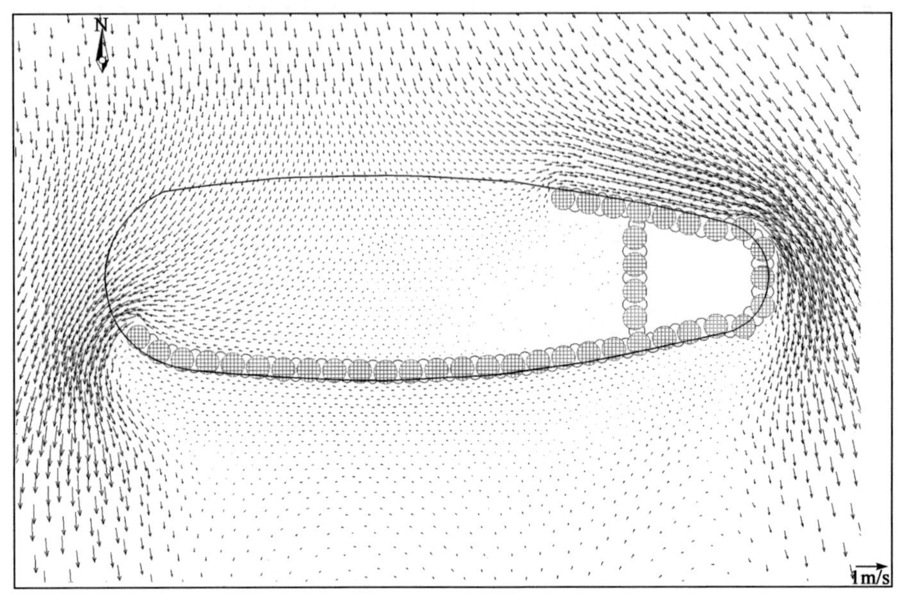

图 4-1-31　局部大潮落急流场(工况 11)

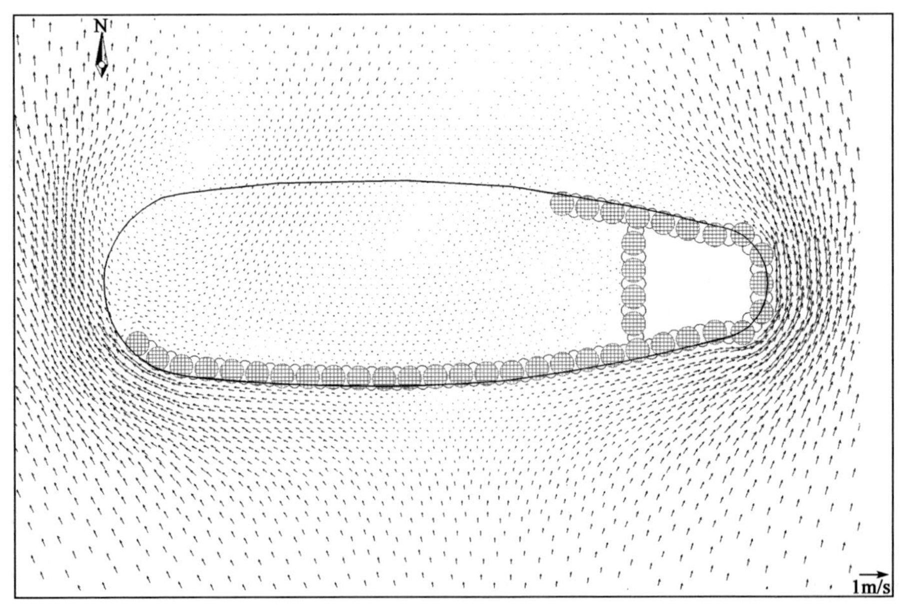

图 4-1-32　局部大潮涨急流场(工况 11)

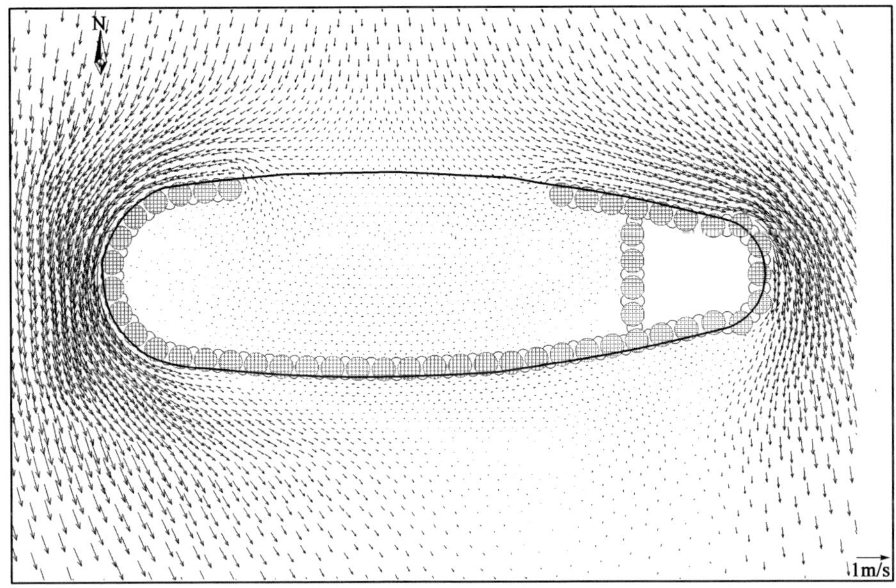

图 4-1-33　局部大潮落急流场(工况 12)

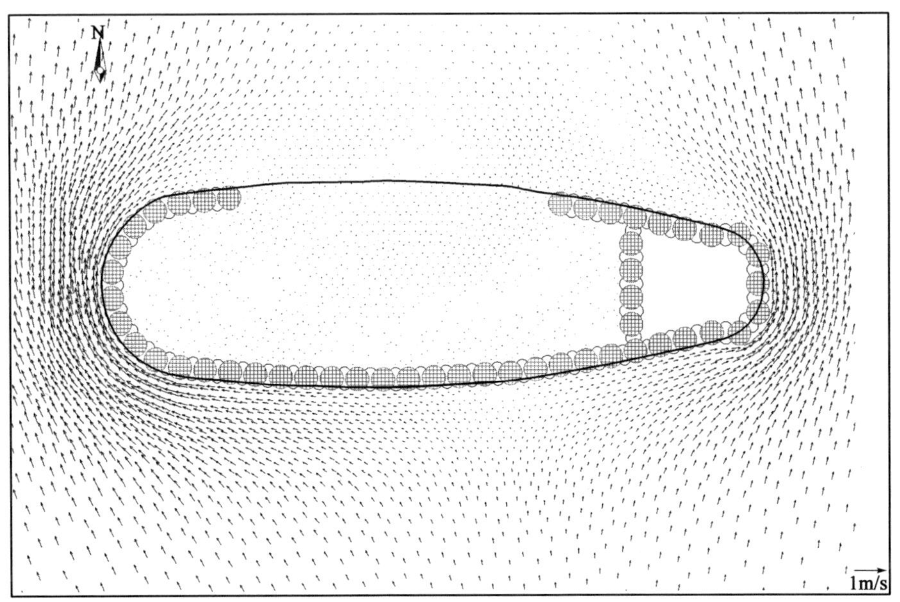

图 4-1-34　局部大潮涨急流场(工况 12)

1.2.3 工程前后潮流场变化对比分析

1)方案一

(1)工况1~工况5。

为深入分析各工况实施后工程区水动力条件的变化,根据各工况的平面布置形式及流场分布情况,在人工岛基槽内分别布置了多个计算点,如图4-1-35~图4-1-39所示;图4-1-40~图4-1-49分别给出了各工况实施前后大潮涨、落潮平均流速变化;表4-1-2~表4-1-6分别给出了不同工况实施前后各计算点涨、落潮平均流速对比结果。由上述图表对比分析可得出:

①与工程前相比,工况1受基槽挖深的影响,涨、落潮平均流速在槽南北两侧有所增大,增幅值介于0.05~0.10m/s之间,槽内流速明显变小,涨、落潮平均流速减幅值介于0.20~0.29m/s之间。

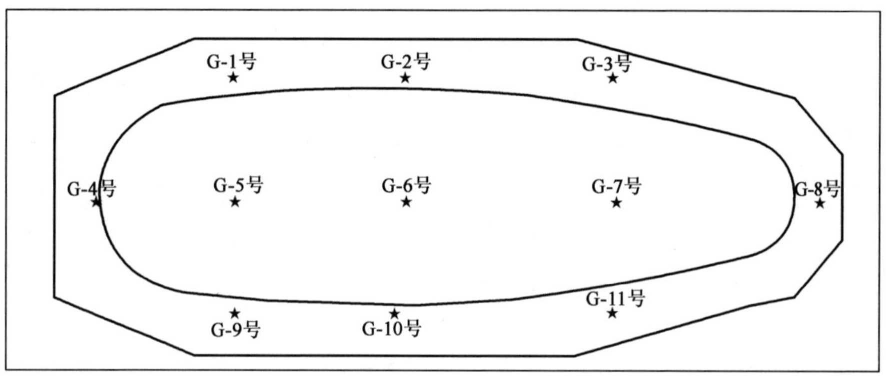

图4-1-35 计算点布置示意图(工况1)

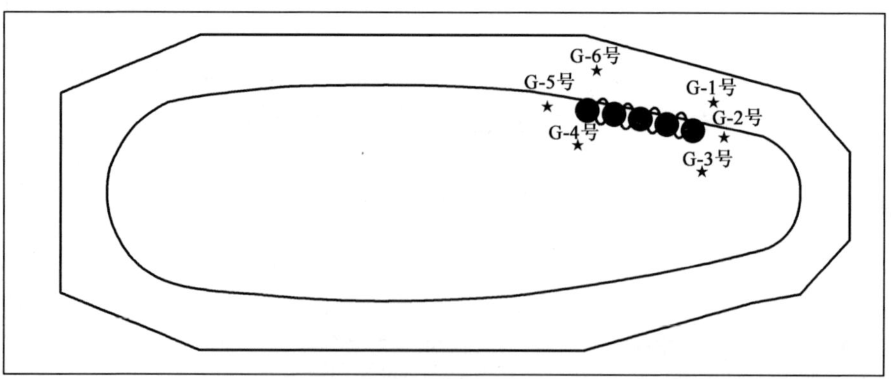

图4-1-36 计算点布置示意图(工况2)

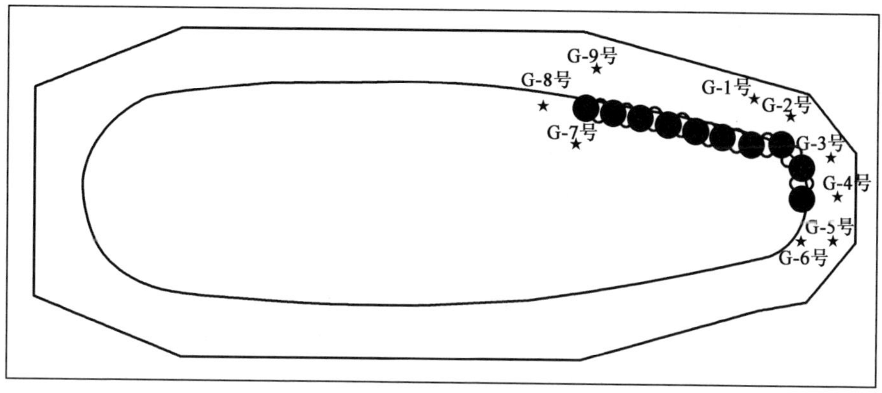

图 4-1-37 计算点布置示意图(工况 3)

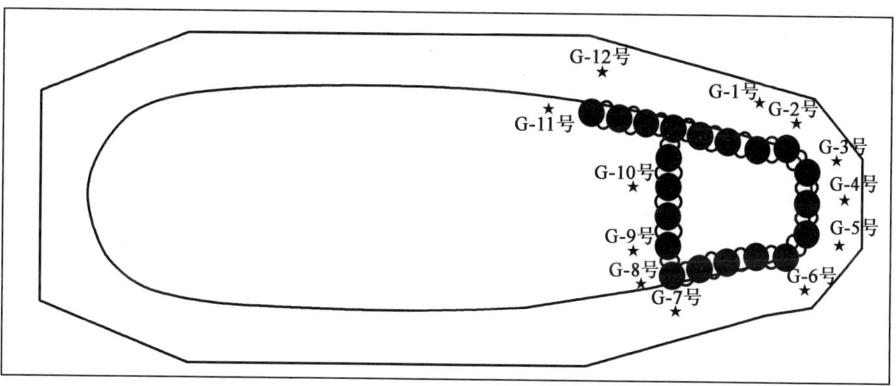

图 4-1-38 计算点布置示意图(工况 4)

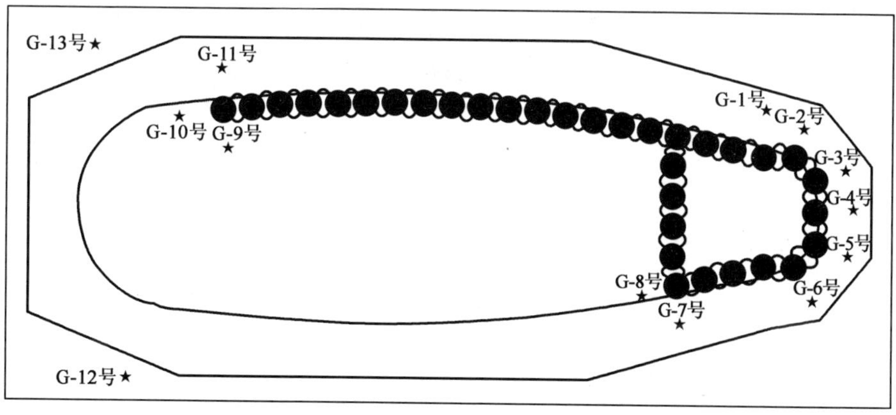

图 4-1-39 计算点布置示意图(工况 5)

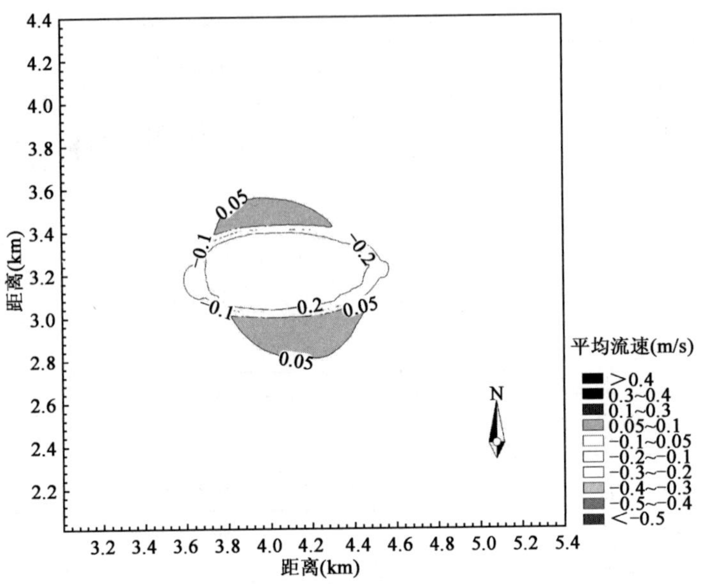

图 4-1-40　涨潮平均流速变化等值线图(工况 1)

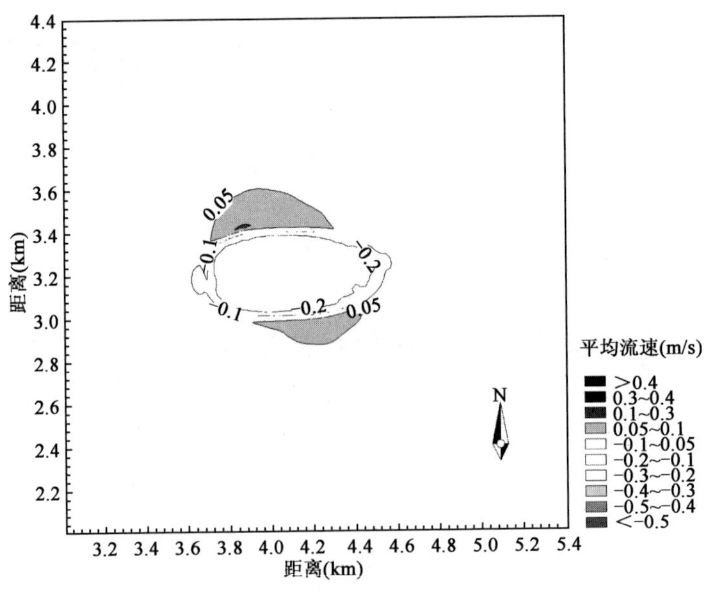

图 4-1-41　落潮平均流速变化等值线图(工况 1)

②工况 2 ~ 工况 6，因受钢圆筒阻水影响，水流向东西两侧分流，工程区两侧流速呈不断增大趋势，在背影区出现弱流区，弱流区所影响的范围在涨潮时呈北大南小，落潮时呈南大北小分布。其中：工况 2，涨潮平均流速减幅值介于 0.05 ~ 0.52m/s 之间，落潮平均流速减幅值介于 0.12 ~ 0.60m/s（图 4-1-42 和图 4-1-43）；工况 3，涨潮平均流速除东西两侧 G-4 号及 G-8 号（即 10 号和 1 号钢圆筒位置附近）大于工程前，增幅值分别为 0.01m/s 及 0.02m/s，其余各点均较工程前有所减小，减幅值介于 0.07 ~ 0.52m/s 之间，落潮平均流速除人工岛东北G-3 号（即 9 号钢圆筒位置附近）流速大于工程前，增幅值为 0.08m/s，其余各点均较工程前有所减小，减幅值介于 0.03 ~ 0.45m/s 之间（图 4-1-44 和图 4-1-45）；工况 4，涨、落潮平均流速在人工岛东侧较工程前略有所增大，增幅值分别介于0.02 ~ 0.06m/s 和 0.00 ~ 0.10m/s 之间，其余点较工程前有所减小，减幅值介于0.06 ~ 0.56m/s 之间（图 4-1-46 和图 4-1-47）；工况 5，涨、落潮平均流速在人工岛东侧及 G-10 号（即 30 号钢圆筒位置附近）较工程前略有所增大，增幅值分别介于0.09 ~ 0.22m/s 和 0.00 ~ 0.34m/s 之间，其余点较工程前有所减小，减幅值介于 0.05 ~ 0.54m/s 之间（图 4-1-48 和图 4-1-49）。

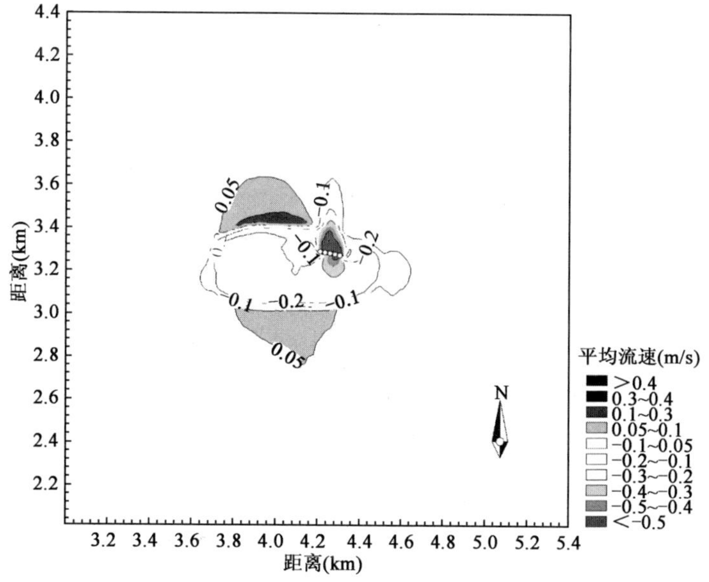

图 4-1-42 涨潮平均流速变化等值线图（工况 2）

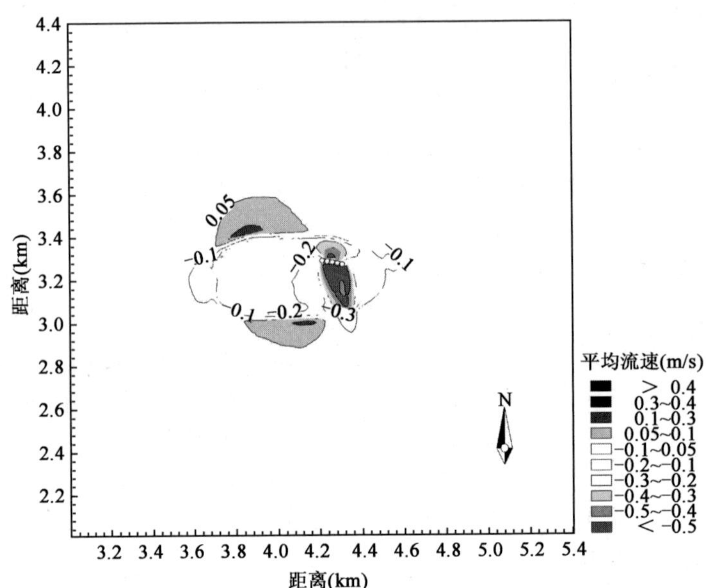

图 4-1-43　落潮平均流速变化等值线图(工况 2)

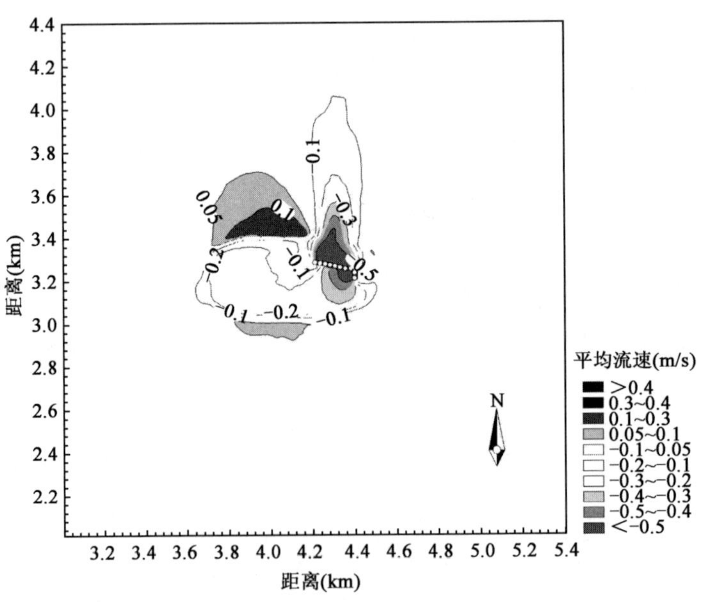

图 4-1-44　涨潮平均流速变化等值线图(工况 3)

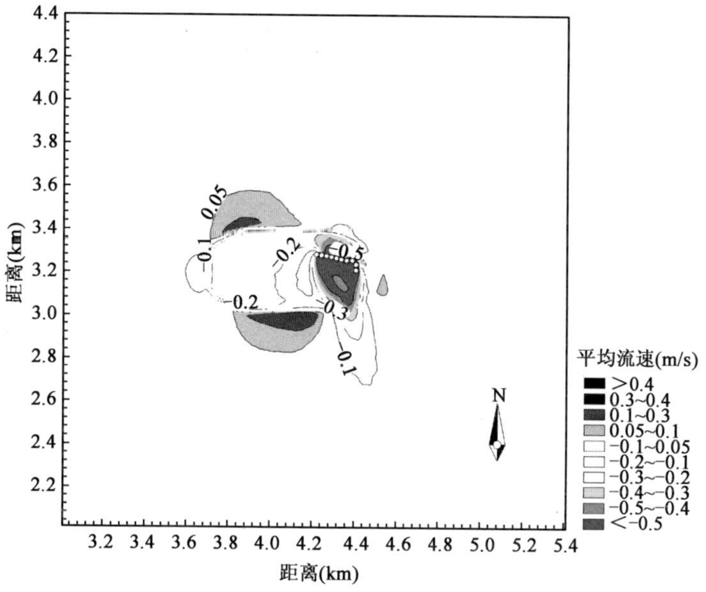

图 4-1-45 落潮平均流速变化等值线图(工况 3)

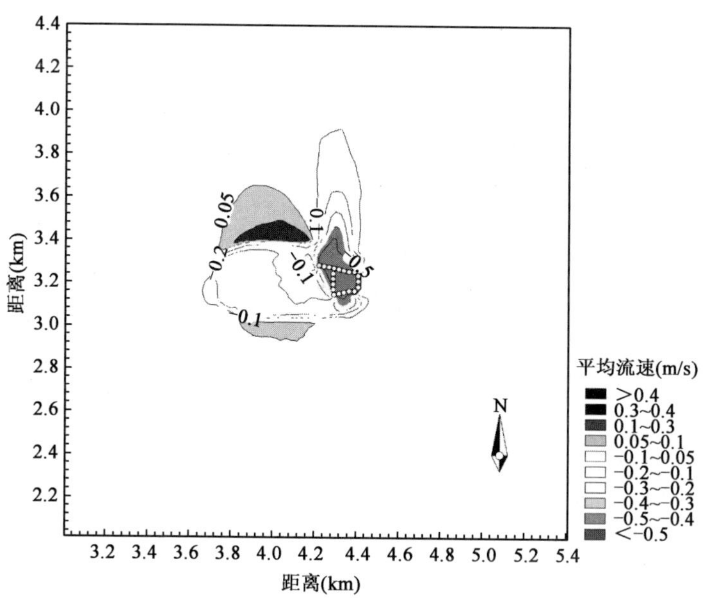

图 4-1-46 涨潮平均流速变化等值线图(工况 4)

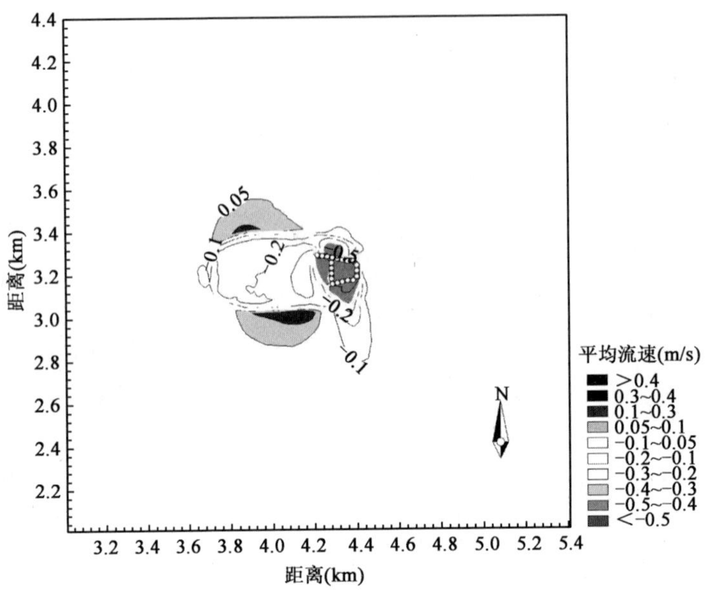

图 4-1-47　落潮平均流速变化等值线图(工况 4)

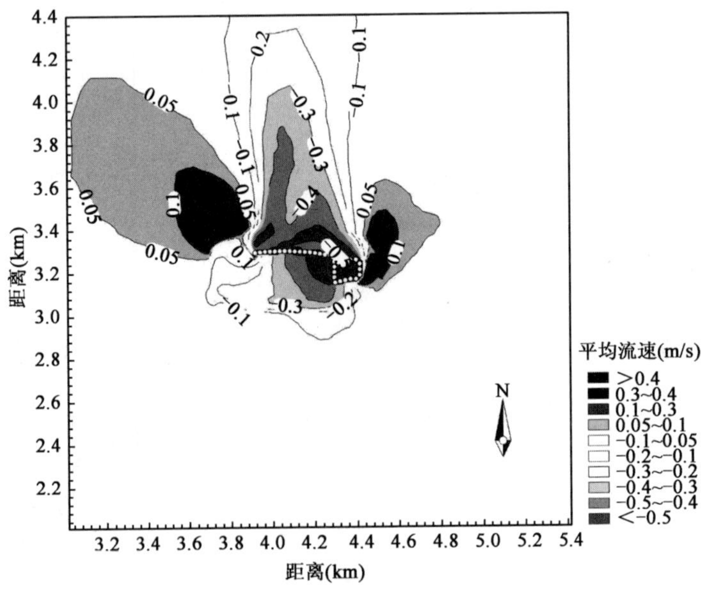

图 4-1-48　涨潮平均流速变化等值线图(工况 5)

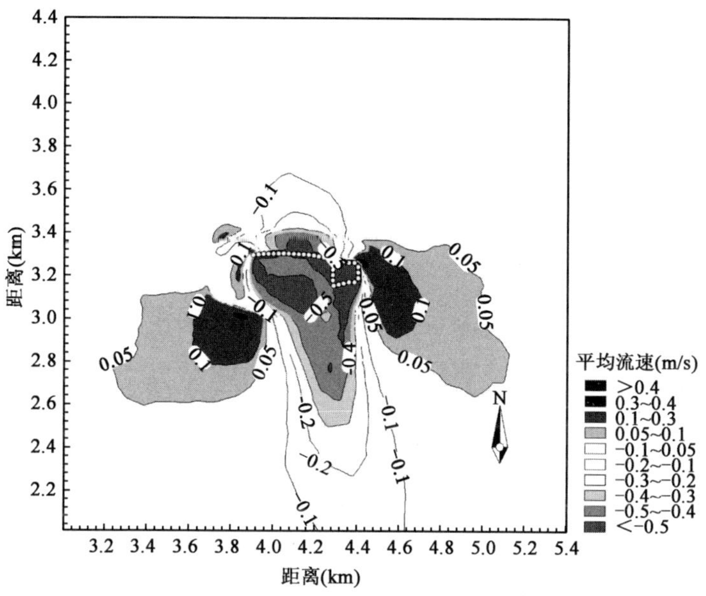

图 4-1-49　落潮平均流速变化等值线图(工况 5)

潮平均流速对比结果(工况 1)　　表 4-1-2

位置	涨潮平均流速(m/s)				落潮平均流速(m/s)			
	原型	工况 1	差值	比例(%)	原型	工况 1	差值	比例(%)
C-1 号	0.55	0.32	-0.23	41.9	0.63	0.35	-0.28	44.2
C-2 号	0.55	0.32	-0.23	42.2	0.64	0.36	-0.28	44.2
C-3 号	0.58	0.35	-0.22	38.6	0.67	0.39	-0.28	41.5
C-4 号	0.55	0.33	-0.22	39.9	0.62	0.35	-0.28	44.3
C-5 号	0.56	0.32	-0.24	42.7	0.65	0.35	-0.29	45.7
C-6 号	0.55	0.32	-0.23	41.8	0.64	0.36	-0.28	43.9
C-7 号	0.57	0.36	-0.21	37.5	0.66	0.39	-0.27	40.8
C-8 号	0.61	0.41	-0.20	33.2	0.69	0.44	-0.25	36.0
C-9 号	0.54	0.32	-0.21	39.7	0.62	0.35	-0.27	44.0
C-10 号	0.54	0.32	-0.22	40.5	0.62	0.36	-0.27	43.0
C-11 号	0.56	0.36	-0.20	36.0	0.65	0.39	-0.25	39.3

潮平均流速对比结果(工况 2)　　表 4-1-3

位置	涨潮平均流速(m/s)				落潮平均流速(m/s)			
	原型	工况 2	差值	比例(%)	原型	工况 2	差值	比例(%)
G-1 号	0.58	0.36	-0.22	38.3	0.67	0.45	-0.22	32.6
G-2 号	0.59	0.48	-0.11	18.1	0.68	0.50	-0.17	25.2
G-3 号	0.59	0.28	-0.32	53.5	0.68	0.08	-0.60	88.2
G-4 号	0.56	0.37	-0.20	35.1	0.66	0.18	-0.48	73.1
G-5 号	0.56	0.51	-0.05	8.8	0.65	0.53	-0.12	18.0
G-6 号	0.57	0.06	-0.52	90.3	0.66	0.24	-0.42	63.4

潮平均流速对比结果(工况 3)　　表 4-1-4

位置	涨潮平均流速(m/s)				落潮平均流速(m/s)			
	原型	工况 3	差值	比例(%)	原型	工况 3	差值	比例(%)
G-1 号	0.59	0.07	-0.52	88.0	0.68	0.33	-0.35	51.6
G-2 号	0.60	0.11	-0.49	82.3	0.69	0.56	-0.12	17.9
G-3 号	0.60	0.53	-0.07	12.2	0.68	0.77	0.08	12.3
G-4 号	0.61	0.62	0.01	1.3	0.69	0.67	-0.02	2.3
G-5 号	0.60	0.44	-0.16	26.1	0.68	0.46	-0.22	32.7
G-6 号	0.60	0.34	-0.25	42.4	0.68	0.16	-0.52	76.4
G-7 号	0.56	0.46	-0.11	18.6	0.66	0.10	-0.56	84.9
G-8 号	0.56	0.58	0.02	3.0	0.65	0.60	-0.04	6.7
G-9 号	0.57	0.06	-0.51	89.4	0.66	0.31	-0.35	53.3

潮平均流速对比结果(工况 4)　　表 4-1-5

位置	涨潮平均流速(m/s)				落潮平均流速(m/s)			
	原型	工况 4	差值	比例(%)	原型	工况 4	差值	比例(%)
G-1 号	0.59	0.10	-0.49	83.2	0.68	0.34	-0.34	50.4
G-2 号	0.6	0.28	-0.32	53.2	0.69	0.59	-0.09	13.2
G-3 号	0.6	0.63	0.02	3.7	0.68	0.78	0.10	14.3
G-4 号	0.61	0.66	0.05	8.1	0.69	0.69	0.00	0.0
G-5 号	0.6	0.67	0.06	10.4	0.68	0.57	-0.11	16.2
G-6 号	0.59	0.44	-0.15	24.7	0.67	0.22	-0.45	67.5
G-7 号	0.57	0.23	-0.34	59.7	0.66	0.10	-0.56	85.0

续上表

位置	涨潮平均流速(m/s)				落潮平均流速(m/s)			
	原型	工况4	差值	比例(%)	原型	工况4	差值	比例(%)
G-8号	0.56	0.38	-0.19	33	0.65	0.16	-0.49	75.0
G-9号	0.57	0.29	-0.28	48.7	0.66	0.15	-0.5	76.6
G-10号	0.58	0.12	-0.45	78.7	0.67	0.13	-0.54	81.2
G-11号	0.56	0.49	-0.06	11.5	0.65	0.61	-0.04	6.2
G-12号	0.57	0.05	-0.52	90.9	0.66	0.28	-0.38	57.8

潮平均流速对比结果(工况5)　　表4-1-6

位置	涨潮平均流速(m/s)				落潮平均流速(m/s)			
	原型	工况5	差值	比例(%)	原型	工况5	差值	比例(%)
G-1号	0.59	0.13	-0.47	78.8	0.68	0.63	-0.05	7.6
G-2号	0.60	0.25	-0.35	59.0	0.69	0.93	0.24	35.4
G-3号	0.60	0.70	0.09	15.4	0.68	1.02	0.34	49.2
G-4号	0.61	0.78	0.18	28.8	0.69	0.85	0.16	23.9
G-5号	0.60	0.83	0.22	37.4	0.68	0.68	0.00	0.7
G-6号	0.59	0.70	0.11	18.1	0.67	0.21	-0.46	68.9
G-7号	0.57	0.23	-0.34	59.9	0.66	0.12	-0.54	81.9
G-8号	0.57	0.11	-0.45	80.1	0.66	0.19	-0.46	70.5
G-9号	0.55	0.54	-0.01	2.0	0.63	0.12	-0.51	80.4
G-10号	0.55	0.67	0.11	20.7	0.63	0.75	0.11	17.8
G-11号	0.56	0.07	-0.48	86.7	0.64	0.57	-0.07	10.9
G-12号	0.56	0.52	-0.03	5.9	0.63	0.94	0.31	48.9
G-13号	0.56	0.91	0.35	61.9	0.64	0.74	0.10	15.3

③工况1槽内涨潮平均流速介于0.32~0.41m/s之间,落潮平均流速介于0.35~0.44m/s之间;工况2槽内涨潮平均流速最大值为0.51m/s,落潮平均流速最大值为0.53m/s,均出现在1号钢圆筒附近;工况3槽内涨潮平均流速最大值为0.62m/s,落潮平均流速最大值为0.77m/s,分别在10号和9号钢圆筒附近;工况4槽内涨潮平均流速最大值为0.67m/s,落潮平均流速最大值为0.78m/s,分别在11号和9号钢圆筒附近;工况5在20号~30号钢圆筒实施后,因阻水长度较工况3和工况4有所增大,东侧各点涨、落潮平均流速相应也有所增加,槽内涨潮平均流速最大值为0.83m/s,落潮平均流速最大值为

1.02m/s,分别在 11 号和 9 号钢圆筒附近。由上述变化规律可见,工程后在岛壁附近的流速是随钢圆筒阻水长度的增加而不断增大的。

(2)工况 6 ~ 工况 8。

图 4-1-50 ~ 图 4-1-52 分别为工况 6 ~ 工况 8 基槽内计算点布置示意图。图 4-1-53 ~ 图 4-1-58 中分别给出了各工况实施前后大潮涨、落潮平均流速变化;表 4-1-7 ~ 表 4-1-9 分别给出了不同工况实施前后各计算点涨、落潮平均流速对比结果。由上述图表对比分析可得出:

①工况 6 ~ 工况 8,因受人工岛钢圆筒不同工程阻水挑流影响,涨、落潮水流从人工岛中部向东西两侧分流,两侧头部流速不断增大,并在背影区出现弱流区,这种变化规律与工况 2 ~ 工况 4 是相似的,弱流区所影响的范围在涨潮时呈北大南小,落潮时呈南大北小分布。其中:工况 6,涨潮平均流速增幅值介于 0.01 ~0.43m/s 之间,落潮平均流速增幅值介于 0.00 ~ 0.53m/s 之间;工况 7,涨潮平均流速增幅值介于 0.04 ~ 0.46m/s 之间,落潮潮平均流速增幅值介于 0.00 ~0.53m/s 之间;工况 8,涨潮平均流速增幅值介于 0.05 ~ 0.49m/s 之间,落潮潮平均流速增幅值介于 0.04 ~0.53m/s 之间。

②工况 6 槽内涨潮平均流速最大值为 0.98m/s,落潮平均流速最大值为 1.16m/s,分别在 41 号和 39 号钢圆筒附近;工况 7 槽内涨潮平均流速最大值为 1.01m/s,落潮平均流速最大值为 1.16m/s,分别在 41 号和 39 号钢圆筒位置附近,工况 7,合拢口位置(即 61 号钢圆筒位置),涨、落潮平均流速相对较小,分别为 0.05m/s 和 0.02m/s;工况 8 槽内涨潮平均流速最大值为 1.04m/s,落潮平均流速最大值为 1.16m/s,分别在 40 号和 39 号钢圆筒附近。工况 6 ~ 工况 8,钢圆筒阻水断面长度基本一致,因此涨、落潮平均流速最大值相差不大,最大值均出现在人工岛西侧。

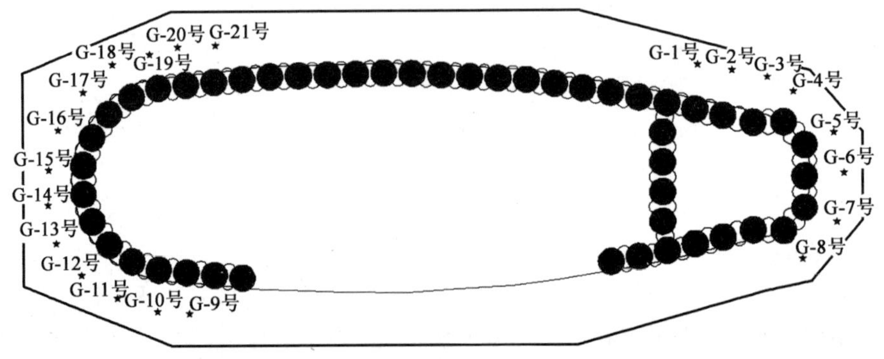

图 4-1-50　计算点布置示意图(工况 6)

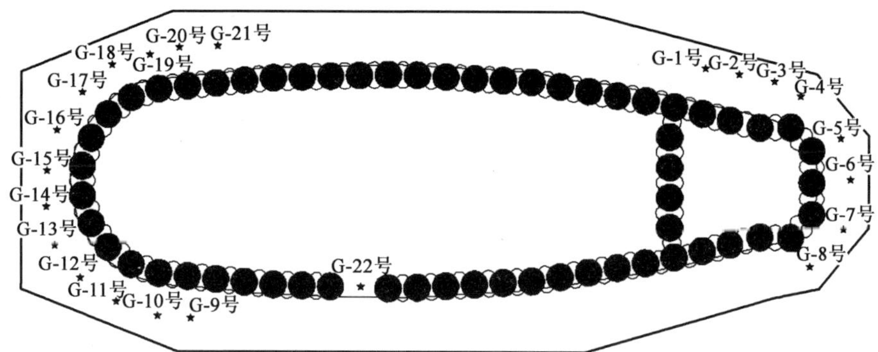

图4-1-51 计算点布置示意图(工况7)

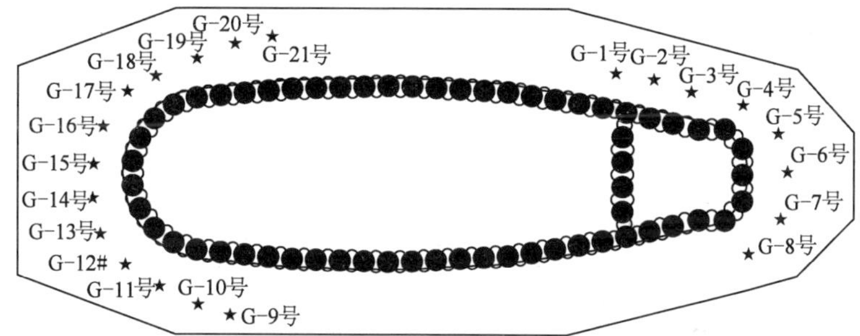

图4-1-52 计算点布置示意图(工况8)

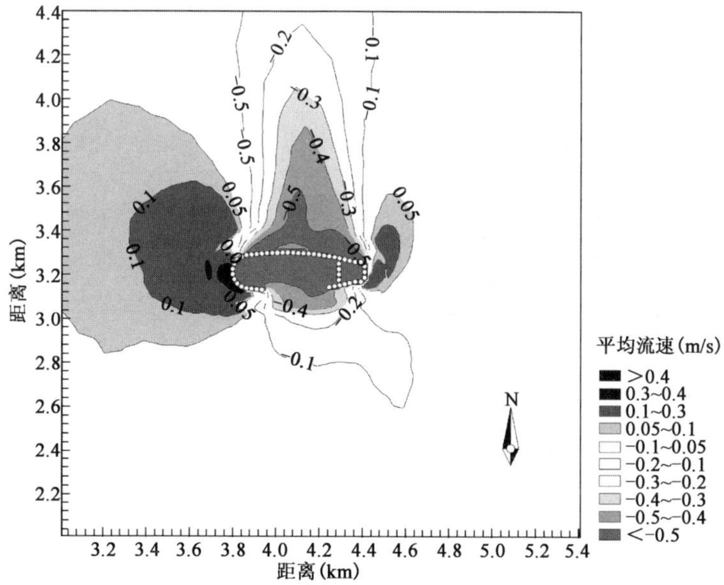

图4-1-53 涨潮平均流速变化等值线图(工况6)

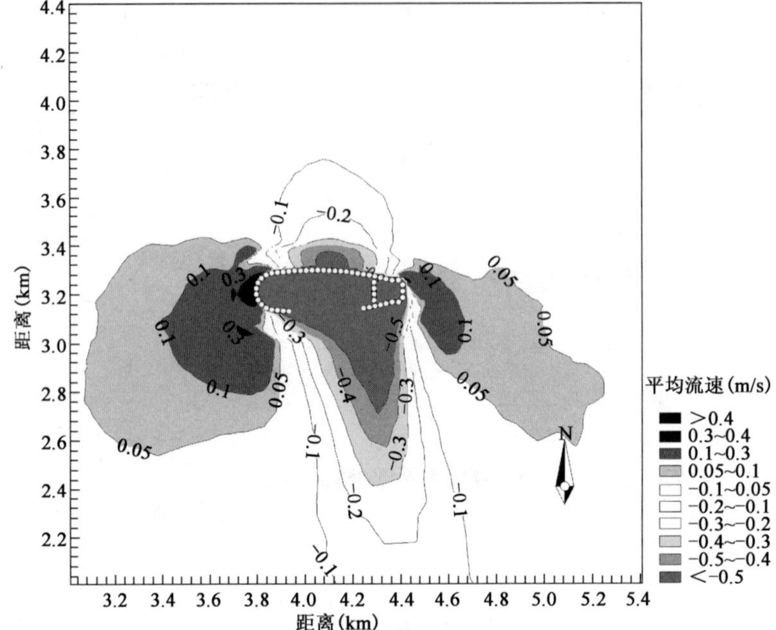

图 4-1-54　落潮平均流速变化等值线图(工况 6)

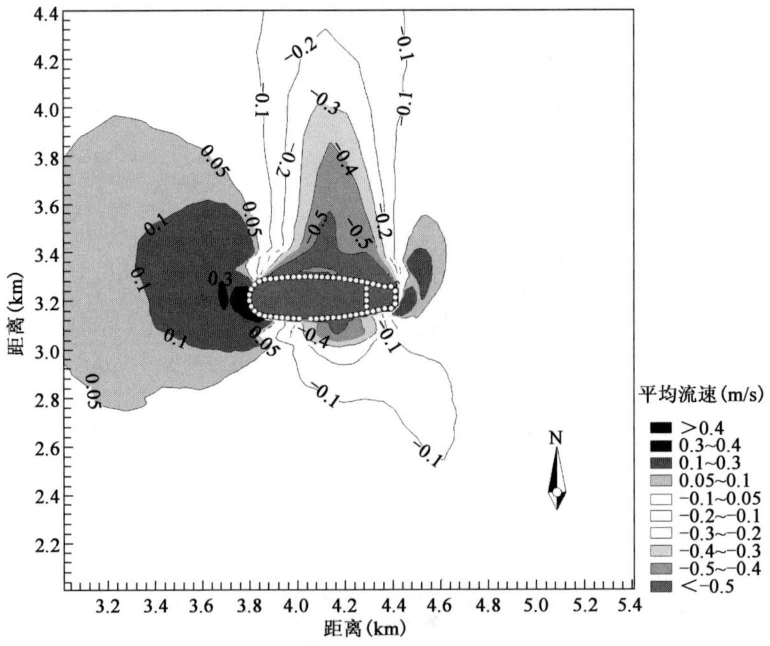

图 4-1-55　涨潮平均流速变化等值线图(工况 7)

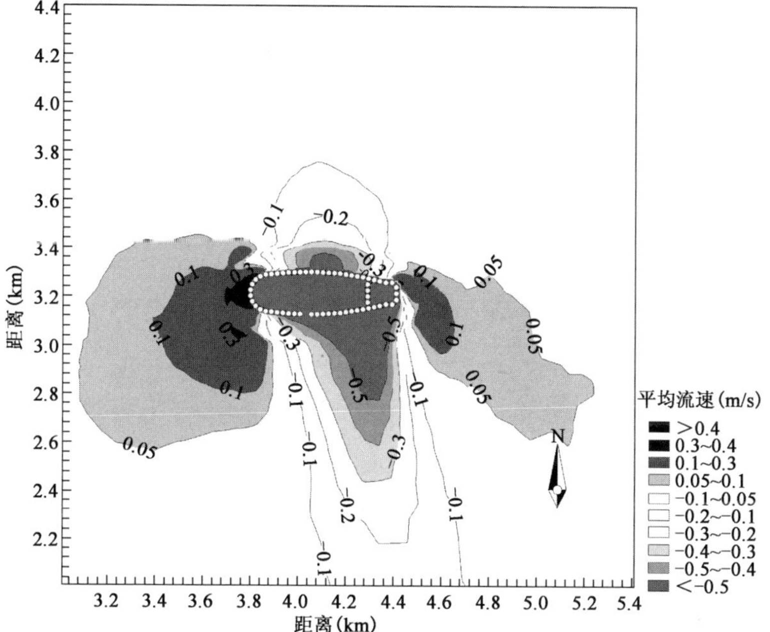

图 4-1-56　落潮平均流速变化等值线图(工况 7)

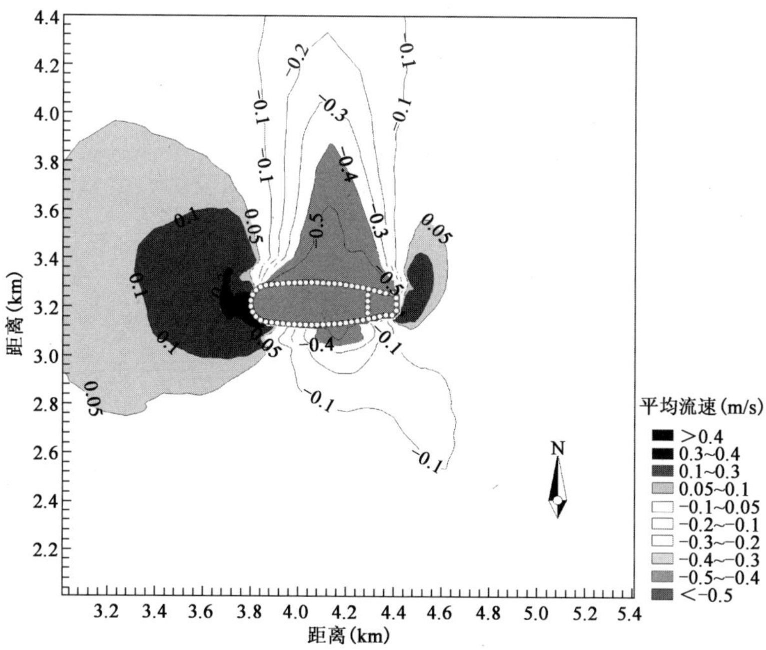

图 4-1-57　涨潮平均流速变化等值线图(工况 8)

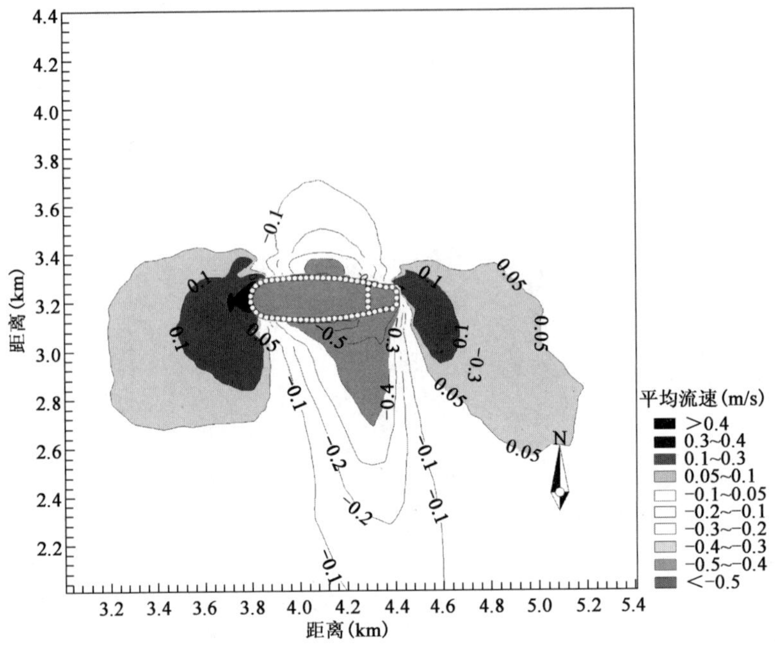

图 4-1-58 落潮平均流速变化等值线图(工况 8)

潮平均流速对比结果(工况 6) 表 4-1-7

位置	涨潮平均流速				落潮平均流速			
	原型	工况 6	差值	比例(%)	原型	工况 6	差值	比例(%)
G-1 号	0.58	0.07	-0.51	87.6	0.67	0.44	-0.23	34.5
G-2 号	0.59	0.08	-0.51	87.0	0.68	0.51	-0.16	24.2
G-3 号	0.59	0.12	-0.47	79.7	0.69	0.64	-0.04	5.9
G-4 号	0.60	0.19	-0.41	69.1	0.69	0.92	0.23	34.2
G-5 号	0.60	0.62	0.01	2.2	0.68	1.01	0.33	47.6
G-6 号	0.61	0.78	0.18	28.8	0.69	0.82	0.13	18.6
G-7 号	0.60	0.86	0.26	42.9	0.68	0.63	-0.06	8.2
G-8 号	0.59	0.72	0.13	21.7	0.67	0.13	-0.54	80.8
G-9 号	0.54	0.60	0.06	10.3	0.61	0.30	-0.31	51.3
G-10 号	0.54	0.70	0.16	29.0	0.62	0.45	-0.17	27.2
G-11 号	0.54	0.85	0.31	56.8	0.62	0.67	0.05	7.8
G-12 号	0.54	0.94	0.39	72.1	0.61	0.84	0.22	36.7

续上表

位置	涨潮平均流速				落潮平均流速			
	原型	工况6	差值	比例(%)	原型	工况6	差值	比例(%)
G-13号	0.55	0.98	0.43	76.7	0.62	0.98	0.36	57.9
G-14号	0.55	0.97	0.43	78.2	0.62	1.09	0.47	76.4
G-15号	0.56	0.98	0.42	75.3	0.63	1.16	0.53	83.8
G-16号	0.55	0.83	0.27	48.8	0.63	1.14	0.52	82.2
G-17号	0.55	0.57	0.01	2.4	0.63	0.90	0.28	44.0
G-18号	0.55	0.39	-0.16	29.0	0.63	0.82	0.19	30.2
G-19号	0.55	0.17	-0.38	69.1	0.63	0.64	0.00	0.5
G-20号	0.56	0.06	-0.49	88.7	0.64	0.50	-0.13	20.7
G-21号	0.55	0.05	-0.50	91.5	0.64	0.41	-0.23	35.5

潮平均流速对比结果(工况7)　　表4-1-8

位置	涨潮平均流速				落潮平均流速			
	原型	工况7	差值	比例(%)	原型	工况7	差值	比例(%)
G-1号	0.58	0.08	-0.50	86.4	0.67	0.44	-0.23	34.4
G-2号	0.59	0.08	-0.51	86.1	0.68	0.52	-0.16	23.0
G-3号	0.59	0.12	-0.48	80.2	0.69	0.64	-0.04	6.5
G-4号	0.60	0.20	-0.40	66.8	0.69	0.93	0.25	35.8
G-5号	0.60	0.66	0.05	8.7	0.68	1.01	0.33	47.6
G-6号	0.61	0.76	0.15	25.2	0.69	0.78	0.10	14.0
G-7号	0.60	0.84	0.23	38.9	0.68	0.60	-0.08	11.9
G-8号	0.59	0.72	0.13	22.1	0.67	0.16	-0.51	76.1
G-9号	0.54	0.58	0.04	7.1	0.61	0.35	-0.26	43.1
G-10号	0.54	0.69	0.15	27.1	0.62	0.47	-0.15	23.9
G-11号	0.54	0.85	0.31	57.1	0.62	0.68	0.06	9.4
G-12号	0.54	0.93	0.39	70.9	0.61	0.84	0.23	37.3
G-13号	0.55	1.01	0.46	82.2	0.62	1.00	0.38	61.8
G-14号	0.55	1.00	0.46	83.6	0.62	1.09	0.47	76.9
G-15号	0.56	0.98	0.42	75.8	0.63	1.14	0.51	81.1
G-16号	0.55	0.88	0.33	58.8	0.63	1.15	0.53	83.8
G-17号	0.55	0.62	0.07	12.2	0.63	0.94	0.31	49.2

续上表

位置	涨潮平均流速				落潮平均流速			
	原型	工况7	差值	比例(%)	原型	工况7	差值	比例(%)
G-18号	0.55	0.47	-0.08	14.7	0.63	0.83	0.20	31.9
G-19号	0.55	0.29	-0.26	47.4	0.63	0.66	0.03	4.1
G-20号	0.56	0.20	-0.35	63.6	0.64	0.55	-0.08	13.3
G-21号	0.55	0.04	-0.51	92.2	0.64	0.42	-0.22	33.9
G-22号	0.54	0.05	-0.49	91.1	0.62	0.02	-0.60	96.9

潮平均流速对比结果(工况8) 表4-1-9

位置	涨潮平均流速(m/s)				落潮平均流速(m/s)			
	原型	工况8	差值	比例(%)	原型	工况8	差值	比例(%)
G-1号	0.58	0.07	-0.52	88.5	0.67	0.46	-0.22	32.3
G-2号	0.59	0.07	-0.52	88.1	0.67	0.53	-0.14	20.7
G-3号	0.59	0.15	-0.44	74.0	0.68	0.66	-0.02	3.0
G-4号	0.60	0.27	-0.33	55.3	0.69	0.87	0.19	27.2
G-5号	0.60	0.66	0.06	9.9	0.68	1.00	0.32	46.3
G-6号	0.61	0.79	0.18	30.0	0.69	0.81	0.12	18.1
G-7号	0.60	0.88	0.28	46.3	0.68	0.58	-0.10	14.5
G-8号	0.59	0.76	0.17	28.4	0.67	0.20	-0.48	70.9
G-9号	0.54	0.59	0.05	9.2	0.61	0.33	-0.28	46.2
G-10号	0.54	0.71	0.16	29.9	0.62	0.48	-0.14	22.9
G-11号	0.54	0.85	0.31	57.3	0.62	0.69	0.07	11.9
G-12号	0.55	0.95	0.40	73.7	0.61	0.86	0.24	39.6
G-13号	0.55	0.99	0.44	79.4	0.62	0.98	0.37	59.2
G-14号	0.55	1.04	0.49	89.1	0.62	1.12	0.50	81.3
G-15号	0.56	1.01	0.46	81.6	0.63	1.16	0.53	83.8
G-16号	0.56	0.87	0.32	56.7	0.63	1.10	0.47	75.4
G-17号	0.55	0.63	0.08	14.3	0.63	0.98	0.35	56.1
G-18号	0.55	0.46	-0.09	17.0	0.63	0.83	0.21	32.6
G-19号	0.55	0.24	-0.31	56.2	0.63	0.67	0.04	6.1
G-20号	0.56	0.15	-0.41	73.8	0.64	0.54	-0.10	15.4
G-21号	0.55	0.06	-0.49	88.2	0.64	0.42	-0.21	33.7

2）方案二

（1）工况9、工况10。

图4-1-59和图4-1-60分别为工况9和工况10基槽内计算点布置示意图。图4-1-61～图4-1-64中分别给出了各工况实施前后大潮涨、落潮平均流速变化；表4-1-10和表4-1-11分别给出了不同工况实施前后各计算点涨、落潮平均流速对比结果。由上述图表对比分析可得出：

①工况9，涨潮平均流速减幅值介于0.01～0.32m/s之间，落潮平均流速减幅值介于0.09～0.45m/s（图4-1-61和图4-1-62）；工况10，涨潮平均流速减幅值介于0.03～0.50m/s之间，落潮平均流速除人工岛东北G-3号（即9号钢圆筒位置附近）流速大于工程前，增幅值为0.06m/s，其余各点均较工程前有所减小，减幅值介于0.03～0.45m/s之间（图4-1-63和图4-1-64）。

②工况9槽内涨潮平均流速最大值为0.56m/s，落潮平均流速最大值为0.57m/s，均出现在16号钢圆筒附近；工况10槽内涨潮平均流速最大值为0.57m/s，落潮平均流速最大值为0.75m/s，分别在11号和9号钢圆筒附近。

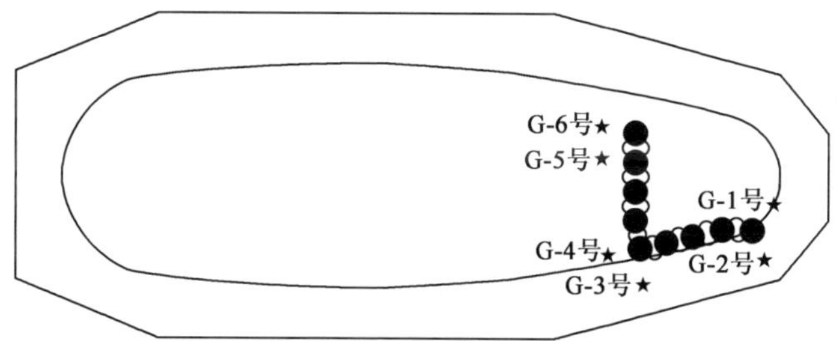

图4-1-59　计算点布置示意图（工况9）

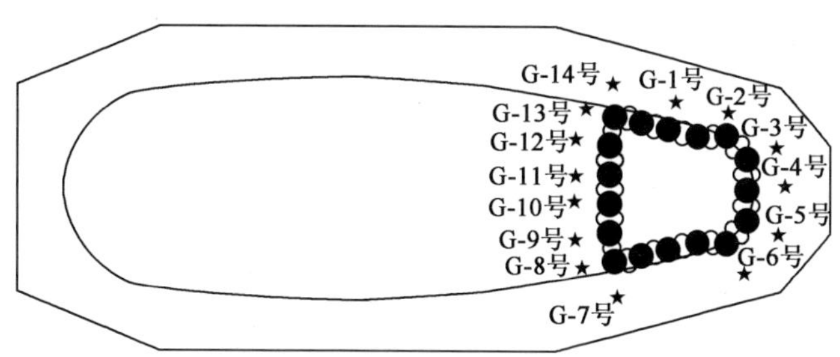

图4-1-60　计算点布置示意图（工况10）

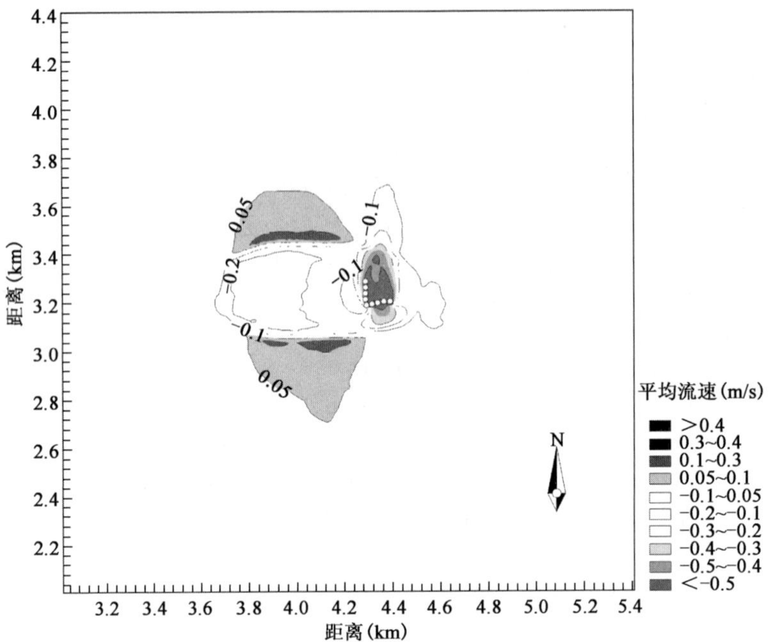

图 4-1-61　涨潮平均流速变化等值线图(工况 9)

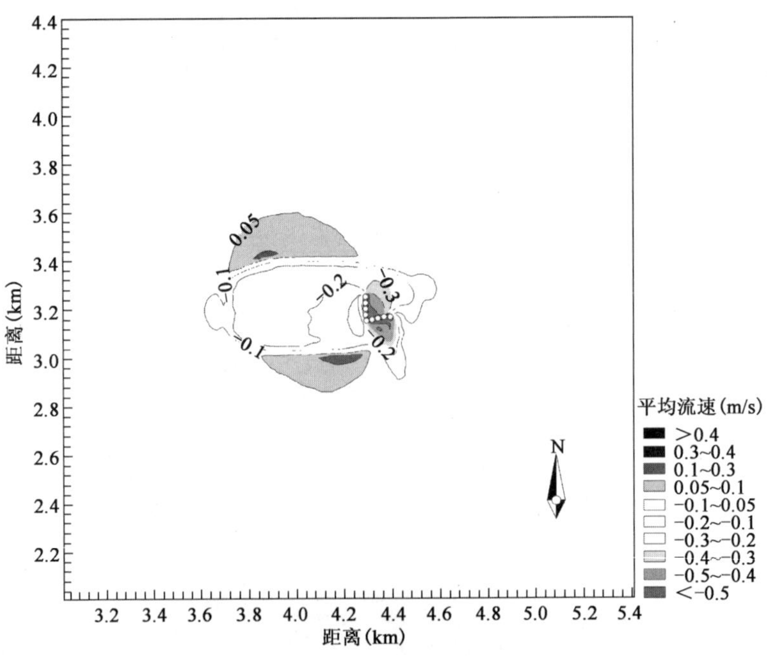

图 4-1-62　落潮平均流速变化等值线图(工况 9)

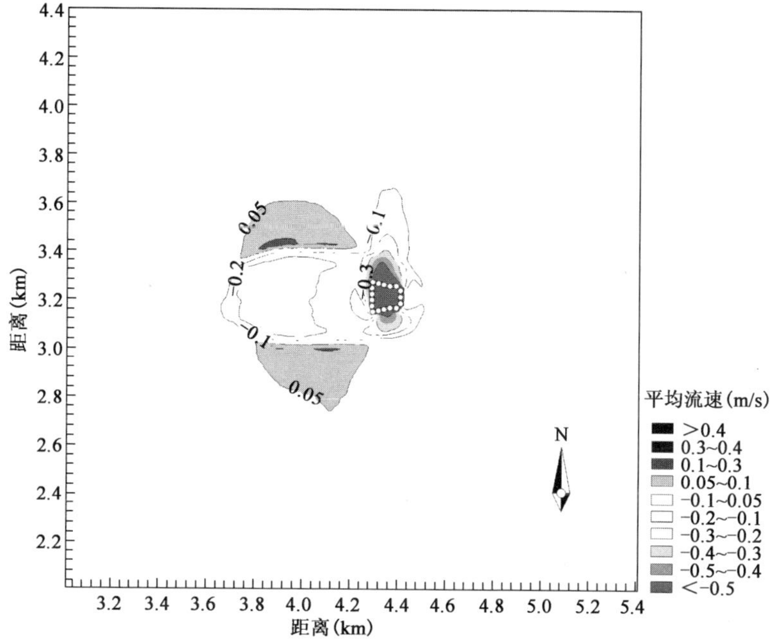

图 4-1-63　涨潮平均流速变化等值线图(工况 10)

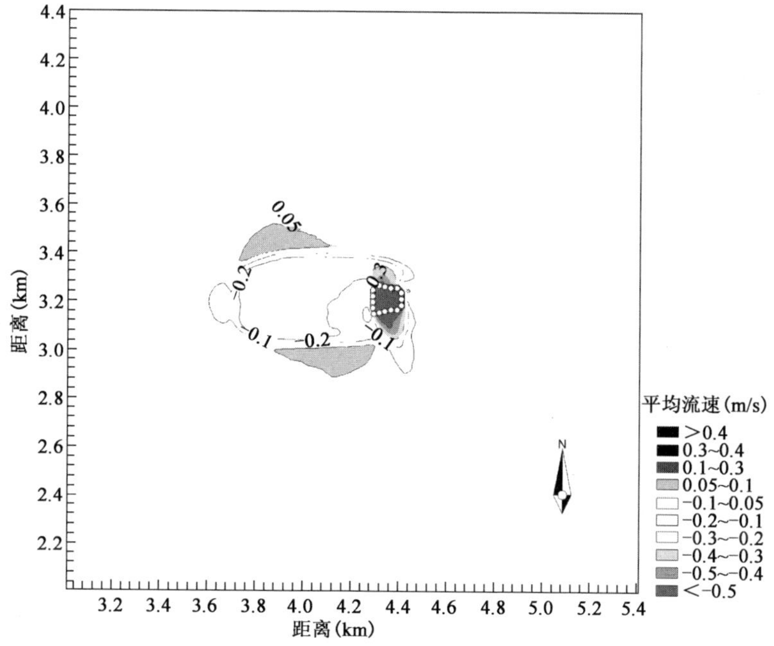

图 4-1-64　落潮平均流速变化等值线图(工况 10)

潮平均流速对比结果(工况9)　　表4-1-10

位置	涨潮平均流速(m/s)				落潮平均流速(m/s)			
	原型	工况9	差值	比例(%)	原型	工况9	差值	比例(%)
G-1号	0.59	0.27	-0.32	55.0	0.67	0.51	-0.16	23.8
G-2号	0.58	0.34	-0.24	41.0	0.66	0.21	-0.45	68.8
G-3号	0.57	0.32	-0.25	44.1	0.66	0.27	-0.38	58.4
G-4号	0.57	0.56	-0.01	0.4	0.66	0.57	-0.09	13.4
G-5号	0.58	0.36	-0.22	37.7	0.67	0.55	-0.12	18.3
G-6号	0.58	0.32	-0.26	45.2	0.67	0.56	-0.10	15.6

潮平均流速对比结果(工况10)　　表4-1-11

位置	涨潮平均流速(m/s)				落潮平均流速(m/s)			
	原型	工况10	差值	比例(%)	原型	工况10	差值	比例(%)
G-1号	0.59	0.08	-0.51	86.2	0.68	0.29	-0.40	57.9
G-2号	0.6	0.24	-0.36	60.6	0.69	0.54	-0.14	21.1
G-3号	0.6	0.54	-0.06	10.0	0.68	0.75	0.06	9.2
G-4号	0.61	0.57	-0.03	5.4	0.69	0.66	-0.03	3.7
G-5号	0.6	0.56	-0.04	6.8	0.68	0.55	-0.14	19.9
G-6号	0.59	0.35	-0.24	40	0.67	0.21	-0.45	67.9
G-7号	0.57	0.32	-0.25	43.4	0.66	0.25	-0.41	61.7
G-8号	0.56	0.51	-0.05	9.5	0.65	0.56	-0.09	14.2
G-9号	0.57	0.42	-0.14	25.5	0.66	0.55	-0.11	16.6
G-10号	0.57	0.33	-0.24	42.4	0.66	0.52	-0.14	21.4
G-11号	0.58	0.28	-0.30	52.2	0.67	0.5	-0.17	25.0
G-12号	0.58	0.26	-0.32	55.2	0.67	0.51	-0.16	24.1
G-13号	0.57	0.18	-0.39	68.3	0.67	0.49	-0.17	25.7
G-14号	0.58	0.08	-0.50	86.9	0.67	0.28	-0.38	57.7

在工况9,18号与19号和19号与20号钢圆筒之间预留缝隙时,图4-1-65和图4-1-66分别给出了落急及涨急流场图。两钢圆筒之间落潮平均流速约为0.92m/s,涨潮平均流速约为0.74m/s。

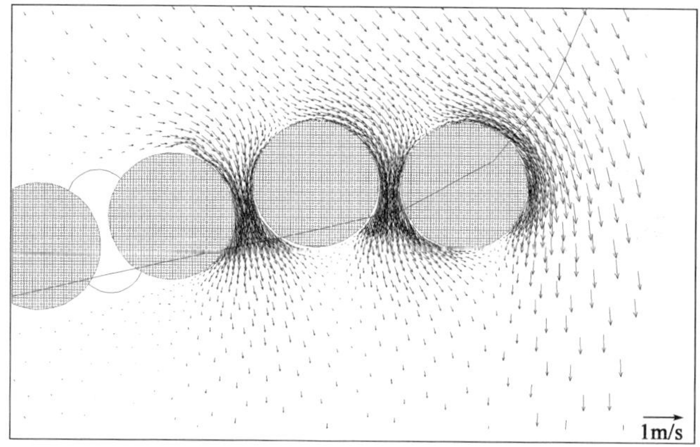

图 4-1-65　局部大潮落急流场(工况 2 开孔)

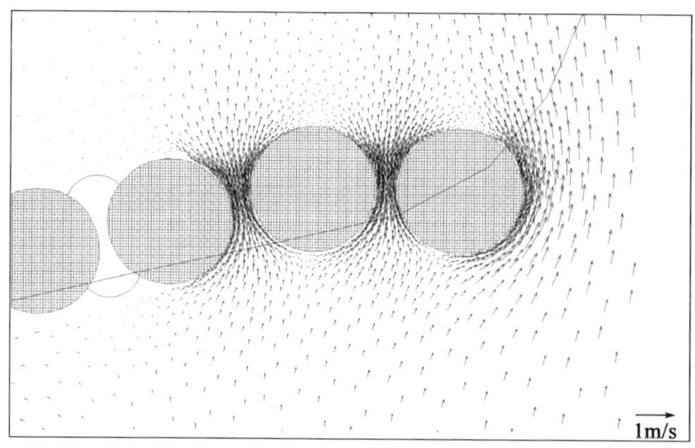

图 4-1-66　局部大潮涨急流场(工况 2 开孔)

(2)工况 11、工况 12。

图 4-1-67 和图 4-1-68 分别为工况 11 和工况 12 基槽内计算点布置示意图。图 4-1-69 ~ 图 4-1-72 中分别给出了各工况实施前后大潮涨、落潮平均流速变化；表 4-1-12、表 4-1-13 分别给出了不同工况实施前后各计算点涨、落潮平均流速对比结果。由上述图表对比分析可得出：

①工况 11，涨潮平均流速增幅值介于 0.15 ~ 0.37m/s 之间，落潮平均流速增幅值介于 0.06 ~ 0.39m/s 之间；工况 12，涨潮平均流速增幅值介于 0.07 ~ 0.49m/s之间，落潮潮平均流速增幅值介于 0.00 ~ 0.47m/s 之间。

②工况 11 槽内涨潮平均流速最大值为 0.97m/s，落潮平均流速最大值为 1.07m/s，分别在 11 号和 9 号钢圆筒附近；工况 12 槽内涨潮平均流速最大值为 1.04m/s，落潮平均流速最大值为 1.10m/s，分别在 40 号和 39 号钢圆筒位置附近。

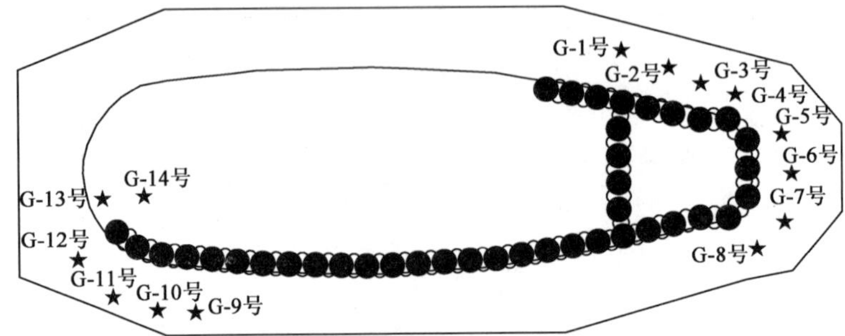

图 4-1-67　计算点布置示意图(工况 11)

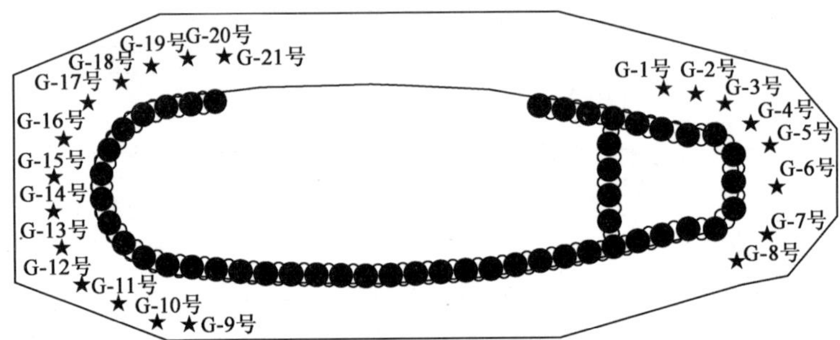

图 4-1-68　计算点布置示意图(工况 12)

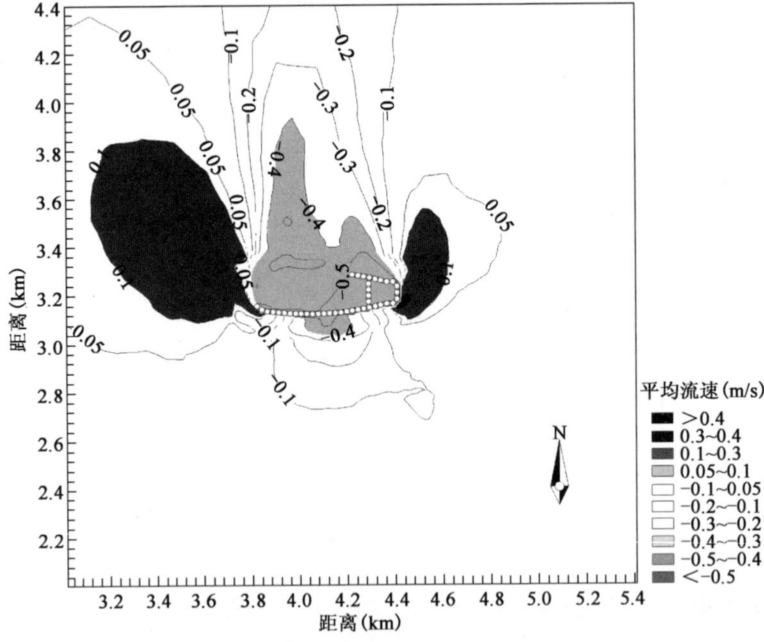

图 4-1-69　涨潮平均流速变化等值线图(工况 11)

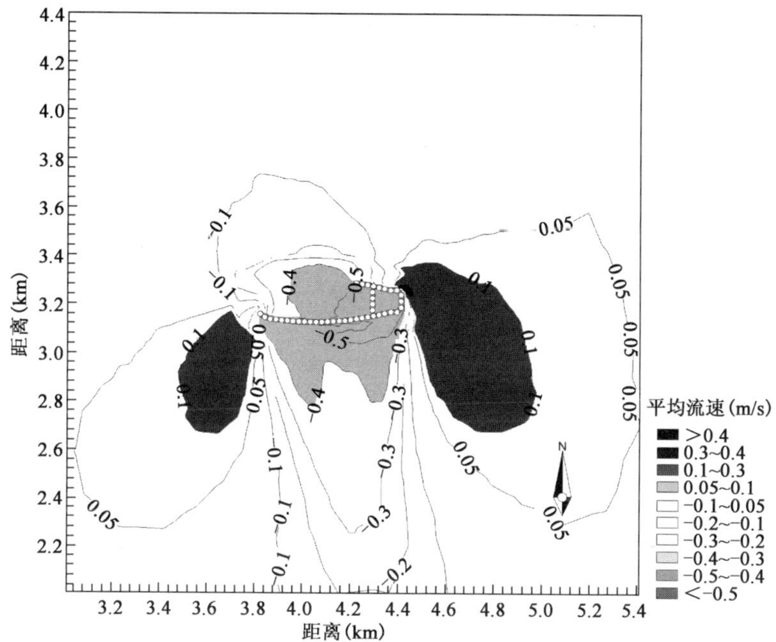

图4-1-70　落潮平均流速变化等值线图(工况11)

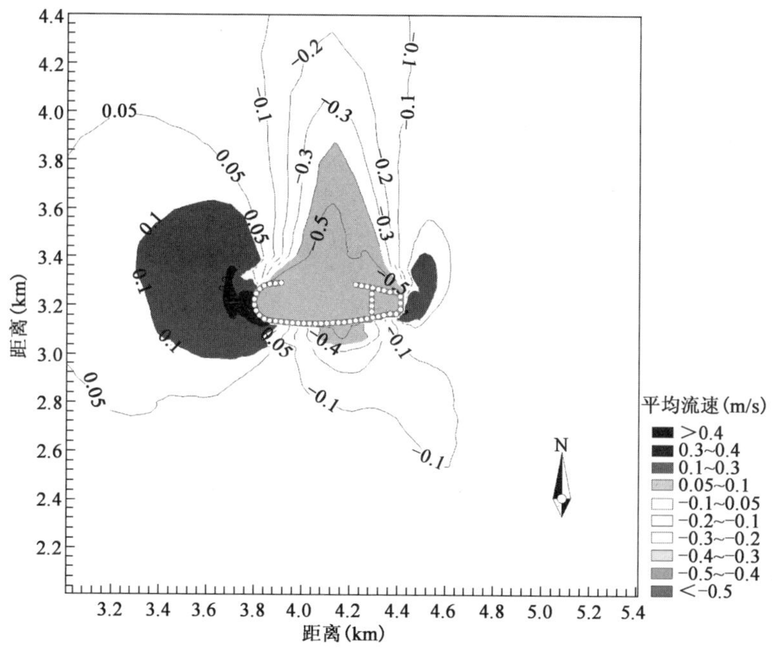

图4-1-71　涨潮平均流速变化等值线图(工况12)

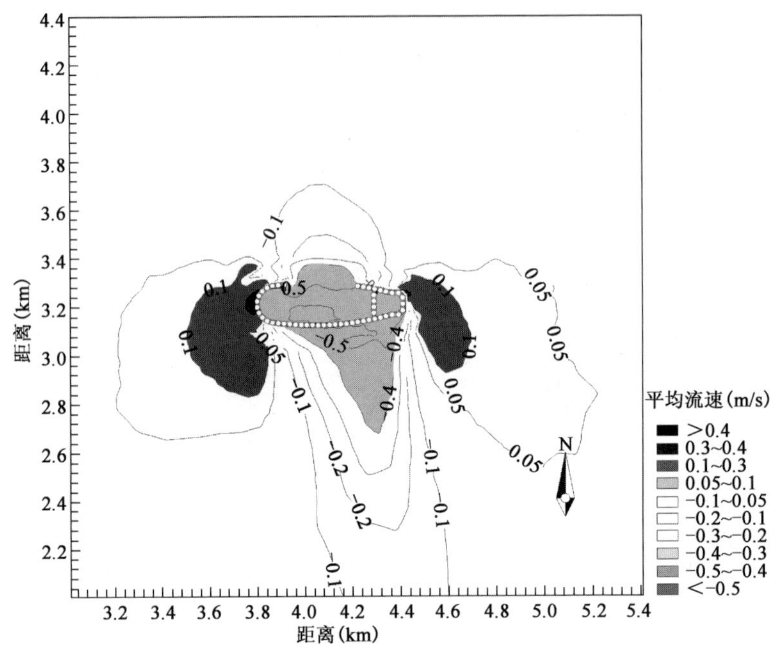

图 4-1-72　落潮平均流速变化等值线图(工况 12)

潮平均流速对比结果(工况 11)　　表 4-1-12

位置	涨潮平均流速(m/s)				落潮平均流速(m/s)			
	原型	工况 11	差值	比例(%)	原型	工况 11	差值	比例(%)
G-1 号	0.58	0.08	−0.50	85.5	0.67	0.54	−0.14	20.4
G-2 号	0.59	0.10	−0.49	82.9	0.67	0.62	−0.06	8.8
G-3 号	0.59	0.19	−0.40	67.2	0.68	0.75	0.06	9.0
G-4 号	0.60	0.33	−0.27	44.6	0.69	0.98	0.29	42.4
G-5 号	0.60	0.75	0.15	24.4	0.68	1.07	0.39	56.9
G-6 号	0.61	0.85	0.24	39.8	0.69	0.87	0.19	27.0
G-7 号	0.60	0.97	0.37	61.1	0.68	0.59	−0.09	13.1
G-8 号	0.59	0.86	0.27	46.4	0.67	0.14	−0.53	79.6
G-9 号	0.54	0.43	−0.11	21.0	0.61	0.12	−0.50	81.2
G-10 号	0.54	0.52	−0.02	4.2	0.62	0.12	−0.50	81.2
G-11 号	0.54	0.63	0.09	16.3	0.62	0.11	−0.51	82.9
G-12 号	0.55	0.69	0.15	26.9	0.61	0.29	−0.32	52.2
G-13 号	0.55	0.15	−0.39	71.8	0.62	0.69	0.07	11.2
G-14 号	0.55	0.12	−0.43	78.8	0.62	0.40	−0.22	36.2

潮平均流速对比结果(工况12) 表4-1-13

位置	涨潮平均流速(m/s)				落潮平均流速(m/s)			
	原型	工况12	差值	比例(%)	原型	工况12	差值	比例(%)
G-1号	0.58	0.07	-0.51	87.5	0.67	0.47	-0.21	30.4
G-2号	0.59	0.07	-0.51	87.4	0.67	0.55	-0.13	19.0
G-3号	0.59	0.16	-0.43	72.5	0.68	0.68	-0.01	1.4
G-4号	0.60	0.28	-0.32	52.6	0.69	0.90	0.21	30.8
G-5号	0.60	0.67	0.07	11.7	0.68	1.02	0.34	49.8
G-6号	0.61	0.78	0.17	28.8	0.69	0.83	0.14	20.1
G-7号	0.60	0.88	0.28	46.2	0.68	0.61	-0.07	10.8
G-8号	0.59	0.76	0.17	28.9	0.67	0.20	-0.47	70.4
G-9号	0.54	0.58	0.04	7.5	0.61	0.28	-0.34	55.0
G-10号	0.54	0.70	0.15	28.4	0.62	0.42	-0.20	32.4
G-11号	0.54	0.85	0.31	56.9	0.62	0.62	0.01	0.8
G-12号	0.55	0.95	0.40	73.6	0.61	0.78	0.17	27.4
G-13号	0.55	0.99	0.43	78.6	0.62	0.93	0.31	50.6
G-14号	0.55	1.04	0.49	89.1	0.62	1.05	0.44	70.6
G-15号	0.56	1.02	0.46	82.5	0.63	1.10	0.47	74.1
G-16号	0.56	0.86	0.31	55.2	0.63	1.04	0.41	65.7
G-17号	0.55	0.63	0.08	13.9	0.63	0.93	0.30	47.9
G-18号	0.55	0.45	-0.10	18.1	0.63	0.80	0.17	27.1
G-19号	0.55	0.22	-0.33	60.4	0.63	0.64	0.00	0.7
G-20号	0.56	0.12	-0.44	77.9	0.64	0.52	-0.11	17.7
G-21号	0.55	0.04	-0.51	92.7	0.64	0.44	-0.20	31.5

1.2.4 小结

本章中采用2009年6月实测大潮为代表潮型，对工程前和各工况实施后大范围与局部潮流进行了模拟，并分析了各工况下潮流场的变化，获得的主要结论有：

(1)本工程海域潮流基本呈南北向往复流性质，涨潮时，经香港水道的涨潮水体自东向西进入伶仃洋，经珠海至大濠岛断面的涨潮水体自南向北进入伶仃洋。落潮时，各河道的纳潮水体与径流一起下泄进入伶仃洋，并汇同伶仃洋的落潮水体向南退出。在西人工岛开挖基槽区域，各点平均流速，涨潮介于0.54～0.61m/s，平均值约为0.56m/s；落潮平均流速介于0.62～0.69m/s，平均值约为0.64m/s。

(2)各工况实施后，工程区附近流场均有所变化，由于布置形式不同，各工况流场也有所差异。

工况1为西人工岛基槽开挖后的状态，涨、落潮水流经过挖槽区时，槽内流速呈减小变化。

工况2～工况5，涨、落潮流经过槽区时，由于拟建钢圆筒的阻水作用，向工程两侧分流，东西两侧流速明显增大，在拟挖基槽南北两侧背影区出现环流区或弱流区。其中，工况2由于阻水断面长度最小，工程实施后流场变化的范围也最小；与工况3相比，工况4由于南侧钢圆筒的影响，落潮时，在西侧会形成一个环流区，涨潮时两工况下基本一致。工况5，阻水断面长度相对于工况3与工况4有所变大，东西两侧流速变化也更大，同时受到西侧33号钢圆筒附近工程挑流的影响，涨潮时，水流向西北方向偏转，落潮时，水流向西南方向偏转。

工况6与工况7虽在南侧钢圆筒有部分未合拢区域，但工况6～工况8对于涨、落潮流阻水断面基本一致，涨、落潮时，水流在人工岛中部向两侧分流，东西两头出现明显的绕流，流速明显增大。在背影区出现较大的环流区或弱流区。工况6与工况7中南侧钢圆筒未合拢区域，涨潮时流速也相对较小。

工况9与工况10，涨潮时，受到南侧钢圆筒的阻水作用，两工况下涨潮流变化基本一致；落潮时，工况9主要受南侧钢圆筒的影响，落潮流在人工岛南侧附近发生偏转，而工况10由于北侧钢圆筒的实施，落潮流在人工岛北侧即开始向东侧分流。

工况11和工况12对于涨潮流阻水断面基本一致，涨潮时，水流在人工岛中部向两侧分流，东西两头出现明显的绕流，流速明显增大，在背影区出现较大的环流区或弱流区；落潮时，工况11相对于工况12在人工岛西侧流态有所不同，水流受到42号钢圆筒附近挑流的影响，西侧水流向西南方向偏转，工况12，与涨潮一致，在人工岛中部向两侧分流，并绕过人工岛后向中间偏转，东侧偏转角度小于西侧。

(3)与工程前相比，工况1、工况2及工况9槽内各点涨、落潮平均流速均有所减小，工况3、工况4与工况10在人工岛东侧局部区域涨、落潮平均流速有所增大，增幅最大值分别为0.08m/s、0.10m/s和0.06m/s。

工况5～工况8、工况11和工况12，在人工岛东西两侧槽内，各工况下各点涨、落潮平均流速增幅最大值分别为0.34m/s、0.53m/s、0.53m/s、0.53m/s、

0.39m/s和0.49m/s。

总体来说，在人工岛施工过程中，随着阻水断面的不断增大，对水流的影响也会随之变大。就各工况而言，西小岛合拢(即工况4)后，人工岛两侧一定范围内开始出现槽内流速大于工程前的流速，工况8东西两侧流速增幅值最大。

(4)工况2～工况12东西两侧最大潮平均流速分别为：工况2槽内涨潮平均流速最大值为0.51m/s，落潮平均流速最大值为0.53m/s，均出现在1号钢圆筒附近；工况3槽内涨潮平均流速最大值为0.62m/s，落潮平均流速最大值为0.77m/s，分别在10号和9号钢圆筒附近；工况4，槽内涨潮平均流速最大值为0.67m/s，落潮平均流速最大值为0.78m/s，分别在11号和9号钢圆筒附近；工况5在20号～30号钢圆筒实施后，因阻水长度较工况3和工况4有所增大，东侧各点涨、落潮平均流速相应也有所增加，槽内涨潮平均流速最大值为0.83m/s，落潮平均流速最大值为1.02m/s，分别在11号和9号钢圆筒附近；工况6槽内涨潮平均流速最大值为0.98m/s，落潮平均流速最大值为1.16m/s，分别在41号和39号钢圆筒附近；工况7槽内涨潮平均流速最大值为1.01m/s，落潮平均流速最大值为1.16m/s，分别在41号和39号钢圆筒位置附近，工况7，合拢口位置(61号钢圆筒位置)，涨、落潮平均流速相对较小，分别为0.05m/s和0.02m/s；工况8槽内涨潮平均流速最大值为1.04m/s，落潮平均流速最大值为1.16m/s，分别在40号和39号钢圆筒附近；工况8槽内涨潮平均流速最大值为1.04m/s，落潮平均流速最大值为1.16m/s，分别在40号和39号钢圆筒附近；工况9槽内涨潮平均流速最大值为0.56m/s，落潮平均流速最大值为0.57m/s，均出现在5号钢圆筒附近，其中在工况9的18号、19号和20号钢圆筒之间预留2m缝隙时，两筒间涨潮平均流速约为0.74m/s，落潮平均流速约为0.92m/s；工况10槽内涨潮平均流速最大值为0.57m/s，落潮平均流速最大值为0.75m/s，分别在11号和9号钢圆筒附近；工况11槽内涨潮平均流速最大值为0.97m/s，落潮平均流速最大值为1.07m/s，分别在11号和9号钢圆筒附近；工况12槽内涨潮平均流速最大值为1.04m/s，落潮平均流速最大值为1.10m/s，分别在40号和39号钢圆筒附近。

可以看出，从北侧开始施工及从南侧开始施工两种方案中，在西小岛合拢前的工况中，方案一的工况3最大潮平均流速略大于方案二的工况10；在西小岛合拢后的工况中，由于钢圆筒实施数目的不同，方案一的工况5最大潮平均流速略小于方案二的工况11，总的来说两方案各对应工况潮平均流速相差不大。

综上变化规律可见，工程后不同工况的流速变化，是随钢圆筒阻水长度的增加而不断增大的。人工岛东西两侧涨、落潮平均流速随岛壁延长而增大，不可避免地会引起局部的冲刷。

(5)两种实施方案,西小岛合拢后的施工过程中,从北侧开始施工过程中,随着岛壁的延长,会减弱落潮水流对基槽南侧及南侧钢圆筒施工的影响;从南侧开始施工,由于岛壁工程的掩护作用,会明显减弱涨潮水流对基槽北侧及北侧钢圆筒施工的影响。由于落潮流速大于涨潮流速,从北侧开始施工更有利于减弱落潮流对工程的影响;外海波浪会对工程有一定的影响,从南侧开始施工有利于减弱波浪对基槽的影响。

1.3 主要结论

本项研究主要围绕港珠澳大桥人工岛方案钢圆筒及岛隧连接部施工期工程开展。首先,针对工程特点对自然条件进行了整理和总结,为数值模拟试验研究提供了依据;此后建立了潮流数值模型,并据实测资料对模型进行了验证。在通过全面验证的基础上,分析了各工况实施后潮流变化。得到主要结论如下:

(1)工程海域潮流基本上是呈南北向往复流。工程区域附近涨潮平均流速介于0.54~0.76m/s之间;落潮平均流速介于0.48~0.61m/s之间,涨潮平均流速大于落潮平均流速,落潮最大流速大于涨潮最大流速。

(2)各工况工程实施后,工程附近水域流场均有所变化,由于布置形式不同,各工况下流场也有所差异。工况1,潮流经过挖槽时流速有所减小;工况2~工况12,因水流受建筑物阻水挑流的作用,向工程两侧分流,局部流速明显增大,而在背影区会出现环流区或弱流区,与水流相对应的流向也会发生相应偏转。

(3)与工程前相比,工况1、工况2及工况9槽内各点涨、落潮平均流速均有所减小,工况3、工况4与工况10在人工岛东侧局部区域涨、落潮平均流速有所增大,增幅最大值分别为0.08m/s、0.10m/s和0.06m/s。

工况5~工况8、工况11和工况12,在人工岛东西两侧槽内,各工况下各点涨、落潮平均流速增幅最大值分别为0.34m/s、0.53m/s、0.53m/s、0.53m/s、0.39m/s和0.49m/s。

总体来说,在人工岛施工过程中,随着阻水断面的不断增大,对水流的影响也会随之变大。就两种施工方案的各工况而言,西小岛合拢(即工况4)后,人工岛两侧一定范围内开始出现槽内流速大于工程前的流速,工况8东西两侧流速增幅值最大。

(4)工况2~工况12,最大流速均出现在工程两侧。其中:工况4,槽内涨潮平均流速最大为0.67m/s,落潮平均流速最大为0.78m/s,出现在人工岛东侧;工况8槽内涨潮平均流速最大为1.04m/s,落潮平均流速最大为1.16m/s,出现在人工岛西侧。

(5)在两种实施方案中,在西小岛合拢后的施工过程中,从北侧开始施工过程中,随着岛壁的延长,减弱落潮水流对基槽南侧及南侧钢圆筒施工的影响;从南侧开始施工,由于岛壁工程的掩护作用,会明显减弱涨潮水流对基槽北侧及北侧钢圆筒施工的影响。由于落潮流速大于涨潮流速,从北侧开始施工更有利于减弱落潮流对工程的影响;外海波浪会对工程有一定的影响,从南侧开始施工有利于减弱波浪对基槽的影响。

(6)从二维潮流数值模拟计算结果来看,工况4与工况8可以作为西人工岛钢圆筒周围水流变化的代表工况,此结果也可为泥沙冲淤研究提供必要的资料依据。

2 西岛钢圆筒施工期局部动床物模试验研究

2.1 模型设计

2.1.1 设计原理

受香港大屿山、牛头岛及桂山岛等岛屿影响,本工程区附近潮流较强,流向变化也较为复杂,受外海波浪影响也比较大。为保证模型动力与原型动力相似,本模型应模拟自然的潮汐、水流以及波浪动力等因素,并采用波流共同作用下的动床冲刷系列物理模型对人工岛附近的局部冲刷深度和形态进行研究。系列模型的基本理论详见前述章节。

西人工岛附近海域代表波向和代表波高,从表 4-2-1 中可以看出,主浪向为 S 向,因此本模型主要模拟 S 向波浪的影响。波浪试验周期以 2 年一遇和 50 年一遇为主。西人工岛附近 2 年一遇和 50 年一遇波要素见表 4-2-2 和表 4-2-3。

工程区附近(测波点 A)各级各向波高 H_s 分级出现频率(%)

(2007 年 4 月—2008 年 3 月)　　表 4-2-1

波向	<0.4	0.5 ~ 0.6	0.7 ~ 0.8	0.9 ~ 1.0	1.1 ~ 1.2	1.3 ~ 1.4	1.5 ~ 1.6	合计
N	4.56	5.44	3.00	1.00	0.17	0.00	0.00	14.17
NNE	4.01	2.60	0.58	0.08	0.02	0.00	0.00	7.29
NE	3.67	1.15	0.13	0.00	0.00	0.00	0.00	4.95
ENE	3.48	1.31	0.39	0.00	0.00	0.00	0.01	5.19
E	2.38	0.50	0.06	0.00	0.00	0.00	0.00	2.94
ESE	2.32	0.18	0.03	0.01	0.00	0.00	0.01	2.55
SE	3.25	0.30	0.01	0.00	0.01	0.01	0.00	3.58
SSE	7.74	0.97	0.07	0.01	0.00	0.00	0.00	8.79
S	12.79	3.14	0.49	0.07	0.00	0.00	0.00	16.49

续上表

波向	<0.4	0.5~0.6	0.7~0.8	0.9~1.0	1.1~1.2	1.3~1.4	1.5~1.6	合计
SSW	7.87	3.78	1.24	0.16	0.00	0.00	0.00	13.05
SW	3.92	1.89	0.25	0.01	0.01	0.01	0.00	6.09
WSW	1.59	0.13	0.03	0.00	0.00	0.00	0.00	1.75
W	1.12	0.02	0.00	0.00	0.00	0.00	0.00	1.14
WNW	1.04	0.02	0.00	0.01	0.00	0.00	0.00	1.07
NW	1.59	0.13	0.02	0.00	0.00	0.00	0.00	1.74
NNW	3.33	3.68	1.73	0.33	0.09	0.01	0.00	9.17
C	0.02	0.00	0.01	0.00	0.00	0.00	0.00	0.03
合计	64.68	25.24	8.04	1.68	0.30	0.03	0.02	99.99

港珠澳大桥隧道区 2 年一遇设计波要素　　表 4-2-2

波向	$H_{1\%}$(m)	$H_{4\%}$(m)	$H_{5\%}$(m)	$H_{13\%}$(m)	$\overline{T}$(s)	$\overline{L}$(m)
SSW	1.54	1.30	1.26	1.05	7.4	64.1
S	**1.73**	**1.47**	**1.42**	**1.19**	**7.4**	**64.1**
SSE	1.96	1.66	1.61	1.35	7.2	61.9
SE	0.92	0.77	0.75	0.62	6.4	52.9
W	1.32	1.12	1.08	0.90	3.29	16.9
WNW	1.05	0.88	0.85	0.71	2.98	13.8
NW	1.29	1.09	1.05	0.88	3.26	16.6
NNW	1.55	1.31	1.27	1.06	3.52	19.3
N	1.36	1.15	1.11	0.93	3.33	17.3
NNE	1.29	1.09	1.05	0.88	3.26	16.6
NE	1.63	1.38	1.34	1.12	3.61	20.2

西人工岛 50 年一遇水位条件下 50 年一遇波要素　　表 4-2-3

波向	$H_{1\%}$（m）	$H_{4\%}$（m）	$H_{5\%}$（m）	$H_{13\%}$（m）	$\overline{T}$(s)
SSW	4.82	4.14	4.02	3.42	9.9
S	**4.83**	**4.15**	**4.03**	**3.43**	**9.9**
SSE	5.10	4.40	4.27	3.64	9.8
SE	3.33	2.83	2.74	2.31	9.4

2.1.2 相似准则

1)水流运动相似

根据非恒定流运动方程和连续方程式,可得水流运动相似比尺的关系式如下:

重力相似:

$$\lambda_u = \lambda_v = \lambda_h^{1/2} \tag{4-2-1}$$

阻力相似:

$$\lambda_c = (\lambda_l / \lambda_h)^{1/2} \tag{4-2-2}$$

水流运动时间比尺:

$$\lambda_t = \lambda_l / \lambda_h^{1/2} \tag{4-2-3}$$

上述式中:λ_u 、λ_v ——流速比尺;

λ_h ——垂直比尺;

λ_l ——水平比尺;

λ_t ——时间比尺;

λ_c ——谢才系数比尺。

如果利用曼宁公式确定谢才系数,即 $C = \frac{1}{n}h^{1/6}$,则糙率比尺为:

$$\lambda_n = \frac{\lambda_h^{2/3}}{\lambda_l^{1/2}} \tag{4-2-4}$$

另一方面,模型水流应处于阻力平方区内,要求模型水流雷诺数 $Re \geqslant 1000$,模型垂直比尺应满足下列条件:

$$\lambda_h \leqslant \left(\frac{V_p h_p}{v \times 1000}\right)^{\frac{2}{3}} \tag{4-2-5}$$

因此,在水流运动相似方面,满足重力相似(式 4-2-1)、阻力相似(式 4-2-2)或(式 4-2-4)、垂直比尺限制条件(式 4-2-5),模型就可满足水流运动相似。

2)泥沙运动相似

根据泥沙运动相似理论及其有关方程可得:

挟沙力相似:

$$\lambda_s = \lambda_{s*} \tag{4-2-6}$$

泥沙起动相似：

$$\lambda_{\nu_c} = \lambda_\nu \tag{4-2-7}$$

推移质输沙率相似：

$$\lambda_{q_b} = \lambda_{(\gamma s-\gamma)/\gamma}\left(\frac{\lambda_h}{e}\right)^{3/2} \tag{4-2-8}$$

河床冲淤变形相似：

$$\lambda_{t_2} = \frac{\lambda_{\gamma_s}}{\lambda_{q_b}}\frac{\lambda_l^2}{e} \tag{4-2-9}$$

以上式中：λ_{s*}——挟沙能力比尺；

λ_{ν_c}——泥沙起动速度比尺；

λ_{q_b}——推移质输沙率比尺；

e——模型变率；

λ_{t_2}——河床冲淤变形时间比尺。

3）波浪运动相似

波浪折射、波浪陡度、波浪传播速度相似，即：

$$\lambda_L = \lambda_H = \lambda_h \tag{4-2-10}$$

$$\lambda_c = \lambda_T = \lambda_h^{1/2} \tag{4-2-11}$$

波浪绕射、波浪反射相似：

$$\lambda_L = \lambda_l = \lambda_h \tag{4-2-12}$$

以上式中：λ_L——波长比尺；

λ_H——波高比尺；

λ_c——波速比尺；

λ_T——波周期比尺。

2.1.3　模型比尺及试验范围的确定

人工岛周围地形的冲刷属三维问题，为保证模型水流形态及地形变化的相似，本模型按正态进行设计。根据人工岛尺度、试验范围、试验厅场地、水流、波浪特征以及原型沙和模型沙等特点，经综合比选，确定系列模型比尺为1∶100和

1∶160。本模型其他比尺的确定,详见表4-2-4。

模型比尺汇总表　　表4-2-4

比尺名称		符号及计算公式	比尺1	比尺2
几何比尺	水平比尺	λ_l	100	160
	垂直比尺	λ_h	100	160
	变率	E	1.0	1.0
水流运动相似比尺	流速比尺	$\lambda_u = \lambda_\nu = \lambda_h^{1/2}$	10.00	12.65
	潮量比尺	$\lambda_w = \lambda_l^2 \times \lambda_h$	0.10×10^7	0.41×10^7
	时间比尺	$\lambda_t = \lambda_l / \lambda_h^{1/2}$	10.00	12.65
	糙率比尺	$\lambda_n = \lambda_h^{2/3} / \lambda_l^{1/2}$	2.15	2.33
泥沙运动相似比尺	沉速比尺	$\lambda_\omega = \lambda_h^{3/2} / \lambda_1$	10.00	12.65
	起动流速比尺	$\lambda_{\nu_c} = \lambda_\nu$	10.00	12.65
波浪运动相似比尺	波高比尺	λ_H	100	160
	波长比尺	λ_L	100	160
	波速比尺	λ_C	10.00	12.65
	周期比尺	λ_T	10.00	12.65

2.1.4 模型沙的选择

工程区附近的底质均为淤泥,起动流速较大,达1.2m/s左右,并且考虑到工程位于珠江口门附近,波浪也较大,本模型试验除考虑水流动力外,还要同时模拟波浪作用,模型上两种动力叠加,对模型沙的作用更大,因此模型沙宜选用颗粒较重、起动流速较大的褐煤来模拟。

模型沙按泥沙起动相似原则进行选取,并进行相应的泥沙起动试验以选取适合本试验的模型沙。模型沙的选择同时要考虑模型沙的糙率,即应满足模型动床阻力相似。

根据现有模型沙情况,本试验确定模型沙的中值粒径为0.4mm。按泥沙起动相似原则,系列模型比尺确定为1∶100和1∶160。

根据2009年2月在大桥轴线位置采集的3个底质泥沙样品分析,桥区底质泥沙平均中值粒径为0.0082mm,由水槽试验获得起动摩阻流速为3.78cm/s。

选取中值粒径为0.4mm、密度为1.19kg/m^{3}的褐煤作为模型沙,起动摩阻流速为0.368cm/s。综上两者起动摩阻流速相比,最终确定λ_h为105。

2.1.5　模型布置

1)模型范围

港珠澳大桥人工岛周围的地势及水流条件较为复杂,一侧为伶仃航道和大濠水道的深槽区,另一侧为广大的浅滩区(图4-2-1)。为了正确模拟人工岛周围的水流特征及泥沙运动规律,满足自然水流和地形变化,就要求模型有一定的范围来保证试验精度。

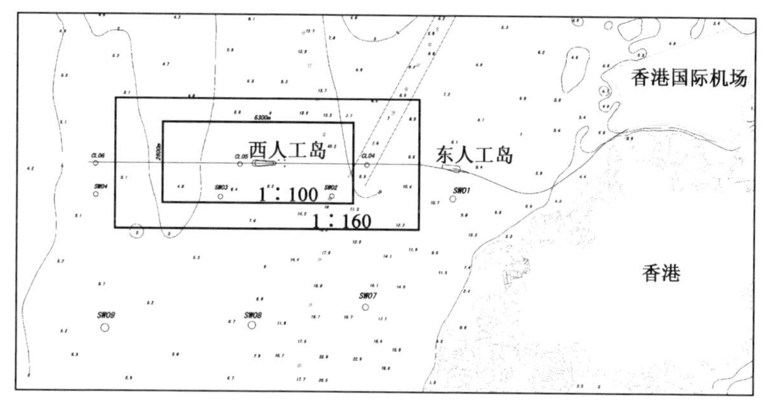

图4-2-1　两种比尺模拟的范围

1∶100模型的试验范围:在大濠水道一侧留出约2.9km,包括-10m以下深槽区;在西部浅滩一侧留出约2.7km,整个原型范围东西长约6.5km,南北宽约为3.1km(图4-2-1)。按此原型范围,在模型中,人工岛东、西两侧各有4.1倍和3.8倍的过流区域,南、北两侧可各预留出10倍的宽度。

1∶160模型的试验范围:在大濠水道一侧预留出约4.9km,在西部浅滩一侧预留出约4.6km。整个原型范围东西长为10.4km,南北宽为5.0km(图4-2-1)。按此原型范围,在模型中,人工岛东、西两侧可各预留出约6~7倍的宽度,南、北两侧可各预留出10倍的宽度。

按1∶100比尺换算,模型最大长度为6.5km÷100=65m,模型最大宽度为3.1km÷100=31m;按1∶160比尺换算,模型最大长度为10.4km÷160=65m,模型最大宽度为5.0km÷160=31m,再加上水库和供水廊道在内,模型占地总面积为86m×44m=3784m^2,两种比尺可模拟原型范围如图4-2-1所示。

2)模型布置

本模型模拟工程区范围为65m×31m,并按照涨落潮流量的变化,在南北两侧分别布置 7 台 1100m^3/h 的可逆泵，在模型南侧布置 24m 造波板模拟 S 向波浪，1∶100 模型布置如图 4-2-2 所示，1∶160 模型布置如图 4-2-3 所示。

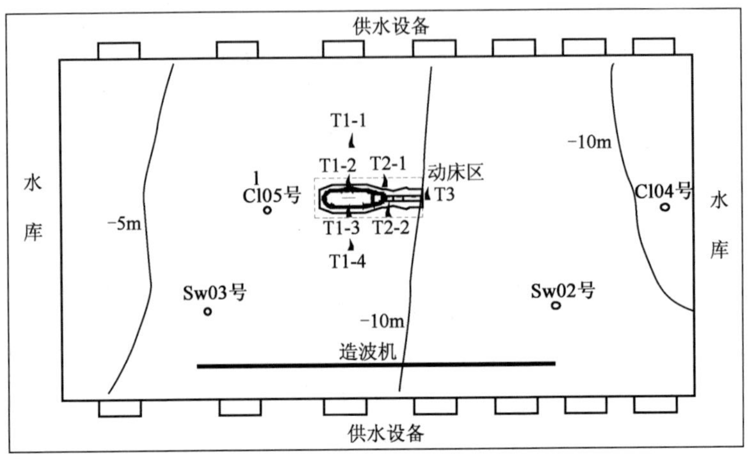

图 4-2-2 模型布置图(1∶100)

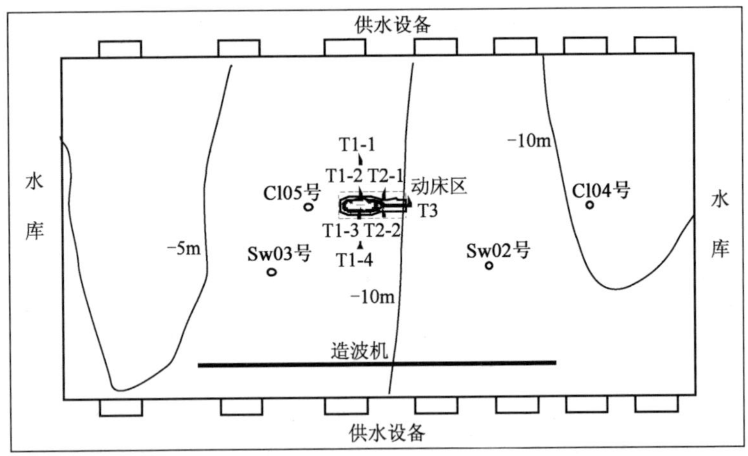

图 4-2-3 模型布置图(1∶160)

根据已有工程实际经验，只要在开挖槽内铺设动床，做冲刷试验就完全可满足工程的需要，也是偏于安全的。

根据地质勘察结果，西人工岛附近地质第一层主要为淤泥和淤泥质粘土，底高程为 -25.0 ~ -41.1m。西岛基槽挖泥高程为 -16.0m，至第一层底部还有 9.0 ~25.1m，根据初步估算，人工岛周围最大冲刷深度应小于该值，故本模型铺沙沿垂向不分层，铺沙厚度控制为 0.15m 左右(分别相当于原型厚度 15m 和 24m)。

3）模型仪器设备

（1）可逆泵生潮系统（天科院设计，通过率定和检测合格），该系统包含 14 台可逆泵（1100m^3/h）、14 台 5000P11S 变频调速器，采用计算机控制，提供分级流量。

（2）超声波水位测量系统（尚水公司，瑞士仪器）进行水位测量，量程 40cm，精度 ±0.2mm。

（3）采用丹麦产 8（套）Vectrino（小威龙）进行流速测量，控制软件“PolySync”，测流量程 0.01～4.00m/s，精度 ±0.5%。

（4）采用多普勒激光地形仪（尚水公司）及软件进行动床地形测量，量程 40cm，精度 ±0.2mm。

（5）照相及摄像仪器，记录模型动床试验地形、试验流场等试验成果。

（6）24m 生波设备及波浪采集系统（天科院设计生产，通过率定和检测合格）。

（7）日本 TOPCON 全站仪（GPT-751），精度 1″。

（8）日本 TOPCON 水平仪（AT-G2），精度 ±1mm。

2.2　潮流验证试验

2.2.1　验证资料

在大桥工程区附近共进行 3 次水文测验，2004 年 6 月（洪季）、2009 年 3 月（枯季）和 2009 年 6 月（洪季）。其中，2004 年 6 月在大桥推荐轴线附近布置了 9 条垂线、2 个潮位站，在洪季进行了大、中、小三种潮型潮同步水文测量；2009 年 3 月和 6 月分别在枯季和洪季进行了大、小潮各 11 条垂线、2 个站潮位同步水文测量。本模型主要利用这些现场实测资料分别进行逐时潮位和逐时流速、流向的验证。

在模型范围内，由于没有原型水位测点，因此按照数模计算提供的水位过程进行验证，测点分别布置在工程区南侧（T1-4 号）、东侧（T3 号）及北侧（T1-1 号），位置见图 4-2-4。

2.2.2　验证试验结果

从模型和原型潮位、流速和流向验证过程线比较来看，两者吻合良好，相位一致，高潮位和低潮位差值可控制在 0.10m 以内，平均流速差值小于 10%，平均流向差值小于 10°，满足相似要求，模型验证非常成功。

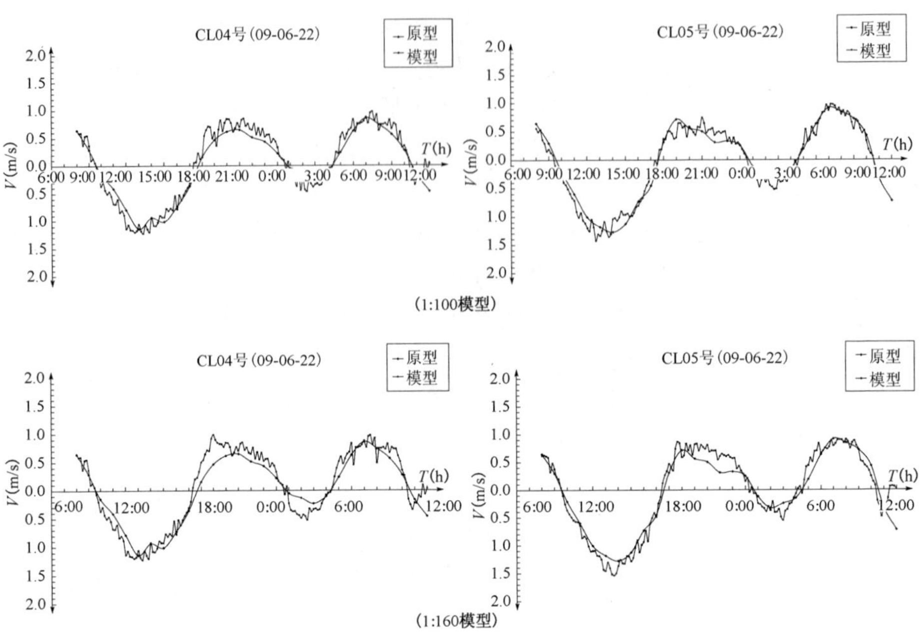

图 4-2-4 流速验证过程线(2009 年 6 月 22 日—23 日)

2.2.3 组合潮型流速验证

为了缩短模型试验周期,只对实际流速大于泥沙起动流速过程进行控制。具体试验方法是:依据洪季和枯季逐时实测流速资料,按大、中、小潮中大于0.4m/s以上流速过程重新组合成涨潮过程和落潮过程,以此来控制模型的潮流。重新组合后的流速过程线验证结果,如图 4-2-5 所示。

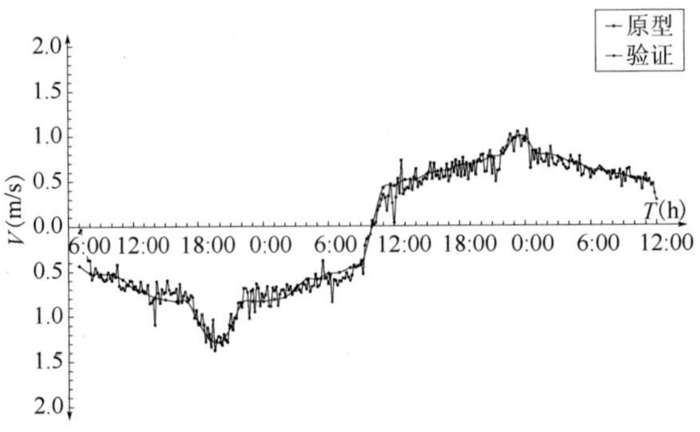

图 4-2-5 涨落潮组合潮流验证过程线

模型验证组合流速过程与实测流速组合过程吻合良好，相位一致，实测组合的涨、落潮平均流速分别为0.65m/s和0.74m/s；模型验证组合的涨、落潮平均流速，1:100模型分别为0.64m/s和0.75m/s、1:160模型为0.67m/s和0.77m/s，两者差值，1:100模型为0.01m/s左右、1:160模型为0.02～0.03m/s，满足相似要求，作为泥沙冲刷试验的代表潮型，完全可以反映实际潮流的变化。

2.3 动床泥沙方案试验

2.3.1 方案布置及试验条件

物理模型动床泥沙冲刷试验主要针对下面6种布置条件，方案布置如图4-2-6所示。（本文重点介绍方案3～方案6）

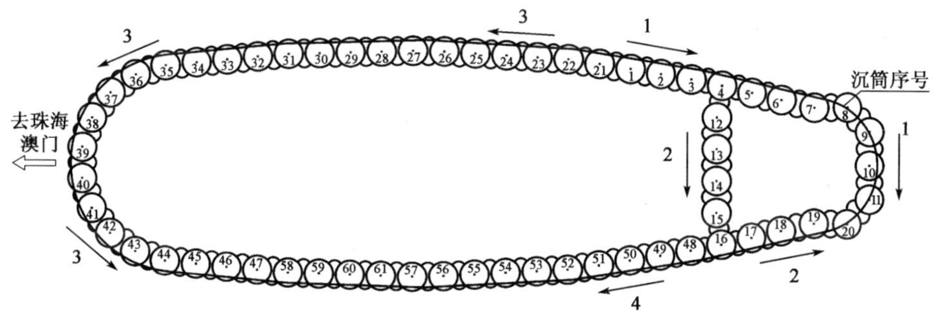

图4-2-6 钢圆筒施工过程布置图

1）方案布置

方案1：1～5号钢圆筒，起始阶段。

方案2：1～10号钢圆筒，即第2船钢圆筒打设完毕。

方案3：1～20号钢圆筒，即西小岛合拢。

方案4：1～33号钢圆筒，不下沉31号～32号和32号～33号副格仓。

方案5：1～60号钢圆筒，保留合拢口。

方案6：1～61号钢圆筒，西人工岛合拢。

2）波浪

2年一遇波浪：采用"港珠澳大桥隧道区2年一遇设计波要素"按S向波浪特征进行模拟，$H_{13\%}=1.19\text{m}$、$T=7.4\text{s}$。

50年一遇波浪：采用"西人工岛50年一遇水位条件下50年一遇设计波要素"，也按S向波浪特征进行模拟，$H_{13\%}=3.43\text{m}$、$T=9.9\text{s}$。

2 年一遇和 50 年一遇波浪历时,是根据工程区附近实测波浪资料和大万山站实测台风浪过程进行确定。根据台风过程中的波高,2 年一遇和 50 年一遇波浪历时分别为 30h 和 12h,即试验过程中均按发生一次台风过程来考虑。

3)潮流

模型方案试验潮流的控制,是采用实测洪枯季流速资料,按大、中、小潮中大于 0.4m/s 以上逐时流速重新组合成涨潮和落潮过程(图 4-2-5),以此来控制模型的潮位和潮流,见图 4-2-7。

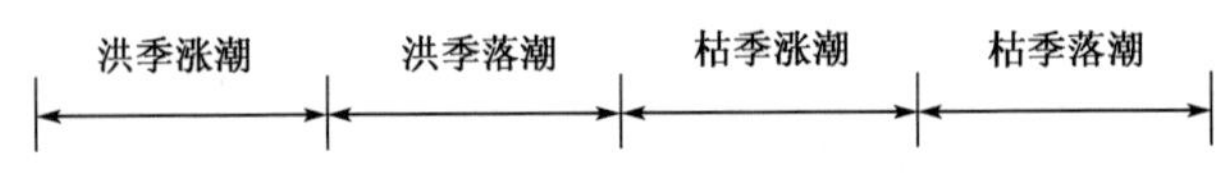

图 4-2-7　潮流控制施放组合流程示意图

4)试验工况组合(表 4-2-5)

表 4-2-5

工况	方案	潮流	波浪	1:100	1:160
1	1	10 天	2 年一遇	★	
2	2	10 天	2 年一遇	★	
3	3	40 天	2 年一遇	★	★
			50 年一遇	★	
4	4	5 天	2 年一遇	★	
5	5	20 天	2 年一遇	★	
6	6	122 天	2 年一遇	★	★

注:★代表试验。

5)测量断面布置

为了反映钢圆筒实施后海床地形的变化,本模型在动床区布置 19 条测量断面,其中在人工岛区域东、西两侧各布置 3 条,在人工岛区域内布置 13 条断面,断面位置如图 4-2-8 所示。在地形变化较为剧烈的位置加密测量,以便更详尽地反映地形变化。

2.3.2　工况 3 试验结果

该工况条件下,进行了 1:100 比尺、2 年一遇波浪作用和 50 年一遇波浪作用的试验,以及 1:160 比尺、2 年一遇波浪作用的试验,潮流作用时间均为原型 40 天。钢圆筒布置顺序,如图 4-2-9 所示。

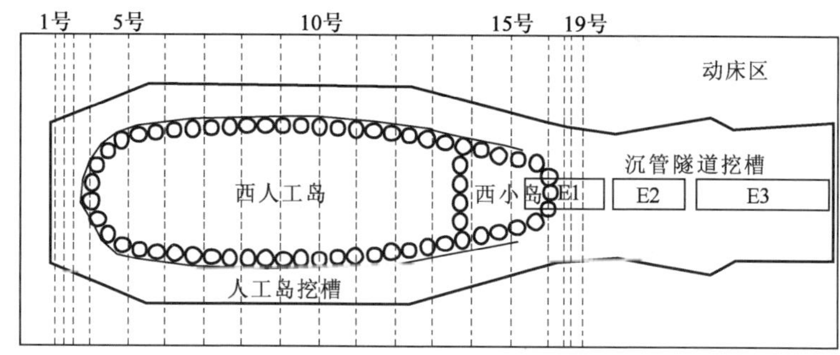

图 4-2-8　动床断面布置示意图

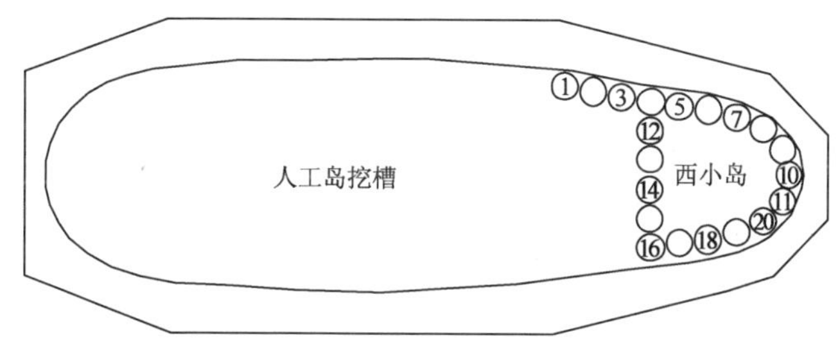

图 4-2-9　西小岛钢圆筒编号示意图

1)1∶100 模型 2 年一遇波浪试验结果

在工况 3、2 年一遇波浪作用条件下,地形变化总体表现为:西小岛东侧 9 号 ~11 号和 20 号钢圆筒开挖槽内地形变化呈冲刷形态;南北两侧开挖槽内有冲有淤,呈冲淤基本平衡状态;1 号钢圆筒西侧和 16 号钢圆筒根部出现了较明显的冲刷坑。而在西小岛工程区以外的(西侧)开挖基槽内,由于槽内开挖后水深较大,波浪和潮流动力作用不强,基本不受西小岛工程的影响,因此该区域地形呈不变状态。

具体变化结果描述如下:

(1)在 1 号钢圆筒西侧形成冲刷坑(图 4-2-10),冲刷坑的最大深度约为 1.3m,冲刷坑的最大范围约为 13m×23m,该冲刷坑的位置在钢圆筒柱根部。

(2)在西小岛东侧 9 号 ~11 号和 20 号钢圆筒附近地形呈冲刷状态,最大冲刷部位由于受外海波浪作用,均发生在 11 号、20 号钢圆筒处,最大冲深值为 0.8m(图 4-2-11),冲刷范围分别为 6m 和 8m。其他钢圆筒附近冲深值均介于 0.4 ~0.5m,落潮时段北侧冲刷略大,涨潮时南侧冲刷略大。其中,落潮形成的冲刷槽在涨潮过程中会产生一定的恢复现象,即冲刷深度略有减小。冲刷坑最大冲深一般均发生距钢圆筒根部 3 ~5m 的位置。

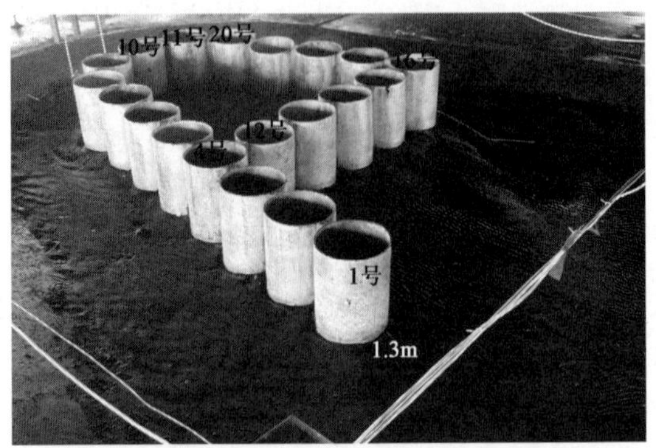

图 4-2-10　1 号钢圆筒附近地形冲刷形态

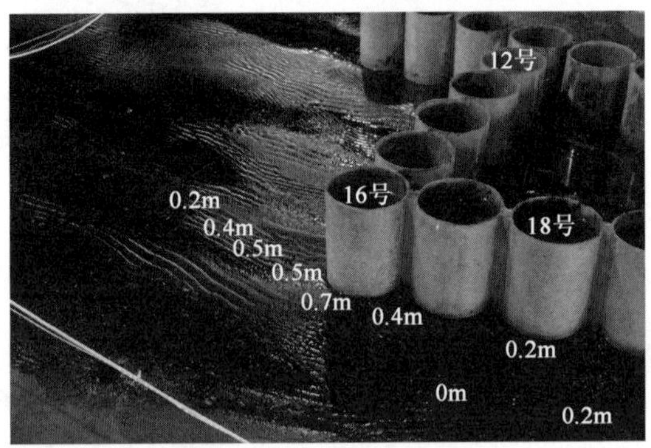

图 4-2-11　16 号钢圆筒附近地形冲刷形态

(3) 在 16 号钢圆筒西南侧，出现一个冲刷槽，最大冲深值为 0.7m（图 4-2-12），冲刷范围约为 50m×18m，最大冲深点距 16 号钢圆筒根部约为 19m。

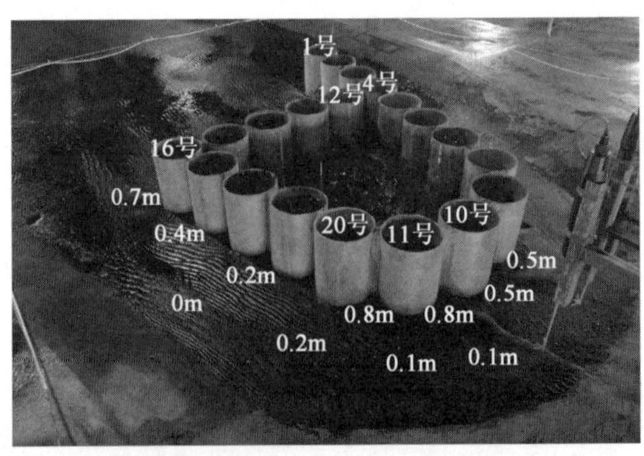

图 4-2-12　西小岛南侧及东侧地形变化

（4）在1号～7号钢圆筒北侧和16号～20号钢圆筒南侧的基槽内地形基本没有变化，呈稳定状态，见图4-2-13和表4-2-6。

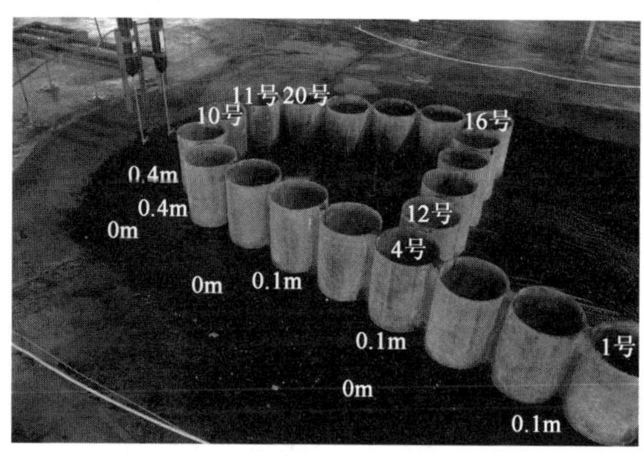

图4-2-13　西小岛北侧地形变化

各断面平均水深变化结果比较（单位：m）　　表4-2-6

区域	断面号	原型		20天		40天		变化量	
开挖槽	1号	16.01		16.05		16.01		-0.01	
	2号	16.08		16.11		16.08		0.00	
	3号	16.02		16.12		16.07		-0.05	
	4号	15.97		16.06		16.05		-0.08	
	5号	16.02		16.09		16.07		-0.05	
	6号	16.01		16.05		16.05		-0.04	
开挖槽	7号	16.03		16.00		16.03		0.00	
	8号	16.02		16.06		16.02		-0.01	
	9号	16.03		16.04		15.98		0.05	
	10号	16.04		15.93		16.04		0.00	
	11号	16.01		16.02		16.03		-0.01	
	12号	16.07		16.07		16.06		0.00	
西小岛	断面号	原型		20天		40天		变化量	
		南侧	北侧	南侧	北侧	南侧	北侧	南侧	北侧
	13号	16.12	16.17	16.14	16.25	16.14	16.29	-0.02	-0.12
	14号	16.00	15.98	16.03	16.02	16.04	16.02	-0.04	-0.04
	15号	15.98	16.01	15.98	16.03	15.97	16.03	0.01	-0.02
	16号	16.24	16.08	16.27	16.23	16.35	16.24	-0.10	-0.16

续上表

	断面号	原型	20 天	40 天	变化量
西小岛东侧	17 号	16.04	16.14	16.20	-0.16
	18 号	16.02	16.10	16.12	-0.10
	19 号	16.07	16.13	16.13	-0.06

注:“-”值为冲刷。

(5)在西小岛以西的开挖基槽内,各断面测量结果虽然有些波动变化,但变化量值都很小,基本呈稳定状态,见表4-2-6。

2)1:100模型50年一遇波浪试验结果

在工况3、50年一遇波浪作用条件下,各断面地形变化与工况3、2年一遇波浪条件的试验结果基本相同。只是在1号、16号和20号钢圆筒附近冲刷强度会有所变化,其中在1号钢圆筒附近,最大冲深值为1.50m左右(图4-2-14),冲刷范围为14m×23m。在16号钢圆筒附近,最大冲深值为0.8m(图4-2-15),冲刷范围为53m×20m,最大冲深点距16号钢圆筒根部约为19m。在20号钢圆筒附近,最大冲深值为1.2m(图4-2-16),冲刷范围为8m左右。其他区域地形变化与试验控制条件1相同。断面地形变化,见表4-2-7。

另外,50年一遇波浪作用12h和3天潮流情况下的试验研究表明,冲刷的基本规律与工况3、50年一遇波浪条件试验结果基本相同,主要变化结果为:

在1号钢圆筒附近,最大冲深值为1.1m左右,冲刷范围为11m×22m。在20号钢圆筒附近,最大冲深值为0.9m,冲刷范围为6m左右。在16号钢圆筒附近,最大冲深值为0.5m,冲刷范围为37m×20m。

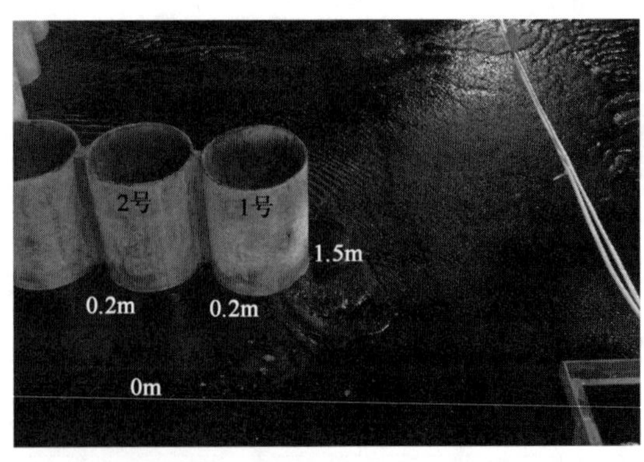

图4-2-14　1号钢圆筒附近地形冲刷形态

图 4-2-15　16 号钢圆筒附近地形冲刷形态

图 4-2-16　西小岛南侧及东侧地形变化

两种试验条件下各断面地形变化结果比较(单位:m)　　　　表 4-2-7

区域	断面号	控制条件 1 变化量	控制条件 2 变化量
开挖槽	1 号	-0.01	-0.02
	2 号	0.00	-0.01
	3 号	-0.05	-0.09
	4 号	-0.08	-0.06
	5 号	-0.05	-0.01
	6 号	-0.04	-0.02
	7 号	0.00	0.03
	8 号	-0.01	-0.02
	9 号	0.05	-0.03
	10 号	0.00	0.04
	11 号	-0.01	0.03
	12 号	0.00	0.02

续上表

区域	断面号	控制条件1变化量		控制条件2变化量	
		南侧	北侧	南侧	北侧
西小岛	13号	-0.02	-0.12	-0.01	-0.08
	14号	-0.04	-0.04	-0.03	-0.01
	15号	0.01	-0.03	-0.03	0.01
	16号	-0.10	-0.16	-0.12	-0.11
西小岛东侧	17号	-0.16		-0.18	
	18号	-0.10		-0.13	
	19号	-0.06		-0.06	

3)1:160模型试验结果

在工况3、2年一遇波浪作用条件下,地形变化与1:100模型试验结果相同,表现为:西小岛东侧9号~11号和20号钢圆筒开挖槽内地形变化呈冲刷形态;南北两侧开挖槽内有冲有淤,呈冲淤基本平衡状态;1号钢圆筒西侧和16号钢圆筒根部出现了较明显的冲刷坑。而在西小岛工程区以外的(西侧)开挖基槽内,由于槽内开挖后水深较大,波浪和潮流动力作用不强,基本不受西小岛工程的影响,因此该区域地形呈不变状态。

具体变化结果描述如下:

(1)在1号钢圆筒西侧形成冲刷坑,冲刷坑的最大深度约为1.5m,冲刷坑的最大范围约为14m×25m,该冲刷坑的位置在钢圆筒柱根部。

(2)在西小岛东侧9号~11号和20号钢圆筒附近地形呈冲刷状态,最大冲刷部位发生在11号、20号钢圆筒处,最大冲深值为1.0m,冲刷范围均为6m。其他钢圆筒附近冲深值均介于0.2~0.6m,冲刷坑最大冲深一般均发生在距钢圆筒根部3~5m的位置。

(3)在16号钢圆筒西南侧,出现一个冲刷槽,最大冲深值为0.8m,冲刷范围约为64m×22m,最大冲深点距16号钢圆筒根部约为16m。

(4)在1号~7号钢圆筒北侧和16号~20号钢圆筒南侧的基槽内地形基本没有变化,呈稳定状态。

(5)在西小岛以西的开挖基槽内,各断面测量结果虽然有些波动变化,但变化量值都很小,基本呈稳定状态。

2.3.3 工况6试验结果

该工况条件下,先后进行了1:100比尺以及1:160比尺、2年一遇波浪作用的试验，潮流作用时间均为原型122天。钢圆筒布置顺序如图4-2-17所示，不同试验条件工程总体地形变化特征是，人工岛东西两侧为冲刷，南侧有冲有淤、变化量较小，北侧地形基本稳定。

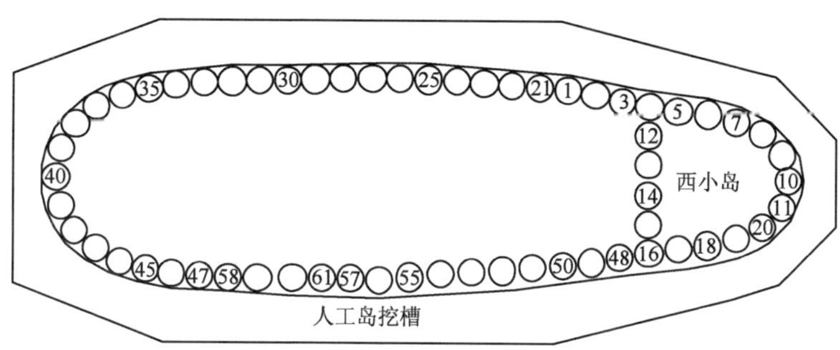

图4-2-17　西人工岛钢圆筒钢圆筒编号示意图

1）1∶100模型西人工岛东西两侧地形变化

西人工岛东、西两侧局部冲淤变化，既有相同之处，也有不同之处（图4-2-18～图4-2-20）。

（1）相同之处有：

①东、西两侧都会产生局部冲刷。

②东、西两侧冲刷形态，除东侧9号～11号钢圆筒附近冲刷靠近钢圆筒根部外，其余冲刷都发生在钢圆筒10m以外的区域，呈中间冲刷、两侧淤积的分布。

③冲刷的泥沙涨潮时向北运动，落潮时向南运动。

④落潮冲刷强度大于涨潮冲刷强度。

图4-2-18　西人工岛东侧地形冲刷形态

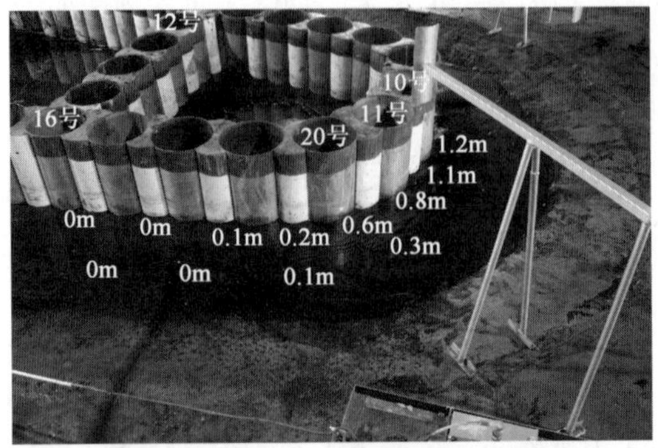

图 4-2-19　西人工岛东侧地形冲刷形态

图 4-2-20　西人工岛西侧地形冲刷形态

(2)不同之处是:

①东侧冲刷呈细长形态,西侧冲刷呈短宽形态。

②冲刷范围,东侧大于西侧,东侧主要在人工岛头部 8 号 ~ 11 号以及 20 号钢圆筒附近,最大冲刷宽度 15m 左右;西侧位于人工岛头部 37 号 ~ 40 号钢圆筒之间,最大冲刷宽度 24m 左右。

③冲刷深度,西侧大于东侧,东侧最大冲刷深度约为 1.2m,发生在 9 号和 10 号钢圆筒附近,冲刷部位靠近钢圆筒根部,其余冲刷部位都距钢圆筒 10m 以外;西侧最大冲深约为 2.4m,最大冲深点距钢圆筒根部 12m,冲刷起来的泥沙在冲刷槽两侧堆积。

2)1∶100 模型西人工岛南、北两侧地形变化

(1)在西人工岛北侧 1 号 ~5 号和 21 号 ~35 号钢圆筒之间的槽内,地形平均冲淤变化值在 0.03m 左右,呈稳定状态(图 4-2-21)。

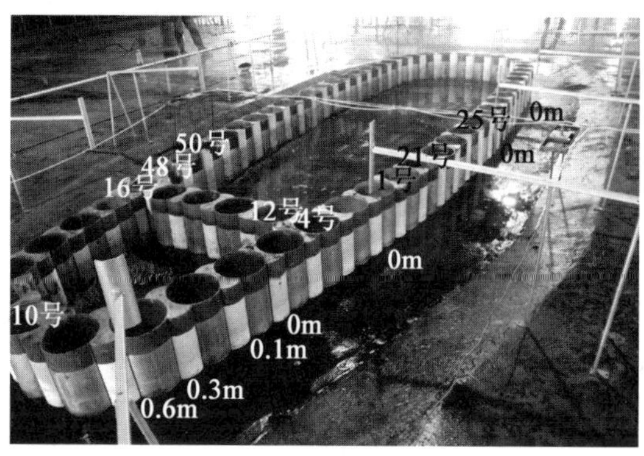

图 4-2-21　西人工岛北侧地形变化

（2）在西人工岛南侧 50 号～60 号钢圆筒之间的槽内，受波浪的作用，钢圆筒根部会出现冲刷，最大冲刷深度 0.5m，平均冲刷深度 0.3m 左右，冲刷起的泥沙将堆积在槽内斜坡附近（图 4-2-22）。

（3）从本工程对水流的影响来看，工程后西人工岛南北两侧为弱流区，应属淤积环境，但由于本模型没有泥沙补给，且在开挖槽内底部流速有所增加的作用下，南、北两侧出现局部冲刷也是可以接受的。

图 4-2-22　西人工岛南侧地形变化

3）1∶160 模型试验结果

在与 1∶100 比尺同样的试验条件下，1∶160 的试验结果描述如下。

（1）冲刷范围：东侧主要在人工岛头部 8 号～11 号以及 20 号钢圆筒附近，最大冲刷宽度 16m 左右；西侧则位于人工岛头部 37 号～41 号钢圆筒之间，最大冲刷宽度 28m 左右。

(2)冲刷深度:西侧大于东侧,东侧最大冲刷深度约为 1.3m,发生在 9 号钢圆筒附近,冲刷部位靠近钢圆筒根部,其余冲刷部位都距钢圆筒 10m 以外;西侧最大冲深约为 2.5m,最大冲深点距钢圆筒根部 18m,冲刷起来的泥沙在冲刷槽两侧堆积。

(3)在西人工岛北侧 1 号~5 号和 21 号~35 号钢圆筒之间的槽内,地形呈稳定状态。

(4)在西人工岛南侧 50 号~60 号钢圆筒之间的槽内,受波浪的作用,钢圆筒根部会出现冲刷,最大冲刷深度 0.4m,平均冲刷深度 0.2m 左右,冲刷起的泥沙将堆积在槽内斜坡附近。

2.3.4 工况 4 试验结果

1 号~33 号钢圆筒下沉后、31 号~32 号和 32 号~33 号副格仓还没有下沉时(图 4-2-23)的地形变化结果如下。

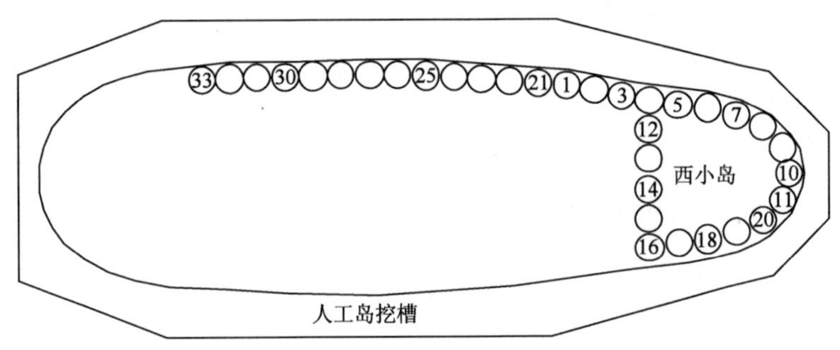

图 4-2-23 西人工岛施工期钢圆筒编号示意图

试验结果表明:在此工况条件下,出现冲刷部位只在 33 号钢圆筒西侧和副格仓内,其他区域地形基本都不变。具体变化如下:

(1)钢圆筒及副格仓附近冲刷变化,如图 4-2-24 所示。从不同部位的冲刷状况来看,该区域冲刷规律都具有副格仓之间冲深大、范围小,钢圆筒西侧冲深小、范围大的特点。其中:33 号钢圆筒西侧最大冲深值为 0.9m,冲刷范围为 16m×28m;32 号~33 号副格仓内最大冲深值为 3.1m,冲刷总长度约为 23m;31 号~32 号副格仓内最大冲深值为 3.5m,冲刷总长度约为 31m。

(2)人工岛东侧 8 号~10 号钢圆筒附近,冲刷值介于 0.3~0.7m,最大冲刷部位发生在 8 号钢圆筒附近,最大冲深值为 0.7m,见图 4-2-25。

(3)槽内其他区域,地形基本不变。

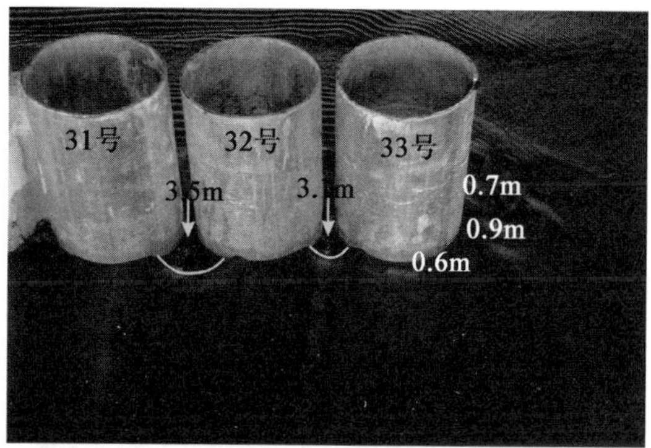

图 4-2-24　31 号～33 号钢圆筒附近地形变化

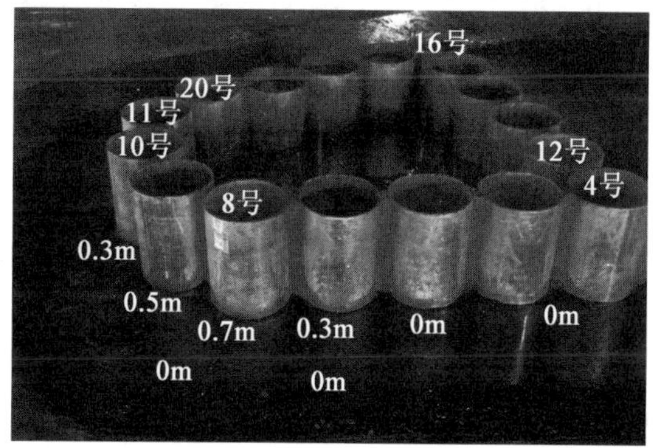

图 4-2-25　人工岛东侧地形变化

2.3.5　工况 5 试验结果

60 个钢圆筒下沉完毕后（图 4-2-26），地形变化结果如下。

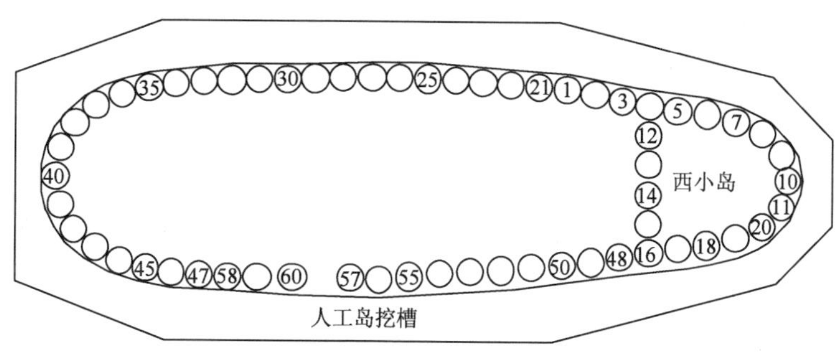

图 4-2-26　最后一个钢圆筒未沉放时钢圆筒编号示意图

总体而言，变化情形与工况 6 基本相同，人工岛东西两侧槽内地形出现冲刷，西侧冲刷强度大于东侧（图 4-2-27），西侧最大冲刷强度 1.7m，东侧最大冲刷强度 1.0m，西侧最大冲深点距钢圆筒 8 ~ 14m，东侧最大冲深点都发生在钢圆筒根部；北侧槽内地形基本不变，南侧槽内的地形变化量也很小。在合拢口处（61 号钢圆筒）冲刷强度也是很小的，在 57 号钢圆筒和 60 号钢圆筒根部，最大冲刷强度为 0.3m，合拢口之间，最大冲刷强度约为 0.2m，其他地方，地形保持不变。

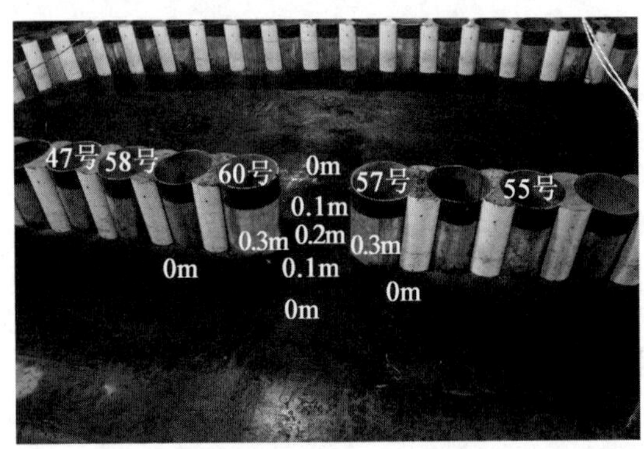

图 4-2-27　合拢口附近地形变化

2.3.6　两种比尺冲刷结果分析

根据 1∶100 和 1∶160 比尺下西小岛和西人工岛冲刷结果分析，不同位置最大可能冲刷深度与比尺的关系，见图 4-2-28、图 4-2-29。

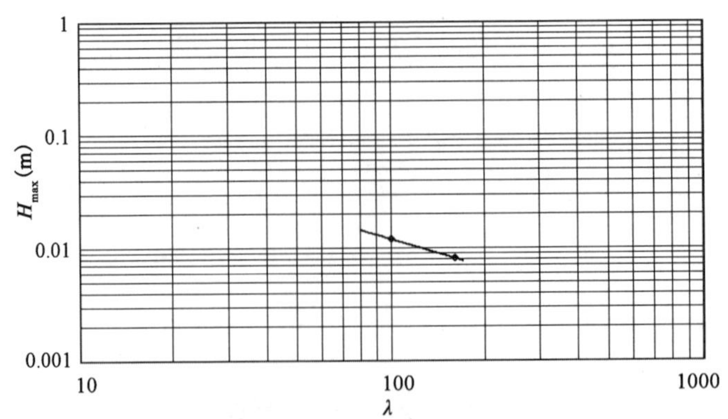

图 4-2-28　西人工岛东侧最大冲刷深度 H_{max} 与比尺 λ 关系图

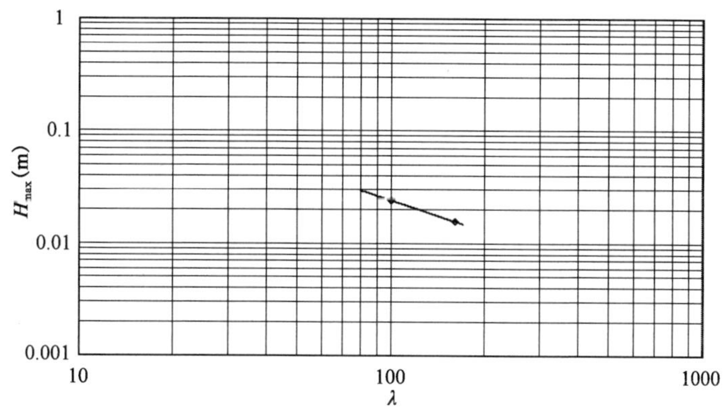

图 4-2-29　西人工岛西侧最大冲刷深度 H_{max} 与比尺 λ 关系图

经统计计算，西小岛不同部位最大冲刷深度分别为：1 号钢圆筒附近为 1.32m、20 号钢圆筒附近为 0.82m、16 号钢圆筒附近为 0.71m。西人工岛不同部位最大冲刷深度分别为：东侧为 1.21m、西侧为 2.41m，见表 4-2-8。西小岛不同部位最大冲刷宽度分别为：1 号钢圆筒附近为 23.2m、16 号钢圆筒附近为 51.3m。西人工岛不同部位最大冲刷深度分别为：东侧为 15.1m、西侧为 24.4m，见表 4-2-9。

西小岛和西人工岛不同位置最大冲刷深度（单位：m）　　表 4-2-8

位置		试验结果		计算结果	
		1∶100	1∶160	1∶105	原型
西小岛	1 号钢圆筒	0.013	0.009	0.013	1.320
	20 号钢圆筒	0.008	0.006	0.008	0.819
	16 号钢圆筒	0.007	0.005	0.007	0.710
西人工岛	人工岛东侧	0.012	0.008	0.012	1.210
	人工岛西侧	0.024	0.016	0.023	2.411

西小岛和西人工岛不同位置最大冲刷宽度（单位：m）　　表 4-2-9

位置		试验结果		计算结果	
		1∶100	1∶160	1∶105	原型
西小岛	1 号钢圆筒	0.230	0.156	0.221	23.200
	16 号钢圆筒	0.500	0.400	0.488	51.290
西人工岛	人工岛东侧	0.150	0.100	0.144	15.100
	人工岛西侧	0.240	0.175	0.232	24.390

2.4 综合论证对比分析

本文通过现场实测资料对比分析、二维潮流数值模拟、三维潮流数值模拟以及局部动床冲刷物理模型试验研究，并结合已有人工岛工程冲淤变化的实践经验，对港珠澳大桥西人工岛钢圆筒打设施工期槽内地形冲刷变化规律进行了综合论证分析，获得基本认识如下。

2.4.1 自然水沙环境

(1)蕉门、洪奇沥和横门是伶仃洋的主要来沙通道，且这三个口门均位于伶仃洋的西岸，构成了本海区西部径流动力～三角洲前缘沉积地貌体系，本工程处于这一沉积地貌体系与陆架水入侵动力～沉积地貌体系的过渡范围内，仍属于泥沙落淤的沉积类型。

(2)根据多年水深地形变化对比，西人工岛附近 -5～-10m 等深线之间为淤积，年均淤积速率为3～7cm。-5m 等深线以里浅水区处于冲淤基本平衡、略呈淤积趋势，年均淤积速率为0.2～3.8cm。

(3)经工程区附近，即珠海九州港航道、伶仃航道、铜鼓航道以及港珠澳大桥隧道试挖槽工程的实践表明，在桥区附近实施不同开挖工程后，工程区内都会产生一定的淤积，即开挖工程后仍呈淤积环境。

2.4.2 基槽开挖后水流变化

根据三维数值模拟研究结果，当人工岛基槽开挖后，整体流场与工程前相比变化不大，但基槽内垂向流速分布与工程前相比会发生较大的变化，平均流速减幅达40%，底层流速减幅最大可达98%，槽内潮流动力明显减弱，有利于泥沙的落淤。

2.4.3 西小岛和西人工岛工程实施后槽内流速变化

1)平面流场变化

人工岛施工过程中，在基槽内南、北两侧的背影区会出现环流区或弱流区，在人工岛东、西两侧凸出部位出现绕流，流速明显增大。

2)垂向水流变化

(1)在西小岛合拢后，基槽内大部分区域的流速仍比工程前要小，特别是底层流速不到工程前的一半。

(2)在西人工岛南、北两侧，受岛壁阻水作用，人工岛中间段为缓流区，但因槽内向东、西两侧分流作用的增强，造成了东、西两侧流速，特别是底层流速有所增强，其中：西小岛西北角 1 号钢圆筒附近、西南角 16 号钢圆筒附近和东北角 9 号钢圆筒附近，底层最大流速均可介于 0.70 ~ 0.93m/s 之间；西人工岛西北角 36 号钢圆筒和东北角 8 号钢圆筒附近，底层最大流速均可介于 0.78 ~ 0.81m/s 之间；流态变化，在平面上为环绕岛水流性质，垂向上则呈类似弯道环流的水流特征。

2.4.4　基槽内地形冲淤变化

经原型沙和模型沙起动试验最终确定的比尺为 1∶105，根据对比，各部位冲刷量值均与 100 比尺的冲刷量值相同。因此，按照 1∶100 的实测数据来描述该变化。

(1)西小岛钢圆筒施放初期(1 号 ~5 号)，在遭遇 2 年一遇波浪，潮流作用 10 天的冲刷结果。

①5 号钢圆筒和 1 号钢圆筒附近地形发生冲刷，在其他区域，地形不发生变化。

②西侧 1 号钢圆筒附近的最大冲刷强度为 0.6m，冲刷范围约 13m × 21m，冲刷位置靠近 1 号钢圆筒根部。

③东侧 5 号钢圆筒附近的最大冲刷强度为 0.5m，冲刷范围约 15m × 18m，冲刷位置靠近 5 号钢圆筒根部。

(2)1 号 ~10 号钢圆筒施放完毕，在遭遇 2 年一遇波浪，潮流作用 10 天的冲刷结果。

①地形发生冲刷的部位集中在钢圆筒东西两侧，即 9 号 ~10 号钢圆筒和 1 号钢圆筒附近，西侧的冲刷强度和范围略大于东侧，在其他区域，地形不发生变化。

②1 号钢圆筒附近的最大冲刷强度为 1.4m，冲刷范围约 15m × 22m，冲刷位置靠近 1 号钢圆筒根部。

③10 号钢圆筒附近的最大冲刷强度为 0.7m，冲刷范围约 15m × 42m，冲刷位置靠近 9 号 ~10 号钢圆筒根部。

(3)西小岛实施后，在分别遭遇 2 年一遇波浪和 50 年一遇波浪，潮流作用 40 天的冲刷结果。

①西小岛东侧 9 号 ~11 号和 20 号钢圆筒开挖基槽内地形呈冲刷变化，最大冲深分别为 0.8m 和 1.2m，宽度分别为 6m 和 8m，距钢圆筒根部 3m 左右。

②1 号钢圆筒西侧根部出现冲刷坑，最大冲刷强度分别为 1.3m 和 1.5m，冲刷坑范围分别为 23m×13m 和 23m×14m。

③16 号钢圆筒西南侧冲刷槽，最大冲深值分别为 0.7m 和 0.8m，冲刷范围分别为 50m×18m 和 53m×20m，最大冲深点距 5 号钢圆筒根部约为 19m。

④南北两侧开挖基槽内有冲有淤，冲淤量值较小，地形基本呈不变状态。

⑤西小岛以外的西侧槽内，地形呈不变状态。

(4)在 2 年一遇波浪和潮流作用 6 天副格仓区域的冲刷结果。

①该区域冲刷规律具有副格仓之间冲深大、范围小，钢圆筒西侧冲深小、范围大的特点。其中：33 号钢圆筒西侧最大冲深值为 0.9m，冲刷范围为 16m×28m；32 号～33 号副格仓内最大冲深值为 3.1m，冲刷总长度约为 23m；31 号～32 号副格仓内最大冲深值为 3.5m，冲刷总长度约为 31m。

②人工岛东侧 8 号～11 号和 20 号钢圆筒附近，冲刷值介于 0.3～0.7m 之间，最大冲刷部位发生在 8 号钢圆筒附近，最大冲深值为 0.7m。

③槽内其他区域，地形基本不变。

(5)合拢口在 2 年一遇波浪和潮流作用 20 天的冲刷结果。

①人工岛东、西两侧槽内地形出现冲刷，西侧冲刷强度大于东侧，其他地方，地形保持不变。

②西侧最大冲刷强度 1.7m，最大冲深点距钢圆筒 8～14m。

③东侧最大冲刷强度 1.0m，最大冲深点都发生在钢圆筒根部。

④在合拢口处(61 号钢圆筒)冲刷强度，57 号钢圆筒和 60 号钢圆筒根部，最大冲刷强度为 0.3m；合拢口之间，最大冲刷强度约为 0.2m。

(6)西人工岛实施后，在遭遇 2 年一遇波浪，潮流作用 122 天的冲刷结果。

①人工岛东侧冲刷主要在人工岛头部 8 号～11 号和 20 号钢圆筒之间，最大冲深 1.2m，最大冲刷宽度 15m 左右，冲刷部位在 9 号、10 号钢圆筒附近是靠近钢圆筒根部，其余都距钢圆筒 10m 以外，冲刷起来的泥沙将在冲刷槽两侧产生堆积。

②人工岛西侧冲刷主要在人工岛头部 37 号～40 号钢圆筒之间，最大冲深 2.4m，最大冲刷宽度 24m 左右，冲刷部位距钢圆筒根部 12m 左右，冲刷起来的泥沙将在冲刷槽两侧产生堆积。

③人工岛北侧 1 号～5 号和 21 号～35 号钢圆筒之间槽内，地形呈稳定状态。

④人工岛南侧 50 号～60 号钢圆筒之间槽内，沿钢圆筒根部的局部区域产生冲刷，平均冲深 0.4m，最大冲深 0.7m，最大冲刷宽度约 11m 左右，冲刷起的泥

沙将在槽内斜坡附近产生堆积。

(7)不同作用时间情况下的地形变化。

从不同作用时间地形变化比较(表4-2-10和表4-2-11),西小岛和西人工岛完工后,槽内无论最大冲刷深度还是冲刷范围都在随着时间的延续而增长,但增长的幅度会不断减小。西小岛在40天左右,最大冲深基本趋于稳定;西人工岛在60天左右,最大冲深也基本趋于稳定。

西小岛完工后槽内最大冲深区域地形变化 表4-2-10

位置	项 目	2年一遇波浪			50年一遇波浪		
		10天	20天	40天	10天	20天	40天
1号钢圆筒附近	最大冲深(m)	1.1	1.2	1.3	1.1	1.5	1.5
	范围(m×m)	20×12	23×12	23×13	20×13	23×13	23×14
20号钢圆筒附近	最大冲深(m)	0.7	0.8	0.8	1	1.1	1.2
	范围(m×m)	5×5	6×6	6×6	7×7	8×8	8×8
16号钢圆筒附近	最大冲深(m)	0.6	0.7	0.7	0.7	0.8	0.8
	范围(m×m)	48×17	48×18	50×18	48×19	50×20	53×20

西人工岛完工后槽内最大冲深区域地形变化 表4-2-11

位 置	项 目	2年一遇波浪					
		20天	40天	60天	80天	100天	122天
人工岛东侧(8号~11号、20号钢圆筒)	最大冲深(m)	1.0	1.1	1.2	1.2	1.2	1.2
	冲刷宽度(m)	12	14	15	15	15	15
人工岛西侧(37号~40号钢圆筒)	最大冲深(m)	1.7	2.3	2.4	2.4	2.4	2.4
	冲刷宽度(m)	18	22	23	23	23	23

2.4.5 总体评价及建议

西人工岛附近在现状条件下为淤积环境,当施工基槽开挖后,基槽内潮流动力明显减弱,仍将处于淤积状态。西小岛实施后,基槽内流速与挖槽后相比虽有所增加,但受挖槽水深增大影响,基槽内大部分区域的流速仍比工程前要小,特别是底层流速不到工程前的一半,地形冲刷变化基本在0.5m以内,可以不考虑在整个开挖基槽内进行护底工程措施的保护。

在西人工岛建设过程中,建筑物会受到涨、落潮水流以及波浪的共同作用,根据河口及海岸已有人工岛工程的实践经验,在天然地形下,人工岛周围的冲刷深度一般都在6~8m范围。而本工程人工岛是在天然地形先开挖了8m基槽后再进行施工的，此时，基槽内水流动力有所减弱，即使出现冲刷也不会太大。但在西小岛东侧以及西人工岛形成后的东、西两侧，槽宽仅有50m，且上下贯通，客观上起到了导流的作用。因此，在东、西两侧头部区域，水流和波浪动力会明显增强，造成局部冲刷是不可避免的，应给予合理的保护处理。

2.4.6 西人工岛钢圆筒施工顺序合理性分析

西小岛起步施工由北向南，首先进行1号~5号钢圆筒沉放，与本工程区附近南、北向涨落潮流方向一致。阻水面积小，基本不会对水流产生影响，也不会明显引起地形的冲刷。然后由南向北继续施工时，当整个西人工岛南侧钢圆筒施工完成后，会对槽内区域产生掩护作用，可以大大减弱南向浪以及涨、落潮水流对北侧钢圆筒施工的影响，同时也会对维护槽内地形稳定和北侧钢圆筒安全施工提供更有利的条件。所以，设计提出的西人工岛钢圆筒先南后北的施工顺序是合理的。

2.5 主要结论

(1)1号~5号钢圆筒施放后，西侧1号钢圆筒附近的最大冲刷强度为0.6m，冲刷范围约13m×21m；东侧5号钢圆筒附近的最大冲刷强度为0.5m，冲刷范围约15m×18m，冲刷位置均在钢圆筒根部；其他区域，地形不发生变化。

(2)1号~10号钢圆筒施放后，1号钢圆筒附近的最大冲刷强度为1.4m，冲刷范围约15m×22m；10号钢圆筒附近的最大冲刷强度为0.7m，冲刷范围约15m×42m，冲刷位置均在钢圆筒根部；其他区域，地形不发生变化。

(3)西小岛实施后，在分别遭遇2年一遇波浪和50年一遇波浪的冲刷结果。

①西小岛东侧9号~11号和20号钢圆筒开挖基槽内地形呈冲刷变化，最大冲深发生在20号钢圆筒附近，冲深分别为0.8m和1.2m，宽度约为6m和8m，距钢圆筒根部3m左右。

②1号钢圆筒西侧的冲刷坑，最大冲刷强度分别为1.3m和1.5m，冲刷坑范围分别为23m×13m和23m×14m。

③16号钢圆筒西南侧冲刷槽，最大冲深值分别为0.7m和0.8m，冲刷范围分别为50m×18m和53m×20m，最大冲深点距16号钢圆筒根部约为19m。

(4)经50年一遇波浪作用12h和潮流作用3天的试验结果表明，在1号钢圆筒附近，最大冲深值为1.1m左右，冲刷范围为11m×22m。在20号钢圆筒附近，最大冲深值为0.9m，冲刷范围为6m左右。在16号钢圆筒附近，最大冲深值为0.5m，冲刷范围为37m×20m。

（5）副格仓区域冲刷规律，具有副格仓之间冲深大、范围小，钢圆筒西侧冲深小、范围大的特点。其中：33号钢圆筒西侧最大冲深值为0.9m，冲刷范围约为16m×28m；32号～33号副格仓内最大冲深值为3.1m，冲刷总长度约为23m；31号～32号副格仓内最大冲深值为3.5m，冲刷总长度约为31m。

（6）在合拢口，57号钢圆筒和60号钢圆筒根部，最大冲刷强度为0.3m；合拢口之间，最大冲刷强度约为0.2m。

（7）西人工岛实施后，在遭遇2年一遇波浪的冲刷结果。

①人工岛东侧冲刷主要在人工岛头部8号～11号和20号钢圆筒之间，最大冲深1.2m，最大冲刷宽度15m左右，冲刷部位在9号～10号钢圆筒附近是靠近钢圆筒根部，其余都距钢圆筒10m以外，冲刷起来的泥沙将在冲刷槽两侧产生堆积。

②人工岛西侧冲刷主要在人工岛头部37号～40号钢圆筒之间，平均冲深约为2.0m，最大冲深2.4m，最大冲刷宽度24m，最大冲深点距钢圆筒根部12m左右，冲刷起来的泥沙也是在冲刷槽两侧出现堆积。

（8）在人工岛东、西两侧出现冲刷的范围和深度呈不断增大趋势，但最大冲深范围都是局部的，面积很小，绝大部分地形冲深变化都小于2m，冲刷部位距钢圆筒根部一般都可达10m左右。所以，在2年一遇波浪情况下，整个基槽内不采用碎石平铺护底措施是完全可行的，这种不护底工程措施的改变，对大大提高施工效率是非常有好处的。但在工程区头部或明显突出的部位，因受大风浪的影响，出现较明显的局部冲刷的情况还是存在的，从保证工程安全考虑，对局部区域采用合理的保护措施还是非常必要的。

本篇参考文献

[1] 罗肇森. 潮汐通道口拦门沙航道的淤积计算[J]. 海洋工程,1992(2):32-40.

[2] 中交公路规划设计院有限公司. 港珠澳大桥主体工程初步设计阶段桥位附近水文测验报告[R]. 2009.

[3] 中华人民共和国行业标准. JTS/T 231-2—2010 海岸与河口潮流泥沙数值模拟技术规程[S]. 北京:人民交通出版社,2010.

[4] 窦国仁,董风舞. 潮流和波浪的挟沙能力[J]. 科学通报,1995(5):40.

[5] 唐士芳. 二维潮流数值水槽的桩群数值模拟[J]. 中国港湾建设,2002,(3):15-21.

[6] 唐士芳,李蓓. 桩群阻力影响下的潮流数值模拟研究[J]. 中国港湾建设,2001,(5):25-29.

[7] 交通部天津水运工程科学研究所. 港珠澳大桥工程海床演变分析研究报告[R]. 2009.

[8] 交通运输部天津水运工程科学研究所. 港珠澳大桥工程方案二维潮流悬沙数学模型研究报告[R]. 2009.

[9] 交通运输部天津水运工程科学研究所. 港珠澳大桥岛隧工程西人工岛钢圆筒及隧道结合部施工期二维潮流数值模拟计算分析研究报告[R]. 2011.

第Ⅴ篇

施工篇之二：岛隧掩护工程

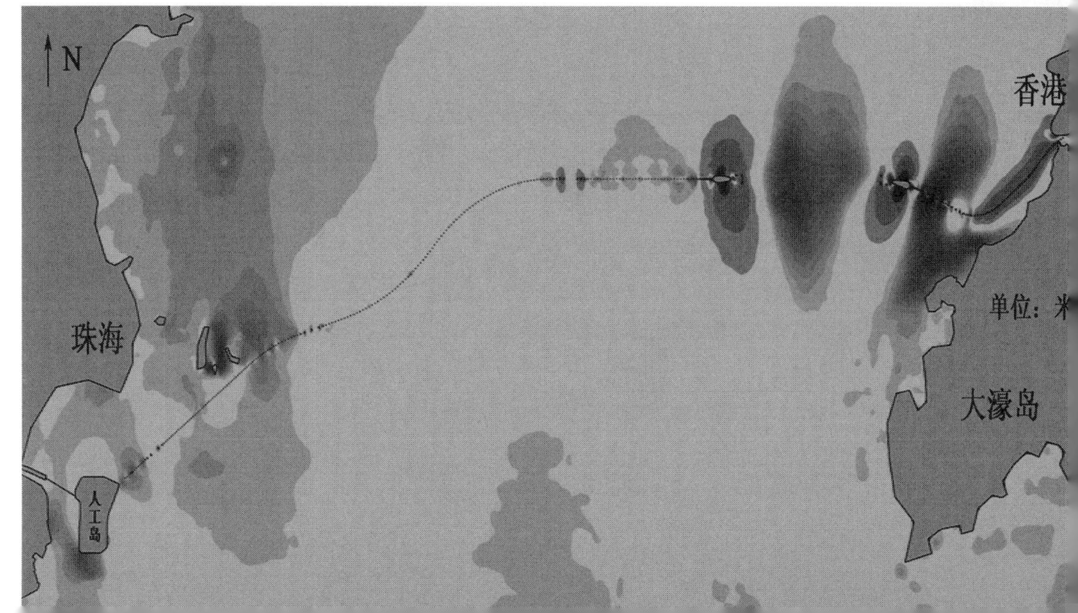

1 概　　述

1.1 研究目的

西人工岛岛头区是岛隧转换的关键节点，为减小绕流对岛头区附近管节沉放的影响，降低施工风险，保证工程质量，提高施工效率，计划在西人工岛岛头区安装掩护体。掩护体由 $\phi3.5$ 钢管桩打设形成，掩护体角度、长度、布置形式对管节沉放、岛头区的冲淤有较大影响。

本文根据工程所在海区的特点，采用二维潮流数学模型对各掩护体方案情况下沉管沉放区周围水流变化进行了研究，所获结果为优化方案设计和保证工程顺利实施提供了科学依据。

1.2 试验方案

对掩护体方案实施前与掩护体方案实施后（分为 3 个方案）进行了计算，各方案布置（图 5-1-1 ~ 图 5-1-4）分别为：

（1）掩护体方案实施前，沉放区基槽开挖后。

（2）方案 1，在西人工岛头区南北两侧实施掩护体，各 18 根钢管桩。

（3）方案 2，在方案 1 基础上向东各实施 7 根钢管桩，即南北两侧各 25 根钢管桩。

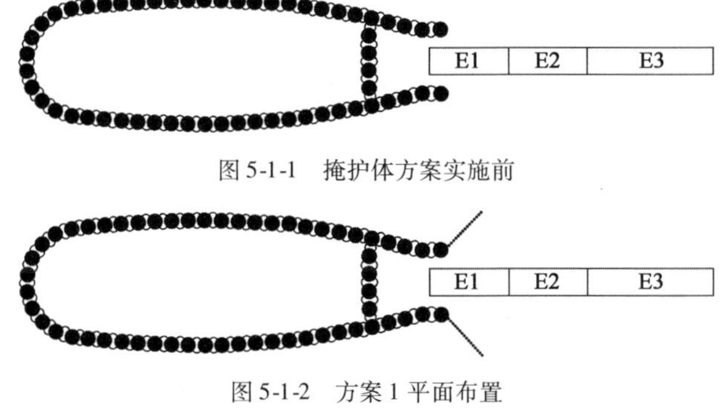

图 5-1-1　掩护体方案实施前

图 5-1-2　方案 1 平面布置

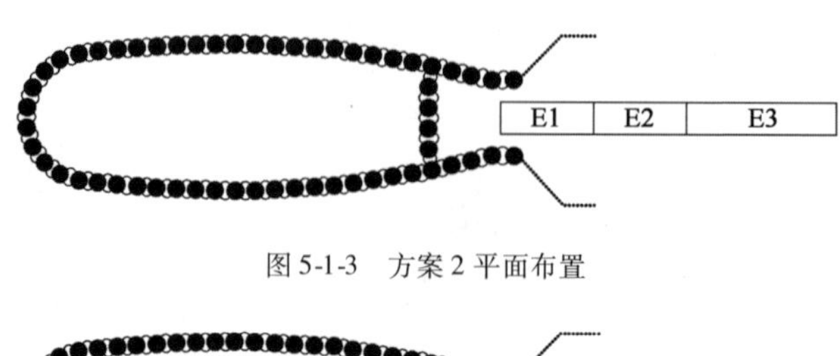

图 5-1-3 方案 2 平面布置

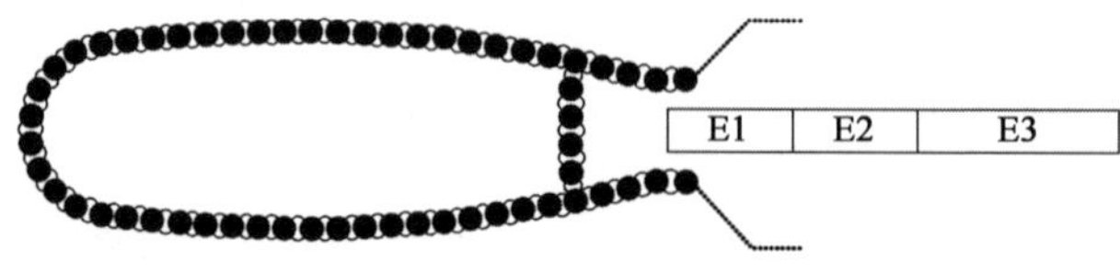

图 5-1-4 方案 3 平面布置

(4)方案 3,在方案 2 基础上向东各实施 6 根钢管桩,即南北两侧各 31 根钢管桩。

根据设计和施工进一步要求,在只考虑对沉管 E1 段的掩护情况下,对所需掩护体长度进行计算,共分为在人工岛南、北两侧各实施 9 根、10 根、12 根和 14 根钢管桩四组工况,各工况平面布置如图 5-1-5 所示。

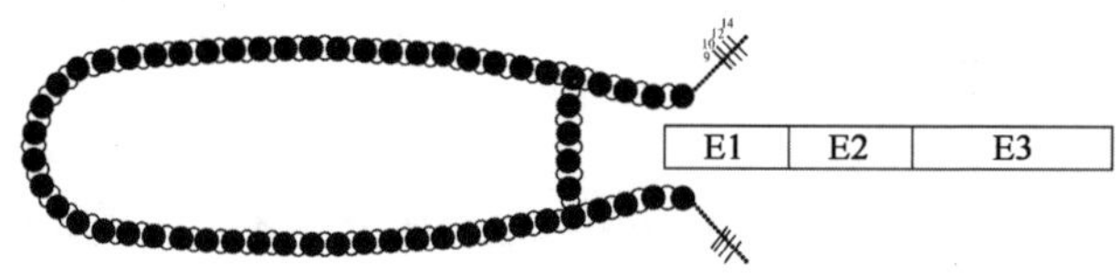

图 5-1-5 试验工况平面布置(9 根、10 根、12 根和 14 根)

为了解各方案下沉管施工过程中的情况,对实施 14 根、18 根、31 根钢管桩和掩护体拆除后,沉管 E1 和沉管 E2 完成回填防护的 8 组工况进行计算,各工况平面布置(图 5-1-6 ~ 图 5-1-10)分别为:

(1)西人工岛头区南、北两侧各实施 14 根钢管桩,分为完成沉管 E1 回填防护及完成沉管 E1 和 E2 回填防护两种工况。

(2)西人工岛头区南、北两侧各实施 18 根钢管桩(即方案 1),分为完成沉管 E1 回填防护及完成沉管 E1 和 E2 回填防护两种工况。

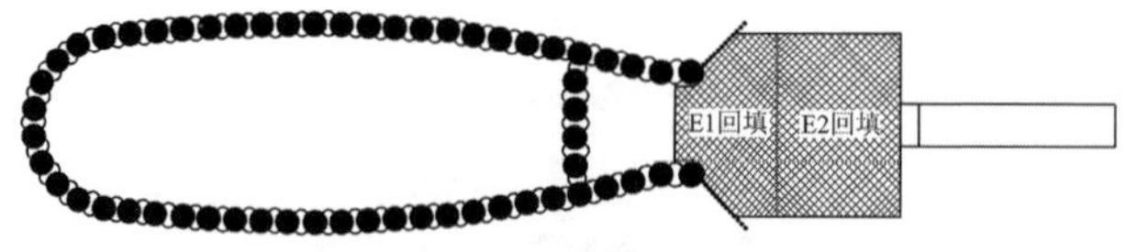

图 5-1-6 14 根钢管桩、E1 和 E2 回填平面布置

(3)西人工岛头区南、北两侧各实施31根钢管桩(即方案3),分为完成沉管E1回填防护及完成沉管E1和E2回填防护两种工况。

(4)掩护体工程拆除后,分为完成沉管E1回填防护及完成沉管E1和E2回填防护两种工况。

图5-1-7 18根钢管桩(即方案1)、E1和E2回填平面布置

图5-1-8 31根钢管桩(即方案3)、E1和E2回填平面布置

图5-1-9 掩护体工程拆除、E1和E2回填平面布置

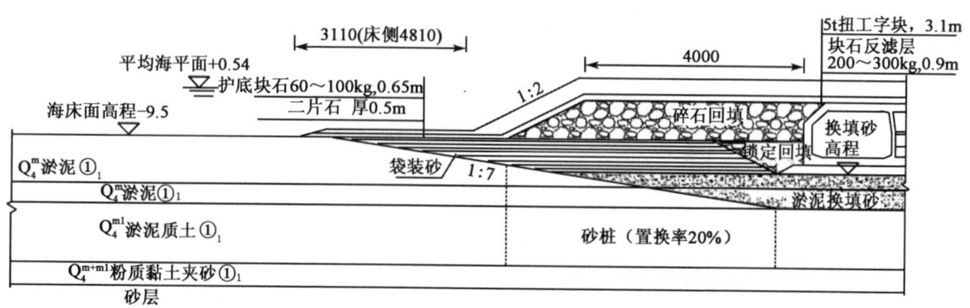

图5-1-10 西人工岛岛头段回填断面

2 数值模拟计算及结果分析

2009 年 6 月 22 日 8 时至 6 月 23 日 12 时最大流速达 1.28m/s 的洪季大潮过程对研究掩护体方案有一定的代表性,在以下潮流数值模拟计算成果中,以此大潮过程作为代表潮型进行对比分析。

2.1 掩护体方案实施前潮流场计算

为深入分析掩护体各方案实施后沉管 E1 ~ E3 沉放区附近潮流场的变化,在沉管 E1 ~ E3 沉放区附近布置 9 个计算点,同时在沉管基槽南、北两侧分别布置 4 个计算点,如图 5-2-1 所示;图 5-2-2、图 5-2-3 分别给出了掩护体方案实施前大潮落急、涨急流场;表 5-2-1 给出了掩护体方案实施前各计算点涨、落潮最大流速和平均流速的统计结果。由上述图表对比分析可得出:

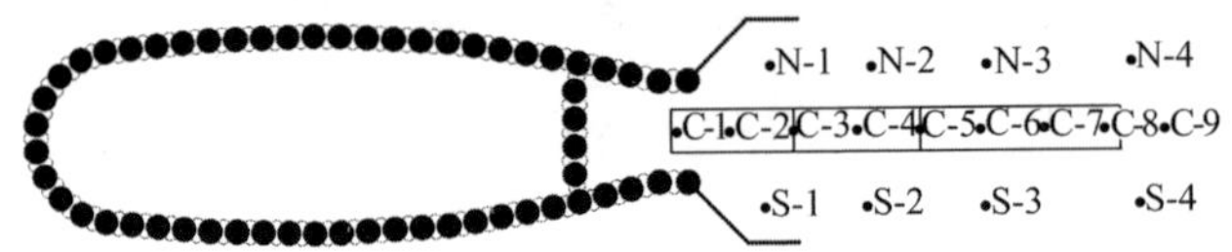

图 5-2-1 各方案沉管 E1 ~ E3 沉放区计算点布置

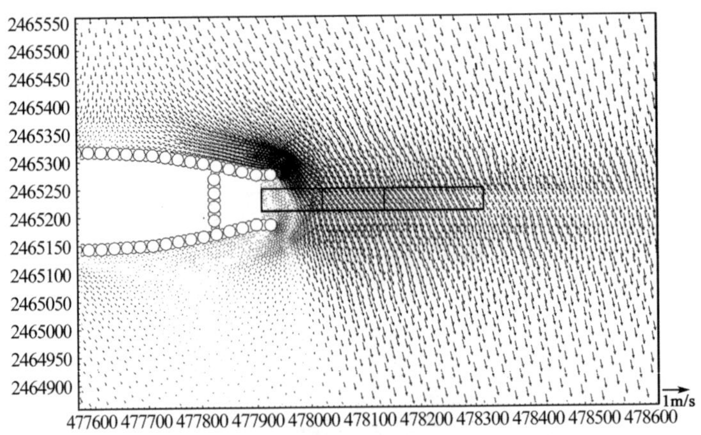

图 5-2-2 局部大潮落急流场(掩护体方案实施前)

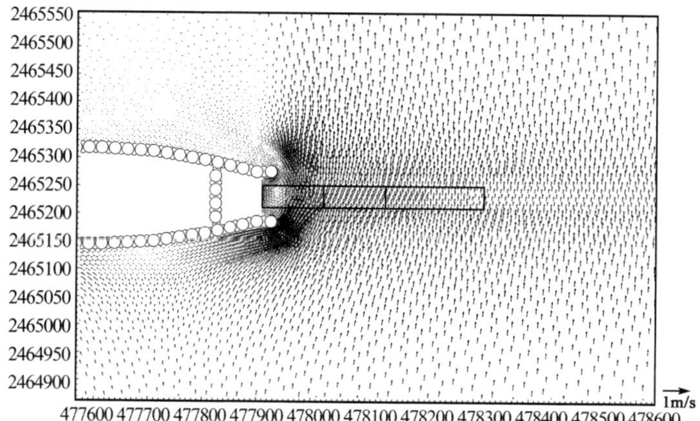

图 5-2-3　局部大潮涨急流场(掩护体方案实施前)

(1)在掩护体方案实施前,因受已建西人工岛阻水和挑流的影响,西人工岛附近水流形态和流速特征均发生了变化,一是涨、落潮水流向人工岛东西两侧分流,岛头流速明显增大并呈绕岛水流性质,涨潮时,靠近人工岛东端头部南侧 S-1 点最大流速为 1.20m/s,靠近人工岛东端头部北侧 N-1 点最大流速为 1.38m/s;落潮时,靠近人工岛东端头部南侧 S-2 点最大流速为 1.50m/s,靠近人工岛东端头部北侧 N-1 点最大流速为 1.52m/s,较工程前可增加 20% 左右。二是在人工岛南、北两侧可形成较大范围的弱流区和环流区,其中出现环流区和弱流区的范围,落潮大于涨潮。出现这种变化,对建设水中人工岛来讲是不可避免的。

(2)受西人工岛工程的影响,在岛隧结合部的沉管槽内也属流速增大区域,因受槽内水深对水流折减效应的影响,槽内流速会明显小于槽外流速。其中,沉管 E1 西端 C-1 点在人工岛工程的掩护下,涨、落潮最大流速值分别为 0.22m/s 和 0.06m/s;沉管 E1 ~ E3 沉放区的其余各点(即 C-2 点 ~ C-9 点)涨、落潮最大流速值分别介于 0.72 ~ 1.01m/s 和 0.89 ~ 1.10m/s,而距岛头较近的 C-2 点和 C-3 点是最大流速出现的区域,最大流速可达 1.10m/s 左右。

(3)流速分布沿槽内的变化,涨潮时,在 E1 沉管端头向东约 45m 开始出现最大流速大于 0.60m/s 的情况,落潮时,在 E1 沉管端头向东约 60m 开始出现流速大于 0.60m/s 的情况。

总体来说,在 E1 沉管后半段,槽区内外涨落潮最大流速都会大于 0.60m/s,最大值可达 1.50m/s 左右,必将会对岛头附近施工安全和施工效率带来不利影响,因此,沿岛头实施掩护工程是非常必要的。

流速计算结果(掩护体方案实施前) 表 5-2-1

位置	涨潮最大(m/s)	涨潮平均(m/s)	落潮最大(m/s)	落潮平均(m/s)
C-1	0.22	0.11	0.06	0.04
C-2	1.01	0.59	0.35	0.23
C-3	0.93	0.56	1.10	0.63
C-4	0.75	0.45	0.99	0.57
C-5	0.71	0.42	0.94	0.54
C-6	0.70	0.40	0.91	0.53
C-7	0.70	0.40	0.90	0.53
C-8	0.72	0.40	0.89	0.52
C-9	0.73	0.40	0.92	0.53
N-1	1.38	0.82	1.52	0.87
N-2	1.25	0.74	1.39	0.81
N-3	1.16	0.66	1.36	0.80
N-4	1.12	0.63	1.35	0.79
S-1	1.20	0.74	0.87	0.53
S-2	1.11	0.66	1.50	0.87
S-3	1.07	0.61	1.42	0.83
S-4	1.06	0.59	1.38	0.81

2.2 掩护体方案实施后潮流场计算

各方案计算点布置与掩护体方案实施前一致,即在沉管 E1 ~ E3 沉放区附近布置 9 个计算点,同时在沉管基槽南、北两侧分别布置 4 个计算点;图 5-2-4 ~ 图 5-2-9 分别给出了各方案实施后大潮落急、涨急流场;表 5-2-2 ~ 表 5-2-4 给出了不同掩护体方案实施后各计算点涨、落潮最大流速和平均流速的统计结果。根据施工提出的控制流速为 0.60m/s 和 1.30m/s 作为评判依据比较,沉放区最大流速都在 1.30m/s 以下,能满足施工控制上限流速的要求。下面仅以 0.60m/s 为标准对计算结果做进一步的分析,其结果如下。

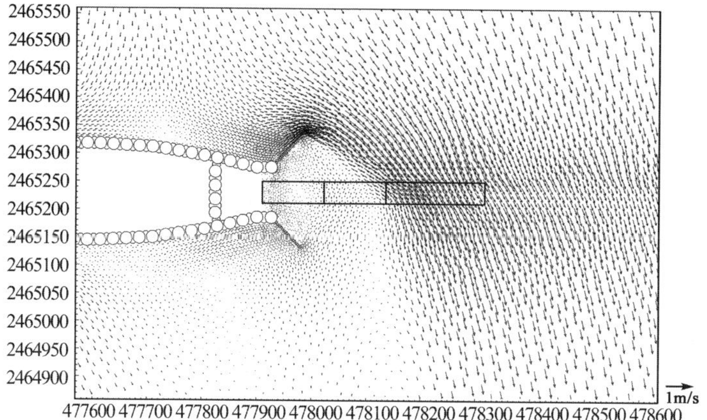

图 5-2-4　局部大潮落急流场(方案 1)

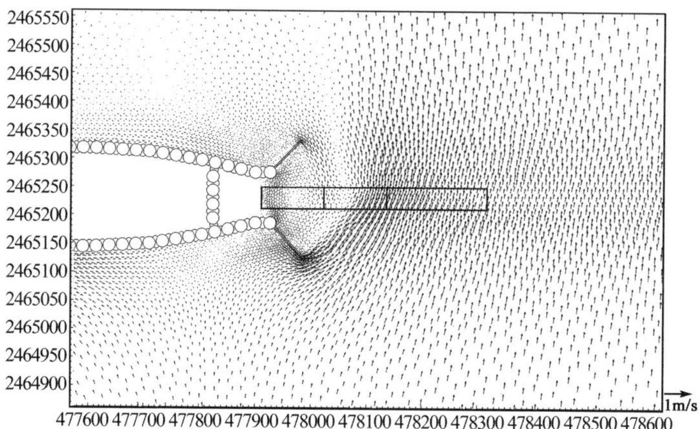

图 5-2-5　局部大潮涨急流场(方案 1)

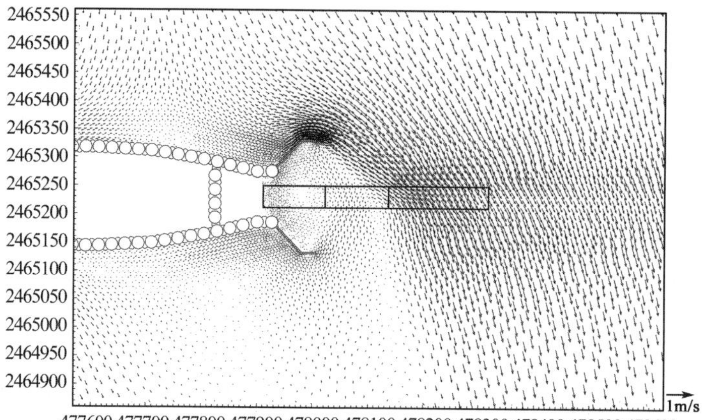

图 5-2-6　局部大潮落急流场(方案 2)

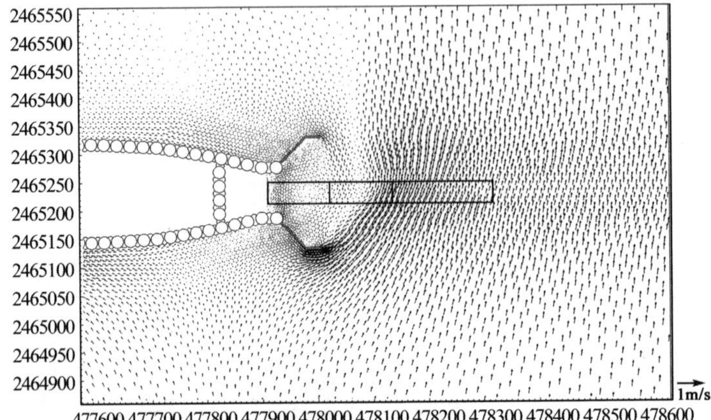

图 5-2-7　局部大潮涨急流场(方案 2)

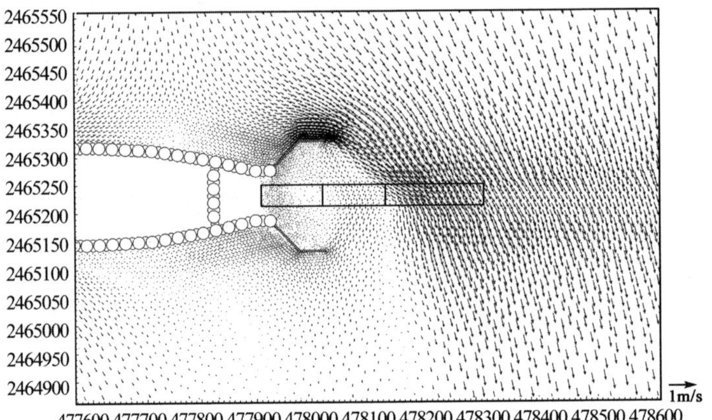

图 5-2-8　局部大潮落急流场(方案 3)

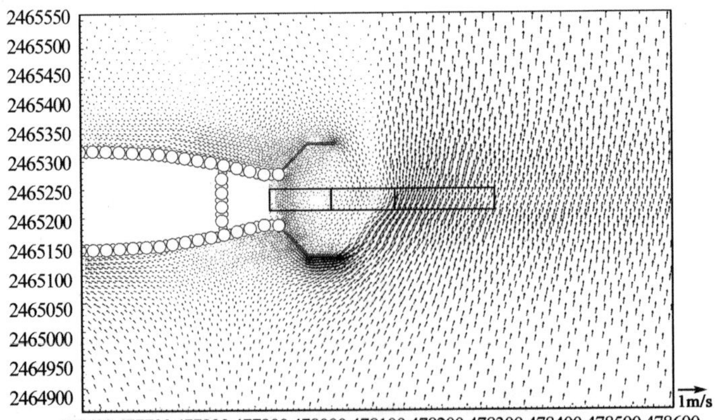

图 5-2-9　局部大潮涨急流场(方案 3)

流速计算结果(方案 1)　　表 5-2-2

位置	涨潮最大(m/s)				涨潮平均(m/s)				落潮最大(m/s)				落潮平均(m/s)			
	实施前	方案 1	差值	比例(%)	实施前	方案 1	差值	比例(%)	实施前	方案 1	差值	比例(%)	实施前	方案 1	差值	比例(%)
C-1	0.22	0.18	-0.04	-18.2	0.11	0.09	-0.02	-18.2	0.06	0.06	0.00	0.0	0.04	0.04	0.00	0.0
C-2	1.01	0.21	-0.80	-79.2	0.59	0.08	-0.51	-86.4	0.35	0.17	-0.18	-51.4	0.23	0.04	-0.19	-82.6
C-3	0.93	0.34	-0.59	-63.4	0.56	0.12	-0.44	-78.6	1.10	0.20	-0.90	-81.8	0.63	0.10	-0.53	-84.1
C-4	0.75	0.88	0.13	17.3	0.45	0.39	-0.06	-13.3	0.99	0.29	-0.70	-70.7	0.57	0.12	-0.45	-78.9
C-5	0.71	1.04	0.33	46.5	0.42	0.58	0.16	38.1	0.94	0.69	-0.25	-26.6	0.54	0.46	-0.08	-14.8
C-6	0.70	0.88	0.18	25.7	0.40	0.53	0.13	32.5	0.91	1.23	0.32	35.2	0.53	0.72	0.19	35.8
C-7	0.70	0.82	0.12	17.1	0.40	0.49	0.09	22.5	0.90	1.10	0.20	22.2	0.53	0.64	0.11	20.8
C-8	0.72	0.81	0.09	12.5	0.40	0.46	0.06	15.0	0.89	1.07	0.18	20.2	0.52	0.62	0.10	19.2
C-9	0.73	0.80	0.07	9.6	0.40	0.45	0.05	12.5	0.92	1.05	0.13	14.1	0.53	0.61	0.08	15.1
N-1	1.38	0.44	-0.94	-68.1	0.82	0.20	-0.62	-75.6	1.52	0.18	-1.34	-88.2	0.87	0.10	-0.77	-88.5
N-2	1.25	1.12	-0.13	-10.4	0.74	0.56	-0.18	-24.3	1.39	1.16	-0.23	-16.5	0.81	0.72	-0.09	-11.1
N-3	1.16	1.18	0.02	1.7	0.66	0.69	0.03	4.5	1.36	1.47	0.11	8.1	0.80	0.85	0.05	6.2
N-4	1.12	1.15	0.03	2.7	0.63	0.66	0.03	4.8	1.35	1.39	0.04	3.0	0.79	0.81	0.02	2.5
S-1	1.20	0.24	-0.96	-80.0	0.74	0.12	-0.62	-83.8	0.87	0.20	-0.67	-77.0	0.53	0.09	-0.44	-83.0
S-2	1.11	1.44	0.33	29.7	0.66	0.87	0.21	31.8	1.50	0.39	-1.11	-74.0	0.87	0.18	-0.69	-79.3
S-3	1.07	1.23	0.16	15.0	0.61	0.75	0.14	23.0	1.42	1.32	-0.10	-7.0	0.83	0.83	0.00	0.0
S-4	1.06	1.16	0.10	9.4	0.59	0.66	0.07	11.9	1.38	1.55	0.17	12.3	0.81	0.91	0.10	12.3

表 5-2-3

流速计算结果(方案2)

位置	涨潮最大(m/s)				涨潮平均(m/s)				落潮最大(m/s)				落潮平均(m/s)			
	实施前	方案2	差值	比例(%)	实施前	方案2	差值	比例(%)	实施前	方案2	差值	比例(%)	实施前	方案2	差值	比例(%)
C-1	0.22	0.16	-0.06	-27.3	0.11	0.09	-0.02	-18.2	0.06	0.06	0.00	0.0	0.04	0.04	0.00	0.0
C-2	1.01	0.23	-0.78	-77.2	0.59	0.09	-0.50	-84.7	0.35	0.18	-0.17	-48.6	0.23	0.05	-0.18	-78.3
C-3	0.93	0.24	-0.69	-74.2	0.56	0.08	-0.48	-85.7	1.10	0.17	-0.93	-84.5	0.63	0.08	-0.55	-87.3
C-4	0.75	0.62	-0.13	-17.3	0.45	0.25	-0.20	-44.4	0.99	0.25	-0.74	-74.7	0.57	0.14	-0.43	-75.4
C-5	0.71	1.05	0.34	47.9	0.42	0.61	0.19	45.2	0.94	0.64	-0.30	-31.9	0.54	0.41	-0.13	-24.1
C-6	0.70	0.89	0.19	27.1	0.40	0.55	0.15	37.5	0.91	1.18	0.27	29.7	0.53	0.69	0.16	30.2
C-7	0.70	0.84	0.14	20.0	0.40	0.50	0.10	25.0	0.90	1.14	0.24	26.7	0.53	0.66	0.13	24.5
C-8	0.72	0.82	0.10	13.9	0.40	0.47	0.07	17.5	0.89	1.05	0.16	18.0	0.52	0.61	0.09	17.3
C-9	0.73	0.83	0.10	13.7	0.40	0.47	0.07	17.5	0.92	1.02	0.10	10.9	0.53	0.60	0.07	13.2
N-1	1.38	0.38	-1.00	-72.5	0.82	0.15	-0.67	-81.7	1.52	0.15	-1.37	-90.1	0.87	0.10	-0.77	-88.5
N-2	1.25	1.17	-0.08	-6.4	0.74	0.54	-0.20	-27.0	1.39	1.19	-0.20	-14.4	0.81	0.72	-0.09	-11.1
N-3	1.16	1.37	0.21	18.1	0.66	0.82	0.16	24.2	1.36	1.65	0.29	21.3	0.80	0.96	0.16	20.0
N-4	1.12	1.24	0.12	10.7	0.63	0.72	0.09	14.3	1.35	1.46	0.11	8.1	0.79	0.86	0.07	8.9
S-1	1.20	0.28	-0.92	-76.7	0.74	0.12	-0.62	-83.8	0.87	0.21	-0.66	-75.9	0.53	0.07	-0.46	-86.8
S-2	1.11	1.48	0.37	33.3	0.66	0.91	0.25	37.9	1.50	0.36	-1.14	-76.0	0.87	0.22	-0.65	-74.7
S-3	1.07	1.25	0.18	16.8	0.61	0.77	0.16	26.2	1.42	1.20	-0.22	-15.5	0.83	0.76	-0.07	-8.4
S-4	1.06	1.13	0.07	6.6	0.59	0.65	0.06	10.2	1.38	1.50	0.12	8.7	0.81	0.89	0.08	9.9

流速计算结果(方案3) 表5-2-4

位置	涨潮最大(m/s)				涨潮平均(m/s)				落潮最大(m/s)				落潮平均(m/s)			
	实施前	方案3	差值	比例(%)	实施前	方案3	差值	比例(%)	实施前	方案3	差值	比例(%)	实施前	方案3	差值	比例(%)
C-1	0.22	0.17	-0.05	-22.7	0.11	0.07	-0.04	-36.4	0.06	0.04	-0.02	-33.3	0.04	0.03	-0.01	-25.0
C-2	1.01	0.19	-0.82	-81.2	0.59	0.08	-0.51	-86.4	0.35	0.14	-0.21	-60.0	0.23	0.05	-0.18	-78.3
C-3	0.93	0.25	-0.68	-73.1	0.56	0.08	-0.48	-85.7	1.10	0.12	-0.98	-89.1	0.63	0.04	-0.59	-93.7
C-4	0.75	0.22	-0.53	-70.7	0.45	0.12	-0.33	-73.3	0.99	0.24	-0.75	-75.8	0.57	0.13	-0.44	-77.2
C-5	0.71	1.03	0.32	45.1	0.42	0.57	0.15	35.7	0.94	0.38	-0.56	-59.6	0.54	0.21	-0.33	-61.1
C-6	0.70	0.94	0.24	34.3	0.40	0.56	0.16	40.0	0.91	1.07	0.16	17.6	0.53	0.63	0.10	18.9
C-7	0.70	0.85	0.15	21.4	0.40	0.52	0.12	30.0	0.90	1.16	0.26	28.9	0.53	0.67	0.14	26.4
C-8	0.72	0.82	0.10	13.9	0.40	0.48	0.08	20.0	0.89	1.06	0.17	19.1	0.52	0.62	0.10	19.2
C-9	0.73	0.83	0.10	13.7	0.40	0.48	0.08	20.0	0.92	1.04	0.12	13.0	0.53	0.61	0.08	15.1
N-1	1.38	0.54	-0.84	-60.9	0.82	0.14	-0.68	-82.9	1.52	0.08	-1.44	-94.7	0.87	0.06	-0.81	-93.1
N-2	1.25	0.85	-0.40	-32.0	0.74	0.38	-0.36	-48.6	1.39	0.80	-0.59	-42.4	0.81	0.50	-0.31	-38.3
N-3	1.16	1.32	0.16	13.8	0.66	0.78	0.12	18.2	1.36	1.65	0.29	21.3	0.80	0.96	0.16	20.0
N-4	1.12	1.24	0.12	10.7	0.63	0.73	0.10	15.9	1.35	1.45	0.10	7.4	0.79	0.86	0.07	8.9
S-1	1.20	0.28	-0.92	-76.7	0.74	0.11	-0.63	-85.1	0.87	0.17	-0.70	-80.5	0.53	0.06	-0.47	-88.7
S-2	1.11	1.38	0.27	24.3	0.66	0.79	0.13	19.7	1.50	0.31	-1.19	-79.3	0.87	0.22	-0.65	-74.7
S-3	1.07	1.27	0.20	18.7	0.61	0.80	0.19	31.1	1.42	1.02	-0.40	-28.2	0.83	0.65	-0.18	-21.7
S-4	1.06	1.17	0.11	10.4	0.59	0.68	0.09	15.3	1.38	1.57	0.19	13.8	0.81	0.93	0.12	14.8

(1)掩护体各方案实施后,与方案实施前相似,水流向工程区东、西两侧分流,南、北两侧仍为环流区和弱流区,但不同之处是:在掩护体工程阻水和挑流作用下,工程区涨、落潮流速进一步增大,主流沿西北和东南方向偏转;掩护体南、北两侧环流区向东扩展,环流范围有所增大,环流流速也有所增强,同时在两条掩护体之间出现小范围的环流区。由此可见,该掩护体工程实施后会造成邻近工程区东侧水沙条件的改变,这种短期工程的影响对维护自然水深稳定是不利的。

(2)方案1,沿岛头实施18个钢管桩后,在槽区南、北两侧,涨潮时,南侧S-2点最大流速为1.44m/s,北侧N-3点最大流速为1.18m/s;落潮时,南侧S-4点最大流速为1.55m/s,北侧N-3点最大流速为1.47m/s。

在沉管槽区内,与掩护体方案实施前相比,涨潮时,C-1点~C-3点流速都有所减小,C-3点最大流速为0.34m/s,C-4点~C-9点流速有所增大,C-5(E2沉管尾部,下同)点最大流速为1.04m/s,C8(E3沉管尾部,下同)点最大流速为0.81m/s;落潮时,C-2点~C-5点流速都有所减小,C-5点最大流速为0.69m/s,C-6点~C-9点流速有所增大,C-6点最大流速为1.23m/s,C8点最大流速为1.07m/s。而涨、落潮最大流速沿程的变化,涨潮时,在沉管E1端头向东约150m开始出现最大流速大于0.60m/s的情况,落潮时,在沉管E1端头向东约210m开始出现流速大于0.60m/s的情况。因此,方案1所掩护的有效长度可至沉管E2的前半段,即沉管E1端头向东约150m附近都应属有效掩护区域。

(3)方案2,在方案1基础上向东实施7个钢管桩后,因阻水长度的增加,涨、落潮流速变化相对方案1也有所增强,在槽区南、北两侧,涨潮时,南侧S-2点最大流速为1.48m/s,北侧N-3点最大流速为1.37m/s;落潮时,南侧S-4点最大流速为1.50m/s,北侧N-3点最大流速为1.65m/s。

在沉管槽区内,与掩护体方案实施前相比,涨潮时,C-1点~C-4点流速都有所减小,其中C-1点~C-3点最大流速为0.24m/s,出现在C-3点,C-4点最大流速为0.62m/s;C-5点~C-9点流速有所增大,C-5点最大流速为1.05m/s,C8点最大流速为0.82m/s;落潮时,与方案1类似,C-2点~C-5点流速都有所减小,C-5点最大流速为0.64m/s,C-6点~C-9点流速有所增大,C-6点最大流速为1.18m/s,C8点最大流速为1.05m/s。而涨、落潮最大流速沿程的变化,涨潮时,在沉管E1端头向东约165m开始出现最大流速大于0.60m/s的情况,落潮时,在沉管E1端头向东约215m开始出现流速大于0.60m/s的情况。因此,掩护体方案2的掩护区域较方案1有所增大,该方案掩护的有效长度可至沉管E2的前半段,即沉管 E1 端头向东约 165m 附近都应属有效掩护区域。

(4)方案 3,在方案 2 基础上又向东实施 6 个钢管桩,堤长增加约 21m 左右,致使堤头附近水流出现以下变化:在槽区南北两侧,涨潮时,南侧 S-2 点最大流速为 1.38m/s,北侧 N-3 点最大流速为 1.32m/s;落潮时,南侧 S-4 点最大流速为 1.57m/s,北侧 N-3 点最大流速为 1.65m/s。

在沉管槽区内,与掩护体方案实施前相比,涨潮时,C-1 点 ~ C-4 点流速都有所减小,C-4 点最大流速为 0.22m/s,C-5 点 ~ C-9 点流速有所增大,C-5 点最大流速为 1.03m/s,C8 点最大流速为 0.82m/s;落潮时,与方案 1 类似,C-2 点 ~ C-5 点流速都有所减小,C-5 点最大流速为 0.38m/s,C-6 点 ~ C-9 点流速有所增大,C-6 点最大流速为 1.16m/s,C8 点最大流速为 1.05m/s。而涨、落潮最大流速沿程的变化,涨潮时,在沉管 E1 端头向东约 185m 开始出现最大流速大于 0.60m/s的情况,落潮时,在沉管 E1 端头向东约 235m 开始出现流速大于 0.60m/s的情况。因此,掩护体方案 3 的掩护区域较方案 1 和方案 2 有所增大,掩护体方案 3 所掩护的有效长度可至沉管 E2 的后半段,即沉管 E1 端头向东约 185m 附近都应属有效掩护区域。

(5)通过三个方案中 C-3 点、C-4 点、C-5 点和 C-6 点逐时流速过程线的变化比较,在两个潮周期(两涨两落)内流速大于 0.60m/s 所持续的时间(表 5-2-5),掩护体方案 1 ~ 方案 3 比掩护体工程实施前可增长 2h 左右,增减时间变化不大,基本不会对施工效率造成影响。

两个潮周期流速大于 0.60m/s 所持续时间统计结果(单位:h)　表 5-2-5

位置	掩护体方案实施前	方案 1	方案 2	方案 3
C-3	10.0	0.0	0.0	0.0
C-4	8.0	3.0	0.0	0.0
C-5	7.0	12.0	12.0	7.0
C-6	9.0	10.0	11.0	11.0

2.3　掩护沉管 E1 段所需掩护体长度计算

根据设计和施工要求,在只考虑对沉管 E1 段的掩护情况下,为降低掩护体施工难度和风险、更好地保证掩护体在施工中的安全、对掩护体合理长度进行计算分析,根据上节方案 1(18 根钢管桩)的计算分析结果可以看出,以流速 0.60m/s 为标准,在 18 根钢管桩的掩护体情况下的有效掩护区域可至 E2 沉管的前半段，掩护长度约为 150m。在此方案基础上，本节共分为在人工岛南、北两侧各实施 9 根、10 根、12 根和 14 根钢管桩四组试验工况进行了计算。

图 5-2-10 ~ 图 5-2-17 分别给出了各工况下大潮落急、涨急流场；表 5-2-6 给出了钢管桩数与掩护有效长度的统计结果；同时，对钢管桩数与掩护的有效长度之间的关系也进行了拟合，见图 5-2-18；各工况 C-3 点、C-4 点、C-5 点和 C-6 点两个潮周期（两涨两落）内流速大于 0.60m/s 所持续时间的统计结果见表 5-2-7。

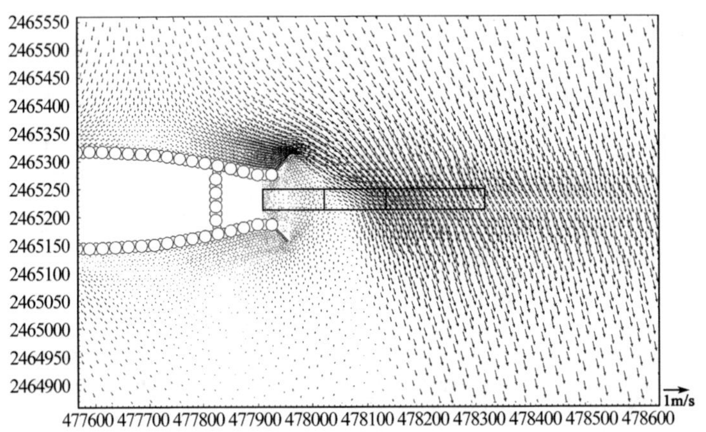

图 5-2-10　局部大潮落急流场（9 根钢管桩）

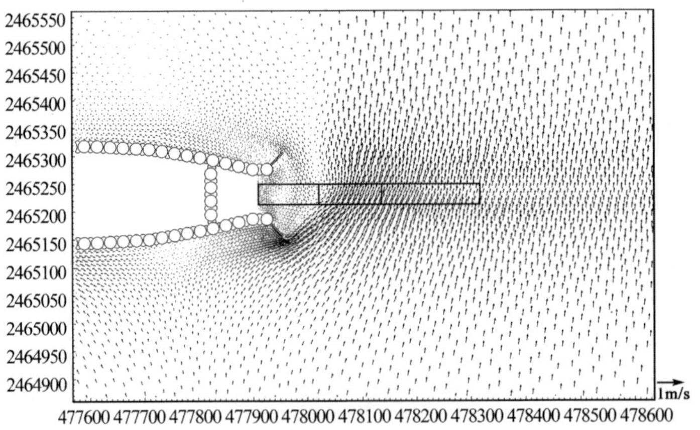

图 5-2-11　局部大潮涨急流场（9 根钢管桩）

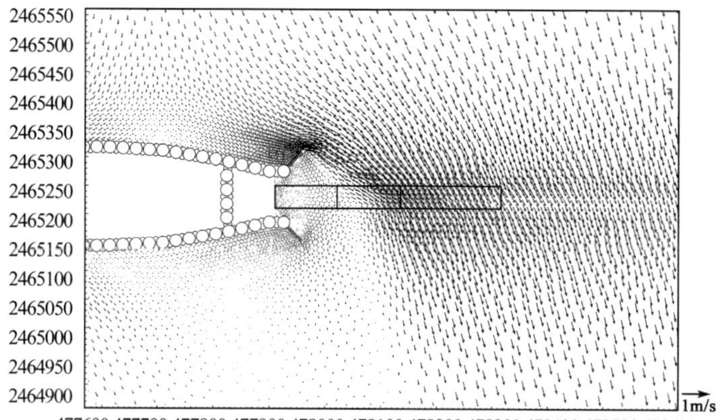

图 5-2-12 局部大潮落急流场(10 根钢管桩)

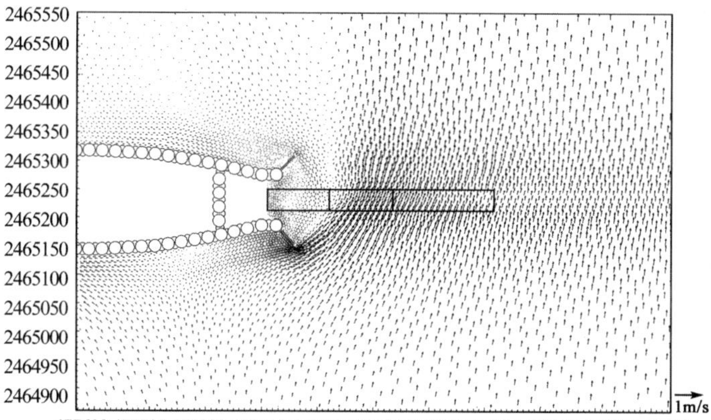

图 5-2-13 局部大潮涨急流场(10 根钢管桩)

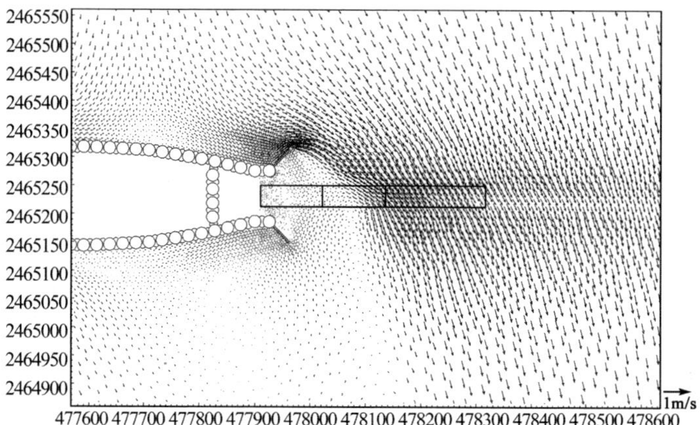

图 5-2-14 局部大潮落急流场(12 根钢管桩)

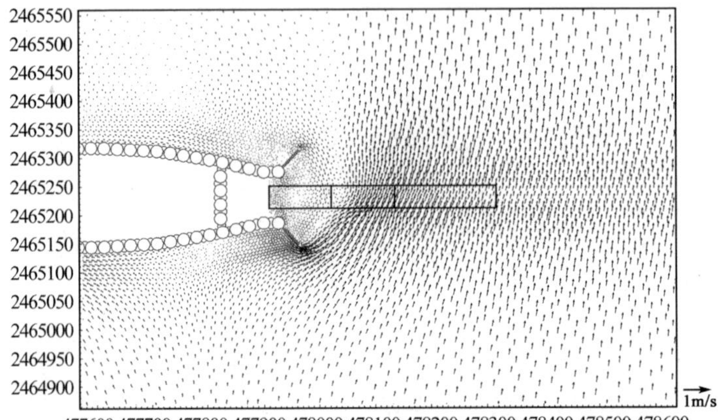

图 5-2-15　局部大潮涨急流场(12 根钢管桩)

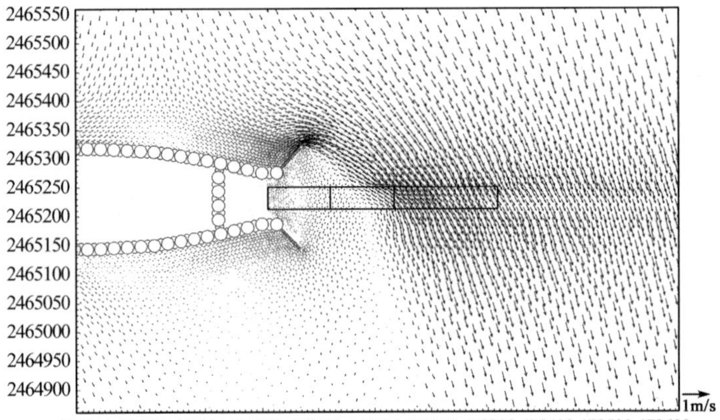

图 5-2-16　局部大潮落急流场(14 根钢管桩)

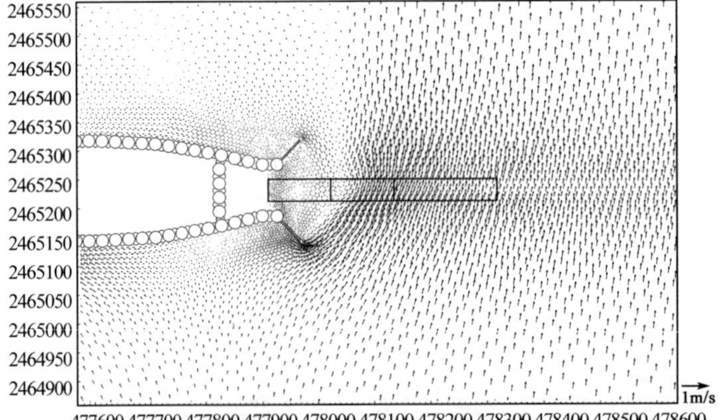

图 5-2-17　局部大潮涨急流场(14 根钢管桩)

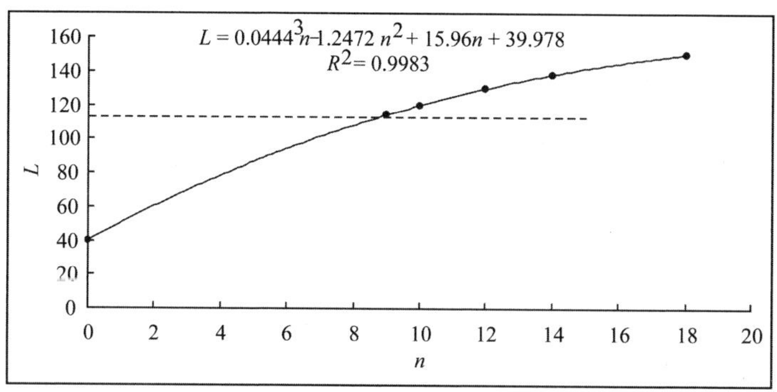

图 5-2-18　钢管桩数与有效掩护长度拟合曲线

由计算结果可以看出，在四组工况下，流场分布基本一致，水流向工程区两侧分流，在掩护体之间有环流出现。随着掩护体长度的增加，所掩护的有效长度也随之变大，9 根钢管桩时，沉管 E1 端头向东约 114m 为有效掩护区域；10 根钢管桩时，沉管 E1 端头向东约 120m 为有效掩护区域；12 根钢管桩时，沉管 E1 端头向东约 130m 为有效掩护区域；14 根钢管桩时，沉管 E1 端头向东约 138m 为有效掩护区域。其中，沉管 E1 段掩护体临界长度为 9 根钢管桩，此时沉管 E2 的头部位于挑流作用所产生的流速较大的区域，因此考虑到沉管 E1 和 E2 对接施工的要求，并保证施工的安全，建议对沉管 E1 段掩护体长度宜选择 14 根钢管桩的布置方案。

综合各组掩护体方案的计算结果，对钢管桩数目 n 与掩护有效长度 L 的关系进行了多项式拟合，得到公式：

$$L = 0.0444n^3 - 1.2472n^2 + 15.96n + 39.978 \tag{5-2-1}$$

四组工况下，在两个潮周期（两涨两落）内，流速大于 0.60m/s 所持续的时间（表 5-2-6），比掩护体工程实施前可增长 1h 左右。

钢管桩数目与有效掩护长度统计表　　表 5-2-6

钢管桩数 n（根）	14	12	10	9
有效掩护长度 L（m）	138	130	120	114

两个潮周期流速大于 0.60m/s 所持续时间统计结果（单位：h）　表 5-2-7

位置	掩护体方案实施前	9 根钢管桩	10 根钢管桩	12 根钢管桩	14 根钢管桩
C-3	10.0	0.0	0.0	0.0	0.0
C-4	8.0	9.0	9.0	4.0	4.0
C-5	7.0	10.0	10.0	10.0	10.0
C-6	9.0	9.0	9.0	9.0	9.0

2.4 沉管 E1 和 E2 回填防护实施后计算

为了解各方案下沉管施工过程中的情况，根据前文计算结果及设计要求，对实施 14 根、18 根、31 根钢管桩和掩护体工程拆除时，沉管 E1 和沉管 E2 完成回填防护的 8 组工况进行了计算。

图 5-2-19 ~ 图 5-2-26 为完成沉管 E1 回填防护时各工况下大潮落急、涨急流场；图 5-2-27 ~ 图 5-2-34 为完成沉管 E1 回填防护时各工况下大潮落急、涨急流速分布；图 5-2-35 ~ 图 5-2-42 为完成沉管 E1 和 E2 回填防护时各工况下大潮落急、涨急流场；图 5-2-43 ~ 图 5-2-50 为完成沉管 E1 和 E2 回填防护时各工况下大潮落急、涨急流速分布。

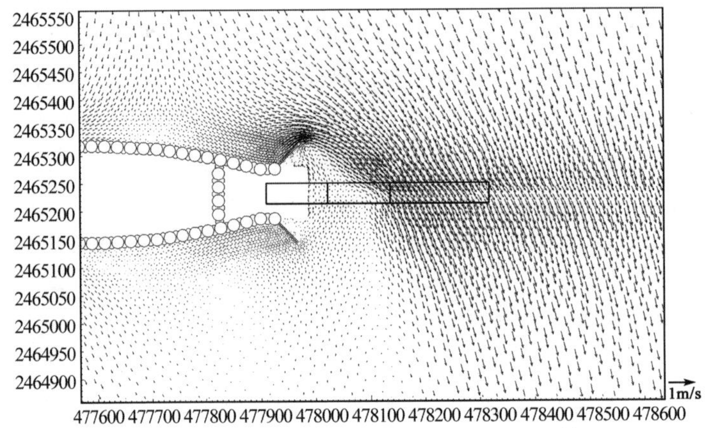

图 5-2-19 局部大潮落急流场（14 根钢管桩、E1 回填）

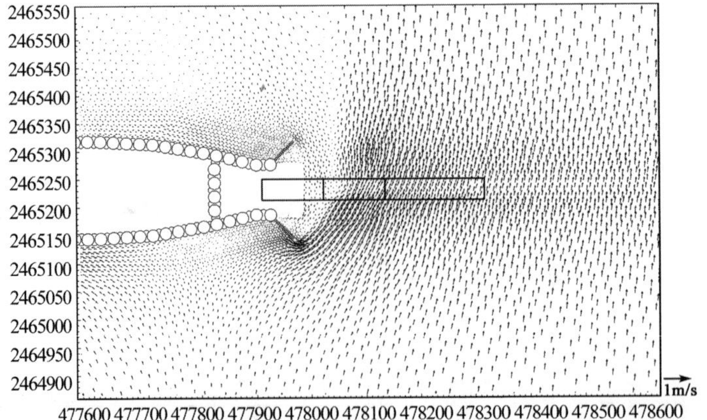

图 5-2-20 局部大潮涨急流场（14 根钢管桩、E1 回填）

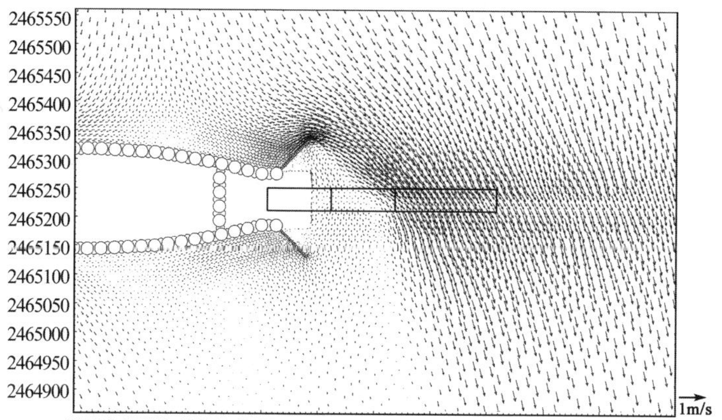

图 5-2-21　局部大潮落急流场（18 根钢管桩、E1 回填）

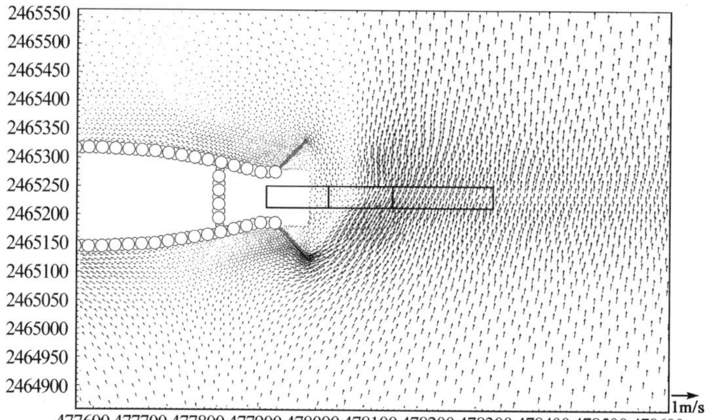

图 5-2-22　局部大潮涨急流场（18 根钢管桩、E1 回填）

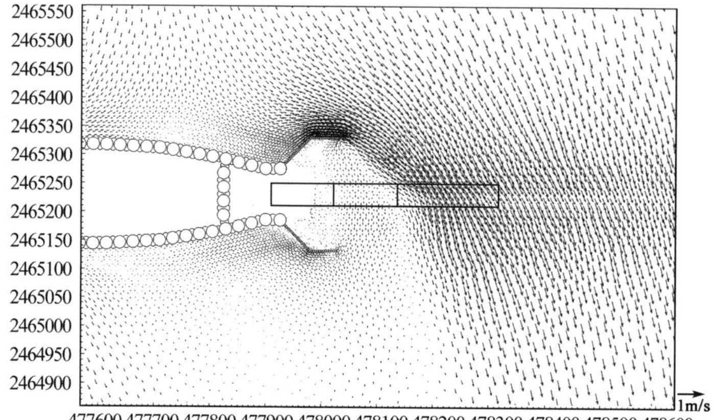

图 5-2-23　局部大潮落急流场（31 根钢管桩、E1 回填）

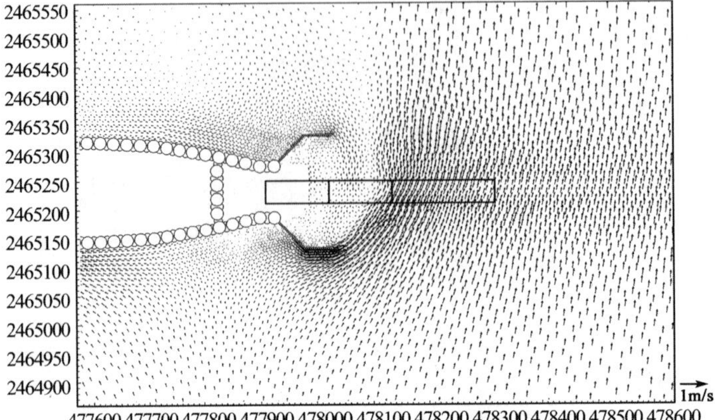

图 5-2-24　局部大潮涨急流场(31 根钢管桩、E1 回填)

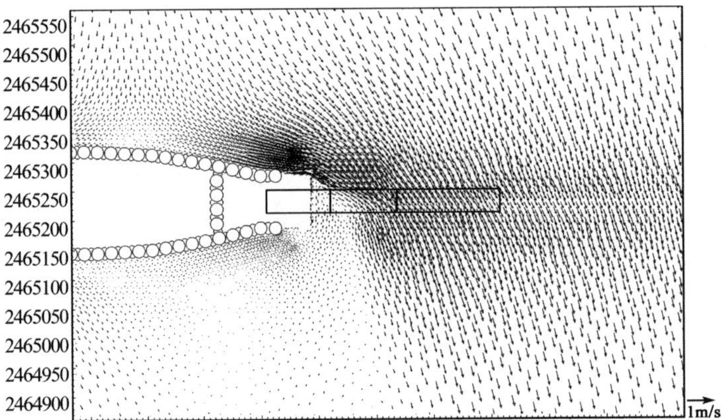

图 5-2-25　局部大潮落急流场(掩护体拆除、E1 回填)

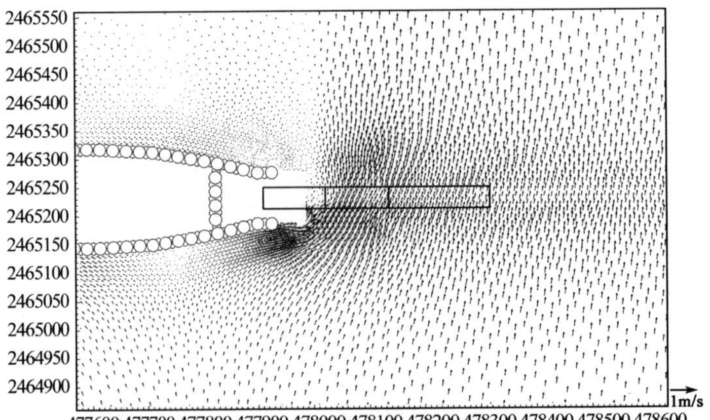

图 5-2-26　局部大潮涨急流场(掩护体拆除、E1 回填)

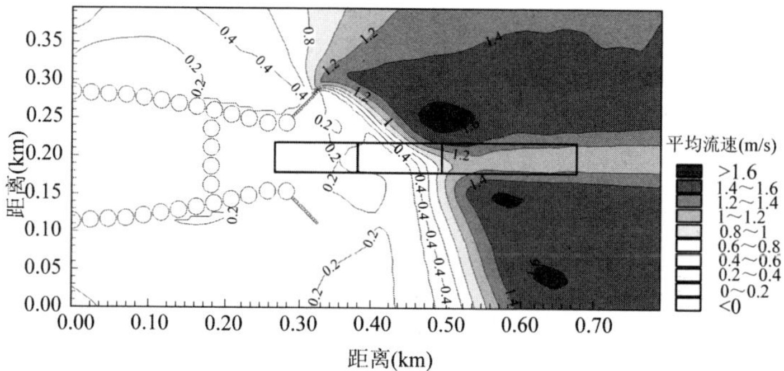

图 5-2-27 局部大潮落急流速分布(14 根钢管桩、E1 回填)

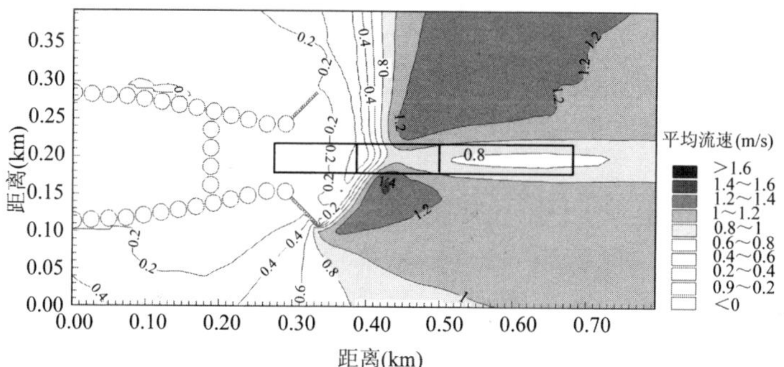

图 5-2-28 局部大潮涨急流速分布(14 根钢管桩、E1 回填)

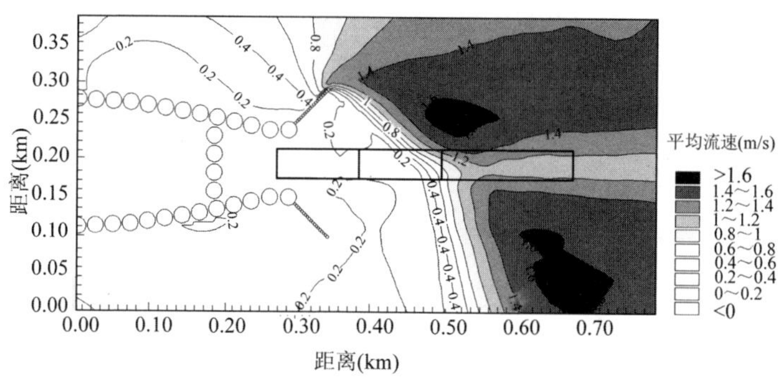

图 5-2-29 局部大潮落急流速分布(18 根钢管桩、E1 回填)

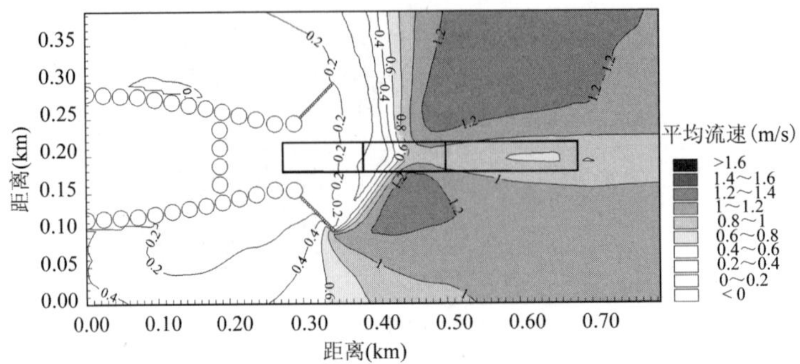

图 5-2-30　局部大潮涨急流速分布(18 根钢管桩、E1 回填)

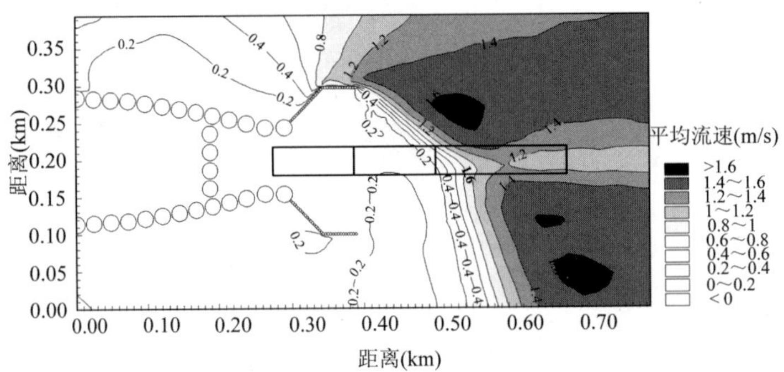

图 5-2-31　局部大潮落急流速分布(31 根钢管桩、E1 回填)

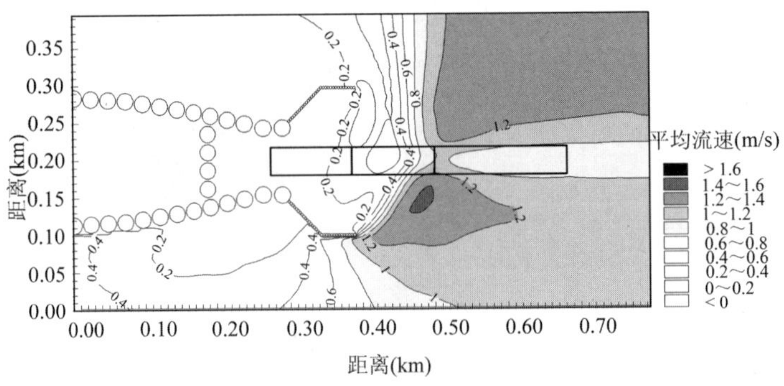

图 5-2-32　局部大潮涨急流速分布(31 根钢管桩、E1 回填)

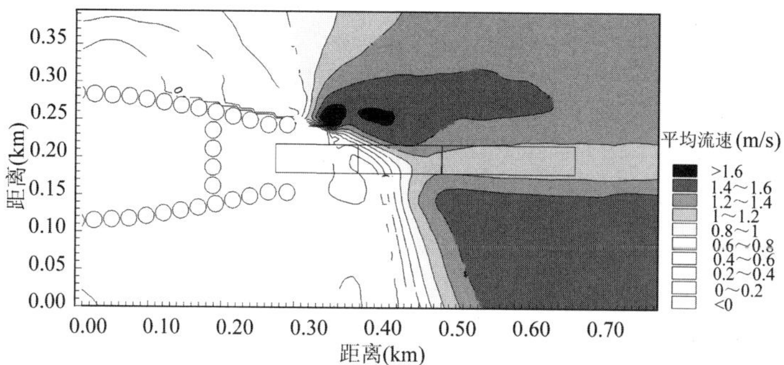

图5-2-33　局部大潮落急流速分布(掩护体拆除、E1回填)

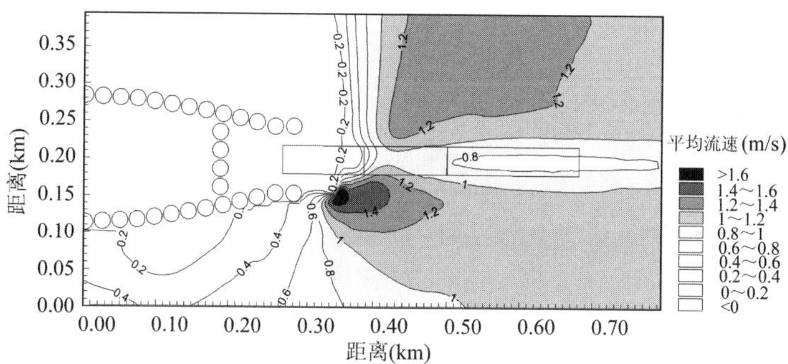

图5-2-34　局部大潮涨急流速分布(掩护体拆除、E1回填)

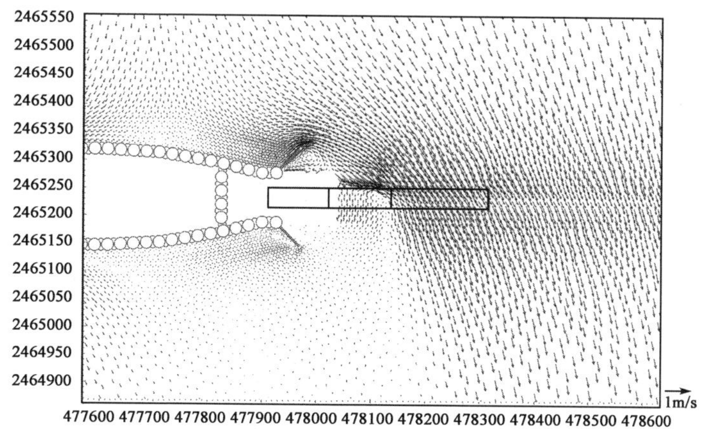

图5-2-35　局部大潮落急流场(14根钢管桩、E1和E2回填)

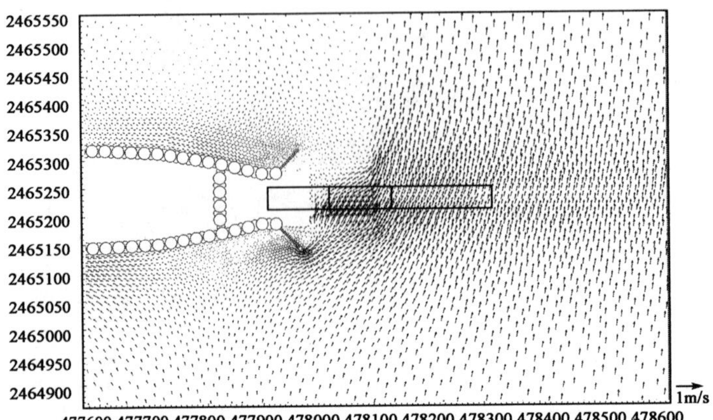

图 5-2-36 局部大潮涨急流场(14 根钢管桩、E1 和 E2 回填)

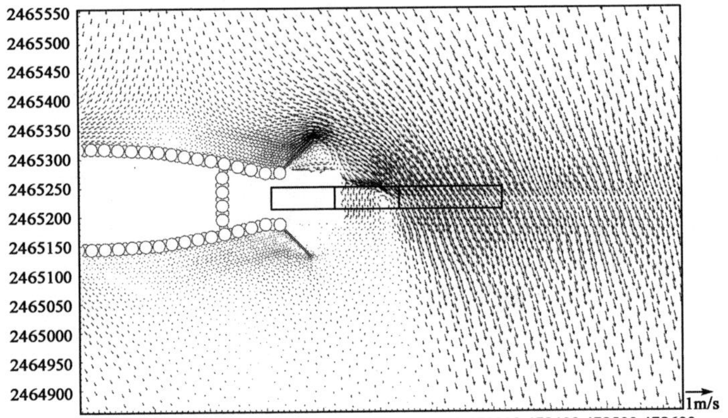

图 5-2-37 局部大潮落急流场(18 根钢管桩、E1 和 E2 回填)

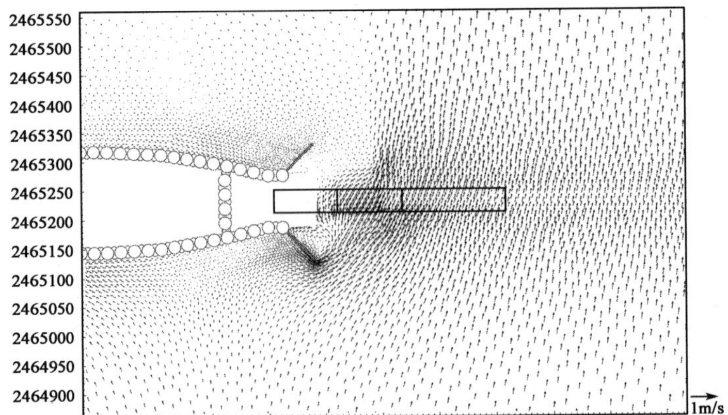

图 5-2-38 局部大潮涨急流场(18 根钢管桩、E1 和 E2 回填)

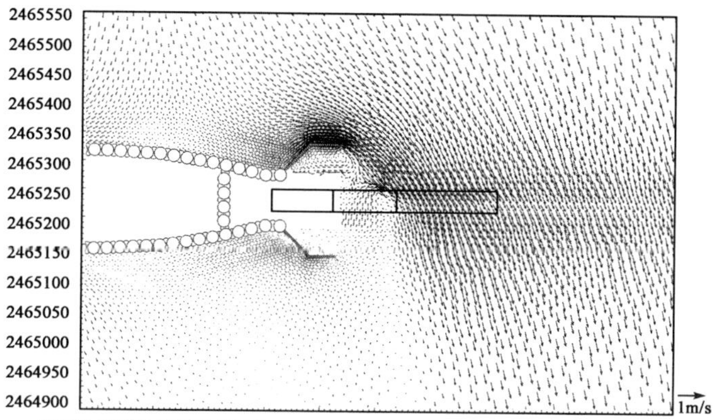

图 5-2-39　局部大潮落急流场(31 根钢管桩、E1 和 E2 回填)

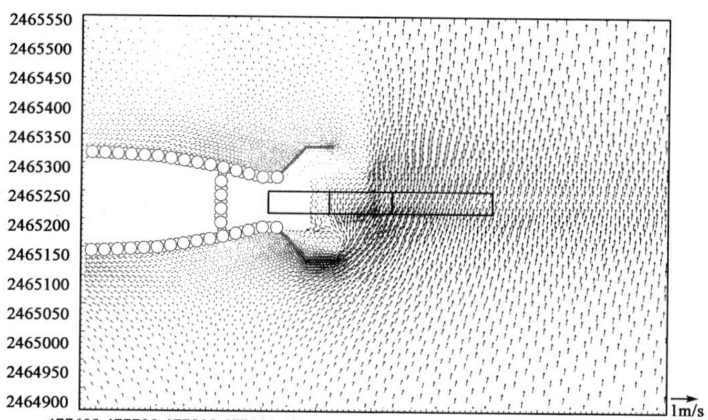

图 5-2-40　局部大潮涨急流场(31 根钢管桩、E1 和 E2 回填)

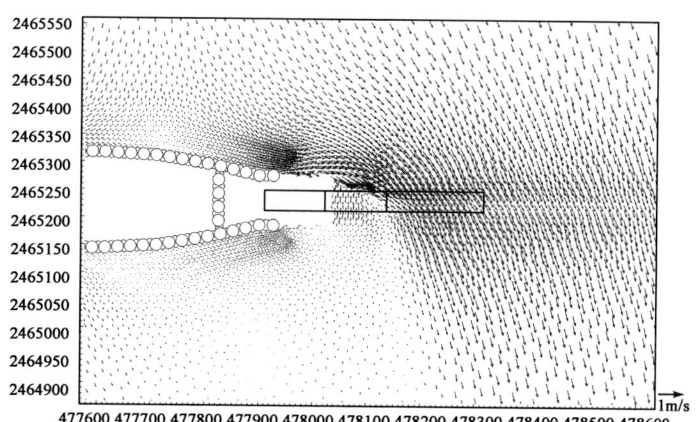

图 5-2-41　局部大潮落急流场(掩护体拆除、E1 和 E2 回填)

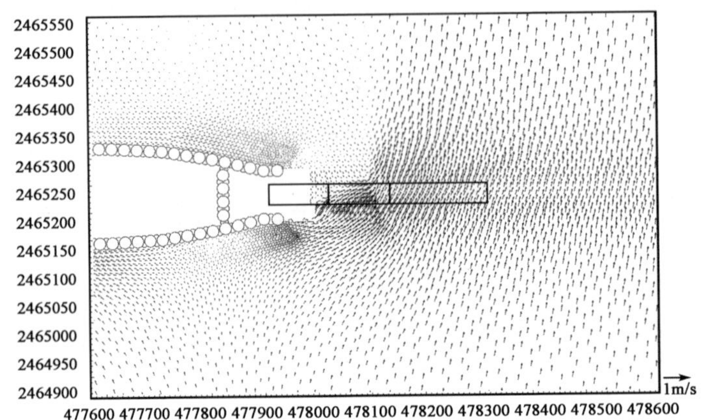

图 5-2-42　局部大潮涨急流场（掩护体拆除、E1 和 E2 回填）

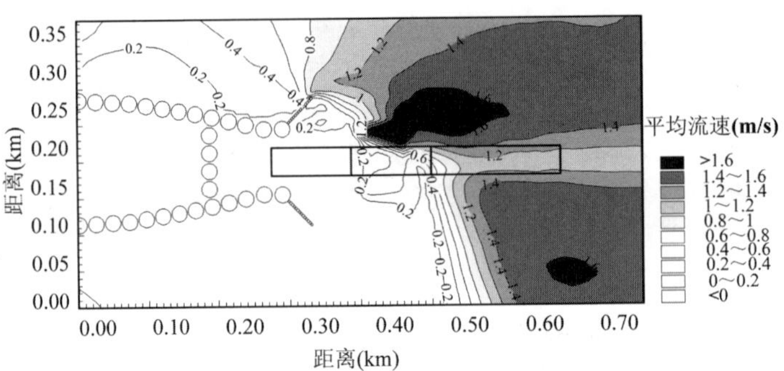

图 5-2-43　局部大潮落急流速分布（14 根钢管桩、E1 和 E2 回填）

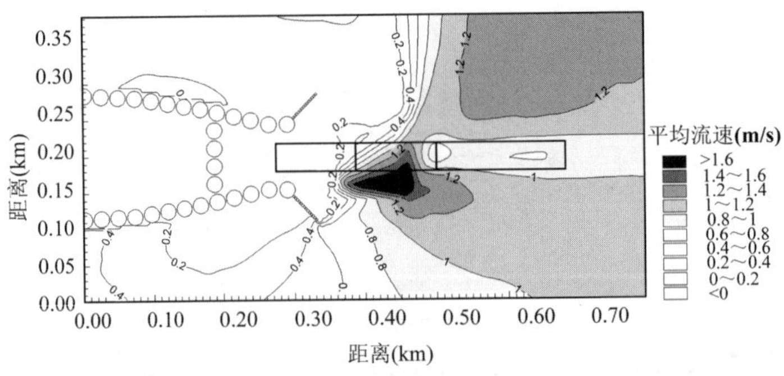

图 5-2-44　局部大潮涨急流速分布（14 根钢管桩、E1 和 E2 回填）

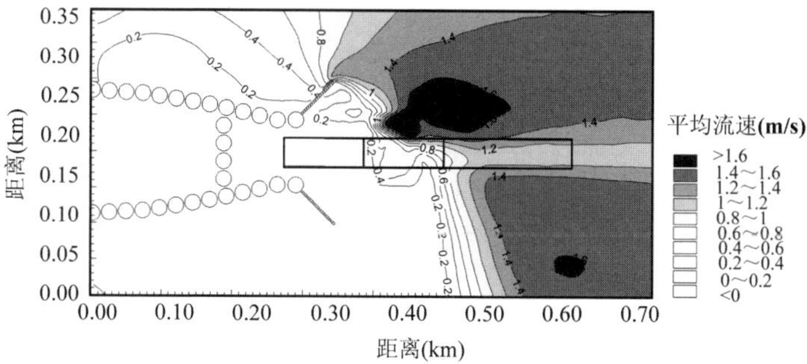

图 5-2-45　局部大潮落急流速分布(18 根钢管桩、E1 和 E2 回填)

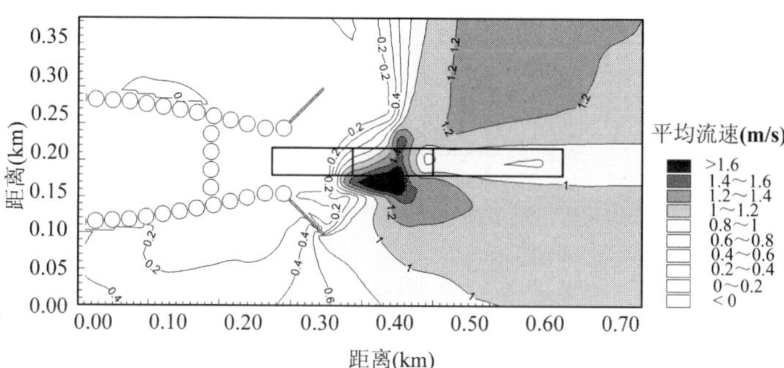

图 5-2-46　局部大潮涨急流速分布(18 根钢管桩、E1 和 E2 回填)

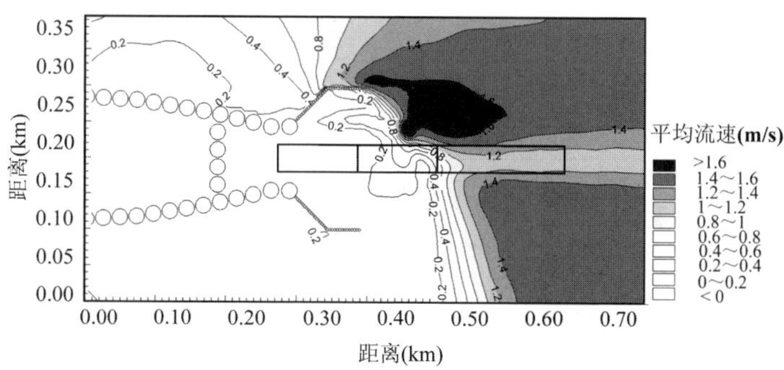

图 5-2-47　局部大潮落急流速分布(31 根钢管桩、E1 和 E2 回填)

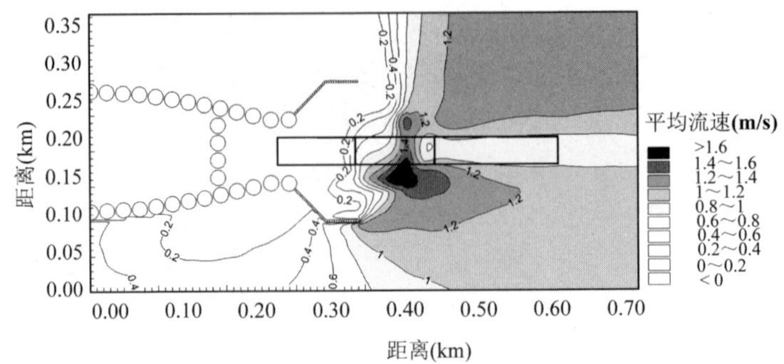

图 5-2-48　局部大潮涨急流速分布（31 根钢管桩、E1 和 E2 回填）

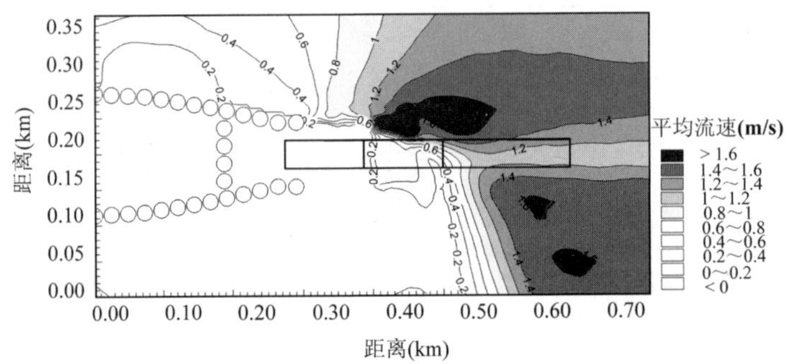

图 5-2-49　局部大潮落急流速分布（掩护体拆除、E1 和 E2 回填）

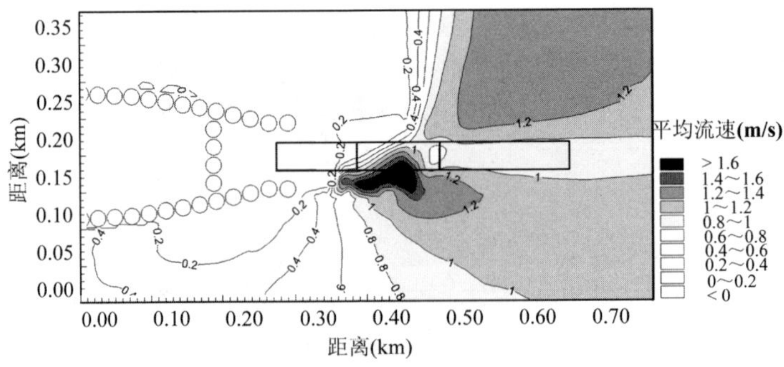

图 5-2-50　局部大潮涨急流速分布（掩护体拆除、E1 和 E2 回填）

由计算结果可以看出，只有沉管E1段回填防护的情况下，在14根、18根和31根钢管桩掩护时，掩护体掩护的有效长度均超过沉管E1段，水流主要受掩护体的挑流作用，除在掩护范围内，由于回填部分的影响，环流略有所减弱外，流场整体与回填防护前差别不大，涨潮时，挑流产生的流速最大区域出现在沉管E2的中后部，落潮时，则出现在沉管E3的前半部，说明在这3组工况下，掩护体均能对沉管E2段起到掩护作用，尤其是在31根钢管桩时，掩护体能有效掩护沉管E2段的大部分区域。而掩护体拆除后，水流受到西人工岛及沉管E1回填的阻水作用，沉管E1回填部分的阻水挑流作用小于其余3组工况，使得挑流产生流速较大的区域，涨潮时位于沉管E2的前半部，即在沉管E1和E2的结合处会出现流速大于0.60m/s的情况，落潮时位于E2的后半部。因此，考虑到对沉管E2施工掩护的作用，在沉管E1回填防护后，可先不拆除掩护体而进行沉管E2的沉放施工。

在沉管E1和E2段均完成回填防护后，由于回填区域的延长，水流受掩护体的挑流作用，同时还受回填部分类似于水下潜堤的阻水作用，各工况下在沉管E3的头部，最大涨、落潮流速基本表现为拆除掩护体后小于存在掩护体的变化，在沉管E3的其余段流速差别不大。说明在完成沉管E2回填防护后，拆除掩护体对沉管E3施工尤其是沉管E2和E3的对接施工还是有利的。

2.5　主要结论

本文主要围绕港珠澳大桥岛隧结合部岛头区掩护体方案对水流影响开展了二维潮流数模的研究。本模型通过全面验证后，进一步分析了各方案实施工况下潮流场和各特征点流速及流向的变化，获得主要结论如下：

(1)在掩护体方案实施前，由于受已建西人工岛工程的阻水作用，涨、落潮水流均向东、西两侧分流，致使岛头流速明显增大，特别是东侧岛头位于深槽主流区内，岛头附近最大流速约为1.50m/s，即使沉管开挖槽内最大流速也可达1.10m/s左右。为了保证E1沉管施工的安全，提高水下施工效率，在人工岛东侧头部实施一定范围的掩护工程是非常必要的。

(2)在已建西人工岛条件下，沿东岛头部两侧进一步实施掩护工程后，虽然阻水面积有所增大，同时也会使工程区东侧流态和流速发生改变，但这种工程的影响是局部的，也是短期的，不会对伶仃洋整体流场产生影响。

(3)随着掩护体长度的增加，有效掩护区域也会随之增大。以流速小于0.60m/s作为标准，方案1有效掩护区域可至E2沉管的前半段，总长度约150m；

方案 2 有效掩护区域可至 E2 沉管的中部，总长度约 165m；方案 3 有效掩护区域可至 E2 沉管的尾部，总长度约 185m。

(4)在仅考虑掩护沉管 E1 段的情况下，掩护体临界长度为 9 根钢管桩，此时沉管 E2 头部位于挑流作用所产生的流速较大区域，为了保证沉管 E1 和 E2 的对接施工的安全，建议在沉管 E1 段掩护体长度宜选 14 根钢管桩，此种方案有效掩护区域可至 E2 沉管的前半段，总长度约 138m。

(5)在两个潮周期内流速大于 0.60m/s 所持续的时间，14 根、18 根、25 根和 31 根钢管桩掩护体方案与掩护体工程实施前相比可增长 1 ~ 3h，基本不会对施工效率造成影响。

(6)经数模计算结果比较，14 根、18 根、25 根和 31 根钢管桩掩护体方案工程后，所掩护的有效区域有所不同，但在掩护区内流速都小于 0.60m/s，掩护效果明显，故四种方案都可行。但从保证施工安全、降低施工风险、提高施工效率以及性价合理性等多因素比较考虑，并只掩护沉管 E1 段情况下，推荐方案可首选 14 根钢管桩掩护体方案，若同时考虑对沉管 E2 段的掩护时，可首选 31 根钢管桩掩护体方案(即方案 3)。

(7)掩护体方案在完成沉管 E1 回填防护后，仍对沉管 E2 起到一定的掩护作用，而在沉管 E1 和 E2 均完成回填防护后，拆除掩护体对减弱工程阻水作用和改善沉管 E3 区槽内水流条件还是有利的，建议在完成沉管 E2 回填防护后再拆除掩护体为宜。

(8)工程后掩护体头部流速会明显增大，对沉管施工和堤头冲刷都会产生影响，因此建议人工岛施工次序可按基槽开挖→人工岛施工→掩护体施工→维持堤头自然冲刷 3 ~4 个月→堤头护底施工→槽内清淤→E1 沉管施工和掩护→E2 沉管施工和掩护→拆除掩护体→E3 沉管施工和掩护等步骤进行控制。

3　潮流定床物理模型试验研究

3.1　基槽开挖及沉管方案布置

基槽开挖，E1、E2 管节采用精挖，E3 管节采用粗挖，但 E3 管节起点段 10m 范围采用精挖（图 5-3-1），各段开挖尺度如下：

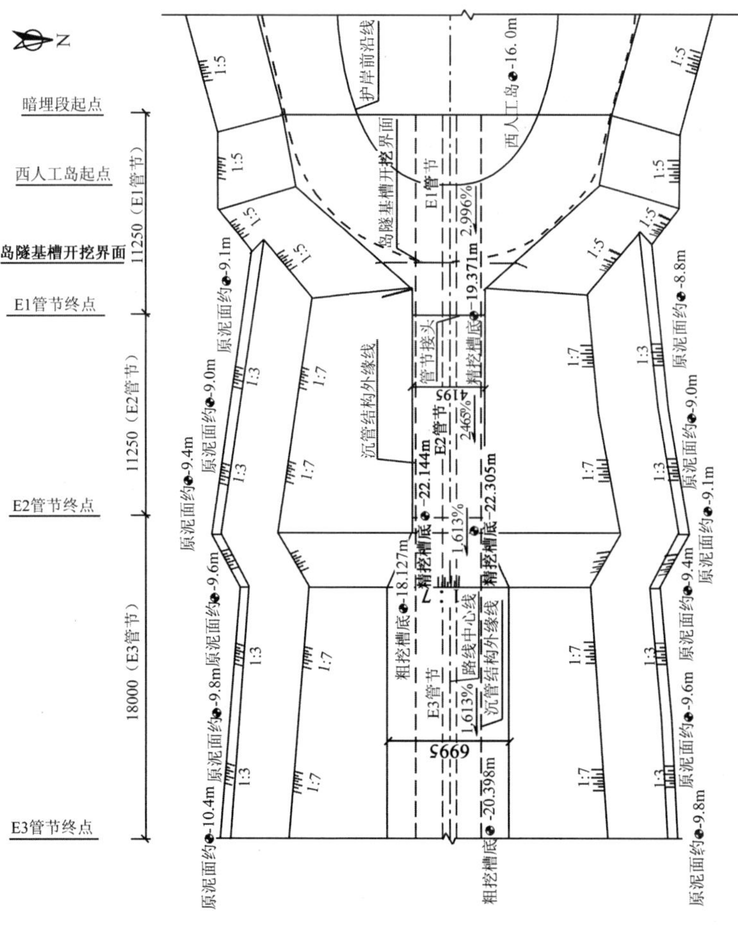

图 5-3-1　隧道沉管段基槽开挖平面图（E1 ~ E3 管节）

E1 沉管基槽总长 112.5m，底宽 41.95m，底高程（由止水墙向东）介于 16.000 ~ 19.371m 之间，纵坡坡率为 2.996%。

E2 沉管基槽总长 112.5m，底宽 41.95m，底高程介于 19.371 ~ 22.144m 之间，纵坡坡率为 2.465%。

E3 沉管基槽总长 180.0m，其中：头部 10m 为精挖，底宽 41.95m，底高程介于 22.144 ~ 22.305m 之间；过渡段长 29.25m，底宽介于 41.95 ~ 69.95m 之间，底高程介于 22.305 ~ 18.127m 之间；粗挖段长 140.75m，底宽 69.95m，底高程介于 18.127 ~ 20.398m 之间。

E1 ~ E3 管节断面结构如图 5-3-2 所示，底宽均为 37.95m，高均为 11.40m。

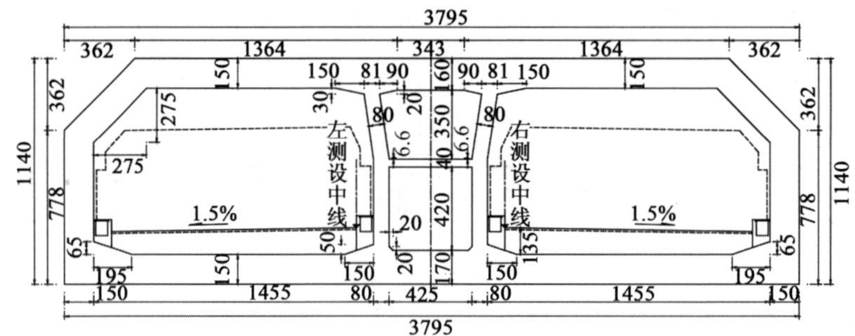

图 5-3-2　E1 ~ E3 管节断面示意图（m）

3.2　试验工况

3.2.1　方案布置

根据试验研究要求，本模型共选择以下 4 种工况进行潮流方案试验。

方案 1（原型方案）：西人工岛钢圆筒实施完毕后，模型布置如图 5-3-3 所示。

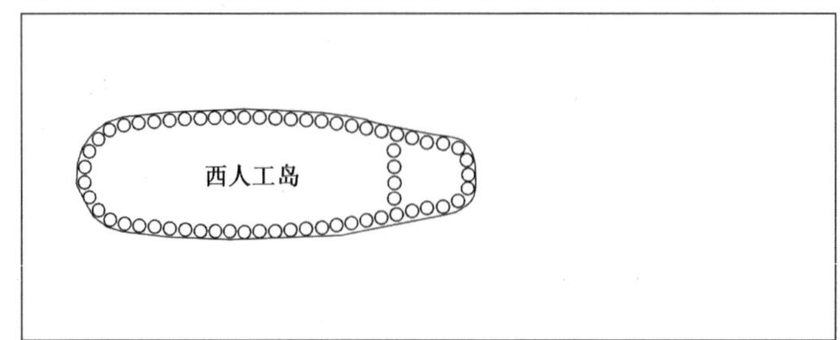

图 5-3-3　西人工岛布置图（原型方案）

方案2:拆除西人工岛岛头9号~11号钢圆筒,打设岛隧结合部防水墙,开挖隧道至E5管节水域,西人工岛周边开挖槽内恢复至天然水深,模型方案布置如图5-3-4所示。

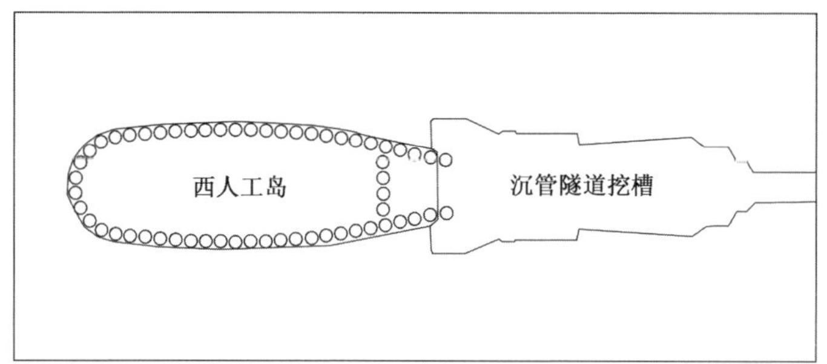

图5-3-4 方案2布置图

方案3:在方案2的基础上,施放掩护体,模型方案布置如图5-3-5所示。

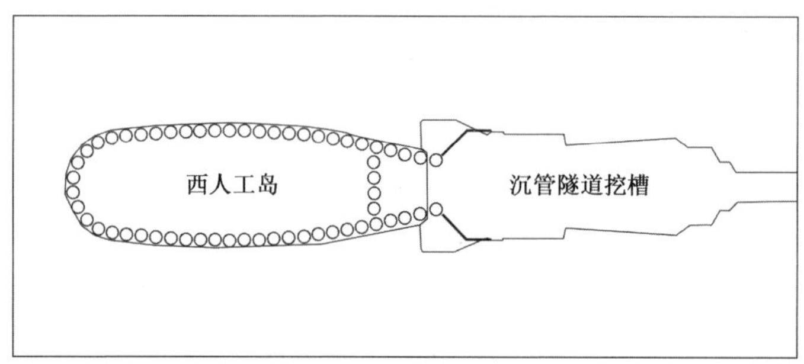

图5-3-5 方案3布置图

方案4:根据设计要求,将南、北掩护体各保留14根钢管桩,只考虑满足E1管节掩护的要求,模型方案布置如图5-3-6所示。

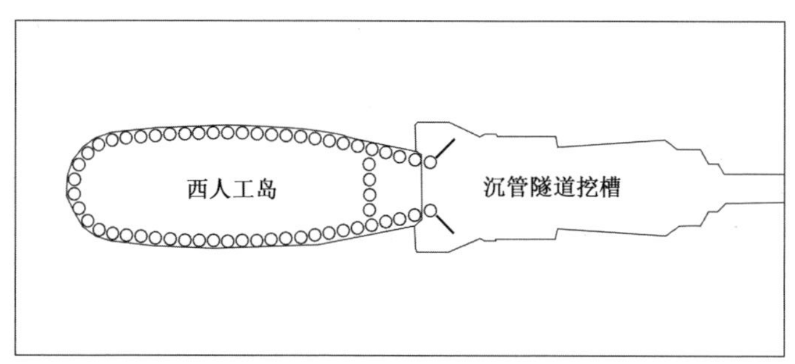

图5-3-6 方案4布置图(短掩护体,南、北堤各14根钢管桩)

3.2.2 试验潮型

根据潮流试验任务要求,本模型应选用洪季代表潮型进行试验。洪季代表潮型选取2009年桥区附近实测大潮型。经过对比,西人工岛附近,大潮涨、落潮平均流速分别为0.55m/s和0.73m/s,涨、落潮最大流速分别为0.91m/s和1.28m/s;中潮涨、落潮平均流速分别为0.36m/s和0.39m/s,涨、落潮最大流速分别为0.51m/s和0.67m/s。其中,大潮流速大,对工程的影响也就更大,因此选择洪季大潮作为代表潮型进行潮流方案试验,是完全能满足工程施工的要求。

3.2.3 测点布置

为了反映各方案在人工岛岛头区和管节挖槽区流速的变化,本模型在人工岛岛头~E3管节槽内共布置9条断面、23个测点(图5-3-7),在西人工岛周边布置10个测点(图5-3-8)。

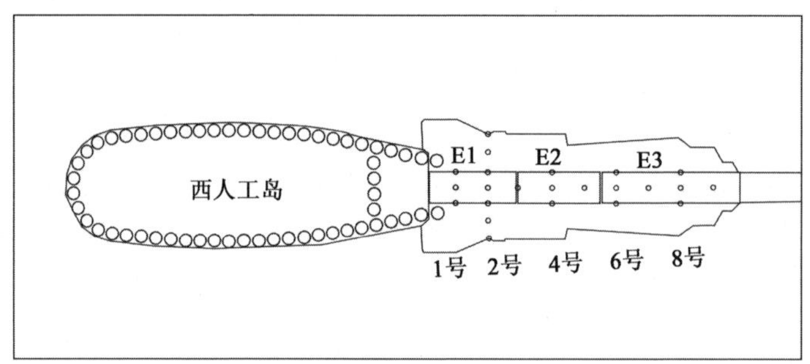

图5-3-7 隧道槽区内测点布置图

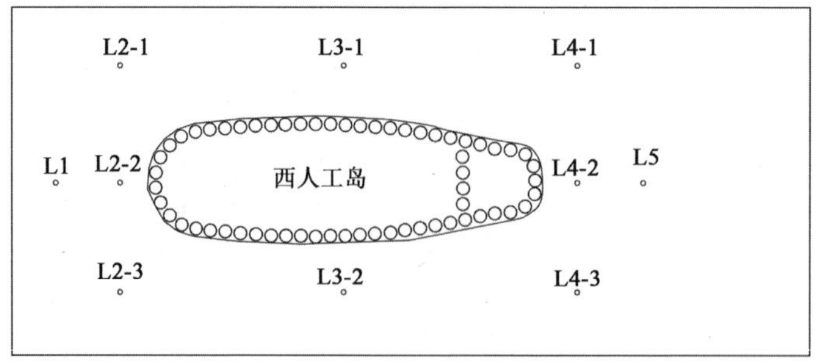

图5-3-8 西人工岛周边测点布置图

3.3　方案试验结果分析

3.3.1　方案1

1)流场变化

西人工岛实施前,工程区附近,涨、落潮水流基本呈往复流动,涨潮主流向北、落潮主流向南,整体流场呈比较平顺、均匀分布。

西人工岛实施后,工程区附近,涨、落潮流场会发生较大变化(图5-3-9),落潮时,在人工岛南部的东、西两侧都有环流区或弱流区出现,其中,东侧落潮环流呈顺时针旋转,西侧落潮环流呈逆时针旋转,环流影响范围可达人工岛南部约1km。另外,在人工岛北部26号钢圆筒~32号钢圆筒之间,是落潮分流区域,在此区域可形成落潮缓流区,特别是在28号钢圆筒附近,流速基本接近于零。在人工岛东、西两头会出现绕岛水流,岛头区流速会明显增大。涨潮时,整体流场变化正好与落潮流场相反,但在人工岛北部涨潮环流的强度和影响范围要小于落潮,影响范围可至人工岛北部约800m,其中东侧涨潮环流为逆时针旋转,西侧涨潮环流为顺时针旋转。在人工岛南侧54号~60号钢圆筒之间,是涨潮分流区域,在此区域可形成涨潮缓流区,特别是在57号钢圆筒附近,涨潮流速接近于零。在人工岛东、西两头也会出现绕岛水流,岛头区流速也会明显增大。

图5-3-9　西人工岛附近涨潮流场

2)洪季大潮流速变化

工程前，在天然状态下，该区涨潮潮段平均流速介于0.55～0.57m/s之间，垂线最大流速约为0.91m/s；落潮潮段平均流速介于0.73～0.74m/s之间，垂线最大流速约为1.28m/s。

工程后，在人工岛东、西两头，涨、落潮流速明显增大；在南、北区域，涨、落潮流速明显减小（表5-3-1和图5-3-10）。具体变化特点如下：

（1）在人工岛西岛头向西20m左右，是涨、落潮最大流速区域，平均流速分别可达0.81m/s和1.31m/s，较天然分别增加0.26m/s和0.58m/s；垂线最大流速分别可达1.12m/s和1.90m/s，较天然分别增加0.22m/s和0.49m/s。至岛头以西400m左右，涨、落潮平均流速较天然状态仅增加0.02m/s和0.03m/s。

西人工岛实施前后平均和最大流速对比结果 表5-3-1

测点	潮段	平均流速（m/s）			最大流速（m/s）		
		天然	方案	变化量	天然	方案	变化量
L1号	涨潮	0.55	0.57	0.02	0.91	0.96	0.05
	落潮	0.73	0.76	0.03	1.28	1.33	0.05
L2-1号	涨潮	0.55	0.56	0.01	0.92	0.96	0.04
	落潮	0.73	0.75	0.02	1.28	1.36	0.08
L2-2号	涨潮	0.55	0.61	0.06	0.92	1.01	0.09
	落潮	0.73	0.84	0.11	1.27	1.42	0.15
L2-3号	涨潮	0.55	0.56	0.01	0.92	0.97	0.05
	落潮	0.73	0.84	0.11	1.27	1.33	0.06
L3-1号	涨潮	0.56	0.16	-0.40	0.91	0.33	-0.58
	落潮	0.74	0.19	-0.55	1.27	0.37	-0.90
L3-2号	涨潮	0.56	0.13	-0.43	0.91	0.29	-0.62
	落潮	0.73	0.21	-0.52	1.27	0.42	-0.85
L4-1号	涨潮	0.55	0.57	0.02	0.91	0.95	0.04
	落潮	0.74	0.76	0.02	1.27	1.34	0.07
L4-2号	涨潮	0.56	0.61	0.05	0.91	1.02	0.11
	落潮	0.74	0.84	0.10	1.27	1.41	0.14
L4-3号	涨潮	0.56	0.58	0.02	0.90	0.98	0.08
	落潮	0.74	0.77	0.03	1.27	1.34	0.07
L5号	涨潮	0.57	0.59	0.02	0.91	0.95	0.04
	落潮	0.74	0.76	0.02	1.27	1.32	0.05

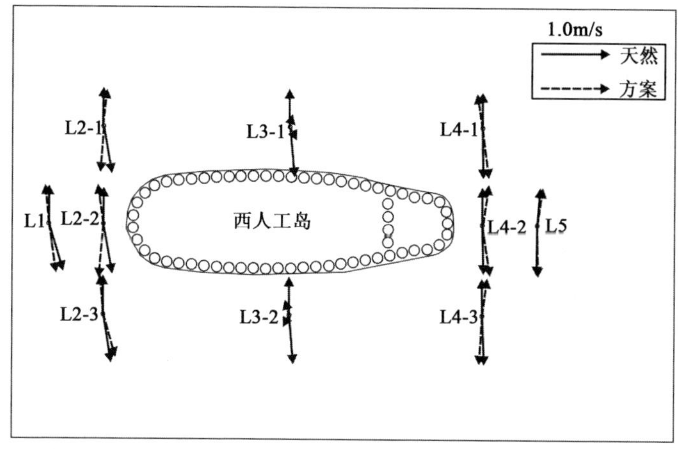

图 5-3-10　西人工岛实施后各点平均流速矢量变化

(2)在人工岛东侧岛头向东 20m 左右，也是涨、落潮最大流速区域，平均流速分别可达 0.74m/s 和 1.38m/s，较天然分别增加 0.20m/s 和 0.64m/s；垂线最大流速分别可达 1.05m/s 和 1.82m/s，较天然分别增加 0.14m/s 和 0.54m/s。至岛头以东 400m 左右，涨、落潮平均流速较天然仅增加 0.02m/s 左右。

(3)在人工岛南北区域是涨、落潮流速明显减小的区域，并且越靠近人工岛南北中轴线，流速减幅越大，在人工岛北部 28 号钢圆筒和南部 57 号钢圆筒附近，流速接近于零。在南、北两侧距岛壁 150m 左右，平均流速减幅可达 70% 左右，其中：北侧涨、落潮流速仅为 0.16m/s 和 0.19m/s，分别减小 0.40m/s 和 0.55m/s；南侧涨、落潮流速仅为 0.13m/s 和 0.21m/s，分别减小 0.43m/s 和 0.52m/s。

3.3.2　方案 2

1)流场变化

沿隧道开挖槽工程实施后，在东侧岛头附近，由于受到拆除西人工岛东侧 9 号 ~11 号钢圆筒的影响，在开口处有涨、落潮环流出现，环流影响的最大范围可达止水墙东侧 50m 左右(图 5-3-11、图 5-3-12)，最大流速也是发生在环流区最外侧的边缘。可见，隧道区开槽后，局部岛头流场会有所变化，但影响范围不是很大。

2)洪季大潮流速变化

在距止水墙东侧 70m 左右流速可达最大，然后向两侧逐渐减小(图 5-3-13)，该区涨、落潮平均流速分别为 0.64m/s 和 1.20m/s，最大流速分别为 1.02m/s 和 1.77m/s，与工程前相比，开挖槽内流速呈减小变化，减小值介于 0.03 ~0.05m/s 之间；而紧邻开口区域，平均流速不足 0.20m/s。出现上述变化的原因，一是挖槽水深对流速有折减效应，二是受环流的影响。

图 5-3-11　隧道开挖槽附近落潮流场

图 5-3-12　隧道开挖槽附近涨潮流场

隧道开挖槽内流速沿程分布，见表 5-3-2。

隧道开挖槽内流速沿程分布　　表 5-3-2

项目	涨潮平均(m/s)		落潮平均(m/s)	
距离(m)	方案 1	方案 2	方案 1	方案 2
20		-0.12	0.09	
40		0.23	-0.17	
60	0.78	0.47	-0.95	-1.29

续上表

项目	涨潮平均(m/s)		落潮平均(m/s)	
距离(m)	方案1	方案2	方案1	方案2
80	0.56	0.64	-1.18	-1.06
120	0.42	0.54	-0.76	-0.68
160	0.40	0.38	-0.60	-0.64
200	0.38	0.34	-0.59	-0.61
240	0.42	0.38	-0.60	-0.66
280	0.46	0.40	-0.64	-0.76
320	0.54	0.48	-0.71	-0.78
360	0.56	0.54	-0.80	-0.86

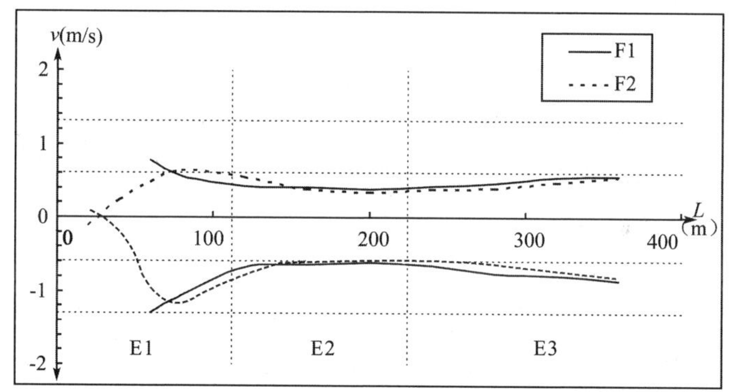

图 5-3-13 隧道开挖槽内平均流速沿程分布

3)涨落潮历时变化

工程前后流速过程线比较如图 5-3-14 所示,涨、落潮历时变化,与方案 1 相比,流速小于0.6m/s 的时间延长 2.4h,流速小于 1.3m/s 的时间延长 1.7h。即涨、落潮流速小于0.6m/s 的总时间为 11.4h,涨、落潮流速小于 1.3m/s 的总时间为 23.2h。

3.3.3 方案3

1)流场变化

通过前述两种方案试验的对比分析可知,在人工岛的影响下,靠近人工岛岛头区的流速普遍增大,即使是隧道开挖槽内的涨、落潮最大流速也可达 1.02m/s 和 1.77m/s,对隧道管节的施放,特别是对水下人工作业是不利的。因此,有必要对人工岛东侧头部区域进行掩护,以减弱该区域水流的影响。

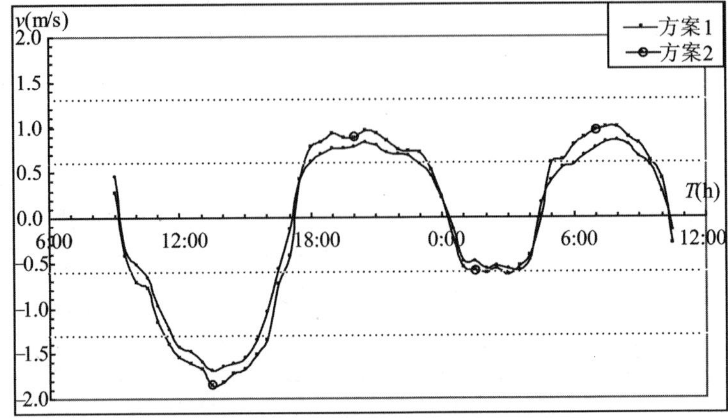

图 5-3-14　E1 ~ E2 管节附近大潮流速过程线变化

南、北掩护体实施后，流场变化如图 5-3-15 和图 5-3-16 所示，其特点如下：

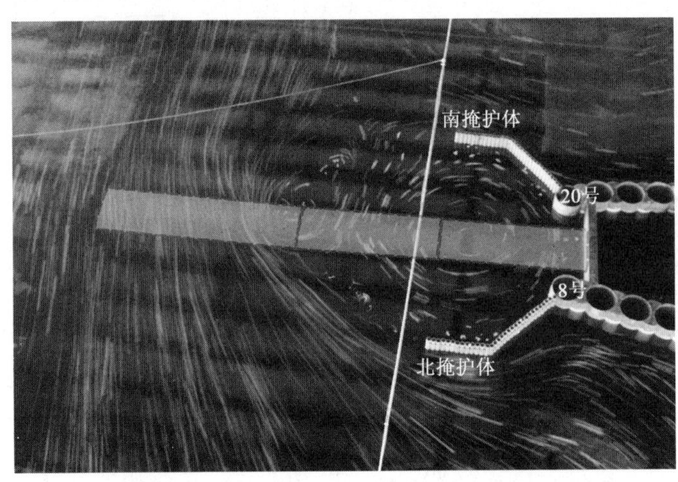

图 5-3-15　长掩护体实施后人工岛东侧落潮流场

(1)在掩护体之间可形成环流区，由于落潮流速较涨潮流速大，因此落潮形成的环流范围也就相对较大。其中，落潮环流最大范围可达 E2、E3 管节连接处，涨潮环流最大范围可达 E2 管节 3/4 的位置。

(2)受掩护体阻水挑流的影响，在西人工岛南、北两侧产生的涨、落潮环流范围和强度也有所增大。落潮时，西人工岛南侧环流区向东南方向扩展，范围增大，特别是在南掩护体头部，最大环流流速可达 0.70m/s，会对工程区施工造成影响；涨潮时，西人工岛北侧环流区向东北方向扩展，但增加范围和强度要明显小于落潮，基本不会对工程区施工造成影响。

(3)掩护体实施后,E1 管节完全处于掩护体内,环流流速相对较小,掩护作用非常明显;而 E2 管节由于处于环流区边缘,流场较为紊乱,但 E2 管节大部分区域流速还是比较小的,对 E2 管节施工也会产生一定的保护作用;E3 管节头部是流速最大区域,然后向东流速明显减小,至 E3 沉管尾部时,流场基本可维持天然状态。

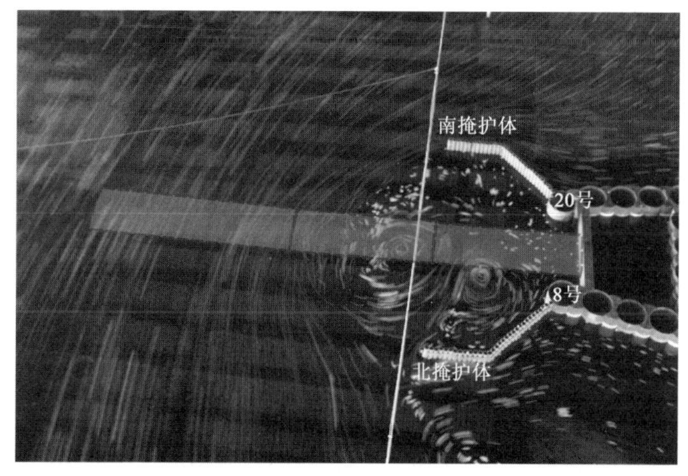

图 5-3-16 长掩护体实施后人工岛东侧涨潮流场

2)洪季大潮流速变化

从槽内各特征点流速变化比较,在南、北掩护体之间,主要受环流区影响,流速较小,然后向东逐渐增大,各区流速变化特征如下。

(1)在北掩护体头部附近,落潮时,平均流速约为 0.98m/s,最大流速约为 1.67m/s,涨潮时是处于环流影响范围之内,流速较小;在南掩护体头部附近,涨潮时,平均流速约为 0.63m/s,最大流速约为 1.07m/s,落潮时也是在环流影响范围之内,流速也较小。

(2)在南、北掩护体挑流影响下,涨、落潮主流随流速大小的变化也有所不同,流速越大,主流线越是向东偏移,沿隧道开挖槽内涨、落潮平均流速和最大流速分布如表 5-3-3 所示。而至 E3 管节头部时,是涨、落潮最大流速区,在该区域,涨、落潮平均流速分别可达 0.71m/s 和 1.10m/s,最大流速也分别可达 1.12m/s和 1.76m/s,但涨、落潮出现最大流速的位置是不同的,落潮比涨潮向东偏移 50m 左右。

(3)从沿程流速分布来看,E1 管节完全处于掩护体内,流速较小,最大流速不足 0.2m/s,掩护体的作用非常明显;E2 管节水域最大流速为 0.39m/s,流速也是比较小的,仍具有较好的掩护作用。

隧道开挖槽内流速沿程分布　　表 5-3-3

距离(m)	落潮平均(m/s)	涨潮平均(m/s)	落潮最大(m/s)	涨潮最大(m/s)
20	0.01	0.02	0.12	0.10
40	0.03	0.01	0.15	0.17
60	0.05	0.02	0.15	0.18
80	0.06	0.03	0.20	0.21
120	0.01	0.06	0.22	0.24
160	0.11	0.17	0.32	0.33
200	0.15	0.05	0.38	0.39
240	0.26	0.68	0.81	0.99
280	1.11	0.72	1.75	0.98
320	1.05	0.64	1.70	0.90
360	0.93	0.56	1.47	0.84

3)涨落潮历时变化

经 26h 大潮逐时流速过程线比较,在 E1 管节范围内,涨、落潮流速均处在较低水平,平均流速不足 0.10m/s,最大流速不足 0.20m/s,在整个潮流时段没有大于0.6m/s 的流速出现,为 E1 管节安全施放提供了良好的环境。

在 E2 管节范围内,平均流速不足 0.20m/s,最大流速不足 0.40m/s,在整个涨落潮时段,大于 0.60m/s 的流速也没有出现,对沉管安全施工也是有利的。

在 E3 管节范围内,流速大于 0.60m/s 的时间,落潮约为 6.8h,涨潮约为 9.7h;流速大于 1.3m/s 的时间,落潮约为 3.5h,涨潮没有出现。即涨、落潮流速小于 0.6m/s 的总时间为 9.5h,涨、落潮流速小于 1.3m/s 的总时间为 23.5h。

3.3.4 方案 4

按施工的要求,本模型只考虑 E1 管节掩护情况下,尽量缩短掩护体长度,降低掩护体施工难度和风险,更好地保证掩护体在施工中的安全。为达到这个目的,根据对多种方法的论证分析,选取了南、北掩护体各 14 根方案,开展了进一步的试验研究,获得结果如下。

1)流场变化

本方案流场变化如图 5-3-17 和图 5-3-18 所示,其特点如下。

图 5-3-17　短掩护体实施后人工岛东侧落潮流场

图 5-3-18　短掩护体实施后人工岛东侧涨潮流场

(1)南、北掩护体缩短后，也会产生明显的挑流作用，落潮产生的最大挑流范围可达 E2 管节中部，涨潮产生的最大挑流范围可达 E2 管节头部。

(2)与方案 3 相比，由于拆除了南、北掩护体中垂直水流部分，一方面会减弱阻水挑流的影响。另一方面，西人工岛南、北两侧大范围环流在返回人工岛时，会绕过掩护体进入隧道开挖槽内，致使产生的落潮环流旋转方向与方案 3 呈相反运动，而涨潮时，由于流速相对较小，与方案 3 呈反向的环流区，仅出现在北掩护体附近较小范围内。

(3)该方案实施后，E1 管节完全处于掩护体形成的环流区内，流速相对较小,掩护作用非常明显;而E2管节中部是位于掩护体挑流出现最大流速区域,对E2管节的安全施工会造成影响,但在E2管节头部,仍在环流影响范围内,也具有较好的掩护作用,与E1管节对接施工有益。在E3管节及以东水域,工程后流场基本可维持天然状态。

2)洪季大潮流速变化

根据槽内各特征点流速比较,南、北掩护体之间的水域,均处在环流区的影响之下,流速由人工岛向东逐渐增加,沿隧道开挖槽内涨、落潮平均流速和最大流速分布如表5-3-4所示。其中,E1管节处于掩护体内,流速较小,平均流速不足0.15m/s,体现了良好的掩护效应。而在E2管节水域,是涨、落潮最大流速发生的区域,涨、落潮平均流速分别可达0.68m/s和1.08m/s,最大流速分别可达1.05m/s和1.65m/s。

隧道开挖槽内流速沿程分布　　表5-3-4

距离(m)	落潮平均(m/s)	涨潮平均(m/s)	落潮最大(m/s)	涨潮最大(m/s)
20	0.03	0.02	0.11	0.10
40	0.03	0.02	0.15	0.15
60	0.10	0.09	0.24	0.24
80	0.15	0.14	0.35	0.38
120	0.12	0.08	0.64	0.79
160	0.55	0.68	1.03	1.05
200	1.04	0.66	1.50	0.90
240	1.08	0.57	1.65	0.77
280	0.98	0.50	1.28	0.69
320	0.86	0.47	1.18	0.63
360	0.76	0.44	1.07	0.60

3)涨落潮历时变化

经26h大潮逐时流速过程线的变化比较,在E1管节范围内,涨、落潮均处在较低流速的状态下,平均流速不足0.15m/s,最大流速不足0.40m/s,全潮段没有大于0.6mm/s的流速发生,可为E1管节的安全施放提供良好的环境。

在E2管节水域,流速大于0.6m/s的时间,落潮约为6.2h,涨潮约为11.3h;流速大于1.3m/s的时间,落潮约为3.5h;涨潮没有出现。总体来讲,在26h大潮期间,流速小于0.60m/s的总时间约为8.5h,流速小于1.3m/s的总时间约为22.5h。

3.4 主要结论

（1）西人工岛实施后，必然会在人工岛南、北两侧形成环流区和弱流区，涨、落潮流速会明显减小至0.13～0.21m/s，平均减幅可达70%左右；东、西两侧因受人工岛阻水挑流的作用，流速会明显增大，潮段最大流速可达1.82m/s，最大增加值约为0.64m/s。即使在西人工岛东侧沿隧道轴线实施开槽以后，岛头附近槽内流速，虽然可减小0.03～0.05m/s，但潮段最大流速仍可达1.77m/s，且一天内约有15h的流速都大于0.60m/s，有3h的流速都大于1.30m/s，难以满足人工水下作业的要求。因此，在岛隧结合部实施掩护体工程非常必要，这也是保证水下人工作业安全最有效的措施之一。

（2）方案3掩护体实施后，在掩护体之间形成的环流范围可达E2和E3管节交接处，流速会明显增加，然后向两侧不断减小，至E1管节时涨、落潮流速可达最小，潮段最大流速不足0.20m/s，底部最大流速不足0.50m/s，掩护效果非常明显，完全可以满足水下施工的需要。在E2管节水域，因处于最大掩护区的范围内，潮段流速最大值也仅为0.64m/s，底部流速最大值一般情况下都不会超过0.60m/s，仍具有较好的掩护作用，同样能满足人工水下作业的要求。在E3管节水域，因受掩护体和E1、E2管节施工后的共同影响，潮段流速最大值约为1.79m/s，底部流速最大值约为1.90m/s，而且一天内出现流速大于0.60m/s的总时间约为18h，流速大于1.30m/s的总时间约为4h，对E3管节基本没有掩护作用。

（3）方案4掩护体缩短至14根钢管桩以后，仍具有明显的挑流作用，E2管节槽内最大流速可达1.49m/s，而E1管节槽内流速会明显减小，潮段平均流速约为0.15m/s，最大流速也不会超过0.40m/s，为E1管节提供了良好的掩护作用。即使在E1和E2管节结合部，最大流速也仅为0.72m/s以下，对E1和E2两个管节对接施工也是有益。

（4）在岛隧结合部实施掩护工程后，由于受西人工岛和掩护体共同阻水挑流的影响，都会出现较大的环流区域，致使环流区西侧流速明显减小，环流区东侧流速明显增大，出现这种变化，无论采用哪种掩护体方案都是不可避免的，特别是环流区东侧流速明显增大后，对隧道沉管的施工都会带来不利的影响。因此，在岛隧结合部实施掩护工程的基本原则是：既能完全掩护住E1管节区域，又能使E2或E3管节槽内流速改变值尽量小，同时还要保证掩护体钢管桩施工的安全，降低工程风险和施工难度，节省工程费用等。本模型提出的方案4优于方案3，建议作为首选方案。

本篇参考文献

[1] 中交公路规划设计院有限公司. 港珠澳大桥主体工程初步设计阶段桥位附近水文测验报告[R]. 2009.

[2] 交通运输部天津水运工程科学研究所. 港珠澳大桥工程海床演变分析研究报告[R]. 2009.

[3] 交通运输部天津水运工程科学研究所. 港珠澳大桥工程方案二维潮流悬沙数学模型研究报告[R]. 2009.

[4] 交通运输部天津水运工程科学研究所. 港珠澳大桥工程方案潮流泥沙整体物理模型试验研究报告[R]. 2009.

[5] 交通运输部天津水运工程科学研究所. 港珠澳大桥主体工程岛隧工程西岛钢圆筒施工期局部动床物模试验报告[R]. 2011.

[6] 交通运输部天津水运工程科学研究所. 港珠澳大桥主体工程西人工岛岛隧道结合部掩护体工程方案二维潮流数值模拟计算分析研究报告[R]. 2011.

[7] 中华人民共和国行业标准. JTS/T 231-2—2010 海岸河口潮流、泥沙数值模拟技术规程[S]. 人民交通出版社,2010.

第Ⅵ篇

施工篇之三：管节沉放工程

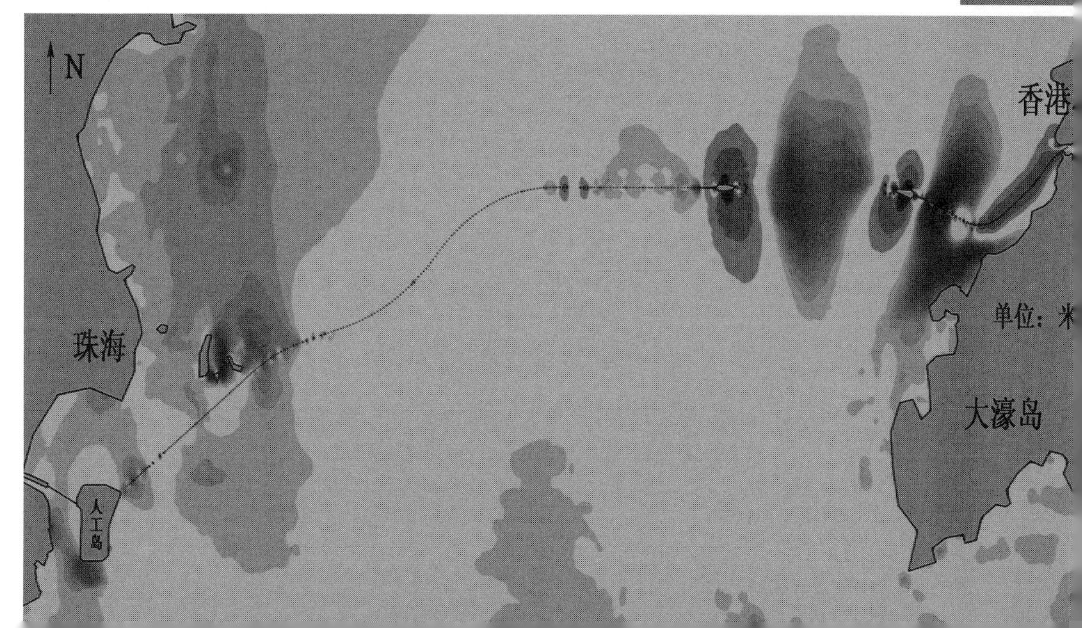

1 概　述

1.1 研究目的

在前期岛隧结合部沉管沉放区掩护方案物模试验研究基础上，根据沉管掩护设计方案的重新调整，进行本项试验研究。本期试验任务主要针对前期最终推荐方案（方案1）进一步开展试验研究工作。

本次试验主要研究在方案1布局条件下，E1、E2、E3管节沉放前、后槽区内外、隧道轴线流速分布、最大流速发生位置、涨落潮历时变化、垂线流速分布、拆堤时机和槽内铺设碎石层稳定性等重点问题。

1.2 方案1布置

由于基槽两侧采用实心混凝土方块进行堆载预压，因此，采用岛头区预压实心混凝土方块再实施掩护体工程是经济高效的，这样既能达到预压目的，又能改善E1管节沉放区的流态要求。具体掩护体工程布置为：在基槽南、北两侧施放人工实心混凝土方块，形成长度32m导堤，堤宽4m，堤顶高程为黄海基面±0m，掩护体布置方向均与隧道轴线呈60°夹角，方案布置见图6-1-1。

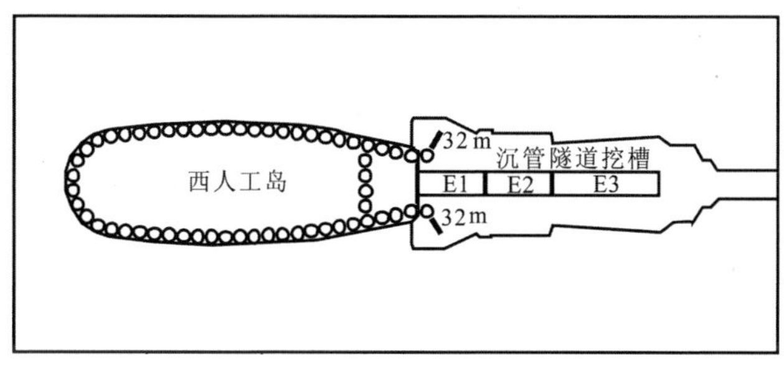

图6-1-1　方案1平面布置图

1.3 研究内容

1.3.1 恒定流试验内容

(1)E1 安装前,有挡块情况下,控制流速为 0.6 ~ 1.6m/s 时,E1 ~ E4 沉放区内流态,最大流速出现位置。

(2)E1 安装后,有挡块情况下,控制流速为 0.6 ~ 1.6m/s 时,E1 管节顶部、E2 ~ E4 沉放区内流态,最大流速出现位置。

(3)E1 安装后,无挡块情况下,控制流速为 0.6 ~ 1.6m/s 时,E1 管节顶部、E2 ~ E4 沉放区内流态,最大流速出现位置。

(4)E1、E2 安装后,有挡块情况下,控制流速为 0.6 ~ 1.6m/s 时,E1、E2 管节顶部、E3 ~ E4 沉放区内流态,最大流速出现位置。

(5)E1、E2 安装后,无挡块情况下,控制流速为 0.6 ~ 1.6m/s 时,E1、E2 管节顶部、E3 ~ E4 沉放区内流态,最大流速出现位置。

(6)E1、E2、E3 安装后,无挡块情况下,控制流速为 0.6 ~ 1.6m/s 时,E1、E2、E3 管节顶部、E4 沉放区内流态,最大流速出现位置。

1.3.2 潮流试验内容

潮流试验采用枯季大潮为代表潮型,研究内容如下。

(1)隧道开挖槽内外的平面流速变化以及流速垂线分布,具体试验工况为:

①西人工岛 + 隧道开挖前。

②西人工岛 + 隧道开挖后。

③西人工岛 + 隧道开挖后 + 方案 1。

(2)隧道开挖槽内流速变化和涨落潮历时变化,具体试验工况为:

①西人工岛 + 隧道开挖后。

②西人工岛 + 隧道开挖后 + 方案 1 实施后。

③方案 1 + E1 沉放后。

④方案 1 + E1、E2 沉放后。

⑤拆除掩护体 + E1、E2。

2　恒定流方案试验

2.1　试验基本条件

2.1.1　试验潮型

根据潮流试验任务要求，本模型恒定流流速取值范围介于0.6～1.6m/s之间，分级流速间隔为0.2m/s。

2.1.2　试验内容和工况组合

本试验内容主要是研究在不同流速条件下，隧道沉管区水域在不同工况条件下水流变化特点及分布规律。

恒定流方案试验工况组合如下：

(1)方案1(前阶段双堤最终推荐方案)。

(2)方案1+E1管节沉放。

(3)无掩护体+E1管节沉放。

(4)方案1+E1、E2沉放。

(5)无掩护体+E1、E2沉放。

(6)无掩护体+E1、E2、E3沉放。

2.1.3　测点布置

恒定流试验的工作重点在于隧道开挖槽内流速分布，因此，流速测点均布置在隧道开挖槽中线上，以沉管与隧道暗埋段分界面起零，从88m开始，每隔32m布置一个测点，至568m，共布置16个测点。

各测点沿垂线上的位置，施放管节水域，测点在管节上方距管顶2m左右，其他水域测点位置也是对应管节沉放后距管顶2m左右水深处。

2.2 试验结果分析

2.2.1 方案1

方案1实施后,沿隧道沉管区不同恒定流条件下的流速变化如图6-2-1和表6-2-1所示。

不同恒定流条件下隧道沉管区沿程流速统计结果(方案1)　　表6-2-1

测点位置(m)	0.60m/s		0.80m/s		1.00m/s		1.20m/s		1.40m/s		1.60m/s	
	落潮	涨潮	落潮	涨潮	落潮	涨潮	落潮	涨潮	落潮	涨潮	落潮	涨潮
88	0.08	-0.07	0.16	-0.16	0.23	-0.25	0.31	-0.34	0.33	-0.35	0.34	-0.36
120	0.09	-0.10	0.09	-0.12	0.10	-0.13	0.10	-0.15	0.16	-0.19	0.21	-0.23
152	-0.42	0.42	-0.56	0.55	-0.69	0.67	-0.82	0.80	-0.94	0.93	-1.05	1.05
184	-0.72	0.72	-0.90	0.90	-1.08	1.09	-1.26	1.27	-1.54	1.54	-1.82	1.81
216	-0.70	0.70	-0.98	0.97	-1.25	1.24	-1.52	1.51	-1.71	1.70	-1.90	1.89
248	-0.68	0.69	-0.95	0.96	-1.23	1.23	-1.50	1.49	-1.71	1.70	-1.92	1.91
280	-0.62	0.62	-0.88	0.89	-1.15	1.16	-1.41	1.43	-1.60	1.62	-1.79	1.80
312	-0.61	0.61	-0.85	0.85	-1.10	1.09	-1.34	1.33	-1.54	1.55	-1.74	1.76
344	-0.62	0.62	-0.83	0.84	-1.04	1.07	-1.24	1.30	-1.47	1.51	-1.70	1.72
376	-0.62	0.61	-0.82	0.82	-1.02	1.04	-1.23	1.26	-1.45	1.48	-1.68	1.70
408	-0.59	0.60	-0.80	0.81	-1.01	1.03	-1.22	1.24	-1.43	1.46	-1.65	1.68
440	-0.58	0.60	-0.78	0.79	-0.97	0.98	-1.17	1.17	-1.41	1.42	-1.65	1.66
472	-0.59	0.59	-0.77	0.77	-0.95	0.96	-1.14	1.14	-1.38	1.38	-1.61	1.63
504	-0.59	0.59	-0.76	0.77	-0.94	0.94	-1.12	1.12	-1.36	1.37	-1.59	1.61
536	-0.59	0.57	-0.77	0.75	-0.94	0.93	-1.12	1.11	-1.33	1.33	-1.54	1.55
568	-0.53	0.54	-0.72	0.73	-0.91	0.92	-1.11	1.11	-1.32	1.31	-1.54	1.52

从沿程变化来看,最大流速发生的位置随着恒定流流速的增大会有向东偏移,当恒定流速为0.60m/s时,最大流速发生在180m左右,最大流速值约为0.72m/s;当恒定流速为1.20m/s时,最大流速发生在215m左右,最大流速值约为1.52m/s;当恒定流速为1.60m/s时,最大流速发生在250m左右,最大流速值约为1.92m/s。

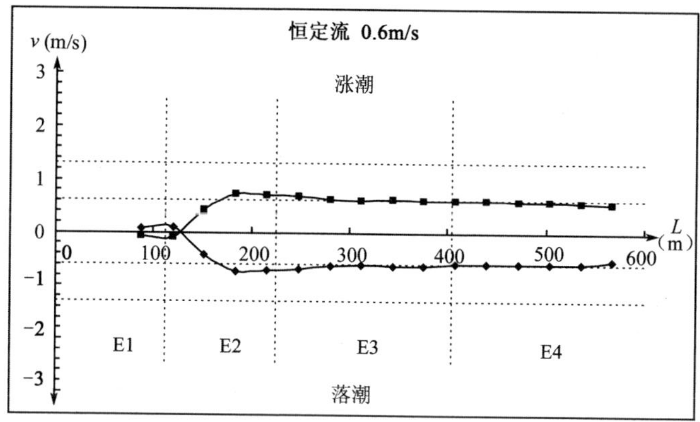

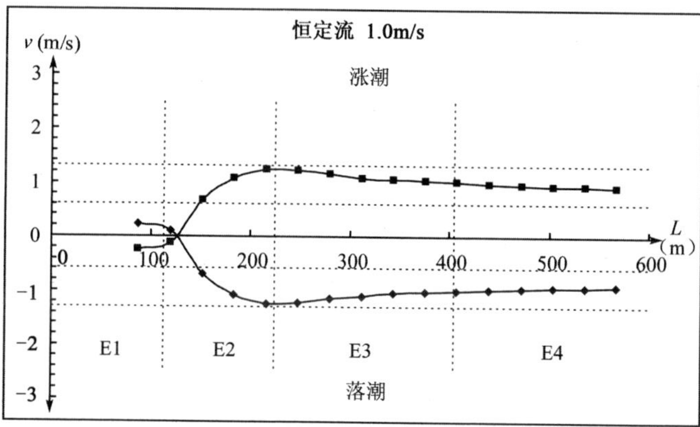

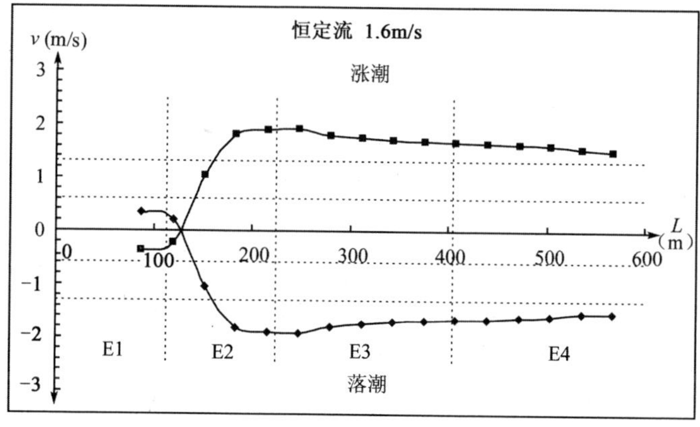

图 6-2-1　不同恒定流条件下隧道沉管区沿程流速分布图(方案 1)

2.2.2 方案1+E1

方案1实施并施放E1管节后，沿隧道沉管区不同恒定流条件下的流速变化如图6-2-2和表6-2-2所示。

不同恒定流条件下隧道沉管区沿程流速统计结果（方案1+E1） 表6-2-2

测点位置(m)	0.60m/s		0.80m/s		1.00m/s		1.20m/s		1.40m/s		1.60m/s	
	落潮	涨潮	落潮	涨潮	落潮	涨潮	落潮	涨潮	落潮	涨潮	落潮	涨潮
88	-0.08	0.07	0.02	-0.03	0.11	-0.13	0.21	-0.24	0.29	-0.31	0.36	-0.37
120	0.06	-0.06	0.08	-0.10	0.10	-0.13	0.12	-0.17	0.01	0.01	-0.09	0.18
152	-0.45	0.44	-0.56	0.55	-0.66	0.66	-0.77	0.77	-0.96	0.95	-1.15	1.13
184	-0.73	0.73	-0.91	0.91	-1.10	1.09	-1.28	1.27	-1.57	1.57	-1.86	1.87
216	-0.70	0.70	-0.98	0.98	-1.26	1.26	-1.54	1.54	-1.72	1.72	-1.91	1.90
248	-0.69	0.70	-0.96	0.96	-1.23	1.22	-1.49	1.48	-1.71	1.70	-1.93	1.93
280	-0.66	0.68	-0.90	0.90	-1.13	1.13	-1.37	1.35	-1.61	1.61	-1.85	1.86
312	-0.61	0.65	-0.83	0.85	-1.05	1.05	-1.27	1.25	-1.54	1.54	-1.81	1.82
344	-0.60	0.62	-0.82	0.83	-1.04	1.03	-1.25	1.23	-1.51	1.50	-1.77	1.77
376	-0.60	0.62	-0.80	0.82	-1.00	1.03	-1.20	1.23	-1.45	1.47	-1.70	1.70
408	-0.57	0.57	-0.77	0.76	-0.96	0.96	-1.15	1.16	-1.41	1.42	-1.66	1.68
440	-0.57	0.56	-0.76	0.76	-0.95	0.95	-1.13	1.14	-1.38	1.37	-1.62	1.61
472	-0.55	0.56	-0.74	0.75	-0.92	0.94	-1.11	1.13	-1.33	1.35	-1.55	1.57
504	-0.56	0.54	-0.74	0.73	-0.92	0.93	-1.10	1.12	-1.31	1.33	-1.51	1.54
536	-0.55	0.56	-0.74	0.75	-0.92	0.94	-1.10	1.12	-1.30	1.32	-1.50	1.51
568	-0.54	0.53	-0.71	0.72	-0.88	0.90	-1.04	1.09	-1.25	1.28	-1.46	1.46

从沿程流速变化比较，最大流速发生的位置较方案1向东略有偏移，流速也略有增大。当恒定流速为0.60m/s时，最大流速发生在185m左右，最大流速值约为0.73m/s，比方案1增大约0.01m/s；当恒定流速为1.20m/s时，最大流速发生在215m左右，最大流速值约为1.54m/s，比方案1增大约0.02m/s；当恒定流速为1.60m/s时，最大流速发生在250m左右，最大流速值约为1.93m/s，比方案1增大约0.01m/s。各种恒定流条件下，流速增幅均在2%以下，这种流速微小变化说明，E1管节施放会增强挑流作用，但挑流影响并不非常明显。

E1管节全部处于掩护体保护和回流区影响范围内，在E1管节沉放完成后，管节顶部最大流速仅为0.37m/s左右。

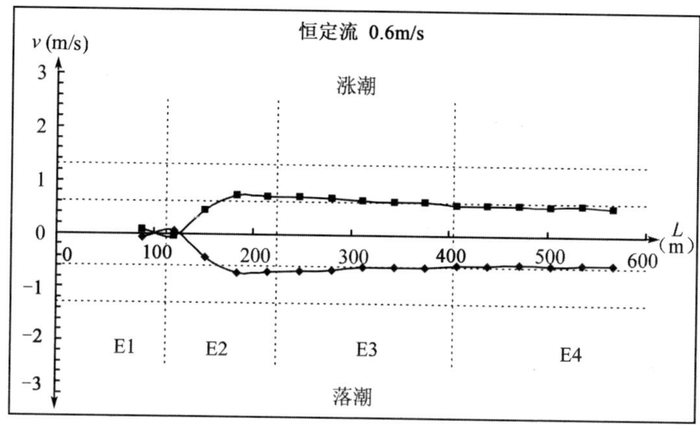

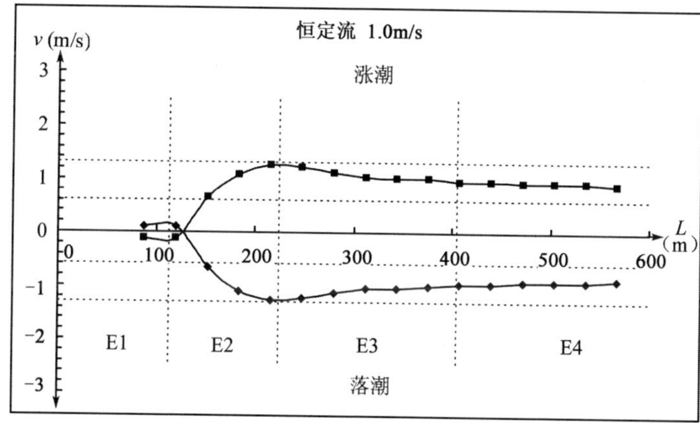

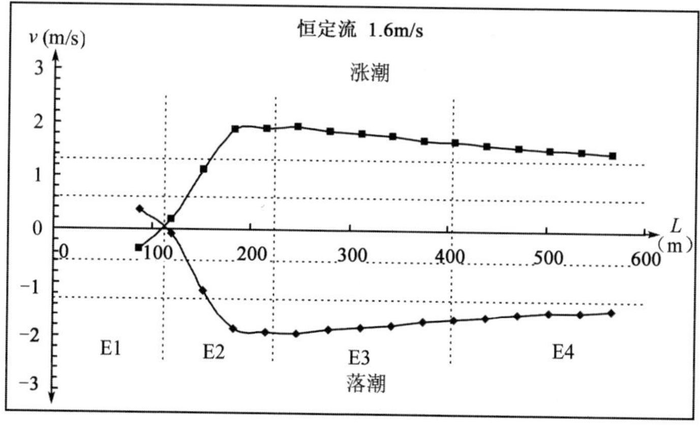

图 6-2-2　不同恒定流条件下隧道沉管区沿程流速分布图(方案 1 + E1)

2.2.3 方案1 + E1 + E2

方案1实施且施放E1和E2管节后,沿隧道沉管区不同恒定流条件下的流速变化如图6-2-3和表6-2-3所示。

不同恒定流条件下隧道沉管区沿程流速统计结果(方案1 + E1 + E2) 表6-2-3

测点位置(m)	0.60m/s		0.80m/s		1.00m/s		1.20m/s		1.40m/s		1.60m/s	
	落潮	涨潮	落潮	涨潮	落潮	涨潮	落潮	涨潮	落潮	涨潮	落潮	涨潮
88	0.17	-0.20	0.19	-0.21	0.22	-0.22	0.24	-0.22	0.35	-0.35	0.47	-0.47
120	-0.13	0.13	-0.27	0.27	-0.42	0.42	-0.56	0.56	-0.72	0.71	-0.87	0.87
152	-0.71	0.69	-0.96	0.96	-1.22	1.23	-1.48	1.51	-1.70	1.73	-1.92	1.95
184	-0.84	0.84	-1.19	1.18	-1.54	1.53	-1.89	1.87	-2.15	2.15	-2.42	2.43
216	-0.83	0.82	-1.19	1.18	-1.54	1.55	-1.90	1.91	-2.17	2.18	-2.44	2.44
248	-0.76	0.78	-1.02	1.04	-1.28	1.29	-1.54	1.54	-1.75	1.76	-1.97	1.98
280	-0.68	0.72	-0.93	0.96	-1.18	1.20	-1.43	1.43	-1.59	1.58	-1.76	1.74
312	-0.64	0.67	-0.88	0.89	-1.12	1.12	-1.37	1.34	-1.54	1.54	-1.71	1.73
344	-0.62	0.61	-0.83	0.83	-1.04	1.05	-1.25	1.27	-1.47	1.50	-1.69	1.72
376	-0.62	0.61	-0.81	0.81	-1.00	1.01	-1.19	1.21	-1.45	1.46	-1.71	1.70
408	-0.61	0.61	-0.79	0.79	-0.97	0.97	-1.15	1.15	-1.42	1.41	-1.69	1.67
440	-0.61	0.61	-0.79	0.79	-0.96	0.97	-1.14	1.16	-1.39	1.39	-1.65	1.62
472	-0.60	0.61	-0.78	0.79	-0.96	0.97	-1.14	1.15	-1.38	1.38	-1.62	1.60
504	-0.59	0.60	-0.76	0.77	-0.93	0.95	-1.11	1.12	-1.33	1.34	-1.56	1.56
536	-0.59	0.58	-0.76	0.75	-0.93	0.92	-1.10	1.10	-1.31	1.30	-1.53	1.51
568	-0.59	0.59	-0.75	0.75	-0.91	0.92	-1.07	1.09	-1.27	1.27	-1.46	1.45

从试验结果来看,最大流速发生的位置均在E2管节东侧。在恒定流速为0.60m/s时,最大流速发生在185m左右,最大流速值约为0.84m/s,比方案1 + E1管节增大约0.11m/s;在恒定流速为1.20m/s时,最大流速发生在215m左右,最大流速值约为1.90m/s,比方案1 + E1管节增大约0.36m/s;在恒定流速为1.60m/s时,最大流速发生在215m左右,最大流速值约为2.44m/s,比方案1增大约0.51m/s。这主要是掩护体和沉管共同挑流的作用,造成了E2管节尾部流速显著增大。但对未施放E3管节的槽区内,沿程流速与未施放E2管节前基本相同,说明E2管节施放对E3管节以下的槽内影响是不明显的。

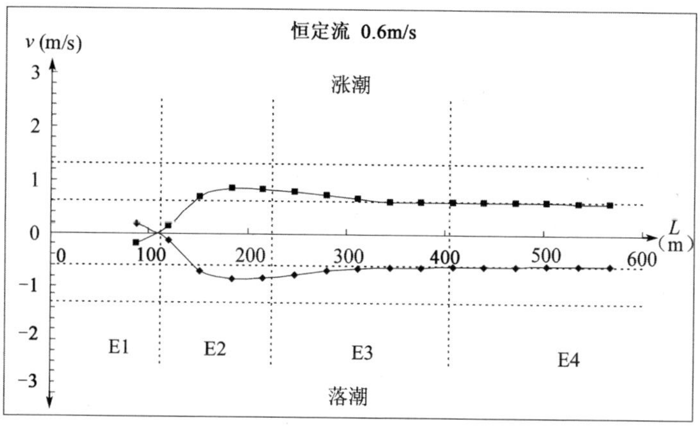

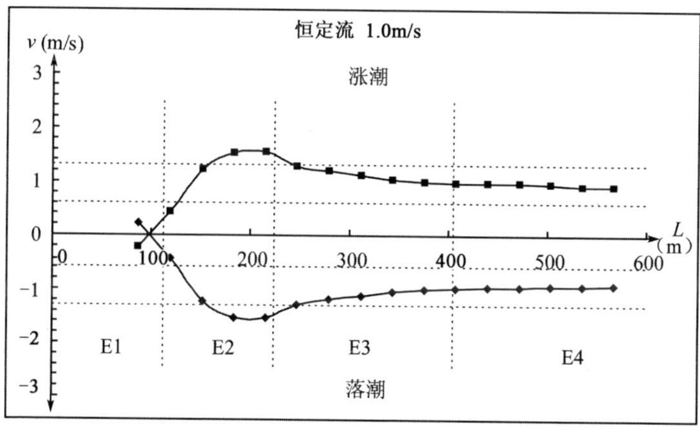

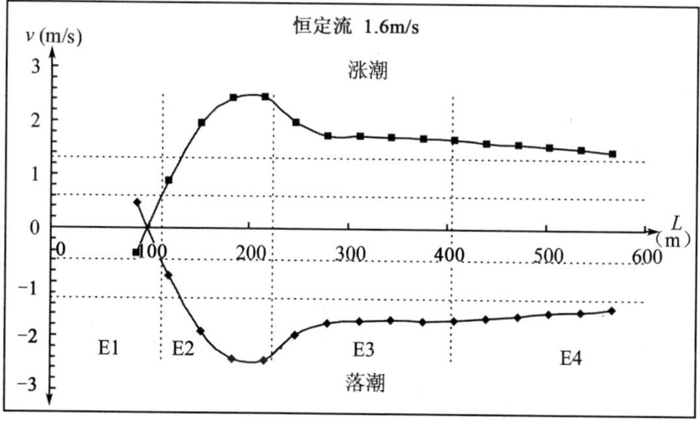

图 6-2-3　不同恒定流条件下隧道沉管区沿程流速分布图(方案 1 + E1、E2)

2.2.4 无掩护体 + E1

在施放完 E1 管节后拆除掩护体,沿隧道沉管区不同恒定流条件下的流速变化如图 6-2-4 和表 6-2-4 所示。

不同恒定流条件下隧道沉管区沿程流速统计结果(方案 0 + E1) 表 6-2-4

测点位置(m)	0.60m/s		0.80m/s		1.00m/s		1.20m/s		1.40m/s		1.60m/s	
	落潮	涨潮	落潮	涨潮	落潮	涨潮	落潮	涨潮	落潮	涨潮	落潮	涨潮
88	-0.77	0.77	-0.99	0.99	-1.20	1.20	-1.42	1.42	-1.59	1.59	-1.76	1.76
120	-0.47	0.47	-0.59	0.59	-0.70	0.71	-0.82	0.82	-0.93	0.93	-1.03	1.03
152	-0.65	0.67	-0.92	0.94	-1.19	1.20	-1.47	1.46	-1.61	1.60	-1.75	1.74
184	-0.63	0.62	-0.82	0.81	-1.01	0.99	-1.20	1.18	-1.38	1.38	-1.56	1.58
216	-0.57	0.59	-0.77	0.78	-0.97	0.98	-1.17	1.17	-1.40	1.40	-1.63	1.64
248	-0.57	0.58	-0.80	0.80	-1.02	1.02	-1.25	1.25	-1.44	1.43	-1.62	1.62
280	-0.62	0.64	-0.82	0.84	-1.03	1.04	-1.23	1.24	-1.42	1.42	-1.61	1.61
312	-0.60	0.60	-0.81	0.80	-1.01	1.00	-1.21	1.20	-1.41	1.41	-1.61	1.61
344	-0.56	0.57	-0.76	0.77	-0.97	0.96	-1.17	1.16	-1.39	1.38	-1.61	1.60
376	-0.57	0.60	-0.76	0.79	-0.96	0.97	-1.15	1.16	-1.38	1.38	-1.60	1.60
408	-0.55	0.55	-0.74	0.74	-0.93	0.93	-1.12	1.12	-1.36	1.35	-1.60	1.58
440	-0.57	0.62	-0.75	0.78	-0.92	0.95	-1.10	1.11	-1.33	1.34	-1.56	1.57
472	-0.59	0.61	-0.77	0.77	-0.95	0.93	-1.13	1.10	-1.34	1.32	-1.55	1.55
504	-0.57	0.57	-0.75	0.75	-0.93	0.93	-1.11	1.11	-1.33	1.31	-1.54	1.51
536	-0.59	0.59	-0.76	0.77	-0.93	0.94	-1.11	1.11	-1.31	1.31	-1.51	1.50
568	-0.54	0.56	-0.73	0.74	-0.91	0.93	-1.10	1.11	-1.29	1.30	-1.49	1.49

与方案 1 + E1 工况相比,主要变化集中在 E1 管节尾部和 E2 管节头部,其特征是:E1 管节前部流速增大;E2 管节头部流速减小并伴有环流出现;E2 管节中后部流速减小;E3 管节及以东槽内流速趋于不变。在恒定流速分别为 0.60m/s、1.20m/s 和 1.60m/s 时,E1 管节尾部流速分别为 0.77m/s、1.42m/s 和 1.76m/s,与无掩护体条件下,人工岛挑流造成的最大流速位置是相同的,由于 E1 管节施放改变该区水深后有挑流,但作用不是很明显,所以最大流速位置并没有改变,只是流速较没有沉管时会有所增大。

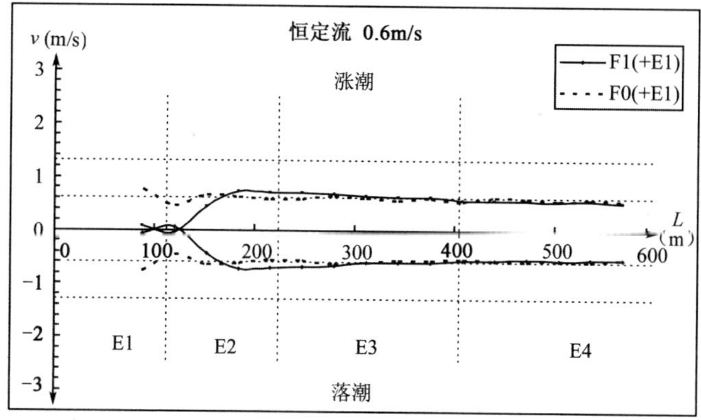

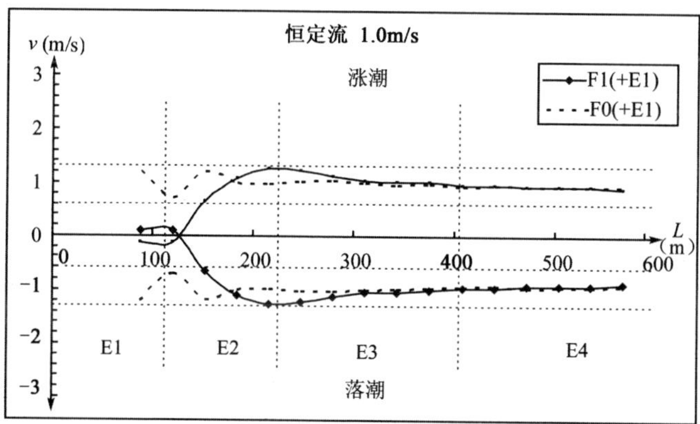

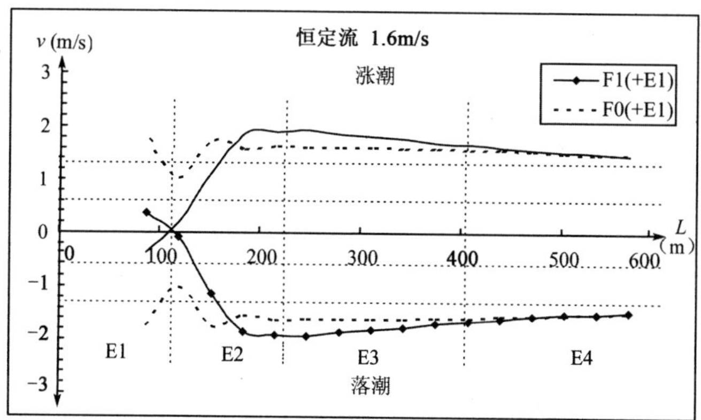

图 6-2-4 不同恒定流条件下隧道沉管区沿程流速分布图（方案 0 + E1）

2.2.5 无掩护体 + E1 + E2

在施放完 E1 和 E2 管节后拆除掩护体，沿隧道沉管区不同恒定流条件下的流速变化如图 6-2-5 和表 6-2-5 所示。

不同恒定流条件下隧道沉管区沿程流速统计结果(方案 0 + E1、E2)　　表 6-2-5

测点位置(m)	0.60m/s		0.80m/s		1.00m/s		1.20m/s		1.40m/s		1.60m/s	
	落潮	涨潮	落潮	涨潮	落潮	涨潮	落潮	涨潮	落潮	涨潮	落潮	涨潮
88	-0.78	0.77	-1.00	0.99	-1.21	1.22	-1.42	1.44	-1.60	1.61	-1.77	1.77
120	-0.82	0.83	-1.18	1.19	-1.54	1.55	-1.90	1.90	-2.03	2.04	-2.15	2.18
152	-0.82	0.82	-1.18	1.18	-1.54	1.54	-1.90	1.90	-2.14	2.15	-2.38	2.40
184	-0.79	0.81	-1.12	1.12	-1.46	1.44	-1.79	1.76	-2.09	2.08	-2.38	2.39
216	-0.74	0.75	-1.03	1.04	-1.32	1.33	-1.61	1.61	-1.89	1.92	-2.18	2.22
248	-0.62	0.64	-0.87	0.89	-1.12	1.14	-1.37	1.39	-1.60	1.62	-1.83	1.85
280	-0.59	0.60	-0.81	0.82	-1.03	1.04	-1.24	1.27	-1.51	1.54	-1.78	1.81
312	-0.59	0.58	-0.80	0.80	-1.01	1.02	-1.22	1.23	-1.47	1.48	-1.73	1.72
344	-0.58	0.58	-0.77	0.79	-0.97	1.00	-1.17	1.20	-1.42	1.44	-1.68	1.68
376	-0.57	0.56	-0.77	0.77	-0.96	0.98	-1.16	1.18	-1.40	1.43	-1.63	1.67
408	-0.55	0.56	-0.76	0.77	-0.97	0.98	-1.17	1.18	-1.38	1.38	-1.59	1.58
440	-0.57	0.56	-0.77	0.77	-0.97	0.97	-1.17	1.18	-1.38	1.40	-1.60	1.63
472	-0.56	0.56	-0.76	0.77	-0.97	0.97	-1.17	1.17	-1.37	1.38	-1.57	1.59
504	-0.56	0.56	-0.77	0.76	-0.98	0.97	-1.18	1.17	-1.34	1.36	-1.50	1.55
536	-0.56	0.55	-0.76	0.75	-0.96	0.96	-1.15	1.16	-1.30	1.31	-1.45	1.45
568	-0.54	0.56	-0.74	0.76	-0.94	0.95	-1.14	1.15	-1.28	1.30	-1.43	1.45

与方案 1 + E1 + E2 工况相比，只是在 E2 管节中前部水域，管节顶部流速明显增大，也是最大流速发生的位置，而沿程流速变化，E3 管节槽内略有降低，E3 管节中部及以东槽区流速基本呈不变趋势。在恒定流速分别为 0.60m/s、1.20m/s和 1.60m/s 时，E1 管节东侧顶部流速分别为 0.78m/s、1.44m/s 和 1.77m/s；最大流速发生的位置分别在 135m、150m 和 165m 左右，对应的最大流速分别为 0.83m/s、1.90m/s 和 2.40m/s，比有掩护时最大流速发生位置向西偏移 50m 左右，最大流速也减小 0.01 ~0.04m/s。

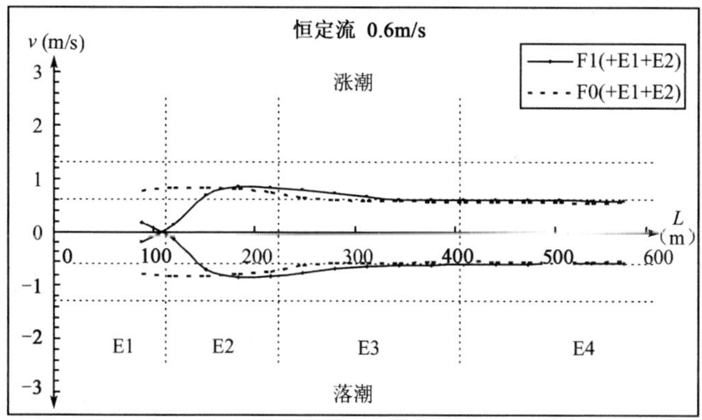

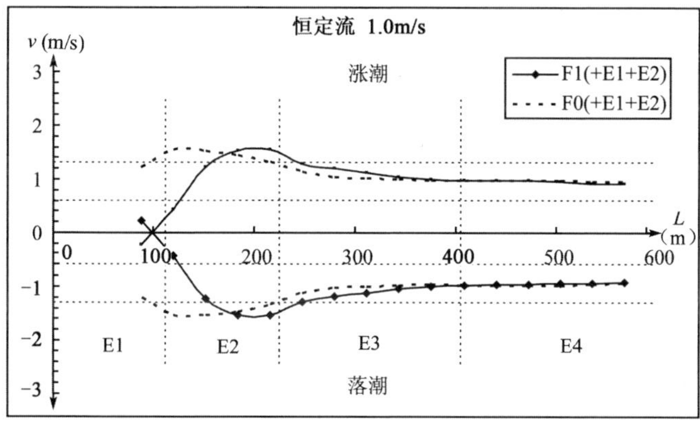

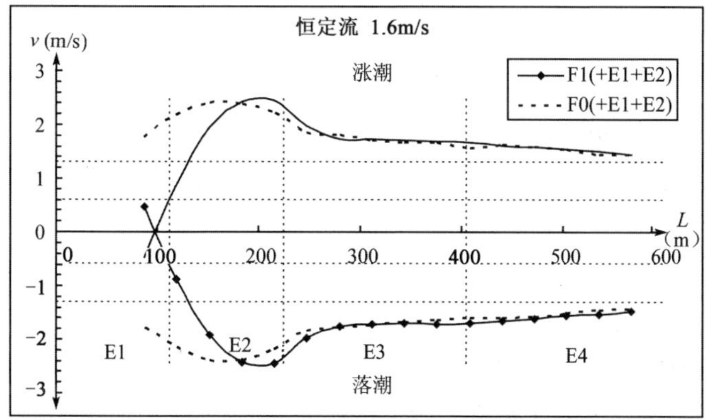

图6-2-5　不同恒定流条件下隧道沉管区沿程流速分布图（方案0＋E1、E2）

2.2.6 无掩护体 + E1 + E2 + E3

在E1、E2和E3管节沉放完成后,沿隧道沉管区不同恒定流条件下的流速变化如图6-2-6和表6-2-6所示。

不同恒定流条件下隧道沉管区沿程流速统计结果(方案0 + E1 ~ E3)

表6-2-6

测点位置(m)	0.60m/s		0.80m/s		1.00m/s		1.20m/s		1.40m/s		1.60m/s	
	落潮	涨潮	落潮	涨潮	落潮	涨潮	落潮	涨潮	落潮	涨潮	落潮	涨潮
88	-0.63	0.67	-0.90	0.95	-1.16	1.23	-1.43	1.51	-1.58	1.63	-1.73	1.74
120	-0.86	0.87	-1.17	1.18	-1.48	1.48	-1.79	1.78	-1.91	1.96	-2.03	2.13
152	-0.85	0.87	-1.19	1.20	-1.53	1.54	-1.87	1.87	-2.10	2.10	-2.32	2.32
184	-0.76	0.79	-1.09	1.12	-1.43	1.44	-1.76	1.76	-2.04	2.04	-2.32	2.32
216	-0.76	0.79	-1.07	1.07	-1.38	1.36	-1.69	1.64	-1.97	1.95	-2.24	2.26
248	-0.71	0.73	-0.98	1.02	-1.25	1.30	-1.52	1.59	-1.81	1.87	-2.11	2.14
280	-0.68	0.70	-0.94	0.96	-1.20	1.21	-1.46	1.47	-1.76	1.77	-2.06	2.08
312	-0.62	0.62	-0.87	0.89	-1.11	1.15	-1.36	1.42	-1.66	1.72	-1.95	2.01
344	-0.59	0.59	-0.85	0.86	-1.12	1.13	-1.39	1.40	-1.63	1.65	-1.88	1.91
376	-0.58	0.60	-0.83	0.86	-1.09	1.11	-1.34	1.37	-1.55	1.59	-1.75	1.81
408	-0.56	0.60	-0.81	0.85	-1.07	1.10	-1.33	1.35	-1.51	1.52	-1.70	1.69
440	-0.58	0.60	-0.79	0.81	-1.01	1.02	-1.22	1.24	-1.39	1.43	-1.57	1.61
472	-0.57	0.59	-0.77	0.81	-0.98	1.02	-1.18	1.24	-1.33	1.41	-1.47	1.59
504	-0.58	0.58	-0.77	0.80	-0.96	1.02	-1.15	1.24	-1.31	1.39	-1.47	1.54
536	-0.57	0.58	-0.76	0.78	-0.96	0.99	-1.15	1.20	-1.30	1.32	-1.44	1.45
568	-0.54	0.58	-0.73	0.78	-0.92	0.97	-1.11	1.17	-1.27	1.30	-1.42	1.43

与无掩护体 + E1 + E2工况相比,除E2管节水域流速有所增大外,其他水域的流速分布和流速大小基本不变。在恒定流速分别为0.60m/s、1.20m/s和1.60m/s时,最大流速发生在120 ~ 150m之间,对应的最大流速分别为0.87m/s、1.87m/s和2.32m/s。

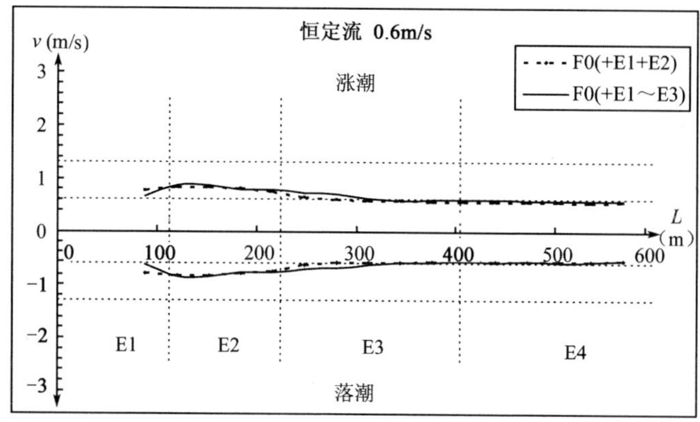

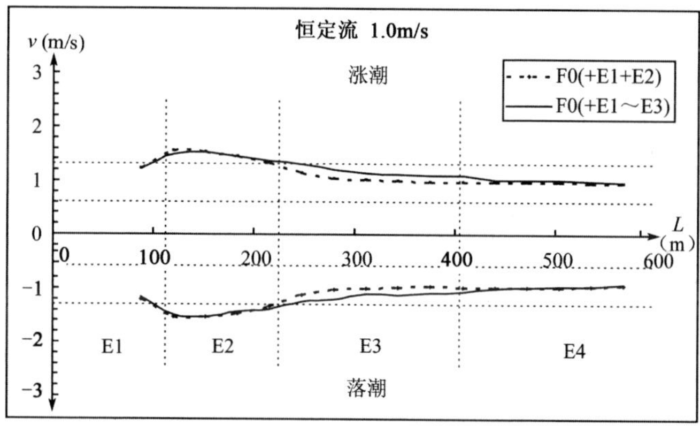

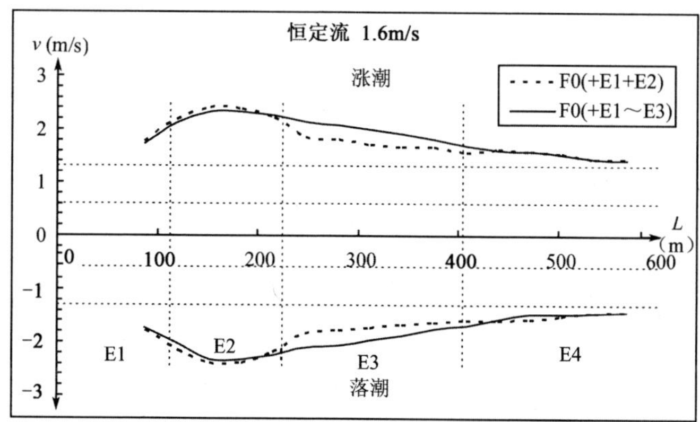

图 6-2-6　不同恒定流条件下隧道沉管区沿程流速分布图(方案 0 + E1 ~ E3)

2.3 综合对比分析

在恒定流作用下,不同工况最大流速及管节顶部最大流速发生的位置和流速变化如表 6-2-7 和表 6-2-8 所示。

由对比可见,在实施方案 1 和施放 E1 管节两种工况下,E1 管节区临近管节顶部最大流速都不会超过 0.60m/s。在 E2 管节区,无论何种工况,都是最大流速出现的水域,临近管节顶部流速最大值可达 2.44m/s,然后向两侧逐渐减小。其中:在方案 1 和 E1、E2 管节组合时,并选取与现场实测最大流速比较接近的 1.20m/s流速作用下,E1、E2 和 E3 管节区临近管节顶部最大流速分别在 0.24 ~ 0.34m/s、1.52 ~ 1.91m/s 和 1.49 ~ 1.54m/s 之间变化;拆除掩护体后,E1、E2 和 E3 管节区临近管节顶部最大流速分别在 1.42 ~ 1.51m/s、1.47 ~ 1.90m/s 和 1.25 ~ 1.59m/s 之间变化。两者相比,无掩护体与有掩护体流速变化,其规律是 E1 管节区流速增大,流速增加最大值可达 1.27m/s,E3 管节区流速减小,流速减小最大值约为 0.15m/s。这种流速变化可充分体现了方案 1 对 E1 管节区良好的掩护作用,掩护工程方案是合理的。另外,在 E1 和 E2 管节沉放完成后,拆除掩护体,会使 E3 管节区流速减小,对 E3 管节施放有利,这也是拆除掩护体的最佳时机。

在不同工况下最大流速发生的位置,方案 1 会使最大流速发生的位置向东偏移,最大偏移距离为 100m 左右;各管节施放对最大流速所产生的偏移距离,不会超过 35m。由此可见,方案 1 对隧道区流速分布会产生明显作用,具有良好的掩护效果,而各管节施放则影响不大。

恒定流作用下最大流速发生位置统计结果(m) 表 6-2-7

工　况	0.6m/s	0.8m/s	1.0m/s	1.2m/s	1.4m/s	1.6m/s
方案 1	185	215	215	215	250	250
方案 1 + E1	185	215	215	215	250	250
方案 1 + E1、E2	185	200	215	215	215	215
方案 0 + E1	88	88	88	150	150	150
方案 0 + E1、E2	120	120	120	135	150	150
方案 0 + E1 ~ E3	120	135	150	150	150	165

恒定流作用下不同管节区临近管节顶部最大流速对比结果(m/s) 表6-2-8

工 况	水域	0.6m/s	0.8m/s	1.0m/s	1.2m/s	1.4m/s	1.6m/s
方案1	E1	0.08	0.16	0.25	0.34	0.35	0.36
	E2	0.72	0.98	1.25	1.52	1.71	1.90
	E3	0.69	0.96	1.23	1.50	1.71	1.92
方案1+E1	E1	0.08	0.03	0.13	0.24	0.30	0.37
	E2	0.73	0.98	1.26	1.54	1.72	1.91
	E3	0.70	0.96	1.23	1.49	1.71	1.93
方案1+E1、E2	E1	0.20	0.21	0.22	0.24	0.35	0.47
	E2	0.84	1.19	1.55	1.91	2.18	2.44
	E3	0.78	1.04	1.29	1.54	1.76	1.98
方案0+E1	E1	0.77	0.99	1.20	1.42	1.59	1.76
	E2	0.67	0.94	1.20	1.47	1.61	1.75
	E3	0.64	0.84	1.04	1.25	1.44	1.62
方案0+E1、E2	E1	0.78	1.00	1.22	1.44	1.61	1.77
	E2	0.83	1.19	1.55	1.90	2.15	2.40
	E3	0.64	0.89	1.14	1.39	1.62	1.85
方案0+E1~E3	E1	0.67	0.95	1.23	1.51	1.63	1.74
	E2	0.87	1.20	1.54	1.87	2.10	2.32
	E3	0.73	1.02	1.30	1.59	1.87	2.14

3 潮流方案试验

3.1 试验基本条件

3.1.1 试验潮型

根据潮流试验任务要求,本模型选取枯季大潮作为代表潮型进行试验。

3.1.2 试验内容

潮流试验内容主要有两部分,第一是研究人工岛实施后,隧道开挖和方案1情况下,槽内外平面和垂向流速分布变化,第二是研究方案1和各沉管施放组合下,沿槽内流速分布及历时变化。

3.1.3 测点布置

针对第一部分研究内容,沿隧道开挖槽布置4条断面,每条断面布置3个测点,分别布置在槽内及槽外南北两侧(图6-3-1);针对第二部分研究内容,沿隧道开挖槽中轴线布置7个测点(图6-3-4)。

各测点沿垂线上的位置采取3点法,在槽外南、北两侧分别选取水面下2m、底部上2m及中层位置,在开挖槽内分别选择水面下2m、6m及10m水深处。

3.2 流速平面分布试验结果分析

3.2.1 人工岛方案

西人工岛实施完成后,在东、西岛头两侧,因人工岛挑流的影响,水流会发生偏转,岛头附近流速会明显增大。其中,各层流速变化,表层和中层差异不大,底层明显减小(表6-3-1和图6-3-1),两者相比,表层流速仅是中层流速的1.03倍,是底层流速的1.27倍。而各层流向变化基本相同,主要表现是靠近人工岛,流向偏转角大,远离人工岛,流向偏转角小。落潮时,南侧存在环流,环流长度约

130m，隧道区槽内环流长度约110m；涨潮时，北侧存在环流，环流长度约90m，隧道区槽内环流长度约80m。

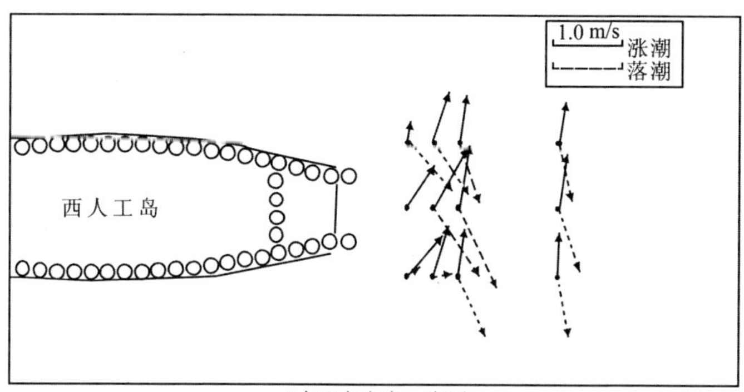

a)人工岛方案，表层

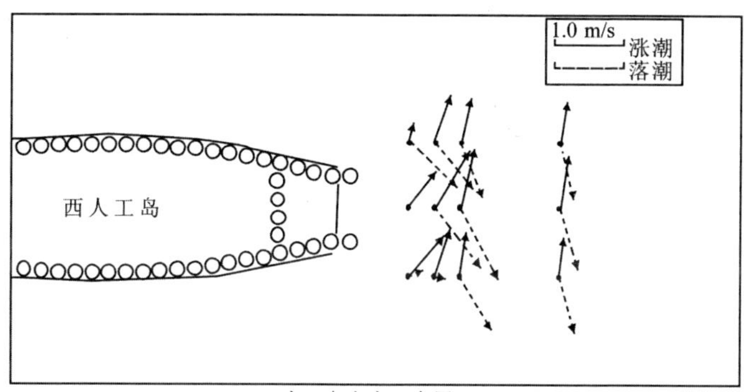

b)人工岛方案，中层

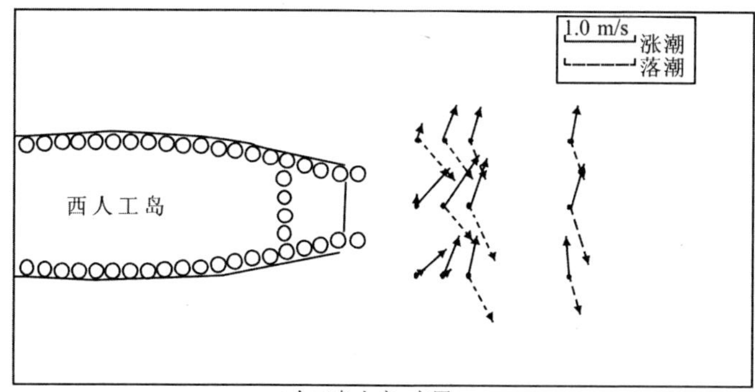

c)人工岛方案，底层

图6-3-1　人工岛东侧潮流矢量图

人工岛东侧分层流速和流向统计结果(人工岛方案)　　表6-3-1

测层	测点位置(m)	槽外北侧				槽内中线				槽外南侧			
		落潮		涨潮		落潮		涨潮		落潮		涨潮	
		流速(m/s)	流向(°)	流速(m/s)	流向(°)	流速(m/s)	流向(°)	流速(m/s)	流向(°)	流速(m/s)	流向(°)	流速(m/s)	流向(°)
表层	85	0.96	137	0.30	8	0.13	27	0.72	33	0.31	58	0.78	45
	120	0.92	145	0.73	20	1.18	143	1.02	30	0.21	82	0.76	20
	170	0.92	161	0.65	12	1.26	153	0.92	11	0.95	155	0.67	10
	325	0.85	167	0.59	10	0.93	160	0.81	9	0.86	169	0.61	3
中层	85	0.94	133	0.27	14	0.05	23	0.67	37	0.22	63	0.76	41
	120	0.88	142	0.68	21	1.08	141	0.96	31	0.12	83	0.71	20
	170	0.87	158	0.63	14	1.15	152	0.88	13	0.90	150	0.61	7
	325	0.84	166	0.57	11	0.89	164	0.78	9	0.82	165	0.57	5
底层	85	0.80	140	0.20	25	0.08	14	0.68	41	0.07	68	0.55	50
	120	0.74	145	0.48	23	0.65	139	0.86	35	0.06	82	0.54	23
	170	0.65	159	0.45	22	0.86	154	0.70	21	0.75	151	0.51	13
	325	0.63	164	0.44	13	0.83	160	0.64	18	0.58	164	0.49	358

3.2.2　方案0(开槽方案)

隧道开槽后，在槽外南、北两侧，中、表层流速与人工岛方案相比变化不大，在靠近人工岛附近的底层流速，则受到开挖槽两侧护坡的影响，流速会有所变化，但由于该区是位于人工岛主要挑流区内，所以槽外流速变化仅在厘米级，基本不会对槽外流速产生影响。分层流速矢量图变化如图6-3-2所示，分层流速流向统计结果如表6-3-2所示。

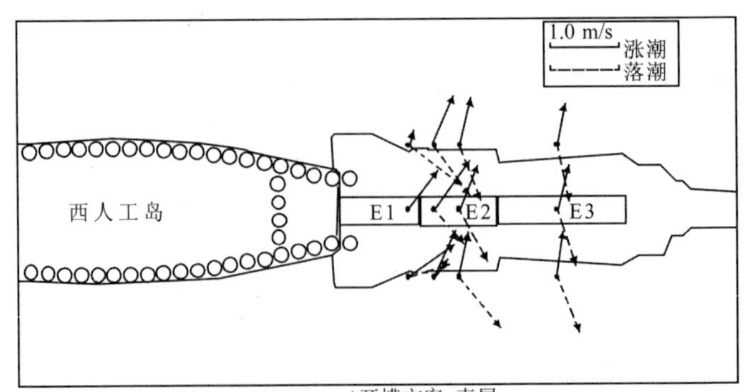

a)开槽方案，表层

图　6-3-2

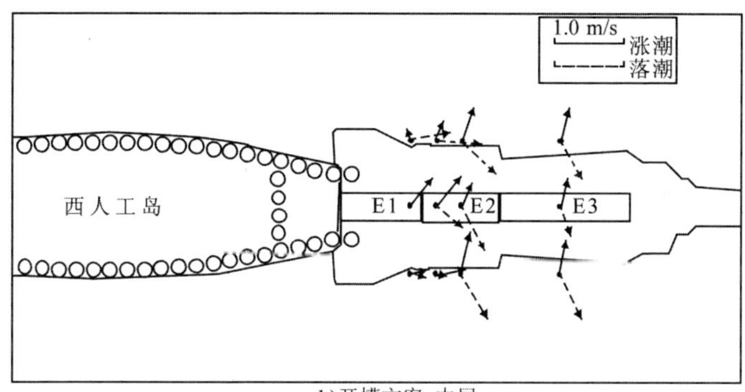

b)开槽方案，中层

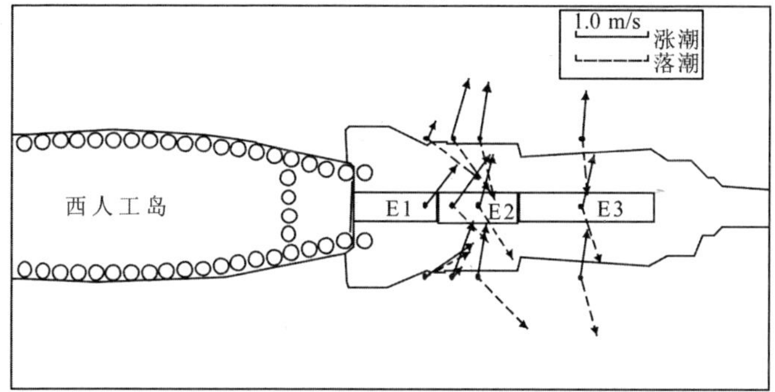

c)开槽方案，底层

图 6-3-2 人工岛东侧潮流矢量图

在开挖槽内，受水深增大的影响，各层流速均有所减小，开槽前流速是开槽后流速的 1.04 ~ 1.16 倍，平均流速减幅 10% 左右。

人工岛东侧分层流速和流向统计结果（开槽方案） 表 6-3-2

测层	测点位置（m）	槽外北侧				槽内中线				槽外南侧			
		落潮		涨潮		落潮		涨潮		落潮		涨潮	
		流速（m/s）	流向（°）	流速（m/s）	流向（°）	流速（m/s）	流向（°）	流速（m/s）	流向（°）	流速（m/s）	流向（°）	流速（m/s）	流向（°）
表层	85	1.02	129	0.25	27	0.02	19	0.75	40	0.73	66	0.83	38
	120	0.97	146	0.83	18	0.74	135	0.91	38	0.22	58	0.80	24
	170	0.92	166	0.73	10	0.90	145	0.75	21	1.05	137	0.70	10
	325	0.86	173	0.62	8	0.86	160	0.72	15	0.87	164	0.65	10
中层	85	0.97	126	0.20	19	0.08	17	0.68	41	0.63	73	0.79	40
	120	0.92	145	0.75	23	0.65	136	0.86	40	0.36	42	0.74	26
	170	0.89	159	0.67	16	0.86	150	0.70	23	0.95	141	0.65	13
	325	0.85	167	0.58	13	0.83	161	0.64	16	0.86	158	0.59	10

续上表

测层	测点位置(m)	槽外北侧				槽内中线				槽外南侧			
		落潮		涨潮		落潮		涨潮		落潮		涨潮	
		流速(m/s)	流向(°)	流速(m/s)	流向(°)	流速(m/s)	流向(°)	流速(m/s)	流向(°)	流速(m/s)	流向(°)	流速(m/s)	流向(°)
底层	85	0.60	124	0.05	337	0.04	10	0.52	41	0.27	83	0.27	45
	120	0.68	146	0.26	28	0.53	131	0.58	41	0.08	108	0.46	34
	170	0.74	156	0.46	23	0.76	151	0.36	23	0.78	147	0.55	16
	325	0.69	163	0.46	18	0.47	163	0.40	18	0.71	154	0.45	12

3.2.3 方案1

方案1实施后，在槽外南、北两侧和槽内流速的变化，见图6-3-3和表6-3-3。在人工岛、开槽和方案1组合情况下，槽外南、北两侧流速有所增大，特别是靠近掩护体附近流速增幅最大，然后向东逐渐减小。其中：落潮时，在北侧掩护体附近，表、中、底层平均流速值分别为1.38m/s、1.31m/s和0.96m/s，比开槽方案增加0.34~0.36m/s，流向向东偏转约10°；涨潮时，南侧掩护体附近，表、中、底层平均流速值分别为1.09m/s、1.00m/s和0.46m/s，比开槽方案增加0.20~0.26m/s，流向向东偏转约8°。在槽内中线上，E1管节处于环流区之内，该区流速明显减小，涨、落潮平均流速一般不足0.10m/s，随着掩护体影响作用的减弱，沿程流速流向减幅值逐渐减小，至E3管节时将基本不变。

人工岛东侧分层流速和流向统计结果(方案1)　　表6-3-3

测层	测点位置(m)	槽外北侧				槽内中线				槽外南侧			
		落潮		涨潮		落潮		涨潮		落潮		涨潮	
		流速(m/s)	流向(°)	流速(m/s)	流向(°)	流速(m/s)	流向(°)	流速(m/s)	流向(°)	流速(m/s)	流向(°)	流速(m/s)	流向(°)
表层	85	1.38	119	0.17	77	0.02	221	0.01	184	0.10	133	1.09	46
	120	1.27	140	0.26	58	0.00	104	0.12	46	0.16	128	0.96	28
	170	1.12	156	0.83	34	0.27	137	0.84	31	0.19	137	0.80	16
	325	1.03	163	0.68	18	0.93	167	0.76	21	0.97	154	0.71	12
中层	85	1.31	114	0.08	139	0.02	264	0.01	188	0.07	128	1.00	45
	120	1.17	135	0.05	143	0.10	75	0.10	44	0.06	77	0.84	33
	170	1.05	153	0.75	32	0.26	136	0.80	29	0.10	141	0.73	15
	325	0.96	160	0.64	21	0.90	164	0.66	20	0.88	153	0.61	13

续上表

测层	测点位置（m）	槽外北侧				槽内中线				槽外南侧			
		落潮		涨潮		落潮		涨潮		落潮		涨潮	
		流速（m/s）	流向（°）	流速（m/s）	流向（°）	流速（m/s）	流向（°）	流速（m/s）	流向（°）	流速（m/s）	流向（°）	流速（m/s）	流向（°）
底层	85	0.96	119	0.06	136	0.01	200	0.04	180	0.01	173	0.46	48
	120	0.92	140	0.08	128	0.04	83	0.11	42	0.07	58	0.76	35
	170	0.83	156	0.47	34	0.24	171	0.67	29	0.03	147	0.64	16
	325	0.73	163	0.52	18	0.71	171	0.48	20	0.58	164	0.48	16

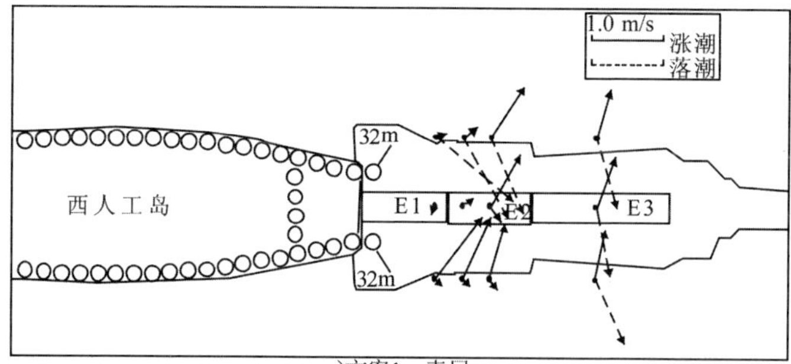

a）方案1，表层

b）方案1，中层

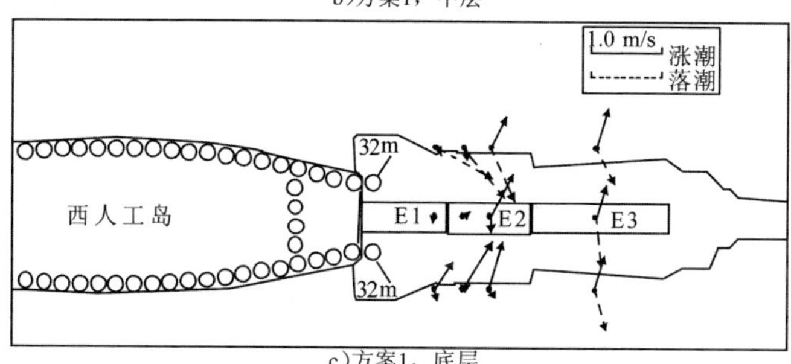

c）方案1，底层

图 6-3-3　人工岛东侧潮流矢量图

3.3 槽内沿程流速分布试验结果分析

3.3.1 方案0(开槽方案)

方案0完成后,沿隧道开挖槽内平均流速和最大流速变化,如图6-3-4和表6-3-4所示。

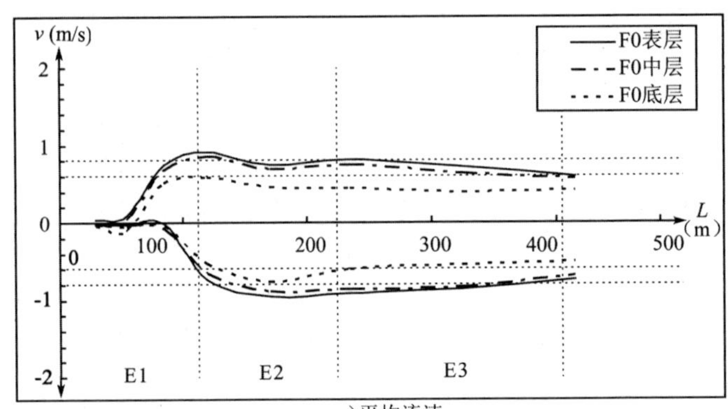

a)平均流速

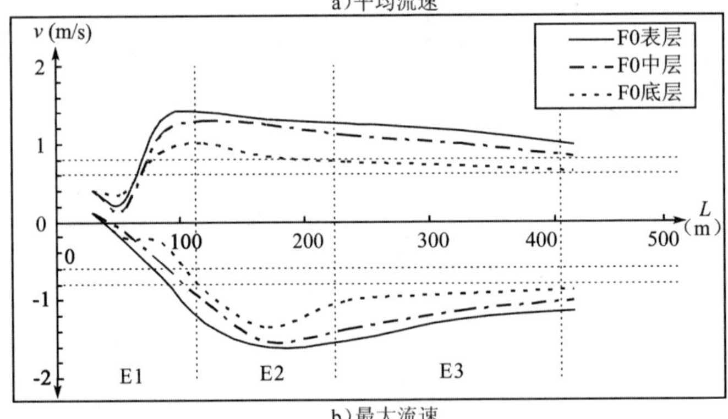

b)最大流速

图6-3-4 枯季大潮开挖槽内流速沿程分布

沿程流速分布变化 表6-3-4

测点位置(m)	表层				中层				底层			
	平均流速(m/s)		最大流速(m/s)		平均流速(m/s)		最大流速(m/s)		平均流速(m/s)		最大流速(m/s)	
	落潮	涨潮	落潮	涨潮	落潮	涨潮	落潮	涨潮	落潮	涨潮	落潮	涨潮
30	0.03	0.04	0.12	0.40	0.03	0.04	0.12	0.40	0.03	0.04	0.12	0.40
55	0.03	0.10	0.24	0.27	0.03	0.04	0.11	0.15	0.05	0.11	0.20	0.37

续上表

测点位置(m)	表层				中层				底层			
	平均流速(m/s)		最大流速(m/s)		平均流速(m/s)		最大流速(m/s)		平均流速(m/s)		最大流速(m/s)	
	落潮	涨潮	落潮	涨潮	落潮	涨潮	落潮	涨潮	落潮	涨潮	落潮	涨潮
85	0.02	0.75	0.70	1.30	0.08	0.68	0.53	1.10	0.04	0.52	0.26	0.89
120	0.74	0.91	1.30	1.41	0.65	0.86	1.03	1.29	0.53	0.58	0.89	1.01
170	0.95	0.75	1.60	1.31	0.89	0.70	1.54	1.24	0.76	0.46	1.35	0.84
235	0.91	0.81	1.52	1.26	0.86	0.75	1.38	1.10	0.60	0.45	1.01	0.76
325	0.86	0.72	1.26	1.16	0.83	0.64	1.15	0.99	0.55	0.40	0.93	0.71
415	0.74	0.60	1.15	0.98	0.68	0.57	1.01	0.84	0.50	0.42	0.88	0.64

由图和表中结果可见，涨潮最大流速发生的位置在120m左右，平均流速约为0.91m/s，最大流速约为1.41m/s；落潮最大流速发生的位置在170m左右，平均流速约为0.95m/s，最大流速约为1.60m/s。在E1管节尾部，涨潮平均流速也会超过0.6m/s，对E1管节施放和E1、E2管节对接施工都是不利的。

涨、落潮历时变化，图6-3-5给出了大潮逐时流速过程线，表6-3-5给出了不同位置小于0.6m/s和小于0.8m/s的潮流历时。其中：

方案0各区段潮流历时统计结果(单位：h)　　表6-3-5

水域	潮段	枯季大潮		
		涨潮	落潮	合计
E1尾部	<0.6m/s	5.4	11.4	16.8
	<0.8m/s	8.2	12.0	20.2
E2头部	<0.6m/s	2.3	5.7	8.0
	<0.8m/s	4.2	7.1	11.3
E2中部	<0.6m/s	3.8	4.3	8.1
	<0.8m/s	6.0	4.9	10.9
E2尾部	<0.6m/s	5.5	5.4	10.9
	<0.8m/s	8.1	7.3	15.4
E3头部	<0.6m/s	5.5	5.4	10.9
	<0.8m/s	8.1	7.3	15.4
E3中部	<0.6m/s	6.5	6.0	12.5
	<0.8m/s	8.9	7.7	16.6
E3尾部	<0.6m/s	7.9	6.6	14.5
	<0.8m/s	11.2	8.5	19.7

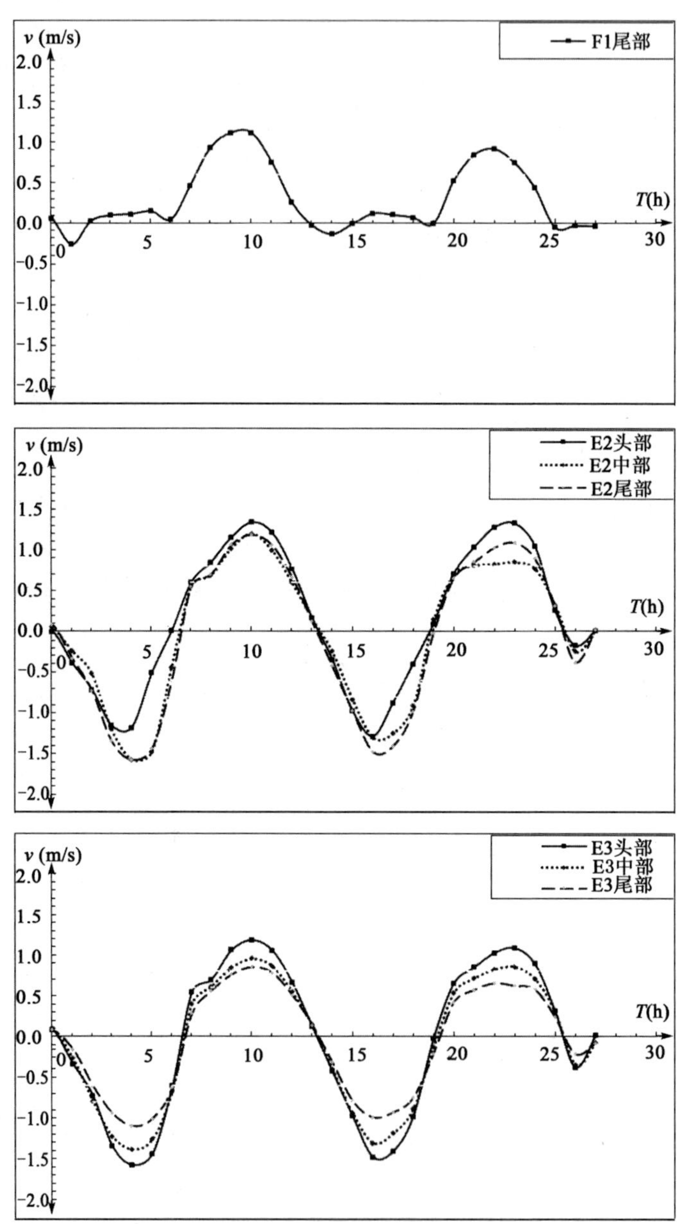

图 6-3-5　不同管节枯季大潮流速过程线

在 E1 管节尾部，落潮过程流速都小于 0.6m/s，涨潮过程流速小于 0.6m/s 和 0.8m/s 的总历时分别为 5.4h 和 8.2h，无法满足“E1 管节控制流速小于

0.6m/s”的施工要求。

在E2管节头部，控制流速小于0.6m/s和0.8m/s的涨潮总历时分别为2.3h和4.2h，落潮总历时分别为5.7h和7.1h。

在E3管节头部，控制流速小于0.6m/s和0.8m/s的涨潮总历时分别为5.5h和8.1h，落潮总历时分别为5.4h和7.3h。在E3管节尾部，控制流速小于0.6m/s和0.8m/s的涨潮总历时分别为7.9h和11.2h，落潮总历时分别为6.6h和8.5h。

3.3.2 方案1

方案1实施后，沿隧道开挖槽内平均流速和最大流速变化，如图6-3-6和表6-3-6所示。

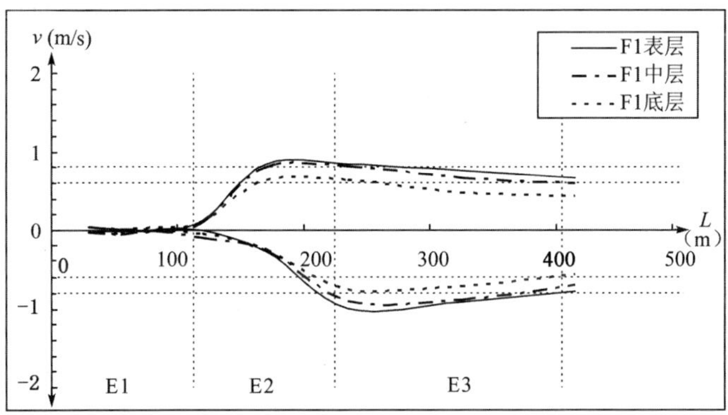

a）平均流速

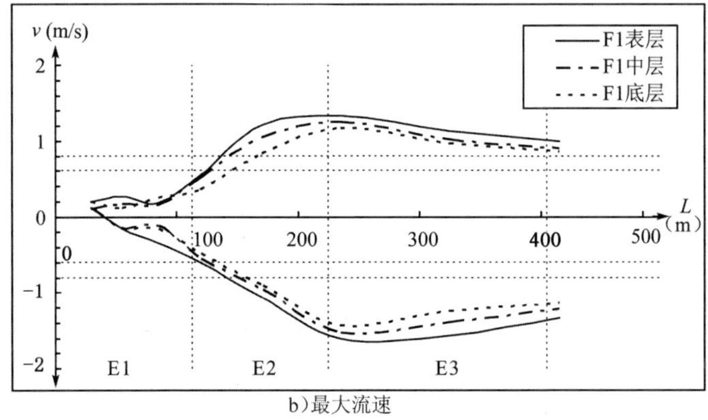

b）最大流速

图6-3-6　枯季大潮开挖槽内流速沿程分布

沿程流速分布变化 表 6-3-6

测点位置(m)	表层				中层				底层			
	平均流速(m/s)		最大流速(m/s)		平均流速(m/s)		最大流速(m/s)		平均流速(m/s)		最大流速(m/s)	
	落潮	涨潮	落潮	涨潮	落潮	涨潮	落潮	涨潮	落潮	涨潮	落潮	涨潮
30	0.03	0.04	0.12	0.20	0.03	0.04	0.12	0.10	0.03	0.04	0.12	0.20
55	0.02	0.02	0.16	0.27	0.05	0.02	0.14	0.17	0.04	0.02	0.14	0.12
85	0.02	0.01	0.34	0.18	0.02	0.01	0.12	0.16	0.01	0.04	0.15	0.25
120	0.00	0.12	0.60	0.55	0.10	0.10	0.55	0.51	0.04	0.11	0.48	0.36
170	0.27	0.84	1.06	1.21	0.26	0.80	0.95	1.05	0.24	0.64	0.90	0.83
235	0.99	0.85	1.60	1.33	0.90	0.81	1.53	1.26	0.75	0.64	1.43	1.17
325	0.91	0.76	1.57	1.13	0.88	0.66	1.39	1.02	0.71	0.48	1.24	0.97
415	0.77	0.66	1.33	0.99	0.70	0.60	1.22	0.90	0.56	0.44	1.13	0.86

由图和表中结果可见,涨潮最大流速发生的位置在 195m 左右,平均流速约为 0.85m/s,最大流速约为 1.33m/s;落潮最大流速发生的位置在 240m 左右,平均流速约为 0.99m/s,最大流速约为 1.70m/s。

结果表明,采用方案 1 的掩护,对 E1 管节水域产生了明显效果,涨、落潮最大流速都在 0.6m/s 以下,涨、落潮最大流速的位置,分别处在 E2 管节中部至 E3 管节头部,有利于 E1 和 E2 管节对接施工。

涨、落潮历时变化,图 6-3-7 给出了大潮逐时流速过程线,表 6-3-7 给出了不同位置小于 0.6m/s 和小于 0.8m/s 的潮流历时。其中:

方案 1 各区段潮流历时统计结果(单位:h) 表 6-3-7

水域	潮段	枯季大潮		
		涨潮	落潮	合计
E1 尾部	<0.6m/s	13.0	12.0	25.0
	<0.8m/s	13.0	12.0	25.0
E2 头部	<0.6m/s	11.7	12.0	23.7
	<0.8m/s	13.0	12.0	25.0
E2 中部	<0.6m/s	11.5	6.6	18.1
	<0.8m/s	13.0	12.0	25.0
E2 尾部	<0.6m/s	5.1	5.1	10.2
	<0.8m/s	7.5	6.7	14.2

续上表

水　　域	潮　　段	枯季大潮		
		涨　潮	落　潮	合　计
E3 头部	<0.6m/s	5.1	5.1	10.2
	<0.8m/s	7.5	6.7	14.2
E3 中部	<0.6m/s	5.3	5.4	10.7
	<0.8m/s	7.9	6.9	14.8
E3 尾部	<0.6m/s	5.6	5.6	11.2
	<0.8m/s	8.2	7.2	15.4

在 E1 管节水域，无论涨潮还是落潮，整个时段内流速都小于 0.6m/s，完全达到“E1 管节控制流速小于 0.6m/s”的施工要求。

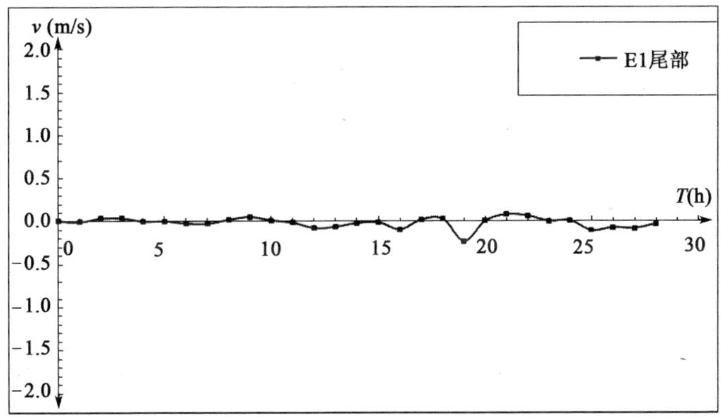

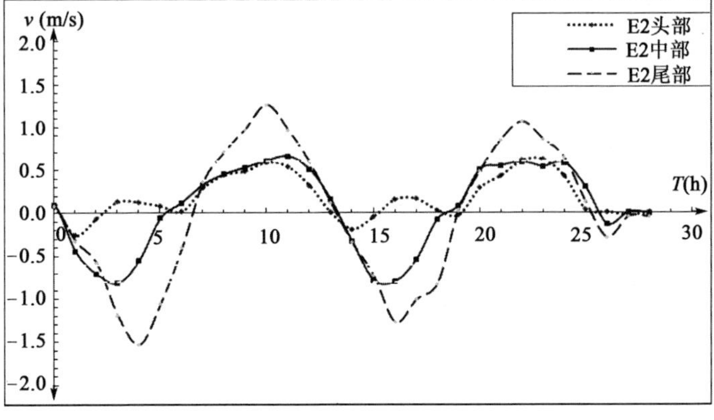

图　6-3-7

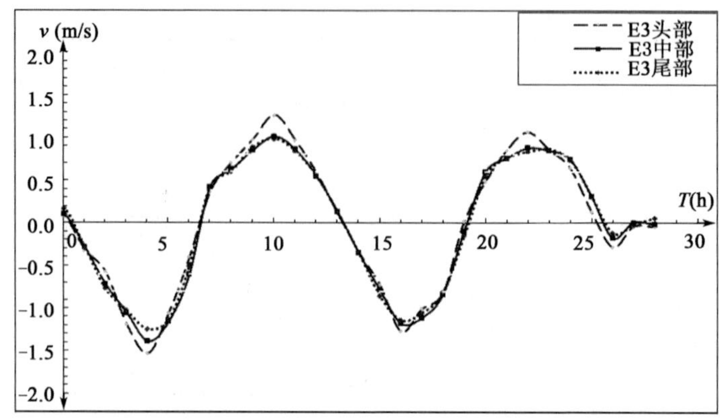

图 6-3-7　不同管节枯季大潮流速过程线

在 E2 管节头部,落潮全时段流速小于 0.6m/s,涨潮则有 11.7h 流速小于0.6m/s。

在 E3 管节头部,小于 0.6m/s 的涨、落潮总历时分别为 5.1h 和 5.1h,小于 0.8m/s 的涨、落潮总历时分别为 7.5h 和 6.7h。

3.3.3　方案 1 + E1

在方案 1 基础上,施放 E1 管节完成后,沿隧道开挖槽内平均流速和最大流速变化,如图 6-3-8 和表 6-3-8 所示。

沿程流速分布变化　　表 6-3-8

测点位置(m)	表层				中层				底层			
	平均流速(m/s)		最大流速(m/s)		平均流速(m/s)		最大流速(m/s)		平均流速(m/s)		最大流速(m/s)	
	落潮	涨潮	落潮	涨潮	落潮	涨潮	落潮	涨潮	落潮	涨潮	落潮	涨潮
120	0.14	0.22	0.60	0.55	0.10	0.10	0.55	0.51	0.08	0.06	0.48	0.36
170	0.33	0.84	1.06	1.21	0.28	0.80	0.95	1.05	0.24	0.64	0.90	0.86
235	1.00	0.85	1.60	1.33	0.90	0.81	1.53	1.26	0.75	0.64	1.43	1.16
325	0.91	0.76	1.57	1.13	0.88	0.70	1.39	1.07	0.72	0.55	1.24	0.97
415	0.77	0.66	1.33	0.99	0.70	0.60	1.22	0.90	0.56	0.44	1.13	0.81

由图和表中结果可见,E1 管节的施放并没有改变 E2 和 E3 管节水域的流速分布,仅在 E2 管节头部,因受 E1 管节挑流的影响,局部出现了环流,环流最大范围约为 15m。

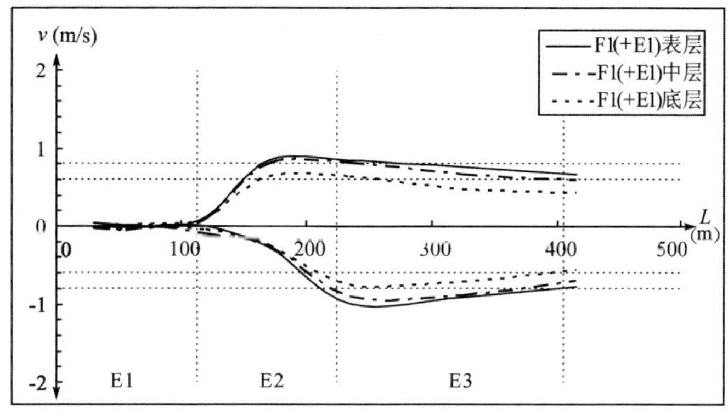

a）平均流速

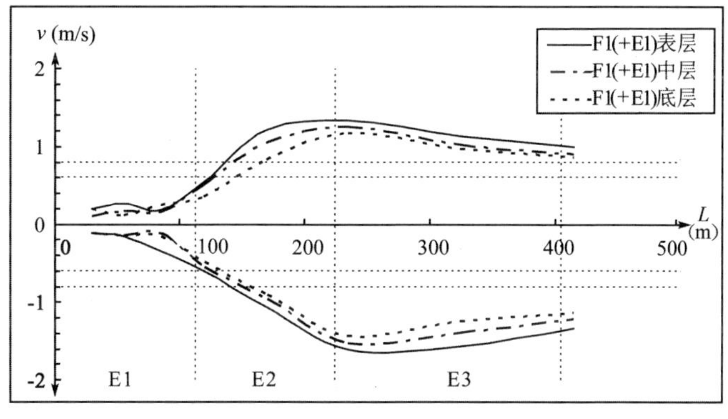

b）最大流速

图6-3-8　枯季大潮开挖槽内流速沿程分布

方案1掩护体工程不仅对E1管节水域起到了很好的掩护效果，在E1管节施放完成后，对E2管节头部也依然会有保护作用，最大流速一般都在0.6m/s以下，对E2管节与E1管节对接施工也是有益的，见表6-3-9。

与此同时，E1管节施放完成后，也不会改变E2和E3管节水域的潮流过程（图6-3-9）。

在E2管节头部，涨、落潮全时段流速也均小于0.6m/s，在E2管节中部小于0.6m/s的涨、落潮流速总历时分别为11.5h和6.6h，在E2管节尾部小于0.6m/s的涨、落潮流速总历时分别为5.0h和5.1h，小于0.8m/s的涨、落潮流速总历时分别为7.4h和6.7h。

在E3管节头部，小于0.6m/s的涨、落潮总历时均为5.1h，小于0.8m/s的涨、落潮总历时分别为7.5h和6.7h。

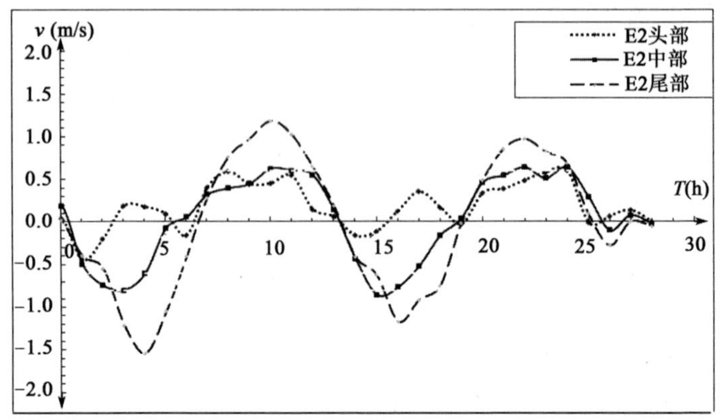

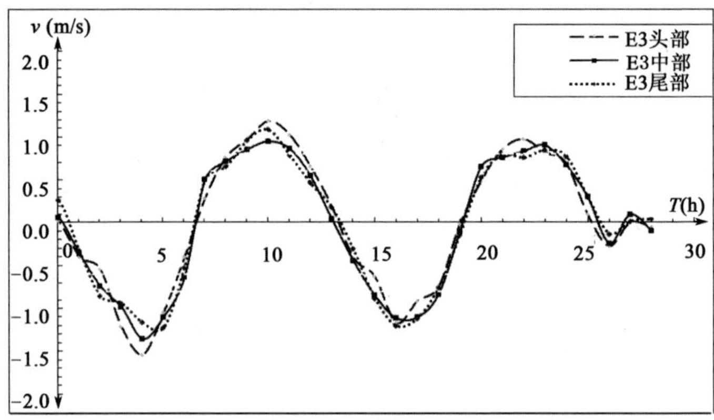

图 6-3-9　不同管节枯季大潮流速过程线

方案 1 + E1 各区段潮流历时统计结果(单位:h)　　表 6-3-9

水　域	潮　段	枯季大潮		
		涨　潮	落　潮	合　计
E2 头部	<0.6m/s	13.0	12.0	25.0
	<0.8m/s	13.0	12.0	25.0
E2 中部	<0.6m/s	11.5	6.6	18.1
	<0.8m/s	13.0	12.0	25.0
E2 尾部	<0.6m/s	5.0	5.1	10.1
	<0.8m/s	7.4	6.7	14.1
E3 头部	<0.6m/s	5.1	5.1	10.2
	<0.8m/s	7.5	6.7	14.2

续上表

水　　域	潮　　段	枯季大潮		
		涨　潮	落　潮	合　计
E3 中部	<0.6m/s	5.3	5.4	10.7
	<0.8m/s	7.9	6.9	14.8
E3 尾部	<0.6m/s	5.6	5.6	11.2
	<0.8m/s	8.2	7.2	15.4

4.3.4　方案1＋E1＋E2

在方案1＋E1基础上，E2管节施放完成后，沿隧道开挖槽内平均流速和最大流速变化，如图6-3-10和表6-3-10所示。

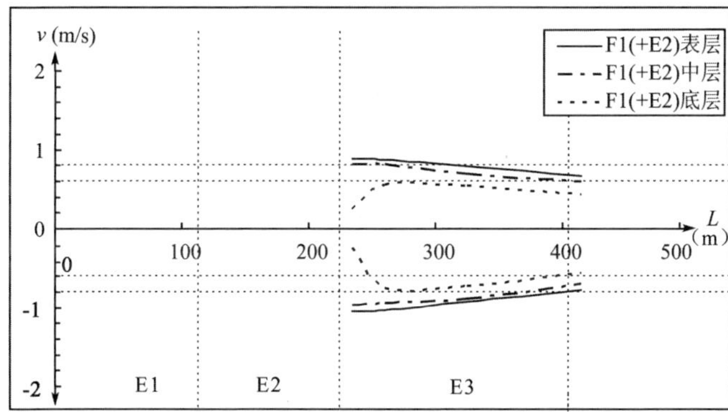

a）平均流速

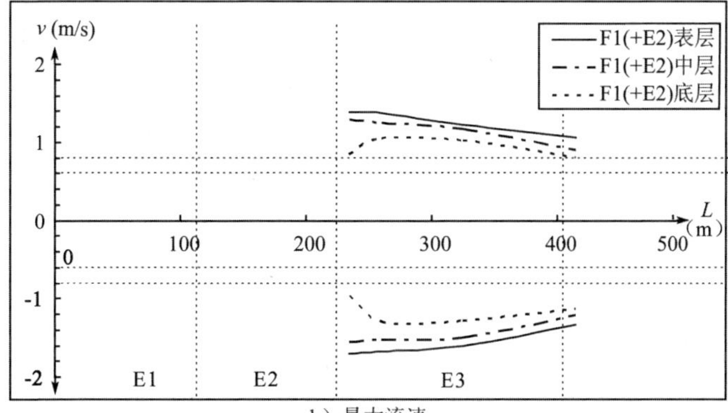

b）最大流速

图6-3-10　枯季大潮开挖槽内流速沿程分布

E2 管节尾部处于掩护区的边缘，E2 管节虽然也会起到一定的阻水挑流作用，但由于 E2 管节顶部高程低于掩护体和海床面高程，工程后挑流的影响远不如掩护体的作用，因此，对 E3 管节水域的流速也不会造成太大的影响，涨、落潮最大流速发生的位置与方案 1 基本相同，平均流速略有增大，其值约为 0.04 ~ 0.05m/s，最大流速也仅增大 0.10m/s 左右。而且，沿垂线上流速分布，表层和中层略有增大，底层略有减小。

沿程流速分布变化 表 6-3-10

测点位置(m)	表层				中层				底层			
	平均流速(m/s)		最大流速(m/s)		平均流速(m/s)		最大流速(m/s)		平均流速(m/s)		最大流速(m/s)	
	落潮	涨潮	落潮	涨潮	落潮	涨潮	落潮	涨潮	落潮	涨潮	落潮	涨潮
235	1.05	0.89	1.70	1.39	0.97	0.81	1.55	1.29	0.25	0.24	0.97	0.85
260	1.04	0.87	1.68	1.37	0.94	0.81	1.53	1.26	0.75	0.56	1.30	1.05
325	0.93	0.79	1.61	1.23	0.88	0.70	1.50	1.17	0.72	0.55	1.28	1.02
415	0.77	0.66	1.33	1.06	0.70	0.60	1.22	0.90	0.56	0.44	1.13	0.81

在 E2 管节施放完成后，仅在 E3 管节头部流速略有变化，其他水域的潮流过程基本不变(图 6-3-11)。其中：在 E3 管节头部，小于 0.6m/s 的涨、落潮总历时分别为 4.7h 和 4.6h，比方案 1 + E1 减少 0.5h 左右，小于 0.8m/s 的涨、落潮总历时分别为 7.3h 和 6.3h，比方案 1 + E1 减少 0.4h 左右(表 6-3-11)。

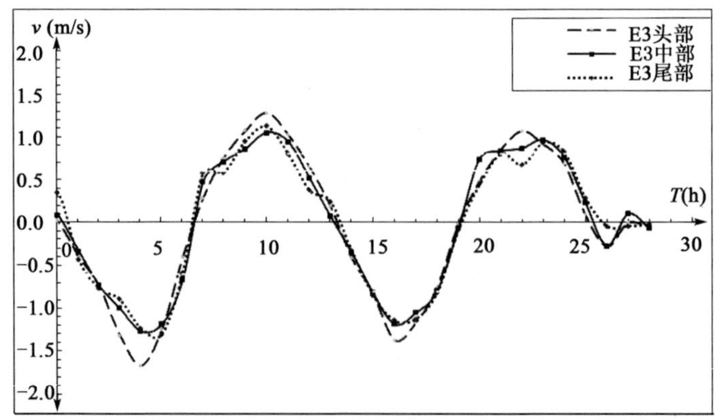

图 6-3-11 E3 管节枯季大潮流速过程线

方案 1 + E1 + E2 各区段潮流历时统计表(单位:h)　　表 6-3-11

水　域	潮　段	枯季大潮		
		涨　潮	落　潮	合　计
E3 头部	<0.6m/s	4.7	4.6	9.3
	<0.8m/s	7.3	6.3	13.6
E3 中部	<0.6m/s	5.3	5.3	10.6
	<0.8m/s	7.8	6.9	14.7
E3 尾部	<0.6m/s	5.6	5.6	11.2
	<0.8m/s	8.1	7.2	15.3

4.3.5　无堤 + E1 + E2

拆除掩护体和 E1、E2 管节沉放完成后,E3 管节水域涨落潮流速均有减小,特别是靠近 E2 管节尾部,流速减幅较大,涨落潮减幅值介于 0.09 ~ 0.15m/s 之间,至 E3 管节尾部时,流速减幅值仅介于 0.01 ~ 0.03m/s 之间,说明 E1、E2 管节施放完成后,拆除掩护体,会降低 E3 管节水域的流速,对 E3 管节施放为有利,见表 6-3-12、图 6-3-12。

沿程流速分布变化　　表 6-3-12

测点位置(m)	表层				中层				底层			
	平均流速(m/s)		最大流速(m/s)		平均流速(m/s)		最大流速(m/s)		平均流速(m/s)		最大流速(m/s)	
	落潮	涨潮	落潮	涨潮	落潮	涨潮	落潮	涨潮	落潮	涨潮	落潮	涨潮
230	0.91	0.74	1.55	1.20	0.88	0.72	1.51	1.16	0.13	0.16	0.55	0.46
260	0.87	0.73	1.54	1.18	0.86	0.71	1.49	1.15	0.71	0.59	1.24	0.95
290	0.86	0.72	1.48	1.16	0.84	0.70	1.44	1.13	0.70	0.58	1.19	0.93
325	0.84	0.68	1.42	1.10	0.82	0.66	1.38	1.07	0.68	0.55	1.15	0.89
355	0.80	0.65	1.30	0.99	0.78	0.63	1.26	0.96	0.65	0.52	1.05	0.80
385	0.74	0.62	1.25	0.93	0.71	0.60	1.22	0.91	0.60	0.49	1.01	0.75
415	0.72	0.60	1.19	0.88	0.69	0.57	1.15	0.86	0.53	0.43	0.96	0.71

而涨落潮历时变化,在 E3 管节头部,小于 0.6m/s 的涨、落潮总历时均为 5.4h,小于 0.8m/s 的涨、落潮总历时分别为 7.9h 和 7.1h,比方案 0 减少 0.2h 左右,比方案 1 增加 0.7h 左右。在 E3 管节尾部,小于 0.6m/s 的涨、落潮总历时分别为 7.8h 和 6.5h,小于 0.8m/s 的涨、落潮总历时分别为 10.7h 和 8.5h,比方案 0 减少 0.5h 左右,比方案 1 增加 2.6h 左右(表 6-3-13、图 6-3-13)。

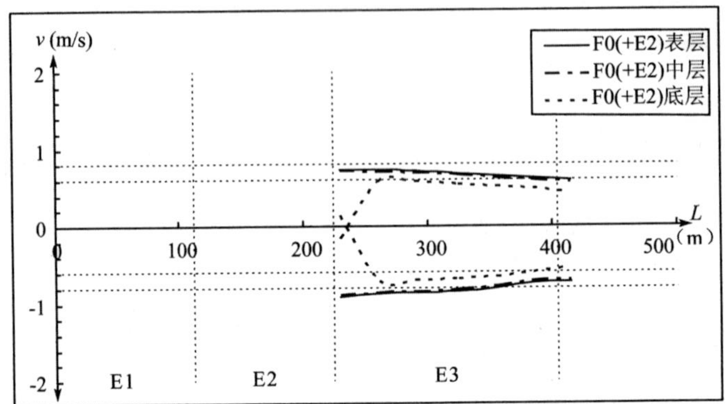

a)平均流速

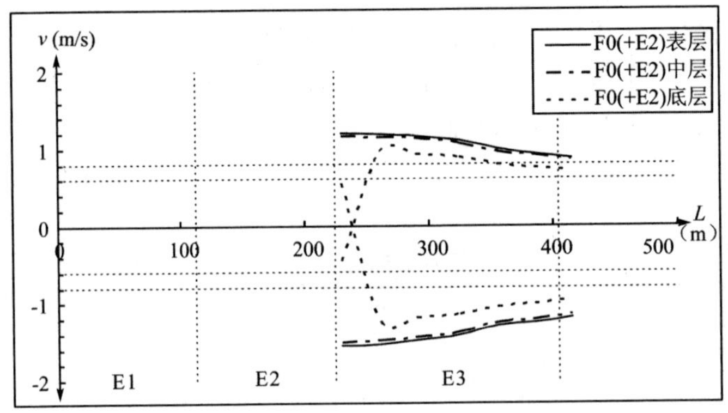

b)最大流速

图 6-3-12　枯季大潮开挖槽内流速沿程分布

方案 0 + E1 + E2 各区段潮流历时统计结果(单位:h)　　表 6-3-13

水　域	潮　段	枯季大潮		
		涨　潮	落　潮	合　计
E3 头部	<0.6m/s	5.4	5.4	10.8
	<0.8m/s	7.9	7.1	15.0
E3 中部	<0.6m/s	6.3	5.8	12.1
	<0.8m/s	8.5	7.4	15.9
E3 尾部	<0.6m/s	7.8	6.5	14.3
	<0.8m/s	10.7	8.5	19.2

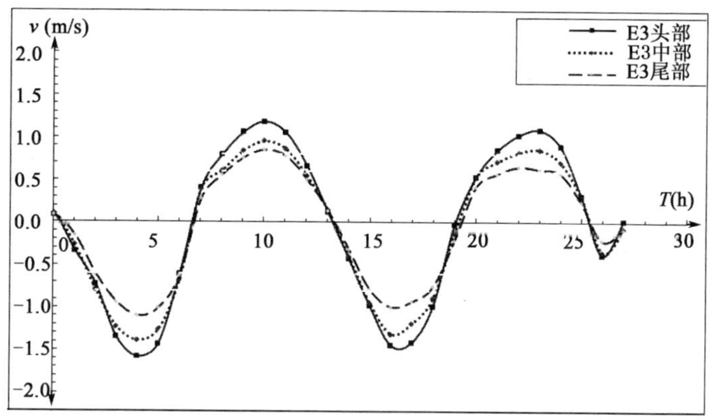

图 6-3-13　E3 管节水域枯季大潮流速过程线

3.4　综合对比分析

西人工岛实施完成后，在东、西岛头两侧，因人工岛阻水挑流的影响，水流会发生偏转，岛头附近流速会明显增大，沿垂线上流速分布，表层是中层的 1.03 倍，是底层的 1.27 倍。

隧道开槽后，在槽外南、北两侧，流速沿平面和垂线分布与人工岛方案基本相同，而在开挖槽内，受水深增大的影响，各层流速均有所减小，开槽前流速约是开槽后流速的 1.04～1.16 倍，平均流速减幅 10% 左右。可见，开槽对流速影响是有限的，基本不会对槽外水域产生影响。

方案 1 实施后，槽外南、北两侧流速有所增大，增幅由掩护体附近向东逐渐减小，流向向东偏转。在槽内中线上，E1 管节处于环流区之内，该区流速明显减小，涨、落潮平均流速一般不足 0.10m/s，随着掩护体影响作用的减弱，沿程流速减幅值也逐渐减小，至 E3 管节时将呈基本不变趋势。

在枯季大潮条件下，不同工况表层平均流速、最大流速以及小于 0.6m/s 涨、落潮历时变化见表 6-3-14。方案 0 时，E1 管节区涨潮平均流速和落潮最大流速均超过 0.6m/s，不满足施工要求；方案 1 实施后，E1 管节区水流环境得到较大改善，最大流速均在 0.60m/s 以下，掩护效果良好，可以满足大潮条件下的全天候作业；在方案 1 并施放 E1、E2 管节后，因两个管节施工的影响非常有限，平均流速增减值仅为 0.05m/s 左右，最大流速增减值也不会超过 0.10m/s，小于 0.6m/s的涨、落潮历时增减值为 0.5h 左右，差异都不大；施放 E1、E2 管节后拆除掩护体，并随掩护体阻水挑流作用的消失，沿程流速变化更趋于均匀分布，E3

管节区流速减小，小于0.6m/s的涨落潮历时增加，对E3管节施放有利。

不同工况下分区流速和历时对比结果（m/s）　　表6-3-14

工　况	水域	平均流速		最大流速				<0.6m/s最短历时	
		落潮	涨潮	落潮	位置	涨潮	位置	落潮	涨潮
方案0	E1	0.03	0.75	0.70		1.30		12.0	5.4
	E2	0.95	0.91	1.60	170	1.41	120	4.3	2.3
	E3	0.91	0.81	1.52		1.26		5.4	5.5
方案1	E1	0.03	0.04	0.34		0.27		12.0	13.0
	E2	0.90	0.84	1.40		1.21		5.1	5.1
	E3	0.99	0.85	1.60	235	1.33	235	5.1	5.1
方案1+E1	E1								
	E2	0.91	0.84	1.42		1.21		5.1	5.0
	E3	1.00	0.85	1.60	235	1.33	235	5.1	5.1
方案1+E1、E2	E1								
	E2								
	E3	1.05	0.89	1.70	235	1.39	235	4.6	4.7
方案0+E1、E2	E1								
	E2								
	E3	0.91	0.74	1.55	235	1.20	235	5.4	5.4

方案1实施后，涨、落潮最大流速发生的位置比方案0分别向东偏移65m和115m，方案1及E1、E2管节施放后最大流速发生的位置基本不变。因此说明，掩护体是形成最大流速位置改变的主因，各管节施放对最大流速发生的位置影响不大。

4　边坡稳定试验

4.1　试验工况及边界

4.1.1　试验方案

根据设计要求,需要考虑下列两种工况下的边坡稳定。

(1)工况1:E1管节沉放完成后,两侧回填,管顶不回填、E2安装前,掩护体方案存在条件下,E2和E3管节槽区边坡稳定及变化特征。

(2)工况2:E1和E2管节沉放完成后,两侧回填,顶部不回填,E3安装前,拆除掩护体条件下,E3管节槽区边坡稳定及变化特征。

4.1.2　动床底沙及边坡铺设情况

在隧道开挖槽以外动床区,采用中值粒径为0.4mm的模型沙进行铺设,在隧道开挖槽内和边坡上是依据设计提出的碎石粒级和级配的要求,选取中值粒径为4~8mm的模型沙,按筛分通过率进行配比混合后,进行隧道开挖槽底床和两侧边坡的铺设。

4.1.3　测量断面布置

为了反映不同方案实施后,海床和开挖槽两侧边坡的稳定,针对工况1,在动床区布置了6条水深断面,针对工况2,在动床区布置了4条水深断面,各断面位置如图6-4-1、图6-4-2所示。

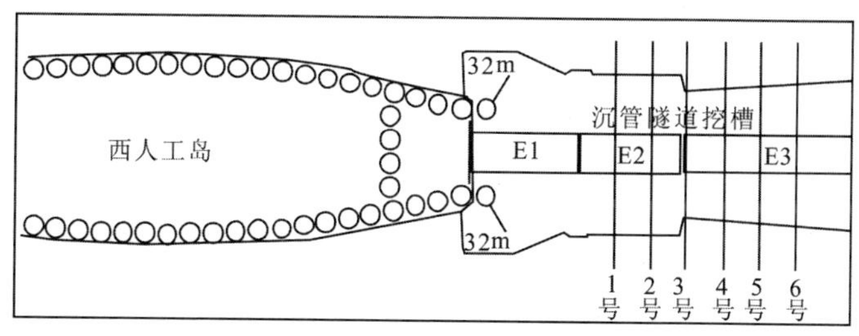

图6-4-1　工况1测量断面布置

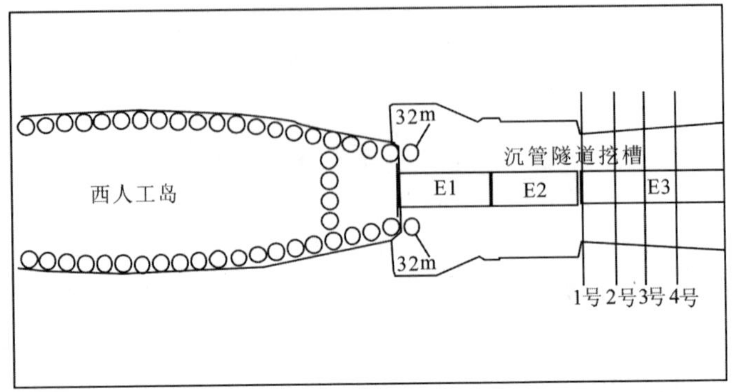

图 6-4-2　工况 2 测量断面布置

4.2　E2 管节边坡稳定性试验

E1 沉管施放完成后，本模型共进行了相当于原型 20 天的 E2、E3 管节基槽边坡稳定性试验，地形结果如图 6-4-3 所示。

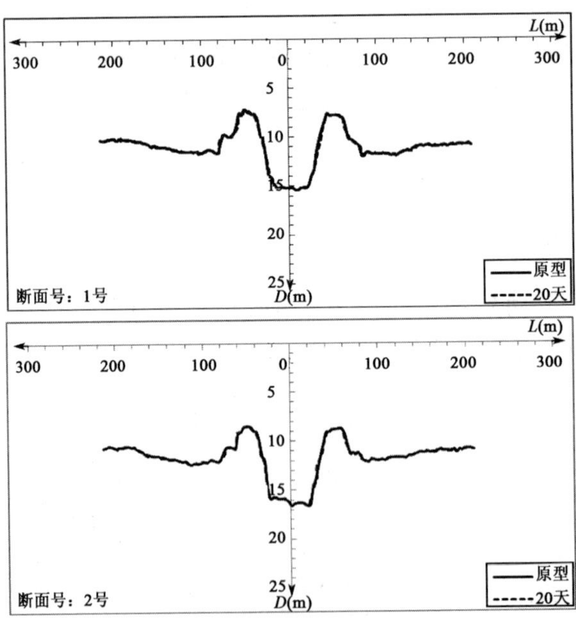

图　6-4-3

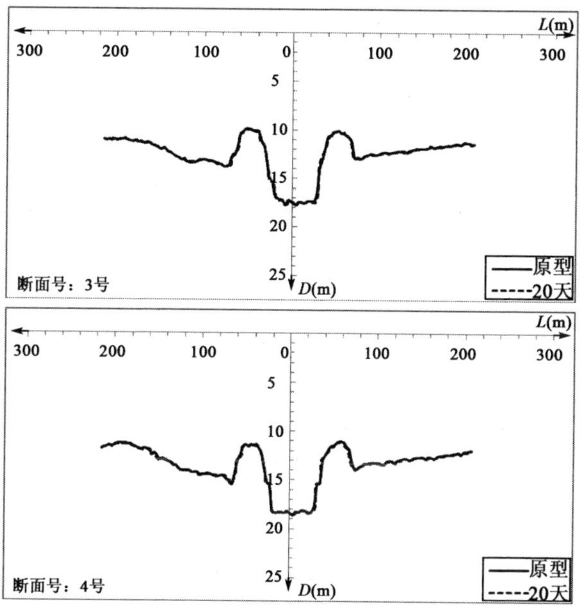

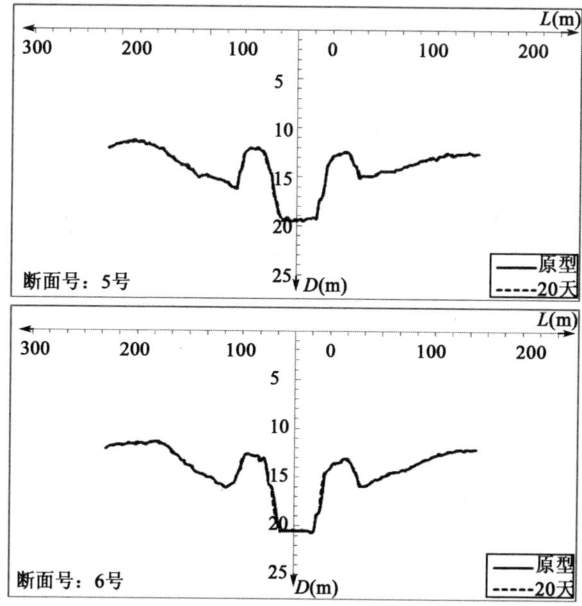

图 6-4-3　工况 1 断面地形变化

经两次地形比较,各断面地形变化量均在厘米级变化,因此碎石铺设的基槽形态呈不变状态,维持基槽内外水深稳定是没有问题的。

4.3 E3 管节边坡稳定性试验

E1 和 E2 沉管施放完成后,本模型又进行了相当于原型 20 天的 E3 管节基槽边坡稳定性试验,地形变化结果如图 6-4-4 所示。

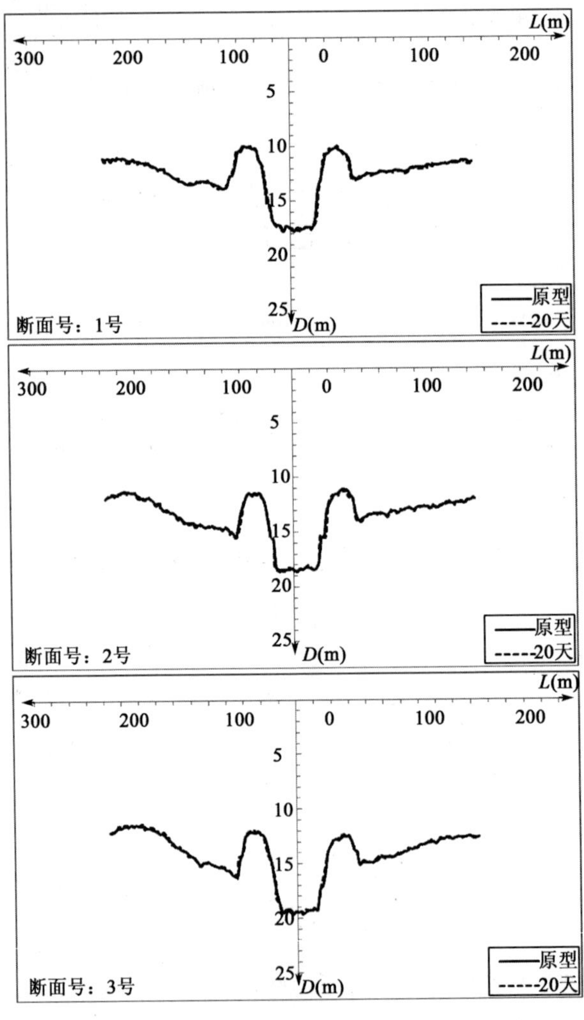

图 6-4-4

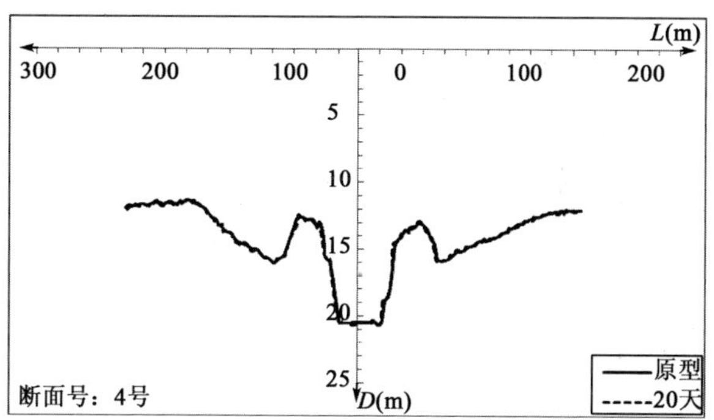

图 6-4-4　工况 2 断面变化

本工况试验结果与 E1 管节施放后的变化结果趋于一致，基槽内外地形也没有变化，维持稳定是有保证的。

5 补充方案试验

5.1 试验内容

根据港珠澳大桥岛隧工程项目总经理部总工办“岛隧结合部沉管安装掩护工程潮流物模试验中间成果研讨暨波浪断面物模试验成果评审会会议纪要”的要求，本次补充方案研究内容如下。

(1)前阶段掩护水域仅覆盖至E1、E2结合部，E2管节将整体暴露于人工岛挑流带之中，考虑到E1～E3管节沉放整体风险的关联性，掩护体设置应尽量扩大掩护区域为原则。

(2)为防止掩护体挡浪块影响钢圆筒拆除，掩护块体的起点位置移到第一管节后侧的副格仓处，仍沿60°对称摆设，第一段以60°伸出，第二段沿平行隧道轴线摆设。

(3)为扩大掩护区范围，将22个挡流块全部应用于掩护体工程，挡流块顶部高程初定+1m，并根据试验情况提出最佳的掩护布置方案。

5.2 方案布置

5.2.1 设计提出的基础方案

南、北两侧掩护体采用斜堤+横堤对称布局，每侧总长度为66m，其中24m沿60°摆设，42m沿平行隧道轴线摆设，两堤头间水域宽度约146m，本文称方案2，布局如图6-5-1所示。

5.2.2 本次试验提出的优化方案

(1)南、北两侧掩护体采用斜堤布局，每侧总长度为66m，均沿60°摆设，两堤头间水域宽度约220m，本文称方案3，布局如图6-5-2所示。

(2)南、北两侧掩护体采用斜堤+横堤对称布局，每侧总长度为102m，其中

24m 沿 60°摆设,78m 沿平行隧道轴线摆设,两堤头间水域宽度约 146m,本文称方案 4,布局如图 6-5-3 所示。

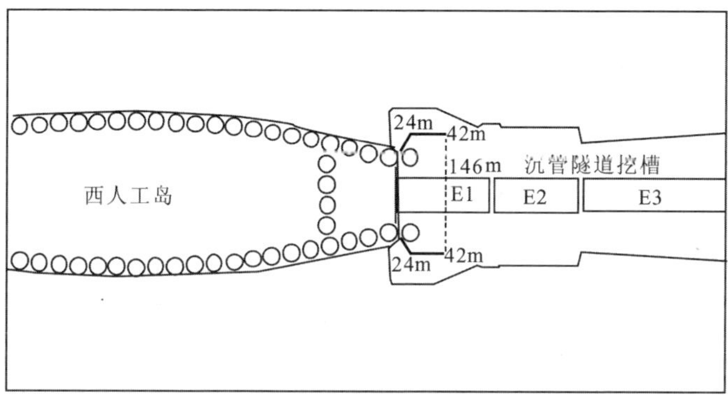

图 6-5-1　方案 2 布置图

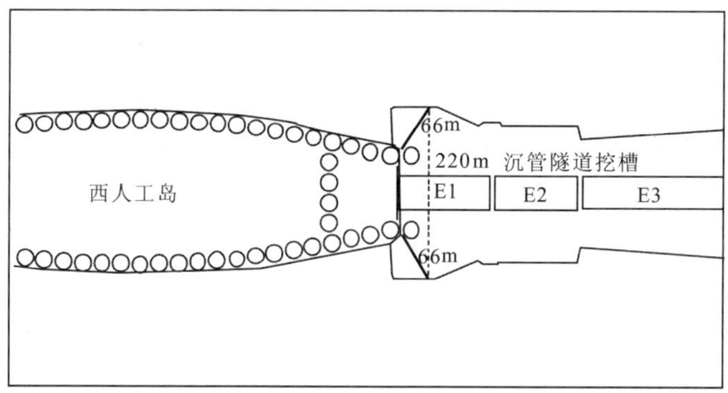

图 6-5-2　方案 3 布置图

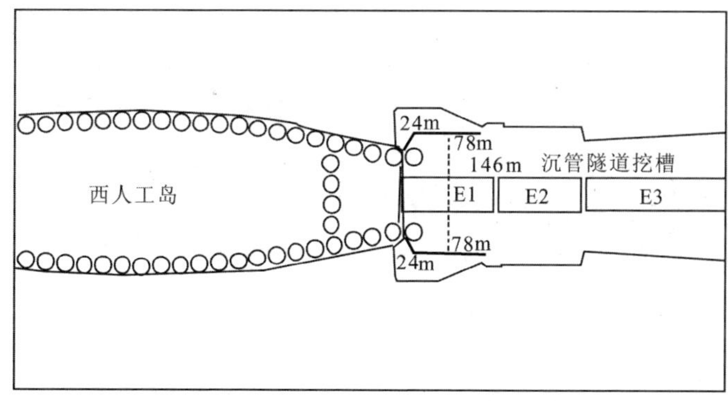

图 6-5-3　方案 4 布置图

5.3 流场变化

各优化方案实施后，沉管开挖基槽附近流场变化如图6-5-4～图6-5-9所示，本次试验流场变化主要特点如下。

图6-5-4　方案2涨潮流场

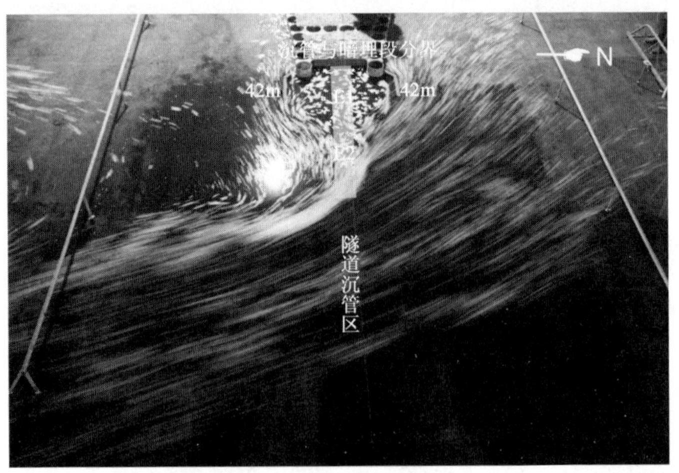

图6-5-5　方案2落潮流场

(1)在方案2布局下，涨潮掩护范围至E2管节中前部，落潮掩护范围至E2管节中后部，与方案1相比，掩护范围均增大了30m左右，而在回流区以外流态比较平顺，与方案1一致。

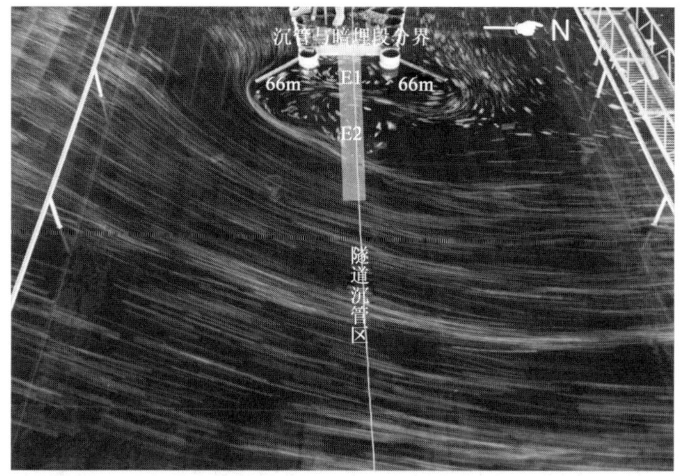

图 6-5-6　方案 3 涨潮流场

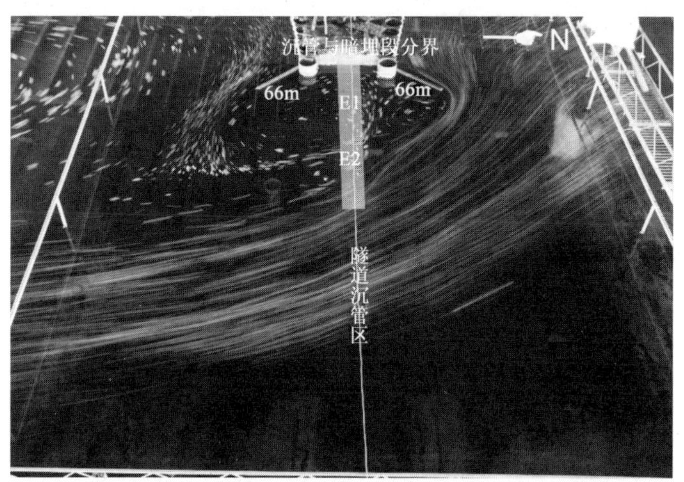

图 6-5-7　方案 3 落潮流场

(2)在方案 3 布局下,掩护范围较方案 2 又有所增大,落潮时,掩护区的范围已达 E2 管节区尾部,涨潮时,掩护区的范围也可达 E2 管节区中后部,掩护范围比方案 2 增加 50m 左右。掩护区内两个环流的变化:涨潮时,靠近东侧的环流区是由南侧掩护体造成的,呈逆时针方向运动,环流区范围介于 70 ~ 80m 之间,环流流速约为 0.25m/s;靠近人工岛一侧的环流是由西人工岛挑流形成的涨潮环流区回溯后形成的,环流方向为逆时针,环流区范围介于 50 ~ 60m 之间,环流流速约为 0.10m/s。落潮时,北侧环流区主要发生在北堤 ~ 隧道沉管区中部,是由北堤的挑流形成的,环流方向为顺时针,环流区范围介于 80 ~ 90m 之间,环流流速约为 0.30m/s；南侧环流区是由西人工岛挑流形成的落潮回流区回溯后形成的，环流方向为逆时针，环流区范围介于 80 ~ 90m 之间，环流流速约为0.30m/s。

图 6-5-8　方案 4 涨潮流场

图 6-5-9　方案 4 落潮流场

（3）在方案 4 布局下，掩护范围与方案 3 相比基本相同，但由于方案 4 两堤间距离较小，两堤间可形成的环流强度及范围均较方案 3 要小。

5.4 恒定流流速变化

5.4.1 方案2

在不同恒定流作用下，方案2沿隧道沉管区不同恒定流条件下的流速变化，如图6-5-10和表6-5-1所示。

不同恒定流条件下隧道沉管区沿程流速统计结果（方案2）（m/s） 表6-5-1

测点位置（m）	0.60m/s		0.80m/s		1.00m/s		1.20m/s		1.40m/s		1.60m/s	
	落潮	涨潮	落潮	涨潮	落潮	涨潮	落潮	涨潮	落潮	涨潮	落潮	涨潮
88	0.08	-0.07	0.16	-0.16	0.23	-0.25	0.31	-0.34	0.33	-0.35	0.34	-0.36
120	0.09	-0.10	0.09	-0.12	0.10	-0.13	0.10	-0.15	0.16	-0.19	0.21	-0.23
160	0.12	-0.14	0.14	-0.16	0.17	-0.19	0.20	-0.21	0.31	-0.33	0.42	-0.45
190	-0.66	0.65	-0.73	0.72	-0.81	0.79	-0.88	0.85	-0.95	0.94	-1.02	1.02
230	-0.94	0.94	-1.20	1.21	-1.46	1.47	-1.72	1.74	-1.78	1.78	-1.85	1.83
270	-0.94	0.94	-1.22	1.22	-1.50	1.50	-1.78	1.79	-1.94	1.95	-2.10	2.12
312	-0.76	0.76	-1.09	1.09	-1.42	1.41	-1.74	1.73	-1.86	1.85	-1.97	1.98
344	-0.66	0.68	-0.99	1.00	-1.32	1.31	-1.64	1.63	-1.75	1.74	-1.86	1.85
376	-0.64	0.66	-0.93	0.94	-1.22	1.22	-1.51	1.50	-1.64	1.64	-1.78	1.77
408	-0.62	0.63	-0.88	0.89	-1.14	1.14	-1.40	1.40	-1.55	1.54	-1.69	1.69
440	-0.60	0.61	-0.84	0.85	-1.07	1.08	-1.31	1.32	-1.48	1.49	-1.66	1.66
472	-0.59	0.60	-0.80	0.81	-1.02	1.02	-1.24	1.23	-1.39	1.40	-1.55	1.56
504	-0.59	0.59	-0.78	0.78	-0.98	0.97	-1.17	1.16	-1.35	1.35	-1.54	1.54
536	-0.59	0.57	-0.77	0.76	-0.95	0.96	-1.14	1.15	-1.33	1.33	-1.51	1.50
568	-0.53	0.54	-0.72	0.73	-0.91	0.92	-1.11	1.11	-1.30	1.29	-1.49	1.47

从沿程流速变化比较，工程后最大流速发生的位置随着恒定流流速的增大会向东偏移，其规律与方案1一致。当恒定流速为0.60m/s时，最大流速发生在240m左右，流速值约为0.94m/s，与方案1相比，最大流速位置和流速值分别增加50m和0.22m/s；当恒定流速为1.20m/s时，最大流速发生在260m左右，流速值约为1.78m/s，与方案1相比，最大流速位置和流速值分别增加50m和0.25m/s；当恒定流速为1.60m/s时，最大流速发生在270m左右，流速值约为2.11m/s，与方案1相比，最大流速位置和流速值分别增加30m和0.20m/s。

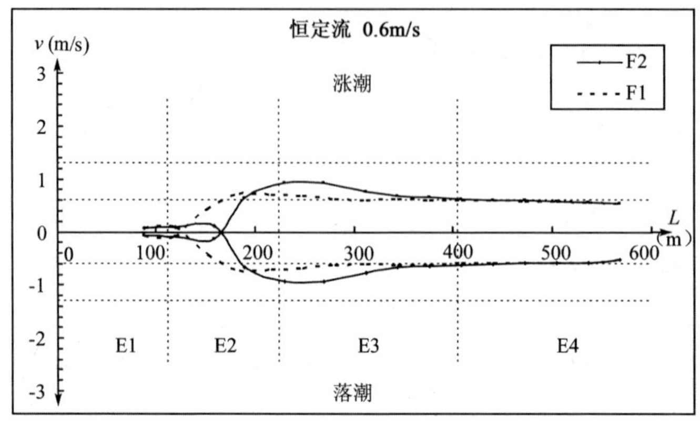

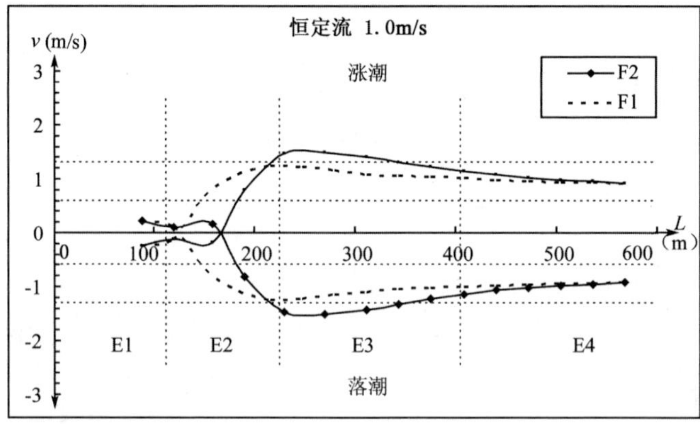

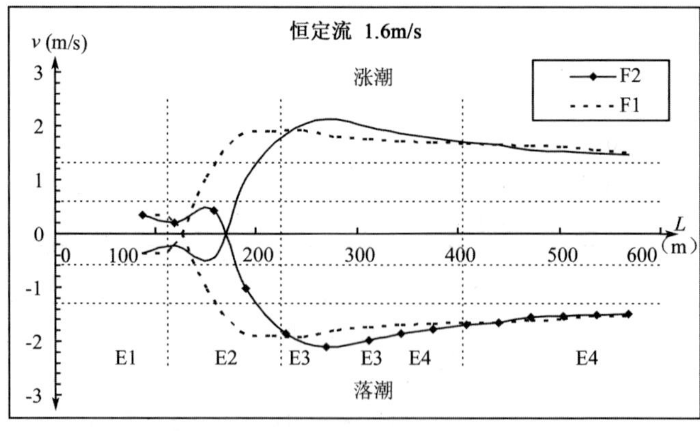

图 6-5-10 不同恒定流条件下隧道沉管区沿程流速分布图(方案 2)

可见,掩护体的延长与顶部高程的提高,会造成最大流速位置东移,同时也会造成最大流速值增大,与方案 1 相比,向东移动距离一般在 50m 左右,最大流

速增幅值介于0.20～0.25m/s之间。总体变化规律，E2管节区流速有所减小，E3管节头部是流速增幅最大的位置。

5.4.2　方案3

在不同恒定流作用下，方案3沿隧道沉管区不同恒定流条件下的流速变化，如图6-5-11和表6-5-2所示。

不同恒定流条件下隧道沉管区沿程流速统计结果(方案3)(m/s)　表6-5-2

测点位置(m)	0.60m/s		0.80m/s		1.00m/s		1.20m/s		1.40m/s		1.60m/s	
	落潮	涨潮	落潮	涨潮	落潮	涨潮	落潮	涨潮	落潮	涨潮	落潮	涨潮
88	0.08	-0.07	0.16	-0.16	0.23	-0.25	0.31	-0.34	0.33	-0.35	0.34	-0.36
120	0.09	-0.10	0.09	-0.12	0.10	-0.13	0.10	-0.15	0.16	-0.19	0.21	-0.23
160	0.22	-0.24	0.28	-0.29	0.34	-0.35	0.40	-0.41	0.41	-0.43	0.42	-0.45
210	-0.53	0.52	-0.60	0.61	-0.68	0.69	-0.76	0.78	-0.89	0.90	-1.02	1.02
240	-1.02	1.02	-1.33	1.33	-1.64	1.64	-1.94	1.95	-1.90	1.89	-1.85	1.83
280	-1.02	1.01	-1.33	1.32	-1.64	1.64	-1.96	1.95	-2.06	2.06	-2.16	2.16
320	-0.94	0.93	-1.20	1.20	-1.46	1.47	-1.72	1.74	-1.95	1.95	-2.17	2.16
344	-0.84	0.86	-1.11	1.11	-1.38	1.37	-1.64	1.63	-1.82	1.81	-2.00	1.99
376	-0.71	0.71	-0.98	0.97	-1.24	1.24	-1.51	1.50	-1.70	1.69	-1.89	1.87
408	-0.65	0.63	-0.90	0.89	-1.15	1.14	-1.40	1.40	-1.59	1.59	-1.79	1.78
440	-0.62	0.61	-0.85	0.85	-1.08	1.08	-1.31	1.32	-1.48	1.49	-1.66	1.66
472	-0.61	0.60	-0.82	0.81	-1.03	1.02	-1.24	1.23	-1.39	1.40	-1.55	1.56
504	-0.59	0.59	-0.78	0.78	-0.98	0.97	-1.17	1.16	-1.35	1.35	-1.54	1.54
536	-0.59	0.57	-0.77	0.76	-0.95	0.96	-1.14	1.15	-1.33	1.33	-1.51	1.50
568	-0.53	0.54	-0.72	0.73	-0.91	0.92	-1.11	1.11	-1.30	1.29	-1.49	1.47

从沿程流速变化比较，工程后最大流速发生的位置和大小较方案2也有所东移和增大。当恒定流速为0.60m/s时，最大流速发生在250m左右，流速值约为1.02m/s，最大流速位置和流速值较方案2分别增加10m和0.08m/s；当恒定流速为1.20m/s时，最大流速发生在290m左右，流速值约为1.96m/s，最大流速位置和流速值较方案2分别增加20m和0.18m/s；当恒定流速为1.60m/s时，最大流速发生在320m左右，最大流速值约为2.17m/s，最大流速位置和流速值较方案2分别增加40m和0.07m/s。

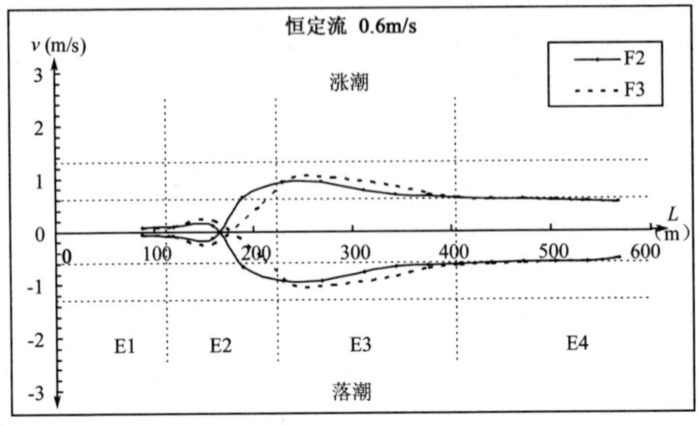

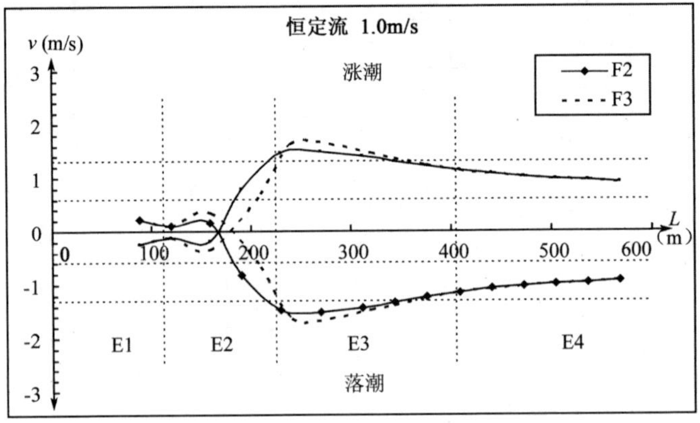

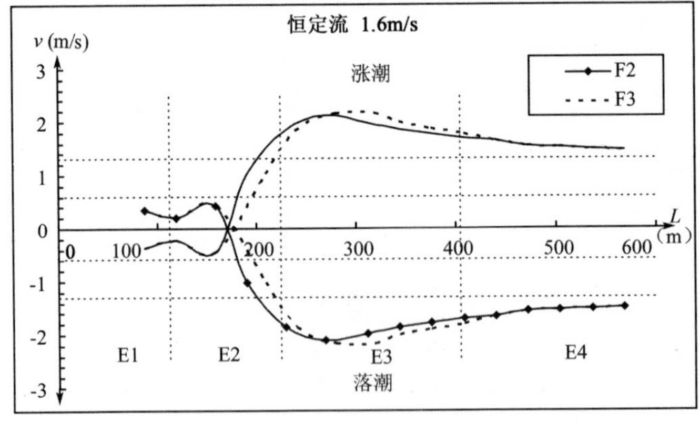

图 6-5-11　不同恒定流条件下隧道沉管区沿程流速分布图(方案 3)

该方案与方案 2 相比,最大流速位置会继续向东移动,移动距离一般在 10 ~ 40m 之间;最大流速值也会增大,增幅在 0.07 ~ 0.18m/s 之间,但 E2 管节区流速会比方案2有所减小。

5.4.3　方案4

在不同恒定流作用下，方案4沿隧道沉管区不同恒定流条件下的流速变化，如图6-5-12和表6-5-3所示。

不同恒定流条件下隧道沉管区沿程流速统计结果(方案4)(m/s)　表6-5-3

测点位置(m)	0.60m/s		0.80m/s		1.00m/s		1.20m/s		1.40m/s		1.60m/s	
	落潮	涨潮	落潮	涨潮	落潮	涨潮	落潮	涨潮	落潮	涨潮	落潮	涨潮
88	0.08	-0.07	0.12	-0.12	0.17	-0.18	0.21	-0.24	0.28	-0.30	0.34	-0.36
120	0.09	-0.10	0.09	-0.12	0.10	-0.13	0.10	-0.15	0.11	-0.13	0.12	-0.12
160	0.22	-0.24	0.21	-0.23	0.21	-0.23	0.21	-0.22	0.17	-0.19	0.13	-0.15
210	-0.70	0.71	-0.77	0.78	-0.83	0.84	-0.90	0.91	-0.96	0.95	-1.01	0.98
240	-1.00	1.00	-1.24	1.24	-1.48	1.48	-1.72	1.71	-1.78	1.77	-1.85	1.83
280	-1.02	1.00	-1.32	1.31	-1.63	1.63	-1.94	1.94	-2.05	2.05	-2.16	2.16
320	-0.92	0.93	-1.20	1.22	-1.48	1.50	-1.77	1.79	-1.96	1.99	-2.16	2.17
344	-0.84	0.84	-1.12	1.11	-1.39	1.39	-1.66	1.66	-1.80	1.79	-1.94	1.93
376	-0.75	0.73	-1.00	0.99	-1.26	1.26	-1.51	1.53	-1.65	1.67	-1.79	1.81
408	-0.66	0.64	-0.91	0.89	-1.17	1.15	-1.42	1.41	-1.57	1.57	-1.72	1.73
440	-0.63	0.63	-0.85	0.85	-1.07	1.08	-1.30	1.30	-1.46	1.46	-1.62	1.62
472	-0.62	0.61	-0.82	0.82	-1.02	1.03	-1.23	1.23	-1.38	1.39	-1.53	1.55
504	-0.59	0.60	-0.78	0.79	-0.97	0.98	-1.17	1.17	-1.34	1.36	-1.52	1.55
536	-0.60	0.57	-0.78	0.77	-0.95	0.97	-1.12	1.17	-1.32	1.34	-1.52	1.51
568	-0.52	0.55	-0.71	0.73	-0.91	0.91	-1.10	1.10	-1.29	1.28	-1.48	1.45

从沿程流速变化比较，工程后最大流速发生的位置和大小与方案3呈相同规律：

当恒定流速为0.60m/s时，最大流速发生在250m左右，比方案3增加40m左右，流速值约为1.02m/s，与方案3相同；当恒定流速为1.20m/s时，最大流速发生在280m左右，与方案3相同，流速值约为1.94m/s，比方案3流速减小0.02m/s；当恒定流速为1.60m/s时，最大流速发生在320m左右，最大流速值约为 2.17m/s,与方案 3 基本相同。

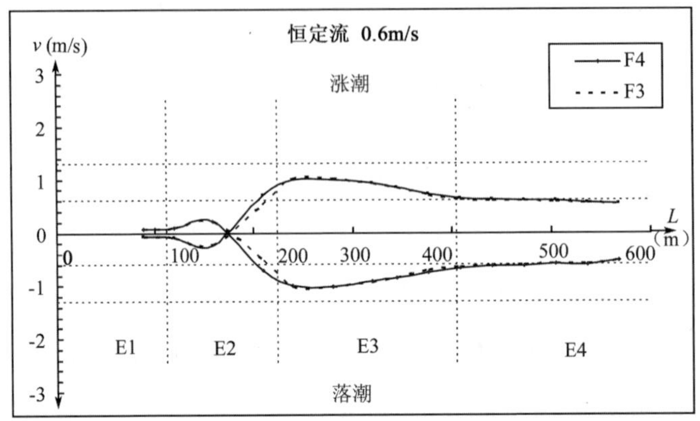

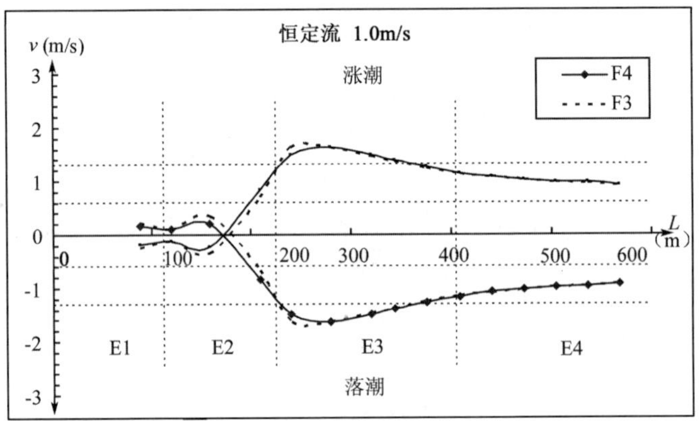

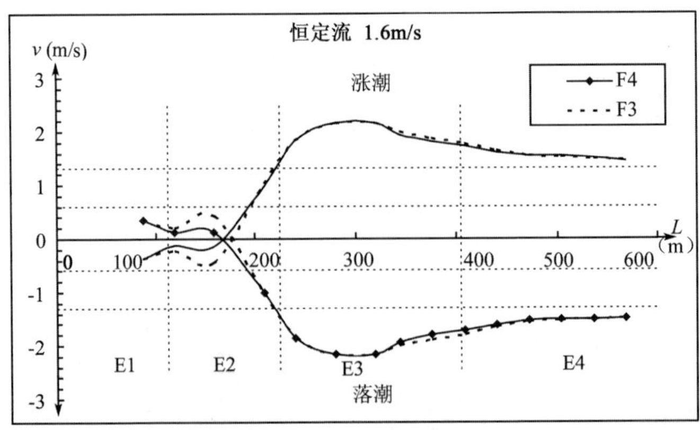

图 6-5-12　不同恒定流条件下隧道沉管区沿程流速分布图(方案 4)

5.5　潮流流速变化

5.5.1　方案2

在潮流过程作用下，方案2沿隧道开挖槽内平均流速和最大流速变化，如图6-5-13、图6-5-14和表6-5-4所示。

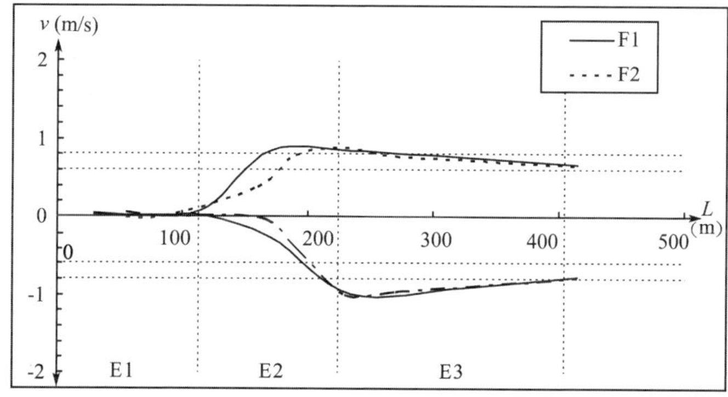

图6-5-13　枯季大潮开挖槽内平均流速沿程分布(方案2)

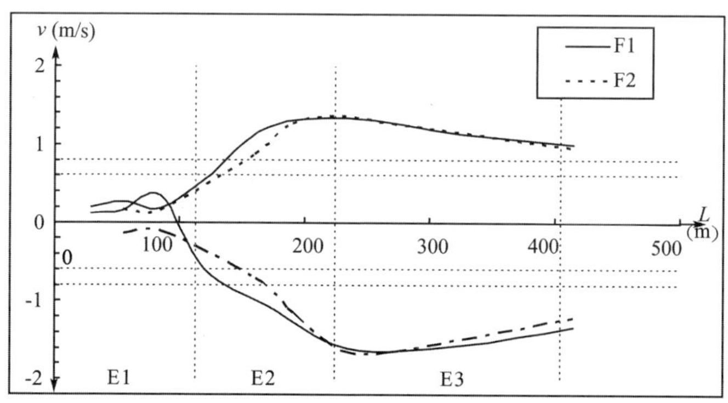

图6-5-14　枯季大潮开挖槽内最大流速沿程分布(方案2)

由图和表中结果可见，方案2涨潮最大流速发生的位置在230m左右，平均流速约为0.88m/s，最大流速约为1.36m/s；落潮最大流速发生的位置介于230～270m之间，平均流速约为1.01m/s，最大流速约为1.65m/s。与方案1相比，最大流速发生位置和大小相差不大，但在E2管节区中后部流速明显减小，涨、落潮流速减小值约为0.30m/s，说明方案2不仅完全掩护了E1管节，对E2管节的掩护效果也要优于方案1。

沿程流速变化(方案2)(m/s) 表6-5-4

测点位置(m)	方案1				测点位置(m)	方案2			
	平均流速		最大流速			平均流速		最大流速	
	落潮	涨潮	落潮	涨潮		落潮	涨潮	落潮	涨潮
30	0.03	0.04	0.12	0.20	30				
55	0.02	0.02	0.16	0.27	55	0.05	-0.02	-0.14	0.17
85	0.02	0.01	0.34	0.18	85	0.00	0.00	-0.12	0.16
120	0.00	0.12	-0.60	0.55	160	-0.01	0.38	-0.71	0.87
170	-0.27	0.84	-1.06	1.21	190	-0.41	0.79	-1.15	1.27
235	-0.99	0.85	-1.60	1.33	230	-1.01	0.88	-1.63	1.36
325	-0.91	0.76	-1.57	1.13	270	-0.97	0.78	-1.65	1.27
415	-0.77	0.66	-1.33	0.99	415	-0.79	0.65	-1.22	0.96

表6-5-5给出了不同位置在第1个落潮段~第1个涨潮段(Ⅰ潮段)、第1个涨潮段~第2个落潮段(Ⅱ潮段)、第2个落潮段~第2个涨潮段(Ⅲ潮段)过程中小于0.6m/s和小于0.8m/s的潮流历时。

从上述图表中可以看出,在E1管节水域,无论涨潮还是落潮,整个时段内流速都小于0.6m/s,完全达到"E1管节控制流速小于0.6m/s"的施工要求。

而在E2和E3管节区,小于0.6m/s历时变化:在E2管节中部,合计为18.1h,在E2管节尾部,合计为9.9h;在E3管节头部,合计为4.9h,在E3管节中部,合计为5.1h。小于0.8m/s的历时变化:在E2管节中部为全时段,在E2管节尾部,合计为11.7h;在E3管节头部,合计为7.2h,在E3管节中部,合计为7.4h。

方案2各区段潮流历时统计结果(单位:h) 表6-5-5

水域	潮段	Ⅰ潮段	Ⅱ潮段	Ⅲ潮段	合计
E2中部	<0.6m/s	7.5	10.6		18.1
	<0.8m/s	全时段	全时段	全时段	
E2尾部	<0.6m/s	3.4	2.8	3.7	9.9
	<0.8m/s	4.1	7.6		11.7
E3头部	<0.6m/s	1.4	1.9	1.6	4.9
	<0.8m/s	2.3	2.7	2.2	7.2
E3中部	<0.6m/s	1.5	1.9	1.7	5.1
	<0.8m/s	2.4	2.7	2.3	7.4

5.5.2　方案3

在潮流过程作用下，方案 3 沿隧道开挖槽内平均流速和最大流速变化，如图 6-5-15、图 6-5-16 和表 6-5-6 所示。

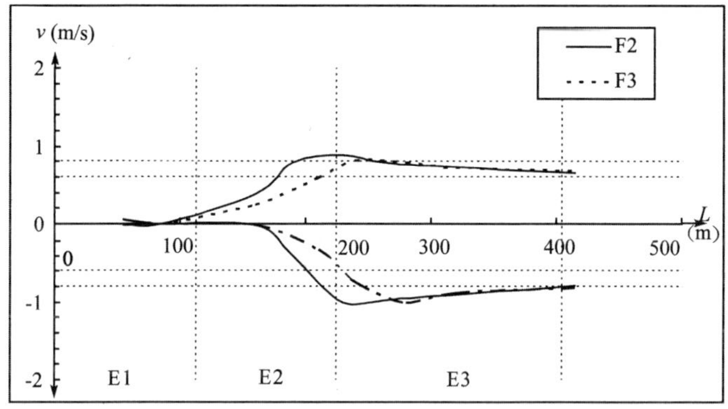

图 6-5-15　枯季大潮开挖槽内平均流速沿程分布（方案 3）

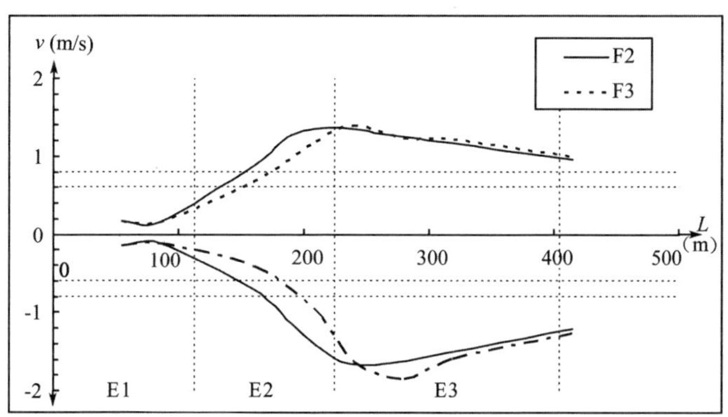

图 6-5-16　枯季大潮开挖槽内最大流速沿程分布（方案 3）

由上述结果可见，方案 3 涨潮最大流速发生的位置在 240m 左右，平均流速约为 0.81m/s，最大流速约为 1.39m/s；落潮最大流速发生的位置在 280m 左右，平均流速约为 1.01m/s，最大流速约为 1.85m/s。与方案 2 相比，最大流速发生位置向东偏移 10～50m，最大流速也有所增大，但在 E2 管节区中后部，工程后流速比方案 2 还要有所减小，涨、落潮流速减幅值约为 0.35m/s，说明方案 3 对 E1 和 E2 管节的掩护效果要优于方案 2。

沿程流速变化(方案3)(m/s)　　表6-5-6

测点位置(m)	平均流速		最大流速	
	落潮	涨潮	落潮	涨潮
55	0.05	-0.02	-0.14	0.17
85	0.00	0.00	-0.12	0.16
160	-0.01	0.24	-0.41	0.67
210	-0.33	0.59	-1.00	1.18
240	-0.75	0.81	-1.63	1.39
280	-1.01	0.79	-1.85	1.23
320	-0.89	0.72	-1.59	1.21
415	-0.81	0.68	-1.27	0.99

在方案3布局下,E1管节水域,无论涨潮还是落潮,整个时段内流速都小于0.6m/s,完全达到"E1管节控制流速小于0.6m/s"的施工要求,见表6-5-7。

而在E2和E3管节区,小于0.6m/s的历时变化:在E2管节中部为全时段,在E2管节尾部,合计为13h;在E3管节头部,合计为6.8h,在E3管节中部,合计为5.5h。小于0.8m/s的历时变化:在E2管节中部为全时段;在E2管节尾部,合计为19.9h;在E3管节头部,合计为9.5h,在E3管节中部,合计为8.0h。与方案2相比,E2区历时均有所增加,说明方案3对E2管节水域掩护效果要优于方案2。

方案3各区段潮流历时统计结果(单位:h)　　表6-5-7

水域	潮段	Ⅰ潮段	Ⅱ潮段	Ⅲ潮段	合计
E2中部	<0.6m/s	全时段	全时段	全时段	全时段
	<0.8m/s	全时段	全时段	全时段	全时段
E2尾部	<0.6m/s	5.1	2.6	5.3	13.0
	<0.8m/s	8.2	11.7		19.9
E3头部	<0.6m/s	2.2	2.3	2.3	6.8
	<0.8m/s	3.4	3.1	3.0	9.5
E3中部	<0.6m/s	1.4	2.3	1.8	5.5
	<0.8m/s	2.3	3.0	2.7	8.0

5.5.3 方案4

在潮流过程作用下,方案4沿隧道开挖槽内平均流速和最大流速变化,如

图 6-5-17、图 6-5-18 和表 6-5-8 所示。

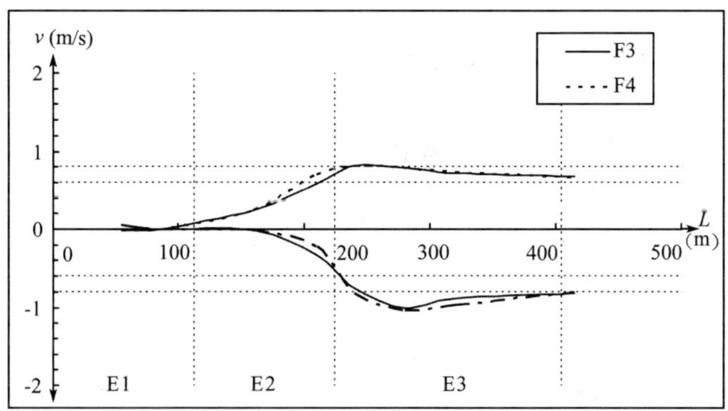

图 6-5-17　枯季大潮开挖槽内平均流速沿程分布(方案 4)

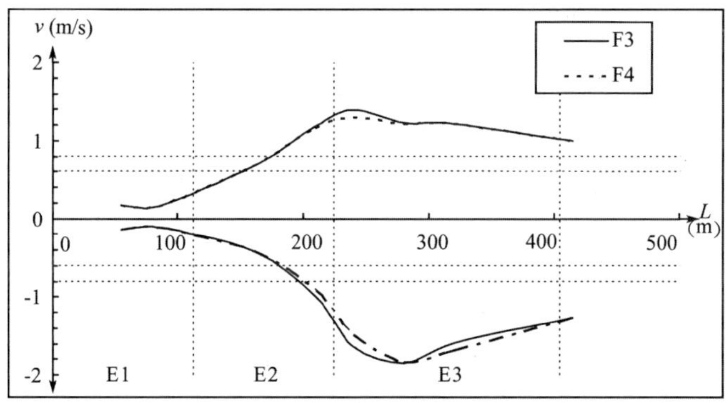

图 6-5-18　枯季大潮开挖槽内最大流速沿程分布(方案 4)

沿程流速分布变化(方案 4)(m/s)　　表 6-5-8

测点位置 (m)	平均流速		最大流速	
	落潮	涨潮	落潮	涨潮
55	0.05	-0.02	-0.14	0.17
85	0.00	0.00	-0.12	0.16
160	-0.01	0.24	-0.41	0.67
210	-0.22	0.71	-0.92	1.16
240	-0.81	0.81	-1.48	1.30
280	-1.04	0.79	-1.84	1.21
320	-0.96	0.73	-1.69	1.21
415	-0.80	0.66	-1.27	0.99

与方案 3 相比,无论涨落潮最大流速发生的位置,还是最大流速值,两个方案基本相同,但不同之处,方案 4 双堤头之间距离约为 146m,方案 3 双堤头之间距离约为 220m,方案 3 每侧需 66m 堤长,方案 4 每侧需要 102m,两者相比,方案 3 更为优越。

在方案 4 布局下,各区段历时变化与方案 3 基本相同,其中小于 0.6m/s 和 0.8m/s 的历时,见表 6-5-9。

方案 4 各区段潮流历时统计结果(单位:h) 表 6-5-9

水域	潮段	Ⅰ 潮段	Ⅱ 潮段	Ⅲ 潮段	合计
E2 中部	<0.6m/s	全时段	全时段	全时段	全时段
	<0.8m/s	全时段	全时段	全时段	全时段
E2 尾部	<0.6m/s	5.3	2.4	5.3	13.0
	<0.8m/s	8.1	10.8		18.9
E3 头部	<0.6m/s	1.8	2.3	2.4	6.5
	<0.8m/s	2.9	3.0	3.3	9.2
E3 中部	<0.6m/s	1.3	2.3	1.7	5.3
	<0.8m/s	3.0	2.9	2.7	8.6

小于 0.6m/s 的历时变化:在 E2 管节中部为全时段,在 E2 管节尾部,合计为 13h;在 E3 管节头部,合计为 6.5h,在 E3 管节中部,合计为 5.3h。小于 0.8m/s的历时变化:在 E2 管节中部为全时段;在 E2 管节尾部,合计为 18.9h;在 E3 管节头部,合计为 9.2h;在 E3 管节中部,合计为 8.6h。

两者相比,方案 3 和方案 4 基本相同,说明两种方案的掩护效果是一样的,但相对比较,方案 3 是优于方案 4。

5.6 小结

(1)三个优化方案与方案 1 相比,整体变化规律,在涨、落潮流速为 1.20m/s 时,最大流速发生的位置向东移动 50 ~ 60m,位于 E3 管节的前部,最大流速值增大 0.25 ~ 0.43m/s,但在 E2 管节区最大流速值却明显减小,最大流速基本可控制在 1.30m/s 左右。

(2)方案 2 实施后,最大流速发生的位置在 230m 左右,涨、落潮平均流速分别为 0.88m/和 1.01m/s,最大流速分别为 1.36m/和 1.65m/s,在 180m 以内水域的流速可以满足小于 0.6m/s 的要求,完全保护了 E1 管节水域和 E2 管节头部水域,掩护范围优于方案 1。

(3)方案 3 实施后,最大流速发生的位置介于 240 ~ 280m 之间,涨、落潮平均流速分别为 0.81m/和 1.01m/s,最大流速分别为 1.39m/和 1.85m/s,在 200m 以内水域的流速可以满足小于 0.6m/s 的要求,掩护范围优于方案 2。

(4)方案 4 实施后,掩护效果与方案 3 基本相同,最大流速发生的位置介于 240 ~ 280m 之间,涨、落潮平均流速分别为 0.81m/和 1.04m/s,最大流速分别为 1.30m/和 1.84m/s,在 200m 以内水域的流速可满足小于 0.6m/s 的要求。

(5)方案 3 和方案 4 掩护效果是相同的,都可以完全掩护 E1 管节和基本掩护 E2 管节,但两者差异,方案 3 两堤之间水域宽度较大,而且使用的掩护块体数量也少,可以明显节省工程量。因此,在三种方案中,方案 3 更具优势。

6 基本结论

(1)人工岛工程实施后,隧道开槽区和槽外南、北两侧,表层流速和中层流速差异不大,表层流速是中层流速的1.03倍,是底层流速的1.27倍。沿垂线流向变化,各层变化基本相同,主要是靠近人工岛附近,流向偏转角度较大,远离人工岛水域,流向偏转角度较小。

(2)隧道开槽后,槽外南、北两侧流速变化不大,也不会对流速分布造成影响。而槽内流速却有所降低,平均流速减幅值约为10%。

(3)方案1实施后,槽外两侧流速有所增大,特别是靠近掩护体附近,流速增加值最大,然后沿程向东逐渐减小;在E1管节水域,流速有所减小,涨、落潮平均流速一般不足0.10m/s,完全能达到"E1管节控制流速小于0.6m/s"的施工要求。在E2管节头部,落潮全时段流速均小于0.6m/s,涨潮时段也有11.7h流速小于0.6m/s。

(4)方案1实施后,流速大于0.6m/s距岛头的距离,涨潮为120m,落潮为130m;涨潮最大流速发生的位置在195m左右,平均流速约为0.85m/s,最大流速约为1.33m/s;落潮最大流速发生的位置在240m左右,平均流速约为0.99m/s,最大流速约为1.70m/s。可见,方案1对E2管节头部仍具有一定的掩护作用。

(5)E1和E2管节施放完成后,拆除掩护体,E3管节水域流速是呈减小变化,涨、落潮减幅值均介于0.09~0.15m/s之间,有利于E3管节的施放作业,因此在E1和E2两个管节都施工完成后就拆除此堤是合适的。

(6)方案1实施后,随着E1~E3管节沉放长度的增加,虽然会造成最大流速发生位置和流速值有所改变,但变化量值都不大。其原因:一是E1管节仍处于方案1掩护区范围内;二是E2管节沿坡度向下,顶部高程不断降低至海床面以下;三是流速沿垂线分布,底层会明显减小。这些特征可充分说明,施放E1~E3管节后,基本不会对水流产生影响或影响不大的结果是可信的。

(7)在恒定流速不断增大作用下,人工岛和方案1两种工程的挑流作用随之加大,致使最大流速发生的位置向东延伸,距岛头由180m延伸至250m,最大流速值也由0.72m/s增加至1.92m/s,变幅还是非常明显的。其中,在E1管节沉放后,最大流速发生的位置介于185~250m之间,最大流速值介于0.73~

1.93m/s,E1 管节顶部最大流速约 0.37m/s;在 E2 管节沉放后,最大流速发生的位置介于 185 ~215m 之间,E2 管节顶部最大流速值介于 0.84 ~2.44m/s 之间。

(8)在恒定流速不断增大作用下,拆除掩护体且施放 E1 管节后,最大流速发生的位置在 E1 管节尾部,最大流速值介于 0.77 ~1.76m/s 之间;拆除掩护体且施放 E1 和 E2 管节后,最大流速发生的位置介于 135 ~165m,E2 管节最大流速值介于 0.83 ~2.40m/s;拆除掩护体且施放 E1 ~ E3 管节后,最大流速发生的位置介于 120 ~180m,E2 管节最大流速介于 0.87 ~2.32m/s,E3 管节最大流速介于 0.73 ~2.14m/s。

(9)在方案 1 + E1 管节和无掩护体施放 E1、E2 管节两种工况下,隧道开挖槽内用碎石铺设的边坡和槽底地形,经水流作用,断面水深不变,维护基槽内外地形稳定是没有问题的,实际工程中采用这种护底方式是完全可行的。

(10)三个优化方案与方案 1 相比,整体变化规律,在涨落潮流速为 1.20m/s 时,最大流速发生的位置向东移动 50 ~60m,位于 E3 管节的前部,最大流速值增大 0.25 ~0.43m/s,但在 E2 管节区最大流速值却明显减小,最大流速基本可控制在 1.30m/s 左右。

(11)经优化方案比较,方案 3 实施后,最大流速发生的位置介于 240 ~280m 之间,涨、落潮平均流速分别为 0.81m/s 和 1.01m/s,最大流速分别为 1.39m/s 和 1.85m/s,在 200m 以内水域的流速可以满足小于 0.6m/s 的要求,掩护范围和效果均优于方案 1、方案 2 和方案 4,而且在掩护体之间预留的水域面积最大,工程量也最小,更容易满足现场施工的需要,优势非常明显。

(12)从综合因素分析认为,在伶仃洋自然海域条件下,实施西人工岛工程后,受人为建筑物阻水、挑流的影响,必然会改变自然状态下的水流特征,在人工岛两侧出现较强的水流分布是不可避免的,也是非常明显的。如要削弱人工岛两侧较强水流的影响,实施掩护体工程是非常有效的措施之一,而且直线堤掩护效率要明显优于折线堤。因此,本文建议可首选方案 3 为最终推荐方案。

本篇参考文献

[1] 中交公路规划设计院有限公司.港珠澳大桥主体工程初步设计阶段桥位附近水文测验报告[R].2009.

[2] 交通运输部天津水运工程科学研究所.港珠澳大桥工程海床演变分析研究报告[R].2009.

[3] 交通运输部天津水运工程科学研究所.港珠澳大桥工程方案二维潮流悬沙数学模型研究报告[R].2009.

[4] 交通运输部天津水运工程科学研究所.港珠澳大桥工程方案潮流泥沙整体物理模型试验研究报告[R].2009.

[5] 交通运输部天津水运工程科学研究所.港珠澳大桥主体工程岛隧工程西岛钢圆筒施工期局部动床物模试验报告[R].2011.

[6] 交通运输部天津水运工程科学研究所.港珠澳大桥主体工程西人工岛岛隧道结合部掩护体工程方案二维潮流数值模拟计算分析研究报告[R].2011.

[7] 交通运输部天津水运工程科学研究所.港珠澳大桥主体工程西人工岛岛隧结合部掩护体工程方案潮流及局部动床冲刷物理模型试验研究报告[R].2011.

[8] 交通运输部天津水运工程科学研究所.港珠澳大桥岛隧结合部管节沉放区掩护工程方案潮流物理模型试验研究报告[R].2011.